高等学校创新性数智化应用型经济管理规划教材（会计系列）

总主编 / 李雪　　主审 / 徐国君

李雪◎主编

韩真真　闫婷婷◎副主编

政府会计

图书在版编目(CIP)数据

政府会计 / 李雪主编. --上海：立信会计出版社，2024.8. -- ISBN 978-7-5429-7674-1

Ⅰ. F810.6

中国国家版本馆 CIP 数据核字第 2024X8J348 号

策划编辑　　方士华
责任编辑　　孙　勇
助理编辑　　窦乔伊
美术编辑　　吴博闻

政府会计
ZHENGFU KUAIJI

出版发行	立信会计出版社		
地　　址	上海市中山西路 2230 号	邮政编码	200235
电　　话	(021)64411389	传　真	(021)64411325
网　　址	www.lixinaph.com	电子邮箱	lixinaph2019@126.com
网上书店	http://lixin.jd.com		http://lxkjcbs.tmall.com
经　　销	各地新华书店		
印　　刷	常熟市人民印刷有限公司		
开　　本	787 毫米×1092 毫米　1/16		
印　　张	19.75		
字　　数	506 千字		
版　　次	2024 年 8 月第 1 版		
印　　次	2024 年 8 月第 1 次		
书　　号	ISBN 978-7-5429-7674-1/F		
定　　价	54.00 元		

如有印订差错，请与本社联系调换

总　序

　　教材是高校实现人才培养目标的重要载体,教材及教材建设对高校发展具有举足轻重的作用。与培养模式相对应的教材是培养合格人才的基本保证,是实现培养目标的重要工具。由于历史的原因,在财经类教材的出版方面,相关出版社出版研究型本科或者高职高专、中等职业等层次的教材较多,应用型本科教材较少。虽然近年来一些应用型本科教材也陆续出版,但总体而言,这些教材还是缺乏权威性、普适性、实用性、创新性。造成这种状况的原因主要在于:出版社对财经类应用型本科教材的出版还不够重视,没有进行有效的组织;财经类应用型本科院校多为新建院校,教材建设相对滞后,主观上也较愿意使用研究型本科教材;在教材使用中存在比较严重的混用现象,教材目标读者群不明确,如不少教材既适用于研究型本科院校又适用于应用型本科院校,或者既适用于本科院校又适用于高职高专院校。

　　由于目前财经类应用型本科教材种类和数量匮乏或质量欠佳,财经类应用型本科院校不得不沿用传统研究型教材。这些教材本身的质量很好、级别很高,但是并不适用于应用型本科院校的教学,教师和学生普遍反映不好用。即使在全国范围看,也还没有相对成套、成熟的适合财经类应用型本科院校的教材。现有教材存在的主要问题包括:①教材的定位和要求过高;②教材的内容偏多、难度偏大;③教材着重于理论解释,相关案例、实训等内容较少,缺乏普适性、实用性。

　　与此同时,信息技术的快速发展使学生的学习习惯和阅读习惯发生了改变,不断朝个性化、自主学习的方向发展,传统的单一纸质教材已经无法适应这种变化。翻转课堂、慕课、微课等网络课程的兴起,混合式教学的不断推进,也对立体化教材建设提出了新的要求。教材作为一种课堂上的教学工具、一种传播媒介,理应顺势而为,随课堂形式、学生学习方式的改变而改变,朝着数字化、立体化、可视化的方向发展。因此,需要编写适应学生水平、便于学生接受的立体化财经类应用型本科教材。

　　我们组织具有多年应用型人才培养经验的优秀教师和实务界专家编写了这套教材。本系列教材有《会计基本技能》《出纳实务》《基础会计》《中级财务会计》《成本会计》《管理会计》《会计信息系统》《财务管理》《审计学》《高级财务会计》《商业分析》《税法》《经济法》《金融学》等品种。为了保证教材的质量,本系列教材聘请了知名高校的专家教授进行专门指导和审核。每本教材至少有一名本学科的知名专家或学科带头人提出审核指导意见,至少有一名高等院校教学一线的高级职称教师组织编写,至少有一名行业协会、实务界专家或教学研究机构人员提出编写建议。

　　本系列教材的特色如下。

1. 应用性

应用型本科的教材建设应坚持培养应用型本科人才的定位,充分吸收和借鉴传统的普通本科教材与高职高专类教材建设的优点和经验,以就业为导向,做到理论上高于高职高专类教材、动手能力的培养上高于传统的本科院校教材。本系列教材体现了应用型本科的定位,体现了素质教育和"以学生发展为本"的教育理念,遵循了高等教育教学基本规律,重视知识、能力和素质的协调发展,根据应用型人才培养模式对学生的创新精神、实践能力和适应能力的要求,在内容选材、教学方法、学习方法、实验和实训配套等方面突出了应用性特征。

2. 针对性

本系列教材的编写符合会计学、财务管理和审计学等专业的培养目标、培养需求、业务规格和教学大纲的基本要求,与各专业的课程结构和课程设置相对应,与课程平台和课程模块相对应。教材在结构纵横的布局、内容重点的选取、示例习题的设计等方面符合教改目标和教学大纲的要求,把教师的备课、试讲、授课、辅导答疑等教学环节有机地结合起来。

3. 立体化

本系列教材为立体化教材,实现了由传统纸质教材向"纸质教材+数字资源"的转变,通过技术手段将晦涩难懂的理论知识转变为直观的具体知识,以立体化、数字化的方式呈现,包括图文、动画、音频、视频等多种形式,生动、有趣且易懂,不仅可以激发学生的学习兴趣,还有利于教学效果的提升。

4. 趣味性

本系列教材注重趣味性,使用了大量的例题和案例,每章都加入了"思政育人""相关思考""延伸阅读"等内容,使读者能够加深理解,便于掌握相关内容。在案例、例题等的设计选用上重点突出趣味性,易于引发读者的共鸣。

5. 先进性

本系列教材反映了应用型会计人才教育教学改革的内容,能够反映学科领域的新发展。教材的整体规划、每一种教材的内容构建等均体现了创新性。教材还强调了系列配套,包括了教材、学习参考书、教学课件等。立体化教材在内容修订上更具有明显优势,线上资源可以随时根据政策法规、理论知识或工作实务等的变化进行调整,更有利于保持教材内容的先进性。

6. 基础性

本系列教材将打破传统教材自身知识框架的封闭性,尝试多方面知识的融会贯通,注重知识层次的递进,体现每一门科目的基本内容,同时在具体内容上突出实际运用能力,做到"教师易教,学生乐学,技能实用"。

7. 易于自学

自学能力是大学生的一项基本能力。学生只有具备了自主学习的能力,才能最终建立起终身学习的保障体系,这也是应用型本科人才培养的客观要求。应用技术型高校的生源素质与普通高校相比存在一定的差距,除了一部分是高考发挥失误的学生,还有一部分学生在学习习惯、基础知识等方面存在一定的欠缺,这就要求教材能够调动这部分学生的学习积极性,在理论方面尽量通俗易懂,在实践方面尽量采用案例式教学。为了有利于学生课后自主学习,本系列教材配套了学习指导书和教学课件。

因此,本系列教材的定位准确,特色明显,适用于应用型本科院校教学,容易得到学生和市场的认可,便于学生的自学和教师的教学。

"十四五"高等学校创新性数智化应用型经济管理规划教材凝聚了众多领导、教授和专家多年来的经验和心血。当然,由于我们的经验和人力有限,教材中难免存在不足,我们期待着各位同行、专家和读者的批评指正。我们将伴随着经济发展和会计环境的变迁不断修订教材,以便及时反映学科的最新发展和人才培养的最新变化。

本系列教材自 2014 年出版后,得到市场的认可,深受广大高校师生的欢迎。为了更好地回馈读者,本系列教材从 2017 年起启动第二版的修订工作,2019 年启动第三版的修订工作,2021 年启动第四版的修订工作。各种教材的修订版将陆续出版。我们会一如既往地做好教材修订和相关服务工作,希望广大读者对本套系列教材继续给予支持。

李　雪
2024 年 1 月

前 言

《政府会计》为"十四五"高等学校创新性数智化应用型经济管理规划教材(会计系列)之一,具有应用性、针对性、先进性、基础性、立体化的特点,在充分吸收和借鉴传统的普通本科教材与高职高专教材建设的优点和经验的基础上,以就业为导向,是一本在理论上高于高职高专类教材、在动手能力的培养上高于传统的普通本科教材。

一、本书的写作思路及内容安排

本书依据《政府会计准则——基本准则》《政府会计制度——行政事业单位会计科目和报表》、政府会计具体准则及其应用指南、《政府会计准则制度解释》等文件,结合预算一体化系统的实施要求,以及行政事业单位会计实务工作中的具体业务编写而成。

本书在编写过程中融入针对性强,并且与实务工作紧密结合的案例,以增强学生理论与实务相结合的能力。本书每章设有"思政育人""延伸阅读""相关思考""本章小结""本章重要概念""本章练习"等模块,同时借助详细的图、表,便于学生理解、掌握相关知识点。本书共分为八章,主要内容包括政府会计概论、资产、负债、收入与预算收入、费用与预算支出、净资产、预算结余、政府会计报告。本书主要作为普通高等教育经济管理类专业的教材,也可作为相关专业人员的参考用书。

二、本书的编写特点

(1)重点突出会计实务,穿插典型案例,尽量完美地将理论知识与实务工作相结合,力争缩短课堂与实际工作的距离;图文并茂,使内容通俗易懂。

(2)重视知识、能力和素质的协调发展,以培养应用型人才为目的,提升学生的创新精神、实践能力和适应能力。

(3)从就业导向出发,紧扣普通高等教育的主旋律。内容设计突出理论联系实际,体现实践能力培养,为学生就业打下坚实基础。

(4)配套资料丰富并具有立体化特色,每章均配有相应的练习题,并提供主要知识技能点的系列微课视频,有利于读者了解自己对本章相关知识点的掌握程度。

(5)设置"思政育人""思政寄语"模块,通过典型工作领域的案例,融入积极向上、遵纪守法、精益求精、爱国教育等思政育人元素,将其"润物细无声"地融入立德树人的全过程。

本书由李雪任主编,韩真真、闫婷婷任副主编,多位优秀教师和实务界专家参编。各章编写分工情况如下:李雪编写第一章,闫婷婷、秦雨编写第二章,韩真真编写第三章,许琪、赵珍珍编写第四章,严贝、杨阳编写第五章,张玲编写第六章,王婉珩、陈丽娜编写第七章,闫婷婷编写第八章。

本书在编写过程中参考了大量相关教材和论著,在此向有关作者致以深深的谢意!

在本书的编写过程中,编者进行了多次讨论研究,力求内容编排合理、避免错误,书中如有疏漏不足之处,敬请读者批评指正,以便再版时修正。

编者

2024 年 6 月

目 录

第一章　政府会计概论 ··· 1
第一节　政府会计的基本概念 ·· 2
第二节　政府会计核算的基本理论 ·· 5
本章小结 ··· 12
本章重要概念 ··· 12
本章练习 ··· 12

第二章　资产 ··· 13
第一节　资产概述 ··· 15
第二节　货币资金的核算 ··· 16
第三节　短期投资的核算 ··· 27
第四节　应收及预付款项的核算 ··· 29
第五节　存货的核算 ··· 41
第六节　长期投资的核算 ··· 51
第七节　固定资产的核算 ··· 61
第八节　在建工程的核算 ··· 73
第九节　无形资产的核算 ··· 79
第十节　其他资产的核算 ··· 89
本章小结 ·· 112
本章重要概念 ·· 112
本章练习 ·· 112

第三章　负债 ·· 113
第一节　负债概述 ·· 114
第二节　流动负债的核算 ·· 115
第三节　非流动负债的核算 ·· 149
本章小结 ·· 156
本章重要概念 ·· 156

1

本章练习 ·· 156

第四章　收入与预算收入 ··· 157
　　第一节　收入与预算收入概述 ·· 158
　　第二节　财政拨款收入与财政拨款预算收入的核算 ······················ 160
　　第三节　业务收入与业务预算收入的核算 ···································· 165
　　第四节　调剂性收入与调剂性预算收入的核算 ····························· 182
　　本章小结 ·· 185
　　本章重要概念 ·· 185
　　本章练习 ·· 185

第五章　费用与预算支出 ··· 186
　　第一节　费用与预算支出概述 ·· 188
　　第二节　业务费用与业务预算支出的核算 ···································· 188
　　第三节　调剂性费用与调剂性预算支出的核算 ····························· 220
　　本章小结 ·· 223
　　本章重要概念 ·· 224
　　本章练习 ·· 224

第六章　净资产 ·· 225
　　第一节　净资产概述 ·· 226
　　第二节　盈余及分配的核算 ··· 227
　　第三节　净资产调整的核算 ··· 234
　　本章小结 ·· 240
　　本章重要概念 ·· 240
　　本章练习 ·· 240

第七章　预算结余 ··· 241
　　第一节　预算结余概述 ··· 243
　　第二节　资金结存的核算 ·· 243
　　第三节　财政拨款结转结余的核算 ·· 249
　　第四节　非财政拨款结转结余的核算 ·· 256
　　本章小结 ·· 268

本章重要概念 …… 268
本章练习 …… 268

第八章　政府会计报告 …… 269
第一节　年终清理结算与结账 …… 270
第二节　政府决算报告 …… 272
第三节　政府财务报告 …… 281
本章小结 …… 300
本章重要概念 …… 301
本章练习 …… 301

第一章　政府会计概论

- 内容提要
- 重点难点
- 学习目标
- 知识框架
- 思政育人
- 第一节　政府会计的基本概念
- 第二节　政府会计核算的基本理论
- 本章小结
- 本章重要概念
- 本章练习

内容提要

本章主要讲解政府会计的概念、目标、核算模式,以及政府会计核算的基本理论,包括政府会计核算前提、政府会计核算基础、政府会计信息质量要求、政府会计要素、会计科目与记账方法、政府决算报告与财务报告。

重点难点

本章重点为政府会计的概念、目标、核算模式,政府会计核算前提,政府会计核算基础,政府会计信息质量要求;难点为政府会计要素、政府决算报告与财务报告。

学习目标

通过本章学习,学生应掌握政府会计的概念、核算模式,政府会计核算前提,政府会计要素;理解政府会计目标、政府会计核算基础和政府会计信息质量要求;了解行政事业单位预算会计与财务会计的内容。

知识框架

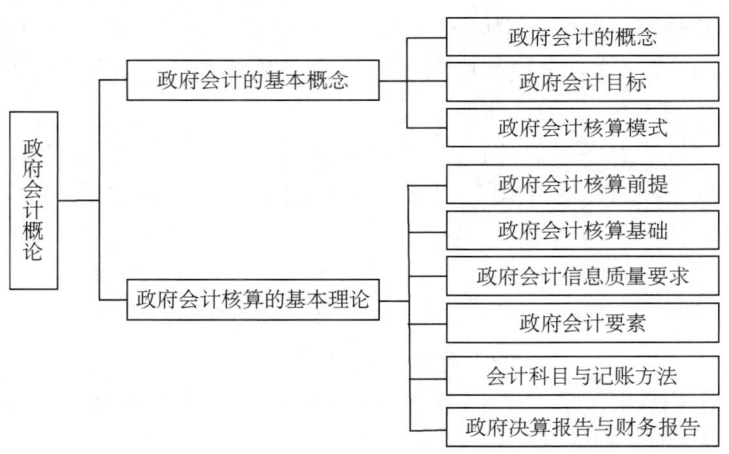

二维码1-1：
政府会计改革

思政育人　　诚信为本，操守为重，坚持准则，不做假账

2001年4月16日下午，时任中共中央政治局常委、国务院总理朱镕基考察了地处上海市青浦区徐泾镇的上海国家会计学院。他说，建立国家会计学院是落实时任总书记江泽民关于培养30万名注册会计师重要指示的举措。这件事情非常重要。实行社会主义市场经济，不能没有与之相适应的"游戏规则"。不按"游戏规则"办事，经济秩序就会大乱，现代化就不可能实现。要按"游戏规则"办事，就必须培养大批高素质的会计人才。"不做假账"是每个会计人员最基本的职业道德和行为准则，应该铭刻在国家会计学院每一个师生的心里，这是加强财经法纪和监管工作的基础，也是当前整顿和规范市场经济秩序的迫切要求。国家会计学院是以注册会计师相关知识为培训内容的，面向全国的，培养宏观经济管理部门、国有大中型企业、金融机构和中介机构的高级管理人才及高级财会人才的会计后续教育培训基地，一定要下大力量办好，要聘用世界最好的教学人员来讲学，努力办成国际一流的会计学院。

资料来源：陈毛弟，孙杰. 朱总理在上海考察工作时说要把上海建成现代化国际大都市[EB/OL].(2001-04-18)[2023-08-24]. https://news.sina.com.cn/c/234908.html.

【思政寄语】

党的二十大报告指出要"弘扬诚信文化，健全诚信建设长效机制"，这是提高全社会文明程度，实施公民道德建设工程的重要一环。中国自古以来就强调"讲信修睦"，这不仅是中国的历史文化传统，更是中华民族世代相传的道德圭臬，是为人之本、处世之方、立国之基。

国无信则衰，业无信不兴，人无信不立。诚信是人类在文明长河中璀璨珍贵的品质，是中华民族的治国之道，是企业发展的基石，是做人之根本。会计人员应有国家主人翁担当、遵纪守法意识、职业道德素养和诚信、审慎的专业态度及操守。

第一节 | 政府会计的基本概念

一、政府会计的概念

政府会计是指用于确认、计量、记录和报告政府和事业单位财务收支活动及其受托责任的履行情况的会计体系。政府会计由预算会计和财务会计构成。

《政府会计准则——基本准则》（以下简称《基本准则》）第五十八条规定：预算会计是指以收付实现制为基础对政府会计主体预算执行过程中发生的全部收入和全部支出进行会计核算，主要反映和监督预算收支执行情况的会计。这里的政府会计主体是指各级政府、各部门、各单位（下同）。

《基本准则》第五十九条规定：财务会计是指以权责发生制为基础对政府会计主体发生的各项经济业务或事项进行会计核算，主要反映和监督政府会计主体财务状况、运行情况和现金流量等的会计。

 延伸阅读1-1

《政府会计准则——基本准则》

为了积极贯彻落实党的十八届三中全会精神，加快推进政府会计改革，构建统一、科学、规范的政府会计标准体系和权责发生制政府综合财务报告制度，2015年10月23日，时任财政部长楼继伟签署财政部令第78号公布《政府会计准则——基本准则》，自2017年1月1日起施行。

在政府会计核算标准体系中，《基本准则》主要对政府会计目标、会计主体、会计信息质量要求、会计核算基础,以及会计要素定义、确认和计量原则列报要求等作出规定。《基本准则》属于"概念框架",统驭政府会计具体准则和政府会计制度的制定,并为政府会计实务问题提供处理原则,为编制政府财务报告提供基础标准。对会计规则而言,《基本准则》为在政府会计具体准则和政府会计制度层面规范政府发生的经济业务或事项的账务处理提供了基本原则,保证了政府会计准则体系的内在一致性。对会计主体而言,《基本准则》适用于政府会计主体,有利于消除各级政府、部门、行业和单位执行不同会计规范导致的信息差异,可以打破不同部门、行业的藩篱,各政府会计主体都以统一规范的会计语言体系处理会计事务、参与政府治理,提高了政府会计信息的可比性。

《基本准则》共六章六十二条。

第一章为总则,规定了立法目的和制定依据、适用范围、政府会计体系与核算基础、基本准则定位、报告目标和使用者、会计基本假设和记账方法等。

第二章为政府会计信息质量要求,明确了政府会计信息应当满足的七个方面质量要求,即客观性、全面性、相关性、及时性、可比性、明晰性和实质重于形式。

第三章为政府预算会计要素,规定了预算收入、预算支出和预算结余三个政府预算会计要素的定义、确认标准、计量属性和列示要求。

第四章为政府财务会计要素,规定了资产、负债、净资产、收入和费用五个政府财务会计要素的定义、确认标准、计量属性和列示要求。

第五章为政府决算报告和财务报告,规定了决算报告、财务报告和财务报表的定义、主要内容和构成。

第六章为附则,规定了相关基本概念的定义,明确了施行日期。

我国政府会计是政府会计主体对其自身发生的经济业务或事项进行会计核算,综合反映政府会计主体预算收支的年度执行结果和公共责任受托履行情况的专业会计。它是以货币为主要计量单位,对各政府会计主体财政资金的活动过程和结果,进行全面、系统、连续的反映和监督,以加强预算、财务管理,提高资金使用效果的专门会计。政府会计核算的基本情况如表1-1所示。

表 1-1　　　　　　　　　　　政府会计核算的基本情况

基本情况	解释
会计主体	会计主体是政府会计主体(即各级政府、各部门、各单位)。其中,各部门、各单位是指与本级政府财政部门直接或者间接发生预算拨款关系的国家机关、军队、中共党组织、社会团体、事业单位和其他单位,不包括已纳入企业财务管理体系的单位和执行《民间非营利组织会计制度》的社会团体。政府会计主体业务活动的目的是谋求最广泛的社会效益,具有明显的非市场性
会计客体	会计客体是预算执行情况和财务状况、运行情况、现金流量等。政府会计核算监督的对象是资金取得、使用和结果所引起的经济业务活动
政府会计	财务会计提供与政府的财务状况、运行情况(含运行成本,下同)和现金流量等有关信息,实行权责发生制
	预算会计提供与政府预算执行情况有关的信息,实行收付实现制,国务院另有规定的,依照其规定

二、政府会计目标

政府会计目标是指会计主体对外提供会计信息的目的。会计目标会影响会计主体对会计报表的设计,提供信息的范围和质量规范,进而影响会计要素确认和计量等会计政策的选择。我国在政府会计中采用了"双目标",包括决算报告目标和财务报告目标。

(一) 决算报告目标

决算报告目标是向决算报告使用者提供与政府预算执行情况有关的信息,综合反映政府会计主体预算收支的年度执行结果,有助于决算报告使用者进行监督和管理,并为编制后续年度预算提供参考和依据。政府决算报告使用者包括各级人民代表大会及其常务委员会、各级政府及其有关部门、政府会计主体自身、社会公众和其他利益相关者。

(二) 财务报告目标

财务报告目标是向财务报告使用者提供与政府的财务状况、运行情况(含运行成本)和现金流量等有关的信息,反映政府会计主体公共受托责任行情况,有助于财务报告使用者作出决策或者进行监督和管理。政府财务报告使用者包括各级人民代表大会常务委员会、债权人、各级政府及其有关部门、政府会计主体自身和其他利益相关者。

三、政府会计核算模式

(一) 财务会计与预算会计的适度分离

所谓"适度分离",是指适度分离财务会计和预算会计功能、决算报告和财务报告功能,全面反映政府会计主体的财务信息和预算执行信息。财务会计与预算会计的适度分离具体如表 1-2 所示。

表 1-2　　　　　　　　　财务会计与预算会计的适度分离

模式		财务会计	预算会计
适度分离"三双"	双功能	财务会计对政府会计主体发生的各项经济业务或者事项进行会计核算,主要反映和监督政府会计主体财务状况、运行情况和现金流量等	预算会计对政府会计主体预算执行过程中发生的全部预算收入和全部预算支出进行会计核算,主要反映和监督预算收支执行情况
	双基础	实行权责发生制	实行收付实现制,国务院另有规定的,依照其规定
	双报告	政府财务报告的编制主要以权责发生制为基础,以财务会计核算生成的数据为准	政府决算报告的编制主要以收付实现制为基础,以预算会计核算生成的数据为准

延伸阅读 1-2

政府预算会计和财务会计"适度分离",并不是要求政府会计主体分别建立预算会计和财务会计两套账,对同一笔经济业务或事项进行会计核算,而是要求政府预算会计要素和财务会计要素相互协调、决算报告和财务报告相互补充,共同反映政府会计主体的预算执行信息和财务信息。

(二) 财务会计与预算会计的相互衔接

所谓"相互衔接",是指在同一会计核算系统中,财务会计要素和预算会计要素相互协调,决算报告和财务报告相互补充,共同反映政府会计主体的财务信息和预算执行信息。财务会计与预算会计的相互衔接主要体现在以下几个方面。

1. 对纳入预算管理的现金收支进行"平行记账"

在财政总会计中,对于纳入预算管理的财政资金收支业务,在采用财务会计核算的同时应当进行预算会计核算;对于不同预算类型资金间的调入调出、待发国债等业务,仅需进行预算会计核算;对于其他业务,仅需进行财务会计核算。

在行政事业单位会计中,对于纳入部门预算管理的现金收支业务,进行财务会计核算的同时也进行预算会计的核算;对于其他业务,仅需进行财务会计核算。

2. 财务报表与预算会计报表之间存在勾稽关系

通过编制"本期预算结余与本期盈余差异调节表"并在附注中进行披露,反映单位财务会计与预算会计因核算基础和核算范围不同所产生的本年盈余数(即本期收入与费用的差额)与本年预算结余数(本年预算收入与预算支出的差额)之间的差异,从而揭示财务会计与预算会计的内在联系。

这种核算模式既兼顾了编制收付实现制决算报告制度的需要,又能满足编制权责发生制财务报告的要求,对于规范政府部门的会计行为、夯实政府部门的预算和财务管理基础、强化政府部门的绩效管理具有深远的影响。

第二节 政府会计核算的基本理论

一、政府会计核算前提

会计核算前提也称会计假设,是组织会计核算工作所必须具备的前提条件。政府会计核算的基本前提包括会计主体、持续运行、会计分期和货币计量。

(一) 会计主体

会计主体是指会计为之服务的特定单位或组织,其决定了会计核算和监督的空间范围。会计主体前提回答了会计为谁核算的问题,明确了会计主体是开展会计确认、计量和报告工作的重要前提。

《基本准则》第六条规定:政府会计主体应当对其自身发生的经济业务或者事项进行会计核算。

(二) 持续运行

持续运行是指会计主体的经济业务活动将无限期地持续下去,它是针对因某些因素可能导致会计主体终止经济业务活动的非正常情况而言的。持续经营前提可以使会计核算的程序、方法,以及为经济决策提供的会计信息保持一定的稳定性和可靠性。

《基本准则》第七条规定:政府会计核算应当以政府会计主体持续运行为前提。

(三) 会计分期

会计期间是指对会计主体持续进行的运行过程,人为地划分为相等的时间阶段,以便分期结算账目和编制会计报表,确定各期间的财务状况、运行情况。会计分期前提是持续运行必要补充。有了会计分期的这一前提,才产生了本期与非本期的区别,才有期初、期末的概念。只有划清会计分期,才能按会计期间提供收入、费用、成本、财务状况和运行情况等会计信息资料,才有可能对不同会计期间的会计信息进行比较。

《基本准则》第八条规定:政府会计核算应当划分会计期间,分期结算账目,按规定编制决算报告和财务报告。会计期间至少分为年度和月度。会计年度、月度等会计期间的起讫日期采用公历日期。《中华人民共和国预算法》第十八条规定:预算年度自公历1月1日起,至 12 月 31 日止。

(四) 货币计量

货币计量是指会计主体的会计核算应采用统一的货币单位作为计量标准,以便综合、全面、系统、完整地反映会计主体的经济活动。货币计量前提是建立在货币本身的价值稳定不变的基础之上的,除非发生恶性通货膨胀,才会对这一前提作某些修正。根据货币计量前提,政府会计的核算对象只限于那些能够用货币来计量的经济活动。

《基本准则》第九条规定:政府会计核算应当以人民币作为记账本位币。发生外币业务时,应当将有关外币金额折算为人民币金额计量,同时登记外币金额。

二、政府会计核算基础

政府会计核算基础有两种,一种是权责发生制;另一种是收付实现制。

(一) 权责发生制

《基本准则》第六十一条规定:权责发生制是指以取得收取款项的权利或支付款项的义务为标志来确定本期收入和费用的会计核算基础。凡是当期已经实现的收入和已经发生的或应当负担的费用,不论款项是否收付,都应当作为当期的收入和费用;凡是不属于当期的收入和费用,即使款项已在当期收付,也不应当作为当期的收入和费用。

权责发生制主要是从时间上规定会计确认的基础,其核心是根据权责关系实际发生的时间来确认收入和费用,能够更加真实、公允地反映相关政府会计主体在特定会计期间的财务状况和运行情况。在政府会计主体日常业务活动中,交易或事项的发生时间与相关货币资金的收付时间并不一致。例如,某事业单位对外提供一项专业服务,货款尚未收到。按照权责发生制的要求,虽然款项在本期尚未收到,但相关的专业服务是在本期发生的,取得的收入应该在本期进行确认。

《基本准则》第三条第三款规定:财务会计实行权责发生制。

(二) 收付实现制

《基本准则》第六十条规定:收付实现制是指以现金的实际收付为标志来确定本期收入和支出的会计核算基础。凡在当期实际收到的现金收入和支出,均应作为当期的收入和支出;凡是不属于当期的现金收入和支出,均不应当作为当期的收入和支出。

根据收付实现制,货币资金的收支行为在其发生的期间全部记作收入和费用,而不考虑与现金收支行为相关联的经济业务活动是否发生。例如,某事业单位在 2024 年 3 月对外提供一项专业服务,货款于 2024 年 4 月收到,如果采用收付实现制,这笔款项应当作为 2024 年 4 月的收入,因为款项是在 2024 年 4 月收到的。

《基本准则》第三条第二款规定:预算会计实行收付实现制,国务院另有规定的,依照其规定。

三、政府会计信息质量要求

政府会计信息质量要求是对政府会计所提供会计信息的基本要求,是处理具体会计业务的基本依据,是衡量会计信息质量的重要标准。政府会计信息质量要求主要包括以下几个方面。

1. 客观性要求

客观性要求政府会计主体应当依照《基本准则》第十一条的规定,以实际发生的经济业务或者事项为依据进行会计核算,如实反映各项会计要素的情况和结果,保证会计信息真实可靠。

2. 全面性要求

全面性要求政府会计主体应当依照《基本准则》第十二条的规定,将发生的各项经济业务或者事项统一纳入会计核算,确保会计信息能够全面反映政府会计主体预算执行情况和财务状况、运行情况、现金流量等。

3. 相关性要求

相关性要求政府会计主体依照《基本准则》第十三条的规定,提供的会计信息应当与反映政府会计主体公共受托责任履行情况以及报告使用者决策或者监督、管理的需要相关,有助于报告使用者对政府会计主体过去、现在或者未来的情况作出评价或者预测。

4. 及时性要求

及时性要求政府会计主体依照《基本准则》第十四条的规定,对已经发生的经济业务或者事项,应当及时进行会计核算,不得提前或者延后。

5. 可比性要求

可比性要求政府会计主体依照《基本准则》第十五条的规定,提供的会计信息应当具有可比性。同一政府会计主体不同时期发生的相同或者相似的经济业务或者事项应当采用一致的会计政策,不得随意变更。确需变更的,应当将变更的内容理由及其影响在附注中予以说明。不同政府会计主体发生的相同或者相似的经济业务或者事项,应当采用一致的会计政策,确保政府会计信息口径一致相互可比。

6. 明晰性要求

明晰性要求是指会计记录和会计报告应当清晰明了,便于理解和利用。数据记录和文字说明要能一目了然地反映经济活动的来龙去脉,对有些不易理解的问题,应在财务情况说明书中作出说明。

明晰性要求政府会计主体依照《基本准则》第十六条的规定,提供的会计信息应当清晰明了,便于报告使用者理解和使用。

7. 实质重于形式要求

实质重于形式要求政府会计主体应当按照业务活动或事项的经济实质进行会计核算,而不应当仅仅按照它们的法律形式作为会计核算的依据。在实际工作中,交易或事项的外在形式或人为形式并不能完全真实地反映其实质内容,因此会计信息拟反映的交易或事项,必须根据交易或事项的实质和经济现实,而非根据它们的法律形式进行核算。

实质重于形式要求政府会计主体应当依照《基本准则》第十七条的规定,按照经济业务或者事项的经济实质进行会计核算,不限于以经济业务或者事项的法律形式为依据。

四、政府会计要素

《基本准则》第三条第一款规定:政府会计由预算会计和财务会计构成。其第十八条规定:政府预算会计要素包括预算收入、预算支出与预算结余。其第二十六条规定:政府财务会计要素包括资产、负债、净资产、收入和费用。

政府预算会计和财务会计的基本要素及其具体内容分别如表1-3和表1-4所示。

表1-3　　　　　　　　政府预算会计的基本要素及其具体内容

基本要素	概念	特点
预算收入	预算收入是指政府会计主体在预算年度内依法取得的并纳入预算管理的现金流入	预算收入一般在实际收到时予以确认,以实际收到的金额计量
预算支出	预算支出是指政府会计主体在预算年度内依法发生并纳入预算管理的现金流出	预算支出一般在实际支付时予以确认,以实际支付的金额计量
预算结余	预算结余是指政府会计主体预算年度内预算收入扣除预算支出后的资金余额,以及历年滚存的资金余额	预算结余包括结余资金和结转资金
		结余资金是指年度预算执行终了,预算收入实际完成数扣除预算支出和结转资金后剩余的资金
		结转资金是指预算安排项目的支出年终尚未执行完毕或者因故未执行,且下年需要按原用途继续使用的资金

表1-4　　　　　　　　政府财务会计的基本要素及其具体内容

基本要素	概念	特点
资产	资产是指政府会计主体过去的经济业务或者事项形成的,由政府会计主体控制的,预期能够产生服务潜力或者带来经济利益流入的经济资源	1. 资产是由政府会计主体过去的经济业务或事项形成的。资产必须是现时的资产,它是来自于政府会计主体过去发生的经济业务或事项,而不是预期、计划的资产。也就是说,资产的存在必须以实际发生的经济交易事项为依据,因为预期的资产并没有反映会计主体真实的财务状况
		2. 资产是政府会计主体控制的。资产只有被会计主体控制,会计主体才能够获得和支配资产
		3. 资产能够为政府会计主体带来经济利益或服务潜力。经济利益流入表现为现金及现金等价物的流入,或者现金及现金等价物流出的减少。服务潜力是指政府会计主体利用资产提供公共产品和服务,以履行政府职能的潜在能力
负债	负债是指政府会计主体过去的经济业务或者事项形成的,预期会导致经济资源流出政府会计主体的现时义务	1. 负债是由政府会计主体过去的经济业务或事项形成的。同资产的第一个特点一样,负债必须是现时的负债,它来自政府会计主体过去发生的交易或事项,而不是预期、计划的负债。也就是说,负债的存在必须以实际发生的经济交易事项为依据,因为预期的负债并没有反映会计主体真实的财务状况
		2. 负债是政府会计主体承担的现时义务。现时义务是指政府会计主体在现行条件下已承担的义务。未来发生的经济业务或者事项形成的义务不属于现时义务,不应当确认为负债
		3. 负债的清偿将导致含有服务潜力或者经济利益的经济资源流出政府会计主体
净资产	净资产是指政府会计主体资产扣除负债后的净额	政府会计主体净资产增加时,其表现形式为资产增加或负债减少;政府会计主体净资产减少时,其表现形式为资产减少或负债增加

(续表)

基本要素	概念	特点
收入	收入是指报告期内导致政府会计主体净资产增加的、含有服务潜力或者经济利益的经济资源的流入	1. 政府会计主体收入的增加将导致净资产增加,进而导致资产增加或负债减少(或两者兼而有之),并且最终导致政府会计主体经济利益的增加或服务潜力增强 2. 政府会计主体收入确认是建立在收付实现制原则和权责发生制原则基础之上的。在收付实现制原则下,政府会计主体要收到资金,就必须确认收入,而不管该笔资金所依托的经济事项是否发生于当期;在权责发生制原则下,政府会计主体只要经济事项发生于当期,并符合一定条件,就必须确认该事项所生的收入,而不管收入所带来的资金当期是否收到
费用	费用是指报告期内导致政府会计主体净资产减少的、含有服务潜力或者经济利益的经济资源的流出	1. 政府会计主体支出的增加将导致净资产的减少,进而导致资产减少或负债增加(或两者兼而有之),并且最终导致政府会计主体经济利益的减少或服务潜力减弱 2. 政府会计主体支出确认是建立在收付实现制原则和权责发生制原则基础之上的。在收付实现制原则下,政府会计主体要支付资金,就必须确认费用,而不管该笔资金所依托的经济事项是否发生于当期;在权责发生制原则下,政府会计主体只要经济事项发生于当期,并符合一定条件,就必须确认该事项所生的费用,而不管费用所带来的资金当期是否支付

五、会计科目与记账方法

会计科目是对会计要素具体内容进行分类核算的项目名称。按照核算对象的不同,政府会计可以分为政府(行政事业)单位会计和财政总会计。因此,政府会计科目可以分为政府单位会计科目和财政总会计科目。其中,政府(行政事业)单位统一使用《政府会计制度——行政事业单位会计科目和报表》(以下简称《政府会计制度》)规定的103个会计科目,其中预算会计科目26个,财务会计科目77个。财政总会计则使用《财政总会计制度》规定的会计科目,共有会计科目89个,其中预算会计科目34个,财务会计科目55个。

(一)会计科目

1. 行政事业单位预算会计科目

依照行政事业单位预算会计的三个会计要素,其预算会计科目可分为预算收入、预算支出和预算结余三类。

(1)预算收入类科目共有9个。其中:行政事业单位共有科目有3个,分别是财政拨款预算收入、非同级财政拨款预算收入和其他预算收入;事业单位专有科目有6个,分别是事业预算收入、上级补助预算收入、附属单位上缴预算收入、经营预算收入、投资预算收益和债务预算收入。

(2)预算支出类科目共有8个。其中:行政事业单位共有科目有1个,为其他支出;行政单位专有科目有1个,为行政支出;事业单位专有科目有6个,分别是事业支出、上缴上级支出、对附属单位补助支出、经营支出、投资支出和债务还本支出。

(3)预算结余类科目共有9个。其中:行政事业单位共有科目有6个,分别是财政拨款

二维码1-2:《政府会计制度》规定的会计科目

结转、财政拨款结余、非财政拨款结转、非财政拨款结余、资金结存和其他结余;事业单位专有科目有3个,分别是非财政拨款结余分配、专用结余和经营结余。

2. 行政事业单位财务会计科目

依据行政事业单位财务会计的五个会计要素,其财务会计科目可分为资产类、负债类、净资产类、收入类和费用类科目五类。

(1) 资产类科目有35个。其中:资金类科目包括库存现金、银行存款、零余额账户用款额度和其他货币资金(4个);应收及预付类科目包括财政应返还额度、应收票据、应收账款、预付账款、应收股利、应收利息、其他应收款和坏账准备(8个);存货类科目包括在途物品、库存物品和加工物品(3个);投资类科目包括短期投资、长期股权投资和长期债券投资(3个);待摊费用类科目包括待摊费用和长期待摊费用(2个);固定资产类科目包括固定资产和固定资产累计折旧(2个);无形资产类科目包括无形资产、无形资产累计摊销和研发支出(3个);在建工程类科目包括工程物资和在建工程(2个);其他科目包括公共基础设施、公共基础设施累计折旧(摊销)、政府储备物资、文物资源、保障性住房、保障性住房累计折旧、委托代理资产和待处理财产损溢(8个)。事业单位专有资产类科目涉及投资活动和经营活动的往来款项,主要包括短期投资、长期股权投资、长期债券投资、应收账款、应收票据、应收股利、应收利息和坏账准备等。

(2) 负债类科目有16个,分别是短期借款、应交增值税、其他应交税费、应缴财政款、应付职工薪酬、应付票据、应付账款、应付政府补贴款、应付利息、预收账款、其他应付款、预提费用、长期借款、长期应付款、预计负债和受托代理负债。事业单位专有负债类科目涉及经济业务活动,举债的短期、长期借款本金和利息,以及经营活动中的往来款项,包括短期投资、长期借款、应付利息、应付票据和预收账款等。行政单位专有负债类科目有1个,为应付政府补贴款。

(3) 净资产类科目有7个。其中:行政事业单位共有科目有5个,分别是本年盈余、本年盈余分配、累计盈余、无偿调拨净资产和以前年度盈余调整;事业单位专有科目有2个,分别是专用基金和权益法调整。

(4) 收入类科目有11个。其中:行政事业单位共有科目有6个,分别是财政拨款收入、非同级财政拨款收入、捐赠收入、租金收入、利息收入和其他收入;事业单位专有科目有5个,分别是事业收入、经营收入、投资收益、上级补助收入和附属单位上缴收入。

(5) 费用类科目有8个。其中:行政事业单位共有科目有3个,分别是业务活动费用、资产处置费用和其他费用;事业单位专有科目有5个,分别是单位管理费用、经营费用、上缴上级费用、对附属单位补助费用和所得税费用。

延伸阅读1-3

行政事业单位会计科目的使用规定

(1) 单位应当按照《政府会计制度》的规定设置和使用会计科目。在不影响账务处理和编制报表的前提下,单位可以根据实际情况自行增设或减少某些会计科目。

(2) 单位应当执行《政府会计制度》统一规定的会计科目编号,以便填制会计凭证、登记账簿、查阅账目,实行会计信息化管理。

(3) 单位在填制会计凭证、登记会计账簿时,应当填列会计科目的名称,或同时填列会计科目的名称和编号,不得只填列会计科目编号,不填列会计科目名称。

(4) 单位设置明细科目或进行明细核算,除遵循《政府会计制度》规定外,还应当满足权责发生制政府部门财务报告和政府综合财务报告编制的其他需要。

相关思考1-1

行政单位与事业单位的会计科目有何不同

行政单位为执行国家机关工作任务所需的资金,由各级政府财政部门从政府预算资金中分配和拨付,行政单位业务活动的目的是满足社会公共需要,具有明显的非市场性。与行政单位相比,事业单位的资金来源多渠道,支出使用多用途。事业单位的资金除了来源于政府财政拨款,还来源于上级、单位业务活动的资金等;事业单位资金的支出使用,有用于开展专业业务活动的,有用于开展经营活动的,有用于对附属单位补助的,有用于上缴上级的,等等。由于社会职能及资金来源、用途的不同,行政单位与事业单位在会计科目的设置与运用等方面具有各自的特点。

(二)记账方法

《基本准则》第十条规定:政府会计核算应当采用借贷记账法记账。

借贷记账法是以"借""贷"为记账符号,在经济业务引起资金变化的双方账户中,将其以方向相反、金额相等的方式进行登记的复式记账法。在会计实务中,"借""贷"作为记账符号用于会计分录,在"借"和"贷"两个字后面写相关的会计科目名称。值得指出的是,"借"和"贷"是会计中的专用术语,代表的只是记账的一种符号,并没有原来文字所表示的意思。会计核算中通常把账户分为左右两方,分别反映经济业务的增加和减少,其中,左方为借方,右方为贷方。

六、政府决算报告与财务报告

《基本准则》第五条第一款规定:政府会计主体应当编制决算报告和财务报告。

政府决算报告的编制主要以收付实现制为基础,以预算会计核算生成的数据为准;政府财务报告的编制主要以权责发生制为基础,以财务会计核算生成的数据为准。政府预算会计要素和财务会计要素是相互协调的关系,与此相适应,政府决算报告和政府财务报告相互补充,共同反映政府会计主体的预算执行信息和财务信息。本内容将在本书第八章进行详细阐述。

(一)政府决算报告

政府决算报告是指综合反映政府会计主体年度预算执行结果的文件。政府决算报告包括决算报表和其他应当在决算报告中反映的相关信息和资料。预算会计报表是决算报表的主要信息来源,其应当至少包括预算收入支出表、预算结转结余变动表和财政拨款预算收入支出表。

政府决算报告的目标是向政府决算报告使用者提供与政府预算执行情况有关的信息,综合反映政府会计主体预算收支的年度执行结果,有助于政府决算报告使用者进行监督和管理,并为编制后续年度预算提供参考和依据。政府决算报告使用者包括各级人民代表大会及其常务委员会、各级政府及其有关部门、政府会计主体自身、社会公众和其他利益相关者。

（二）政府财务报告

政府财务报告是指反映政府会计主体某一特定日期的财务状况和某一会计期间的运行情况和现金流量等信息的文件。政府财务报告包括政府综合财务报告和政府部门财务报告。政府综合财务报告是指由政府财政部门编制的反映各级政府整体财务状况、运行情况和财政中长期可持续性的报告。政府部门财务报告是指政府各部门、各单位按规定编制的财务报告。

政府财务报告包括财务报表和其他应当在财务报告中披露的相关信息和资料。财务报表由会计报表及其附注构成。会计报表一般包括资产负债表、收入费用表和净资产变动表。单位可根据实际情况自行选择编制现金流量表。政府会计主体应当根据相关规定编制合并财务报表。

本章小结

本章主要学习了政府会计的基本概念、政府会计假设、政府会计核算基础、政府会计要素、行政事业单位预算会计科目和财务会计科目，以及政府决算报告与财务报告。

本章重要概念

政府会计　政府会计目标　适度分离　相互衔接　会计主体　持续经营　会计分期　货币计量　资产　负债　净资产　收入　费用　会计科目　借贷记账法　政府决算报告　政府财务报告

本章练习

二维码1-3：
本章练习

二维码1-4：
本章练习参考答案

第二章 资 产

- ➢ 内容提要
- ➢ 重点难点
- ➢ 学习目标
- ➢ 知识框架
- ➢ 思政育人
- ➢ 第一节 资产概述
- ➢ 第二节 货币资金的核算
- ➢ 第三节 短期投资的核算
- ➢ 第四节 应收及预付款项的核算
- ➢ 第五节 存货的核算
- ➢ 第六节 长期投资的核算
- ➢ 第七节 固定资产的核算
- ➢ 第八节 在建工程的核算
- ➢ 第九节 无形资产的核算
- ➢ 第十节 其他资产的核算
- ➢ 本章小结
- ➢ 本章重要概念
- ➢ 本章练习

内容提要

本章主要讲解政府单位资产的核算,具体包括货币资金的核算、短期投资的核算、应收及预付款项的核算、存货的核算、长期投资的核算、固定资产的核算、在建工程的核算、无形资产的核算、其他资产的核算。

重点难点

本章重点为货币资金的核算、应收及预付款项的核算、存货的核算、固定资产的核算、在建工程的核算、无形资产的核算;难点为事业单位与行政单位对各项资产核算的差异。

学习目标

通过本章学习,学生应掌握政府单位货币资金的核算、应收及预付款项的核算、存货的核算、固定资产的核算、在建工程的核算、无形资产的核算,以及事业单位与行政单位在各资产核算过程中的差异;了解资产的分类及计量基础。

知识框架

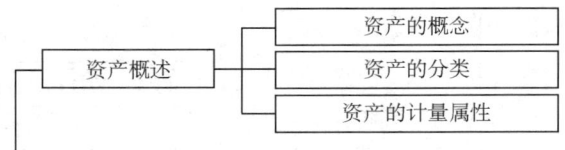

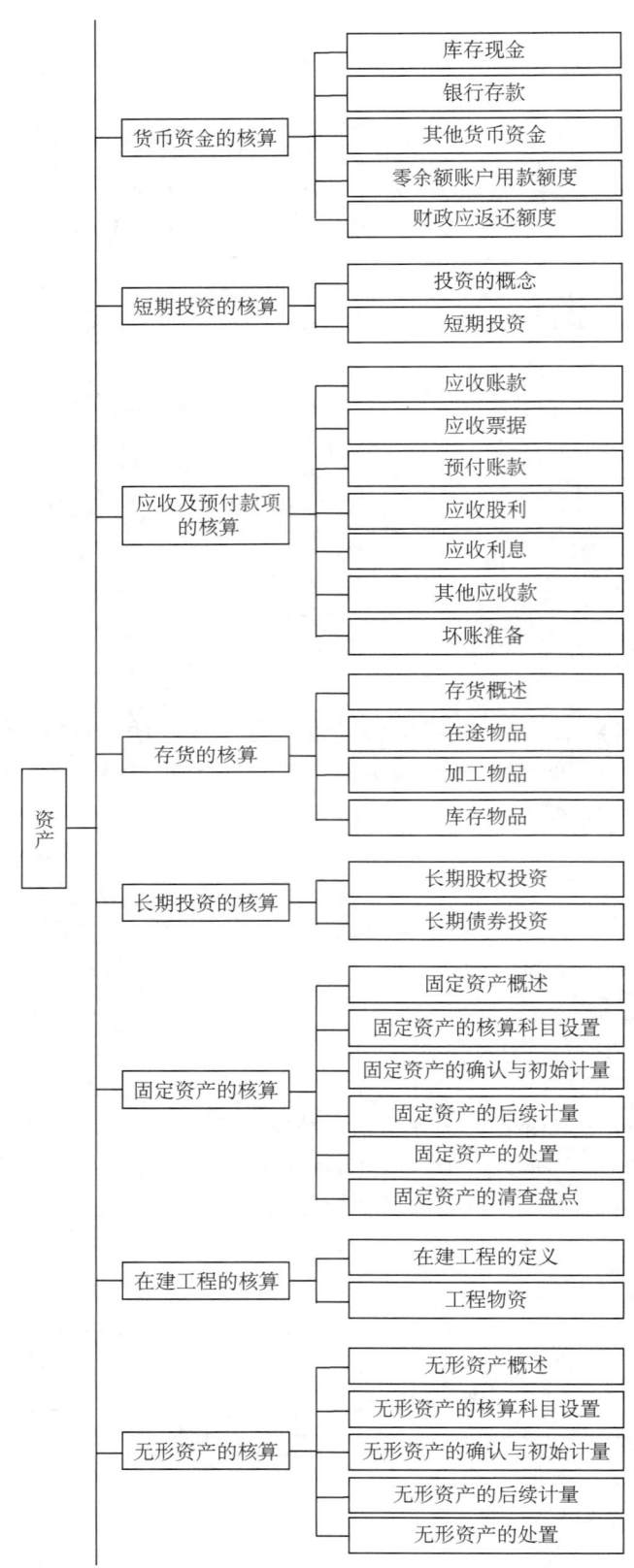

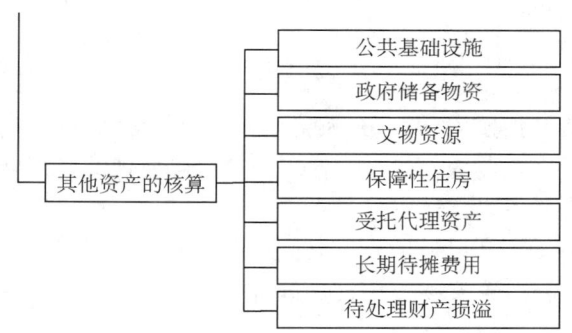

思政育人　　　　倡导"三坚三守"推进诚信建设

会计人员承担着生成和提供会计信息、维护国家财经纪律和经济秩序的重要职责。党的十八大以来，党中央、国务院部署加快社会信用体系建设、构筑诚实守信的经济社会环境，将会计人员作为职业信用建设的重点人群，对他们进行职业道德教育并提出行为规范要求。

为推进会计诚信体系建设、提高会计人员职业道德水平，财政部近日制定印发了《会计人员职业道德规范》（以下简称《规范》）。这是我国首次制定全国性的会计人员职业道德规范。

《规范》将新时代会计人员职业道德要求总结提炼为三条核心表述，即"坚持诚信，守法奉公""坚持准则，守责敬业""坚持学习，守正创新"。这三条要求逻辑清晰、层层递进：第一条"坚持诚信，守法奉公"是对会计人员的自律要求；第二条"坚持准则，守责敬业"是对会计人员的履职要求；第三条"坚持学习，守正创新"是对会计人员的发展要求。《规范》还提出"三坚三守"，强调会计人员"坚"和"守"的职业特性和价值追求，是对会计人员职业道德要求的集中表达。

资料来源：申铖，梁晓纯.倡导"三坚三守"推进诚信建设——我国首次制定会计人员职业道德规范[EB/OL].(2023-01-31)[2023-11-27]. http://finance.people.com.cn/n1/2023/0131/c1004-32615335.html.

【思政寄语】

会计是经济社会的重要参与者，会计人员的诚信不仅关乎个人职业素养和道德水平，更关乎整个行业的公信力和社会信任度。只有坚持诚信原则，才能保证会计信息的真实、准确、完整，为决策者提供可靠依据，维护市场秩序和投资者利益。只有坚持诚信记账、报账、核算和披露信息，才能保证国家财政数据的真实性和可靠性，为政府决策提供有力支持。让我们共同努力，弘扬诚信文化，加强职业道德教育，建立健全的诚信建设长效机制。

第一节　资产概述

一、资产的概念

资产是指政府会计主体过去的经济业务或者事项形成的，由政府会计主体控制的，预期能够产生服务潜力或者带来经济利益流入的经济资源。其中，服务潜力是指政府会计主体利用资产提供公共产品和服务以履行政府职能的潜在能力。经济利益流入表现为现金及现金等价物的流入，或者现金及现金等价物流出的减少。

符合上述定义的经济资源，在同时满足以下条件时，确认为资产：一是与该经济资源相关的服务潜力很可能实现或者经济利益很可能流入政府会计主体；二是该经济资源的成本或者价值能够可靠地计量。

二、资产的分类

政府会计主体的资产按照流动性，分为流动资产和非流动资产。

流动资产是指预计在1年内（含1年）耗用或者可以变现的资产，包括货币资金、短期投资、应收及预付款项、存货等。

非流动资产是指流动资产以外的资产，包括固定资产、在建工程、无形资产、长期投资、公共基础设施、政府储备资产、文物资源、保障性住房等。

三、资产的计量属性

资产的计量属性主要包括历史成本、重置成本、现值、公允价值和名义金额，具体如表2-1所示。

表2-1　　　　　　　　　　　　资产的计量属性

序号	计量属性	具体内容
1	历史成本	资产按照取得时支付的现金金额或者支付对价的公允价值计量
2	重置成本	资产按照现在购买相同或者相似资产所需支付的现金金额计量
3	现值	资产按照预计从其持续使用和最终处置中所产生的未来净现金流入量的折现金额计量
4	公允价值	资产按照市场参与者在计量日发生的有序交易中，出售资产所能收到的价格计量
5	名义金额	无法采用上述计量属性的资产，采用名义金额（即人民币1元）计量

政府会计主体在对资产进行计量时，一般应当采用历史成本。采用重置成本、现值、公允价值计量的，应当保证所确定的资产金额能够持续、可靠计量。

第二节　货币资金的核算

政府会计主体的货币资金按照存放地点和用途，分为库存现金、银行存款、其他货币资金、零余额账户用款额度和财政应返还额度。

一、库存现金

（一）科目设置

库存现金是指政府会计主体存于单位内部用于日常零星开支的货币资金。单位应当严格按照《现金管理暂行条例》《现金管理暂行条例实施细则》及国家有关现金管理的其他各项规定收支现金及核算现金的各项业务。

"库存现金"科目核算单位的库存现金，明细核算上应当设置"受托代理资产"明细科目，用来核算单位受托代理、代管的现金。本科目期末借方余额，反映单位实际持有的库存现金。

（二）账务处理

（1）从银行等金融机构提取现金，按照实际提取的金额，借记本科目，贷记"银行存款"等科目；将现金存入银行等金融机构，按照实际存入金额，借记"银行存款"等科目，贷记本科目。

根据规定从单位零余额账户提取现金，需要区分是否已实行预算管理一体化系统。已实行预算管理一体化系统的，按照实际提取的金额，借记本科目，贷记"财政拨款收入"科目（使用本年度预算指标）或"财政应返还额度"科目（使用以前年度预算指标）；将现金退回单位零余额账户，按照实际退回的金额，借记"财政拨款收入"科目或"财政应返还额度"科目，贷记本科目。尚未实行预算管理一体化系统的，按照实际提取的金额，借记本科目，贷记"零余额账户用款额度"科目；将现金退回单位零余额账户，按照实际退回的金额，借记"零余额账户用款额度"科目，贷记本科目。

（2）因内部职工出差等原因借出的现金，按照实际借出的金额，借记"其他应收款"科目，贷记本科目。出差人员报销差旅费时，按照实际报销的金额，借记"业务活动费用""单位管理费用"等科目，按照实际借出的金额，贷记"其他应收款"科目，按照其差额，借记或贷记本科目。

（3）因提供服务、物品或者其他事项收到的现金，按照实际收到的金额，借记本科目，贷记"事业收入""应收账款"等相关科目。涉及增值税业务的，相关账务处理参见第三章第二节中"应交增值税"科目的内容。

因购买服务、物品或者其他事项支付的现金，按照实际支付的金额，借记"业务活动费用""单位管理费用""其他费用""应付账款""库存物品"等科目，贷记本科目。涉及增值税业务的，相关账务处理参见第三章第二节中"应交增值税"科目的内容。

以库存现金对外捐赠，按照实际捐出的金额，借记"其他费用"科目，贷记本科目。

（4）收到受托代理、代管的现金，按照实际收到的金额，借记"库存现金——受托代理资产"科目，贷记"受托代理负债"科目；支付受托代理、代管的现金，按照实际支付的金额，借记"受托代理负债"科目，贷记"库存现金——受托代理资产"科目。

（5）每日账款核对中发现有待查明原因的现金短缺或溢余，应当通过"待处理财产损溢"科目核算。属于现金溢余的，应当按照实际溢余的金额，借记本科目，贷记"待处理财产损溢"科目；属于现金短缺的，应当按照实际短缺的金额，借记"待处理财产损溢"科目，贷记本科目。单位待查明原因后及时进行账务处理，相关账务处理参见本章第十节中"待处理财产损溢"科目的内容。

库存现金的主要账务处理如表 2-2 所示。

表 2-2　　　　　　　　　　库存现金的主要账务处理

序号	业务内容	账务处理	
		财务会计	预算会计
1	提取现金	借：库存现金 　贷：银行存款等	—
2	存现	借：银行存款等 　贷：库存现金	—

(续表)

序号	业务内容		账务处理	
			财务会计	预算会计
3	零余额账户提现和退回	实行预算管理一体化系统的	（提现） 借：库存现金 　贷：财政拨款收入/财政应返还额度	（提现） 借：资金结存——货币资金 　贷：财政拨款预算收入/资金结存——财政应返还额度
			（退回） 借：财政拨款收入/财政应返还额度 　贷：库存现金	（退回） 借：财政拨款预算收入/资金结存——财政应返还额度 　贷：资金结存——货币资金
		尚未实行预算管理一体化系统的	（提现） 借：库存现金 　贷：零余额账户用款额度	（提现） 借：资金结存——货币资金 　贷：资金结存——零余额账户用款额度
			（退回） 借：零余额账户用款额度 　贷：库存现金	（退回） 借：资金结存——零余额账户用款额度 　贷：资金结存——货币资金
4	内部职工出差	借出的现金	借：其他应收款 　贷：库存现金	—
		报销差旅费时	借：业务活动费用/单位管理费用等 借或贷：库存现金 　贷：其他应收款	借：行政支出/事业支出 　贷：资金结存——货币资金
5	因开展业务等其他事项收到的现金		借：库存现金 　贷：事业收入/应收账款等	借：资金结存——货币资金 　贷：事业预算收入等
6	因购买服务、物品或者其他事项支付的现金		借：业务活动费用/单位管理费用/其他费用/应付账款/库存物品等 　贷：库存现金	借：行政支出/事业支出/其他支出等 　贷：资金结存——货币资金
7	对外捐赠		借：其他费用 　贷：库存现金	借：其他支出 　贷：资金结存——货币资金
8	收到受托代理、代管的现金		借：库存现金——受托代理资产 　贷：受托代理负债	—
9	支付受托代理、代管的现金		借：受托代理负债 　贷：库存现金——受托代理资产	—
10	现金溢余	发现溢余	借：库存现金 　贷：待处理财产损溢	借：资金结存——货币资金 　贷：其他预算收入

（续表）

序号	业务内容		账务处理	
			财务会计	预算会计
10	现金溢余	应付有关人员或单位	借：待处理财产损溢 　　贷：其他应付款 借：其他应付款 　　贷：库存现金	借：其他预算收入 　　贷：资金结存——货币资金
		无法查明原因	借：待处理财产损溢 　　贷：其他收入	—
11	现金短缺	发现短缺	借：待处理财产损溢 　　贷：库存现金	借：其他支出 　　贷：资金结存——货币资金
		应收有关人员或单位	借：其他应收款 　　贷：待处理财产损溢 借：库存现金 　　贷：其他应收款	借：资金结存——货币资金 　　贷：其他支出
		无法查明原因	借：资产处置费用 　　贷：待处理财产损溢	—

【例 2-1】 2×24 年 4 月 1 日，某事业单位业务部门员工张某出差借款 4 000 元。2×24 年 4 月 20 日，张某实际报销差旅费 4 300 元（本单位按实际结算时作预算会计支出）。

（1）2×24 年 4 月 1 日，借款时，财务会计分录如下：

借：其他应收款——张某　　　　　　　　　　　　　　　　　　　　　4 000
　　贷：库存现金　　　　　　　　　　　　　　　　　　　　　　　　　4 000

（2）2×24 年 4 月 20 日，报销时，财务会计分录如下：

借：业务活动费用——商品和服务费用（实际报销金额）　　　　　　　4 300
　　贷：其他应收款——张某（借款金额）　　　　　　　　　　　　　　4 000
　　　　库存现金（多花，补差）　　　　　　　　　　　　　　　　　　　300

同时，编制预算会计分录：

借：事业支出——基本支出——商品和服务费用——差旅费　　　　　4 300
　　贷：资金结存——货币资金——库存现金　　　　　　　　　　　　　4 300

二、银行存款

（一）科目设置

银行存款是指单位存入银行和其他金融机构的各种存款。单位应当严格按照国家有关支付结算办法的规定办理银行存款收支业务，并按照本制度规定核算银行存款的各项收支业务。

"银行存款"科目核算单位存入银行或者其他金融机构的各种存款，明细核算上应当设置"受托代理资产"明细科目，用来核算单位受托代理、代管的银行存款。本科目期末借方余额，反映单位实际存放在银行或其他金融机构的款项。

(二)账务处理

(1) 将款项存入银行或者其他金融机构,按照实际存入的金额,借记本科目,贷记"库存现金""应收账款""事业收入""经营收入""其他收入"等相关科目。涉及增值税业务的,相关账务处理参见第三章第二节中"应交增值税"科目的内容。

(2) 收到银行存款利息,按照实际收到的金额,借记本科目,贷记"利息收入"科目。

(3) 从银行等金融机构提取现金,按照实际提取的金额,借记"库存现金"科目,贷记本科目。

(4) 以银行存款支付相关费用,按照实际支付的金额,借记"业务活动费用""单位管理费用""其他费用"等相关科目,贷记本科目。涉及增值税业务的,相关账务处理参见第三章第二节中"应交增值税"科目的内容。

(5) 以银行存款对外捐赠,按照实际捐出的金额,借记"其他费用"科目,贷记本科目。

(6) 收到受托代理、代管的银行存款,按照实际收到的金额,借记"银行存款——受托代理资产"科目,贷记"受托代理负债"科目;支付受托代理、代管的银行存款,按照实际支付的金额,借记"受托代理负债"科目,贷记"银行存款——受托代理资产"科目。

(7) 单位发生外币业务的,应当按照业务发生当日的即期汇率,将外币金额折算为人民币金额记账,并登记外币金额和汇率。期末,各种外币账户的期末余额,应当按照期末的即期汇率折算为人民币,作为外币账户期末人民币余额。调整后的各种外币账户人民币余额与原账面余额的差额,作为汇兑损益计入当期费用。

第一,以外币购买物资、设备等,按照购入当日的即期汇率将支付的外币或应支付的外币折算为人民币金额,借记"在途物品""库存物品"等科目,贷记本科目、"应付账款"等科目的外币账户。涉及增值税业务的,相关账务处理参见第三章第二节中"应交增值税"科目的内容。

第二,销售物品、提供服务以外币收取相关款项等,按照收入确认当日的即期汇率将收取的外币或应收取的外币折算为人民币金额,借记本科目、"应收账款"等科目的外币账户,贷记"事业收入""其他收入"等相关收入类科目。

第三,期末,根据各外币银行存款账户按照期末汇率调整后的人民币余额与原账面人民币余额的差额,作为汇兑损益,借记或贷记本科目,贷记或借记"业务活动费用""单位管理费用"等科目。"应收账款""应付账款"等科目有关外币账户期末汇率调整业务的账务处理参照本科目。

银行存款的主要账务处理如表2-3所示。

表2-3　　　　　　　　　　　银行存款的主要账务处理

序号	业务内容	账务处理	
		财务会计	预算会计
1	提取现金	借:库存现金 　贷:银行存款	—
2	将款项存入银行或其他金融机构	借:银行存款 　贷:库存现金/应收账款/事业收入/经营收入/其他收入等	借:资金结存——货币资金 　贷:事业预算收入/其他预算收入等

(续表)

序号	业务内容		账务处理	
			财务会计	预算会计
3	支付款项		借：业务活动费用/单位管理费用/其他费用等 贷：银行存款	借：行政支出/事业支出/其他支出等 贷：资金结存——货币资金
4	收到银行存款利息		借：银行存款 贷：利息收入	借：资金结存——货币资金 贷：其他预算收入
5	对外捐赠		借：其他费用 贷：银行存款	借：其他支出 贷：资金结存——货币资金
6	收到受托代理、代管的银行存款		借：银行存款——受托代理资产 贷：受托代理负债	—
7	支付受托代理、代管的现金		借：受托代理负债 贷：银行存款——受托代理资产	—
8	外币业务	购买物资、设备等	借：在途物品/库存物品等 贷：银行存款/应付账款等（外币账户）	借：行政支出/事业支出等 贷：资金结存——货币资金
		收取相关款项等	借：银行存款/应收账款等（外币账户） 贷：事业收入/其他收入等	借：资金结存——货币资金 贷：事业预算收入/其他预算收入等
		期末汇兑损益	（汇兑收益） 借：银行存款/应收账款/应付账款等（外币账户） 贷：业务活动费用/单位管理费用等 （汇兑损失） 借：业务活动费用/单位管理费用等 贷：银行存款/应收账款/应付账款等（外币账户）	（汇兑收益） 借：资金结存——货币资金 贷：行政支出/事业支出等 （汇兑损失） 借：行政支出/事业支出等 贷：资金结存——货币资金

【例 2-2】 2×24 年 4 月 30 日，某行政单位收到银行存款利息 10 000 元。

2×24 年 4 月 30 日，收到利息时，财务会计分录如下：

借：银行存款——基本账户存款　　　　　　　　　　　　　　　　10 000
　　贷：利息收入　　　　　　　　　　　　　　　　　　　　　　　　10 000

同时，编制预算会计分录：

借：资金结存——货币资金——银行存款　　　　　　　　　　　　10 000
　　贷：其他预算收入——利息收入　　　　　　　　　　　　　　　　10 000

【例 2-3】 2×24 年 4 月 30 日，某事业单位支付银行手续费 600 元。

2×24 年 4 月 30 日，支付银行手续费时，财务会计分录如下：

借：单位管理费用——商品和服务费用　　　　　　　　　　　　　　　　　　　600
　　贷：银行存款——基本账户存款　　　　　　　　　　　　　　　　　　　　　　600

同时，编制预算会计分录：

借：事业支出——基本支出——商品和服务费用——手续费　　　　　　　　　　600
　　贷：资金结存——货币资金　　　　　　　　　　　　　　　　　　　　　　　600

三、其他货币资金

（一）科目设置

其他货币资金是指单位除库存现金、银行存款、零余额账户用款额度以外的货币资金。"其他货币资金"科目主要核算单位的外埠存款、银行本票存款、银行汇票存款、信用卡存款等各种其他货币资金。"其他货币资金"科目应当设置"外埠存款""银行本票存款""银行汇票存款""信用卡存款"等明细科目，进行明细核算。本科目期末借方余额，反映单位实际持有的其他货币资金。

（二）账务处理

（1）单位按照有关规定需要在异地开立银行账户，将款项委托本地银行汇往异地开立账户时，借记本科目，贷记"银行存款"科目。收到采购员交来供应单位发票账单等报销凭证时，借记"库存物品"等科目，贷记本科目。将多余的外埠存款转回本地银行时，根据银行的收账通知，借记"银行存款"科目，贷记本科目。

（2）将款项交存银行取得银行本票、银行汇票，按照取得的银行本票、银行汇票的金额，借记本科目，贷记"银行存款"科目。使用银行本票、银行汇票购买库存物品等资产时，按照实际支付的金额，借记"在途物品""库存物品"等科目，贷记本科目。如有余款或因本票、汇票超过付款期等原因而退回款项，按照退款金额，借记"银行存款"科目，贷记本科目。

（3）将款项交存银行取得信用卡，按照交存金额，借记本科目，贷记"银行存款"科目。用信用卡购物或支付有关费用，按照实际支付金额，借记"单位管理费用""库存物品"等科目，贷记本科目。单位信用卡在使用过程中，需向其账户续存资金的，按照续存金额，借记本科目，贷记"银行存款"科目。

（4）单位应当加强对其他货币资金的管理，及时办理结算，对于逾期尚未办理结算的银行汇票、银行本票等，应当按照规定及时转回，并按照上述规定进行相应的账务处理。

其他货币资金的主要账务处理如表2-4所示。

表2-4　　　　　　　　　　　　其他货币资金的主要账务处理

序号	业务内容	账务处理	
		财务会计	预算会计
1	取得银行本票、银行汇票、信用卡时	借：其他货币资金——银行本票存款 　　　　　　　　——银行汇票存款 　　　　　　　　——信用卡存款 　　贷：银行存款	—

（续表）

序号	业务内容	账务处理	
		财务会计	预算会计
2	用银行本票、银行汇票、信用卡支付款项	借：在途物品/库存物品等 贷：其他货币资金——银行本票存款 　　　　　　　　——银行汇票存款 　　　　　　　　——信用卡存款	借：行政支出/事业支出等 贷：资金结存——货币资金
3	银行本票、银行汇票、信用卡余款退回	借：银行存款 贷：其他货币资金——银行本票存款 　　　　　　　　——银行汇票存款 　　　　　　　　——信用卡存款	—

【例2-4】 2×24年4月2日，某事业单位交存银行90 000元，取得银行汇票一张。2×24年4月7日，以银行汇票购入甲材料，价款为60 000元，增值税为7 800元。2×24年4月9日，余款22 200元被退回。

(1) 2×24年4月2日，取得银行汇票时，财务会计分录如下：

借：其他货币资金——银行汇票存款　　　　　　　　　　　　　　90 000
　　贷：银行存款——基本账户存款　　　　　　　　　　　　　　　90 000

(2) 2×24年4月7日，购入A原材料时，财务会计分录如下：

借：库存物品——甲材料　　　　　　　　　　　　　　　　　　　60 000
　　应交增值税——应交税金——进项税额　　　　　　　　　　　　7 800
　　贷：其他货币资金——银行汇票存款　　　　　　　　　　　　　67 800

同时，编制预算会计分录：

借：事业支出——基本支出——商品和服务支出　　　　　　　　　67 800
　　贷：资金结存——货币资金——其他货币资金　　　　　　　　　67 800

(3) 2×24年4月9日，余款退回时，财务会计分录如下：

借：银行存款——基本账户存款　　　　　　　　　　　　　　　　22 200
　　贷：其他货币资金——银行汇票存款　　　　　　　　　　　　　22 200

四、零余额账户用款额度

（一）科目设置

零余额账户用款额度是指实行国库集中支付的单位，根据财政部门批复的用款计划收到的零余额账户用款额度。根据《政府会计准则制度解释第5号》，实行预算管理一体化的预算单位在会计核算时不再使用"零余额账户用款额度"科目。因此，本小节内容仅适用于尚未实行预算管理一体化系统的预算单位。本科目期末借方余额，反映单位尚未支用的零余额账户用款额度。年末注销单位零余额账户用款额度后，本科目应无余额。

（二）账务处理

(1) 收到额度。单位收到"财政授权支付到账通知书"时，根据通知书所列金额，借记本科目,贷记"财政拨款收入"科目。

(2) 支用额度。支付日常活动费用时,按照支付的金额,借记"业务活动费用""单位管理费用"等科目,贷记本科目。

购买库存物品或购建固定资产,按照实际发生的成本,借记"库存物品""固定资产""在建工程"等科目,按照实际支付或应付的金额,贷记本科目、"应付账款"等科目。涉及增值税业务的,相关账务处理参见第三章第二节中"应交增值税"科目的内容。

从零余额账户提取现金时,按照实际提取的金额,借记"库存现金"科目,贷记本科目。

(3) 因购货退回等发生财政授权支付额度退回的,按照退回的金额,借记本科目,贷记"库存物品"等科目。

(4) 年末,单位根据代理银行提供的对账单作注销额度的相关账务处理,借记"财政应返还额度——财政授权支付"科目,贷记本科目。年末,单位本年度财政授权支付预算指标数大于零余额账户用款额度下达数的,根据未下达的用款额度,借记"财政应返还额度——财政授权支付"科目,贷记"财政拨款收入"科目。

(5) 下年年初,单位根据代理银行提供的"上年度注销额度恢复到账通知书"作恢复额度的相关账务处理,借记本科目,贷记"财政应返还额度——财政授权支付"科目。下年年初,单位收到财政部门批复的上年年末未下达零余额账户用款额度,借记本科目,贷记"财政应返还额度——财政授权支付"科目。

零余额账户用款额度的主要账务处理如表 2-5 所示。

表 2-5　　　　　　　　零余额账户用款额度的主要账务处理

序号	业务内容	账务处理 财务会计	账务处理 预算会计
1	收到"财政授权支付到账通知书"时	借:零余额账户用款额度 贷:财政拨款收入	借:资金结存——零余额账户用款额度 贷:财政拨款预算收入
2	支付日常活动费用时	借:业务活动费用/单位管理费用等 贷:零余额账户用款额度	借:行政支出/事业支出等 贷:资金结存——零余额账户用款额度
3	购买库存物品或购建固定资产等	借:库存物品/固定资产/在建工程等 贷:零余额账户用款额度/应付账款等	借:行政支出/事业支出等 贷:资金结存——零余额账户用款额度
4	从零余额账户提取现金	借:库存现金 贷:零余额账户用款额度	借:资金结存——货币资金 贷:资金结存——零余额账户用款额度
5	将现金退回零余额账户	借:零余额账户用款额度 贷:库存现金	借:资金结存——零余额账户用款额度 贷:资金结存——货币资金
6	因购货退回等发生国库授权支付额度退回的(本年度授权支付的款项)	借:零余额账户用款额度 贷:库存物品等	借:资金结存——零余额账户用款额度 贷:行政支出/事业支出等

（续表）

序号	业务内容	账务处理	
		财务会计	预算会计
7	因购货退回等发生国库授权支付额度退回的（以前年度授权支付的款项）	借：零余额账户用款额度 贷：库存物品/以前年度盈余调整等	借：资金结存——零余额账户用款额度 贷：财政拨款结转——年初余额调整/财政拨款结余——年初余额调整
8	年末，根据代理银行提供的对账单注销财政授权支付额度	借：财政应返还额度——财政授权支付 贷：零余额账户用款额度	借：资金结存——财政应返还额度 贷：资金结存——零余额账户用款额度
9	本年度财政制授权支付预算指标数大于零余额账户额度下达数的，根据未下达的用款额度	借：财政应返还额度——财政授权支付 贷：财政拨款收入	借：资金结存——财政应返还额度 贷：财政拨款预算收入
10	下年年初，根据代理银行提供的"上年度注销额度恢复到账通知书"	借：零余额账户用款额度 贷：财政应返还额度——财政授权支付	借：资金结存——零余额账户用款额度 贷：资金结存——财政应返还额度
11	下年年初，收到财政部门批复的上年年末未下达零余额账户用款额度	借：零余额账户用款额度 贷：财政应返还额度——财政授权支付	借：资金结存——零余额账户用款额度 贷：资金结存——财政应返还额度

【例2-5】 某行政单位已经纳入财政国库集中支付制度改革，2×24年1月5日，收到"财政授权支付用款额度到账通知书"，确定本月公用经费授权支付额度为150 000元，与财政部门批准的分月用款计划核对一致。

2×24年1月5日，收到"财政授权支付用款额度到账通知书"时，财务会计分录如下：

借：零余额账户用款额度——基本支出用款额度——公用经费　　150 000
　　贷：财政拨款收入——财政授权支付——基本支付——日常公费经费　　150 000

同时，编制预算会计分录：

借：资金结存——零余额账户用款额度　　150 000
　　贷：财政拨款预算收入——财政授权支付——基本支付　　150 000

五、财政应返还额度

(一) 科目设置

财政应返还额度是指实行国库集中支付的单位应收财政返还的额度。"财政应返还额度"科目核算实行国库集中支付的单位应收财政返还的资金额度，包括可以使用的以前年度财政直接支付资金额度和财政应返还的财政授权支付资金额度。本科目期末借方余额，反映单位应收财政返还的资金额度。

(二) 账务处理

(1) 年末确认应返还额度。年末,单位根据本年度预算指标数大于当年实际发生数的差额,借记本科目,贷记"财政拨款收入"科目。

(2) 已支付的财政资金的退回。发生当年资金退回时,单位应当按照收到的"财政资金退回通知书"及相关原始凭证,按照通知书上的退回金额,借记本科目(支付时使用以前年度预算指标)或"财政拨款收入"科目(支付时使用本年度预算指标),贷记"以前年度盈余调整""业务活动费用""库存物品"等科目。发生项目未结束的跨年资金退回时,单位应当根据收到的"财政资金退回通知书"及相关原始凭证,按照通知书上的退回金额,借记本科目,贷记"以前年度盈余调整""库存物品"等科目。

(3) 使用财政应返还额度。下年度,单位使用以前年度财政应返还额度支付款项时,借记"业务活动费用""单位管理费用"等科目,贷记"财政应返还额度——财政直接支付"科目。

财政应返还额度的主要账务处理如表 2-6 所示。

表 2-6　　　　　　　　　　财政应返还额度的主要账务处理

序号	业务内容		账务处理	
			财务会计	预算会计
1	年末,根据本年度预算指标数大于当年实际发生数的差额		借:财政应返还额度 　贷:财政拨款收入	借:资金结存——财政应返还额度 　贷:财政拨款预算收入
2	发生当年资金退回时	支付时使用以前年度预算指标数	借:财政应返还额度 　贷:以前年度盈余调整/业务活动费用/库存物品等	借:资金结存——财政应返还额度 　贷:行政支出/事业支出等
		支付时使用本年度预算指标数	借:财政拨款收入 　贷:库存物品/业务活动费用/库存物品等	借:财政拨款预算收入 　贷:行政支出/事业支出等
3	项目未结束的跨年资金退回		借:财政应返还额度 　贷:以前年度盈余调整/业务活动费用/库存物品等	借:资金结存——财政应返还额度 　贷:财政拨款结转——年初余额调整
4	下年度,使用以前年度财政应返还额度支付款项时		借:业务活动费用/单位管理费用等 　贷:财政应返还额度——财政直接支付	借:行政支出/事业支出等 　贷:资金结存——财政应返还额度

【例 2-6】 某行政单位已经纳入财政国库集中支付制度改革,2×23 年年底,本年度甲项目财政直接支付预算指标数为 880 000 元,财政直接支付实际支出为 860 000 元。

2×23 年年底,财务会计分录如下:

借:财政应返还额度——财政直接支付——项目支出额度——甲项目　　20 000
　贷:财政拨款收入——财政直接支付——项目支出额度——甲项目　　　20 000

同时,编制预算会计分录:

借：资金结存——财政应返还额度　　　　　　　　　　　　　　　　　20 000
　　贷：财政拨款预算收入——财政直接支付——项目支出额度——甲项目　　20 000

【例2-7】 承[例2-6]，2×24年1月1日，该单位使用恢复的财政直接支付额度支付甲项目会议费15 000元。

2×24年1月1日，支付甲项目会议费时，财务会计分录如下：

借：业务活动费用——商品和服务费用　　　　　　　　　　　　　　　15 000
　　贷：财政应返还额度——财政直接支付——项目支出额度——甲项目　　15 000

同时，编制预算会计分录：

借：行政支出——项目支出——商品和服务支出——会议费　　　　　　15 000
　　贷：资金结存——财政应返还额度　　　　　　　　　　　　　　　　15 000

第三节　短期投资的核算

一、投资的概念

投资是指政府会计主体按规定以货币资金、实物资产、无形资产等方式形成的债权或股权投资。投资分为短期投资和长期投资。短期投资是指政府会计主体取得的持有时间不超过1年(含1年)的投资。长期投资是指政府会计主体取得的除短期投资以外的债权和股权性质的投资。

二、短期投资

(一) 科目设置

"短期投资"科目应当按照投资的种类等进行明细核算。短期投资科目期末借方余额，反映事业单位持有短期投资的成本。

【注意：行政单位不涉及"短期投资"科目】

(二) 账务处理

1. 短期投资的初始计量

取得短期投资时，按照确定的投资成本，借记本科目，贷记"银行存款"等科目。

收到取得投资实际支付价款中包含的已到付息期但尚未领取的利息时，按照实际收到的金额，借记"银行存款"科目，贷记本科目。

2. 短期投资的后续计量

(1) 收到短期投资持有期间的利息，按照实际收到的金额，借记"银行存款"科目，贷记"投资收益"科目。

(2) 出售短期投资或到期收回短期投资本息，按照实际收到的金额，借记"银行存款"科目，按照出售或收回短期投资的账面余额，贷记本科目，按照其差额，借记或贷记"投资收益"科目。涉及增值税业务的，相关账务处理参见第三章第二节中"应交增值税"科目的内容。

短期投资的主要账务处理(事业单位)如表2-7所示。

表 2-7　　　　　　　　　　　短期投资的主要账务处理(事业单位)

序号	业务内容		账务处理	
			财务会计	预算会计
1	初始计量	取得短期投资时	借：短期投资 　贷：银行存款等	借：投资支出 　贷：资金结存——货币资金
		收到取得投资实际支付价款中包含的已到付息期但尚未领取的利息时	借：银行存款 　贷：短期投资	借：资金结存——货币资金 　贷：投资支出
2	后续计量	持有期间收到利息	借：银行存款 　贷：投资收益	借：资金结存——货币资金 　贷：投资预算收益
		出售短期投资或到期收回短期投资(国债)本息	借：银行存款(实际收到的金额) 　　投资收益(借差) 　贷：短期投资 　　　(账面余额) 　　投资收益 　　　(贷差)	借：资金结存——货币资金(实收款) 　　投资预算收益(实收款小于投资成本的差额) 　贷：投资支出(出售或收回当年投资的本息) 　　其他结余(出售或收回以前年度投资的本息) 　　投资预算收益(实收款大于投资成本的差额)

【例 2-8】　某事业单位 2×23 年发生如下业务：

(1) 3月1日，该事业单位以银行存款购买 60 000 元的有价债券，准备 9 个月之内出售。

(2) 6月1日，该事业单位收到持有该债券利息 600 元。

(3) 12月1日，该事业单位出售该债券，收到 60 600 元，并收到持有期间的其他利息 1 200 元。

因此：

(1) 2×23 年 3 月 1 日，财务会计分录如下：

借：短期投资　　　　　　　　　　　　　　　　　　　　　　　　60 000
　贷：银行存款　　　　　　　　　　　　　　　　　　　　　　　　60 000

同时，编制预算会计分录：

借：投资支出　　　　　　　　　　　　　　　　　　　　　　　　60 000
　贷：资金结存——货币资金　　　　　　　　　　　　　　　　　　60 000

(2) 2×23 年 6 月 1 日，财务会计分录如下：

借：银行存款　　　　　　　　　　　　　　　　　　　　　　　　600
　贷：应收股利　　　　　　　　　　　　　　　　　　　　　　　　600

同时，编制预算会计分录：

借：资金结存——货币资金　　　　　　　　　　　　　　　　　　600
　贷：投资预算收益　　　　　　　　　　　　　　　　　　　　　　600

(3) 2×23年12月1日,财务会计分录如下:

借:银行存款　　　　　　　　　　　　　　　　　　　　　　　61 800
　　贷:短期投资　　　　　　　　　　　　　　　　　　　　　　　60 000
　　　　投资收益　　　　　　　　　　　　　　　　　　　　　　　 1 800

同时,编制预算会计分录:

借:资金结存——货币资金　　　　　　　　　　　　　　　　　61 800
　　贷:投资支出　　　　　　　　　　　　　　　　　　　　　　　60 000
　　　　投资预算收益　　　　　　　　　　　　　　　　　　　　　 1 800

第四节　应收及预付款项的核算

一、应收账款

(一)科目设置

应收账款是指事业单位提供服务、销售产品等应收取的款项,以及单位因出租资产、出售物资等应收取的款项。"应收账款"科目在行政单位一般很少涉及。本科目应当按照债务单位(或个人)进行明细核算。本科目期末借方余额,反映单位尚未收回的应收账款。

(二)账务处理

行政单位应收账款收回后需上缴财政;事业单位应收账款收回后既包括需上缴财政的业务,又包括不需上缴财政的业务。行政单位及事业单位应收账款收回后需上缴财政的账务处理是相同的。以下分别针对不同的情况进行讲解。

1. 应收账款收回后需上缴财政

(1)单位出租资产发生应收未收租金款项时,按照应收未收金额,借记本科目,贷记"应缴财政款"科目。收回应收账款时,按照实际收到的金额,借记"银行存款"等科目,贷记本科目。

(2)单位出售物资发生应收未收款项时,按照应收未收金额,借记本科目,贷记"应缴财政款"科目。收回应收账款时,按照实际收到的金额,借记"银行存款"等科目,贷记本科目。涉及增值税业务的,相关账务处理参见第三章第二节中"应交增值税"科目的内容。

单位应当于每年年末,对收回后应当上缴财政的应收账款进行全面检查:

(1)对于账龄超过规定年限,确认无法收回的应收账款,按照规定报经批准后予以核销。按照核销金额,借记"应缴财政款"科目,贷记本科目。核销的应收账款应当在备查簿中保留登记。

(2)已核销的应收账款在以后期间又收回的,按照实际收回的金额,借记"银行存款"等科目,贷记"应缴财政款"科目。

2. 应收账款收回后不需上缴财政

单位发生应收账款时,按照应收未收金额,借记本科目,贷记"事业收入""经营收入""租金收入""其他收入"等科目。收回应收账款时,按照实际收到的金额,借记"银行存款"等科目,贷记本科目。涉及增值税业务的,相关账务处理参见第三章第二节中"应交增值税"科目的内容。

事业单位应当于每年年末,对收回后不需上缴财政的应收账款进行全面检查,如发生不能收回的迹象,应当计提坏账准备:

(1)对于账龄超过规定年限、确认无法收回的应收账款,按照规定报经批准后予以核销。按照核销金额,借记"坏账准备"科目,贷记本科目。核销的应收账款应在备查簿中保留登记。

(2)已核销的应收账款在以后期间又收回的,按照实际收回的金额,借记本科目,贷记"坏账准备"科目;同时,借记"银行存款"等科目,贷记本科目。

应收账款的主要账务处理如表2-8所示。

表2-8　　　　　　　　　　　应收账款的主要账务处理

序号	业务内容		账务处理	
			财务会计	预算会计
1	【事业单位】收回后不需上缴财政	发生及收回	发生应收账款	借:应收账款 贷:事业收入/经营收入/租金收入/其他收入等	—
			收回应收账款	借:银行存款等 贷:应收账款	借:资金结存——货币资金等 贷:事业预算收入/经营预算收入/其他预算收入等
		逾期无法收回的	对于账龄超过规定年限,确认无法收回的应收账款	借:坏账准备 贷:应收账款	—
			已核销的应收账款在以后期间又收回	借:应收账款 贷:坏账准备 借:银行存款 贷:应收账款	借:资金结存——货币资金 贷:非财政拨款结余等
2	【行政事业单位】收回后需上缴财政	发生及收回	发生应收账款	借:应收账款 贷:应缴财政款	—
			收回应收账款	借:银行存款等 贷:应收账款	—
		逾期无法收回的	对于账龄超过规定年限,确认无法收回的应收账款	借:应缴财政款 贷:应收账款	—
			已核销的应收账款在以后期间又收回	借:银行存款等 贷:应缴财政款	—

【例 2-9】 2×24 年 3 月 20 日,某事业单位开展事业活动产生事业收入 10 000 元,款项未收到。2×24 年 3 月 26 日,收到甲公司款项。

(1) 2×24 年 3 月 20 日,产生事业收入时,财务会计分录如下:

借:应收账款——甲公司　　　　　　　　　　　　　　　10 000
　　贷:事业收入　　　　　　　　　　　　　　　　　　　　　　10 000

(2) 2×24 年 3 月 26 日,收到款项时,财务会计分录如下:

借:银行存款　　　　　　　　　　　　　　　　　　　　10 000
　　贷:应收账款——甲公司　　　　　　　　　　　　　　　　　10 000

同时,编制预算会计分录:

借:资金结存——货币资金——银行存款　　　　　　　　10 000
　　贷:事业预算收入　　　　　　　　　　　　　　　　　　　　10 000

二、应收票据

(一) 科目设置

应收票据是指事业单位因开展经营活动销售产品、提供有偿服务等而收到的商业汇票,包括银行承兑汇票和商业承兑汇票。"应收票据"科目应当按照开出、承兑商业汇票的单位等进行明细核算。本科目期末借方余额,反映事业单位持有的商业汇票票面金额。

【注意:行政单位不涉及"应收票据"科目】

(二) 账务处理

(1) 因销售产品、提供服务等收到商业汇票,按照商业汇票的票面金额,借记本科目,按照确认的收入金额,贷记"经营收入"等科目。涉及增值税业务的,相关账务处理参见第三章第二节中"应交增值税"科目的内容。

(2) 持未到期的商业汇票向银行贴现,按照实际收到的金额(即扣除贴现息后的净额),借记"银行存款"科目,按照贴现息金额,借记"经营费用"等科目,按照商业汇票的票面金额,贷记本科目(无追索权)或"短期借款"科目(有追索权)。附追索权的商业汇票到期未发生追索事项的,按照商业汇票的票面金额,借记"短期借款"科目,贷记本科目。

(3) 将持有的商业汇票背书转让以取得所需物资时,按照取得物资的成本,借记"库存物品"等科目,按照商业汇票的票面金额,贷记本科目,如有差额,借记或贷记"银行存款"等科目。涉及增值税业务的,相关账务处理参见第三章第二节中"应交增值税"科目的内容。

(4) 商业汇票到期时,应当分以下情况处理:①收回票款时,按照实际收到的商业汇票票面金额,借记"银行存款"科目,贷记本科目。②因付款人无力支付票款,收到银行退回的商业承兑汇票、委托收款凭证、未付票款通知书或拒付款证明等,按照商业汇票的票面金额,借记"应收账款"科目,贷记本科目。

应收票据的主要账务处理(事业单位)如表 2-9 所示。

表 2-9　　　　　　　　　应收票据的主要账务处理（事业单位）

序号	业务内容		账务处理	
			财务会计	预算会计
1	因销售产品、提供服务等收到商业汇票		借：应收票据 　贷：经营收入等	—
2	贴现	持未到期的商业汇票向银行贴现	借：银行存款（贴现净额） 　　经营费用等（贴现利息） 　贷：应收票据（不附追索权）/ 　　　短期借款（附追索权）	借：资金结存——货币资金 　贷：经营预算收入等 　　（贴现净额）
		附追索权的商业汇票到期未发生追索事项	借：短期借款 　贷：应收票据	—
3	背书转让	背书转让以取得所需物资	借：库存物品等 　贷：应收票据 借或贷：银行存款等（补差）	借：经营支出等 　贷：资金结存——货币资金
4	到期	收回款项	借：银行存款 　贷：应收票据	借：资金结存——货币资金 　贷：经营预算收入等
		付款人无力支付票款	借：应收账款 　贷：应收票据	—

【例 2-10】　2×24 年 4 月 1 日，某事业单位销售产品给乙公司，收到 3 个月期不带息银行承兑汇票 110 000 元。2×24 年 7 月 1 日，收到款项。

（1）2×24 年 4 月 1 日，收到银行承兑汇票时，财务会计分录如下：

借：应收票据——乙公司　　　　　　　　　　　　　　　　　　　　110 000
　贷：经营收入——销售商品　　　　　　　　　　　　　　　　　　　　　110 000

（2）2×24 年 7 月 1 日，收到款项时，财务会计分录如下：

借：银行存款——基本存款账户　　　　　　　　　　　　　　　　　110 000
　贷：应收票据——乙公司　　　　　　　　　　　　　　　　　　　　　　110 000

同时，编制预算会计分录：

借：资金结存——货币资金——银行存款　　　　　　　　　　　　　110 000
　贷：经营预算收入——销售商品　　　　　　　　　　　　　　　　　　　110 000

三、预付账款

（一）科目设置

预付账款是指单位按照购货、服务合同或协议规定预付给供应单位（或个人）的款项，以及按照合同规定向承包工程的施工企业预付的备料款和工程款。"预付账款"科目应当按照供应单位（或个人）及具体项目进行明细核算；对于基本建设项目发生的预付账款，还应当在本科目所属基建项目科目下设置"预付备料款""预付工程款""其他预付款"等明细科目，进行明细核算。本科目期末借方余额,反映单位实际预付但尚未结算的款项。

(二)账务处理

(1)发生预付款项时,根据购货、服务合同或协议规定预付款项时,按照预付金额,借记本科目,贷记"财政拨款收入""银行存款"等科目。

(2)收到所购资产或服务时,按照购入资产或服务的成本,借记"库存物品""固定资产""无形资产""业务活动费用"等相关科目,按照相关预付账款的账面余额,贷记本科目,按照实际补付的金额,贷记"财政拨款收入""银行存款"等科目。涉及增值税业务的,相关账务处理参见第三章第二节中"应交增值税"科目的内容。

(3)根据工程进度结算工程价款及备料款时,按照结算金额,借记"在建工程"科目,按照相关预付账款的账面余额,贷记本科目,按照实际补付的金额,贷记"财政拨款收入""银行存款"等科目。

(4)发生预付账款退回的,按照实际退回的金额,借记"财政拨款收入"(本年直接支付)、"财政应返还额度"(以前年度直接支付)、"银行存款"等科目,贷记本科目。

(5)逾期无法收回的预付账款,单位应当于每年年末,对预付账款进行全面检查。如果有确凿证据表明预付账款不再符合预付款项性质,或者因供应单位破产、撤销等原因可能无法收到所购货物、服务的,应当先将其转入其他应收款,再按照规定进行处理。将预付账款账面余额转入其他应收款时,借记"其他应收款"科目,贷记本科目。

预付账款的主要账务处理如表 2-10 所示。

表 2-10　　　　　　　　　　预付账款的主要账务处理

序号	业务内容		账务处理	
			财务会计	预算会计
1	发生预付款项时		借:预付账款 　贷:财政拨款收入/银行存款等	借:行政支出/事业支出等 　贷:财政拨款预算收入/资金结存
2	收到所购物品或服务时		借:库存物品/固定资产/无形资产/业务活动费用 　贷:预付账款 　　财政拨款收入/银行存款等(补付款项)	借:行政支出/事业支出等(补付款项) 　贷:财政拨款预算收入/资金结存
3	根据工程进度结算工程价款及备料款时		借:在建工程 　贷:预付账款 　　财政拨款收入/银行存款等(补付款项)	借:行政支出/事业支出等(补付款项) 　贷:财政拨款预算收入/资金结存
4	预付账款退回	当年预付账款退回	借:财政拨款收入/银行存款等 　贷:预付账款	借:财政拨款预算收入/资金结存 　贷:行政支出/事业支出等
		以前年度预付账款退回	借:财政应返还额度/银行存款等 　贷:预付账款	借:资金结存 　贷:财政拨款结余——年初余额调整/财政拨款结转——年初余额调整等

(续表)

序号	业务内容	账务处理	
		财务会计	预算会计
5	逾期无法收回的预付账款转为其他应收款	借：其他应收款 　贷：预付账款	—

【例 2-11】 某行政单位向丙公司购买材料一批，于 2×24 年 4 月 1 日预付货款 60 000 元。2×24 年 4 月 15 日，收到材料，共计 59 100 元，丙公司退回货款 900 元，均使用国库集中支付。

(1) 2×24 年 4 月 1 日，预付货款，财务会计分录如下：

借：预付账款——预付备料款——丙公司　　　　　　　　　　　60 000
　　贷：财政拨款收入　　　　　　　　　　　　　　　　　　　60 000

同时，编制预算会计分录：

借：行政支出——基本支出——商品和服务支出　　　　　　　　60 000
　　贷：财政拨款预算收入　　　　　　　　　　　　　　　　　60 000

(2) 2×24 年 4 月 15 日，收到材料和东海公司退回的货款，财务会计分录如下：

借：库存物品　　　　　　　　　　　　　　　　　　　　　　　59 100
　　财政拨款收入　　　　　　　　　　　　　　　　　　　　　　900
　　贷：预付账款——预付备料款——丙公司　　　　　　　　　60 000

同时，编制预算会计分录：

借：财政拨款预算收入　　　　　　　　　　　　　　　　　　　　900
　　贷：行政支出——基本支出——商品和服务支出　　　　　　　900

四、应收股利

(一) 科目设置

应收股利是指事业单位持有长期股权投资应当收取的现金股利或应当分得的利润。"应收股利"科目应当按照被投资单位等进行明细核算。本科目期末借方余额，反映事业单位应当收取但尚未收到的现金股利或利润。

【注意：行政单位不涉及"应收股利"科目】

(二) 账务处理

(1) 取得长期股权投资时，按照支付的价款中所包含的已宣告但尚未发放的现金股利，借记本科目，按照确定的长期股权投资成本，借记"长期股权投资"科目，按照实际支付的金额，贷记"银行存款"等科目。

收到取得投资实际支付价款中所包含的已宣告但尚未发放的现金股利或利润时，按照收到的金额，借记"银行存款"科目，贷记本科目。

(2) 长期股权投资持有期间，被投资单位宣告发放现金股利或利润的，按照应享有的份额，借记本科目，贷记"投资收益"（成本法下）或"长期股权投资"（权益法下）科目。

(3)实际收到现金股利或利润时,按照收到的金额,借记"银行存款"等科目,贷记本科目。

应收股利的主要账务处理(事业单位)如表 2-11 所示。

表 2-11　　　　　　　　应收股利的主要账务处理(事业单位)

序号	业务内容	账务处理	
		财务会计	预算会计
1	取得股权投资	取得长期股权投资时	借:长期股权投资 　　应收股利(价款中包含已宣告但尚未发放的现金股利或利润) 　贷:银行存款等	借:投资支出(支付的全部价款) 　贷:资金结存——货币资金
		收到取得投资实际支付价款中包含已宣告但尚未发放的现金股利或利润时	借:银行存款 　贷:应收股利	借:资金结存——货币资金 　贷:投资支出等
2	被投资单位宣告发放现金股利或利润时	借:应收股利 　贷:投资收益(成本法下)/长期股权投资(权益法下)	—
3	收到现金股利或利润时	借:银行存款 　贷:应收股利	借:资金结存——货币资金 　贷:投资预算收益

【例 2-12】　某事业单位于 2×23 年 5 月 1 日以 500 万元投资取得对丁公司的股权,其中含已宣告但尚未支付的现金股利或利润共计 50 万元。2×23 年 5 月 10 日,收到现金股利 50 万元。2×23 年 12 月 31 日,丁公司宣告发放 100 万元现金股利。2×24 年 4 月 1 日,收到现金股利 100 万元。

(1)2×23 年 5 月 1 日,财务会计分录如下:

借:长期股权投资——丁公司　　　　　　　　　　　　　　　　　　　　4 500 000
　　应收股利——丁公司　　　　　　　　　　　　　　　　　　　　　　　 500 000
　　贷:银行存款——基本账户存款　　　　　　　　　　　　　　　　　　　　　5 000 000

同时,编制预算会计分录:

借:投资支出——丁公司　　　　　　　　　　　　　　　　　　　　　　5 000 000
　　贷:资金结存——货币资金——银行存款　　　　　　　　　　　　　　　　5 000 000

(2)2×23 年 5 月 10 日,收到现金股利时,财务会计分录如下:

借:银行存款——基本账户存款　　　　　　　　　　　　　　　　　　　　500 000
　　贷:应收股利——丁公司　　　　　　　　　　　　　　　　　　　　　　　　500 000

同时,编制预算会计分录:

借:资金结存——货币资金——银行存款　　　　　　　　　　　　　　　　500 000
　　贷:投资支出——丁公司　　　　　　　　　　　　　　　　　　　　　　　　500 000

(3)2×23 年 12 月 31 日,财务会计分录如下:

借：应收股利——丁公司　　　　　　　　　　　　　　　　　　　　1 000 000
　　贷：投资收益——丁公司　　　　　　　　　　　　　　　　　　　　　1 000 000

(4) 2×24年4月1日,收到现金股利时,财务会计分录如下：

借：银行存款——基本账户存款　　　　　　　　　　　　　　　　　1 000 000
　　贷：应收股利——丁公司　　　　　　　　　　　　　　　　　　　　　1 000 000

同时,编制预算会计分录：

借：资金结存——货币资金——银行存款　　　　　　　　　　　　　1 000 000
　　贷：投资预算收益——丁公司　　　　　　　　　　　　　　　　　　　1 000 000

五、应收利息

(一) 科目设置

应收利息是指事业单位长期债券投资应当收取的利息。"应收利息"科目应当按照被投资单位等进行明细核算。本科目期末借方余额,反映事业单位应收未收的长期债券投资利息。

需要注意的是,事业单位购入的到期一次还本付息的长期债券投资持有期间的利息,应当通过"长期债券投资——应计利息"科目核算,不通过本科目核算。

【注意：行政单位不涉及"应收利息"科目】

(二) 账务处理

(1) 取得长期债券投资时,按照确定的投资成本,借记"长期债券投资"科目,按照支付的价款中包含的已到付息期但尚未领取的利息,借记本科目,按照实际支付的金额,贷记"银行存款"等科目。

收到取得投资实际支付价款中所包含的已到付息期但尚未领取的利息时,按照收到的金额,借记"银行存款"等科目,贷记本科目。

(2) 按期计算确认长期债券投资利息收入时,对于分期付息、一次还本的长期债券投资,按照以票面金额和票面利率计算确定的应收未收利息金额,借记本科目,贷记"投资收益"科目。

(3) 实际收到应收利息时,按照收到的金额,借记"银行存款"等科目,贷记本科目。

应收利息的主要账务处理(事业单位)如表2-12所示。

表2-12　　　　　　　　　　应收利息的主要账务处理(事业单位)

序号	业务内容	账务处理	
		财务会计	预算会计
1	取得债券投资	取得长期债券投资时	借：长期债券投资 　　应收利息(价款中包含已到付息期但尚未领取的利息) 　贷：银行存款等	借：投资支出(取得的全部价款) 　贷：资金结存——货币资金
		收到取得投资实际支付价款中包含的已到付息期但尚未领取的利息时	借：银行存款等 　贷：应收利息	借：资金结存——货币资金 　贷：投资支出等

(续表)

序号	业务内容	账务处理	
		财务会计	预算会计
2	按期计提利息时	借：应收利息（分期付息） 　贷：投资收益	—
3	收到利息时	借：银行存款等 　贷：应收利息	借：资金结存——货币资金 　贷：投资预算收益

【例2-13】 某事业单位于2×24年5月1日以560万元的价格从证券市场上购入甲公司发行的债券，分期付息，到期一次还本债券，价款中包含已到利息期但尚未领取的利息28万元。

2×24年5月1日，财务会计分录如下：

借：长期债券投资——甲公司　　　　　　　　　　　　　　　　5 320 000
　　应收利息——甲公司　　　　　　　　　　　　　　　　　　　280 000
　贷：银行存款——基本账户存款　　　　　　　　　　　　　　　5 600 000

同时，编制预算会计分录：

借：投资支出——甲公司　　　　　　　　　　　　　　　　　　5 600 000
　贷：资金结存——货币资金——银行存款　　　　　　　　　　　5 600 000

六、其他应收款

（一）科目设置

其他应收款是指单位除财政应返还额度、应收票据、应收账款、预付账款、应收股利、应收利息以外的其他各项应收及暂付款项，如职工预借的差旅费、已经偿还银行尚未报销的本单位公务卡欠款、拨付给内部有关部门的备用金、应向职工收取的各种垫付款项、支付的可以收回的订金或押金、应收的上级补助和附属单位上缴款项等。"其他应收款"科目应当按照其他应收款的类别以及债务单位（或个人）进行明细核算。本科目期末借方余额，反映单位尚未收回的其他应收款。

【注意：行政单位不涉及"应收股利""应收利息"科目】

（二）账务处理

（1）发生其他各种应收及暂付款项时，按照实际发生金额，借记本科目，贷记"银行存款""库存现金""上级补助收入""附属单位上缴收入"等科目。涉及增值税业务的，相关账务处理参见第三章第二节中"应交增值税"科目的内容。

（2）收回其他各种应收及暂付款项时，按照收回的金额，借记"库存现金""银行存款"等科目，贷记本科目。

（3）单位内部实行备用金制度的，有关部门使用备用金以后，应当及时到财务部门报销并补足备用金。

财务部门核定并发放备用金时，按照实际发放金额，借记本科目，贷记"库存现金"等科目。

根据报销金额用现金补足备用金定额时，借记"业务活动费用""单位管理费用"等科目，贷记"库存现金"等科目，报销数和拨补数都不再通过本科目核算。

（4）偿还尚未报销的本单位公务卡欠款时，按照偿还的款项，借记本科目，贷记"银行存款"等科目；持卡人报销时，按照报销金额，借记"业务活动费用""单位管理费用"等科目，贷记本科目。

（5）将预付账款的账面余额转入其他应收款时，借记本科目，贷记"预付账款"科目。相关账务处理参见本章第四节中"预付账款"科目的内容。

（6）单位应当于每年年末，对其他应收款进行全面检查，如发生不能收回的迹象，应当计提坏账准备。需要注意的是：

第一，事业单位对于账龄超过规定年限、确认无法收回的其他应收款，按照规定报经批准后予以核销。按照核销金额，借记"坏账准备"科目，贷记本科目。核销的其他应收款应当在备查簿中保留登记。

第二，事业单位已核销的其他应收款在以后期间又收回的，按照实际收回的金额，借记本科目，贷记"坏账准备"科目；同时，借记"银行存款"等科目，贷记本科目。

第三，行政单位对于账龄超过规定年限、确认无法收回的其他应收款，按照规定报经批准后予以核销。按照核销金额，借记"资产处置费用"科目，贷记本科目。核销的其他应收款应当在备查簿中保留登记。

第四，行政单位已核销的其他应收款在以后期间又收回的，按照实际收回的金额，借记"银行存款"等科目，贷记"其他收入"科目。

其他应收款的主要账务处理如表 2-13 所示。

表 2-13　　　　　　　　　　　其他应收款的主要账务处理

序号	业务内容		账务处理	
			财务会计	预算会计
1	发生其他各种应收及暂付款项时		借：其他应收款 　贷：银行存款/库存现金/上级补助收入/附属单位上缴收入等 【注意：事业单位会涉及"上级补助收入""附属单位上缴收入"科目】	—
2	收回其他各种应收及暂付款项时		借：库存现金/银行存款等 　贷：其他应收款	—
3	预付给内部有关部门的备用金	财务部门核定并发放备用金时	借：其他应收款 　贷：库存现金等	
		根据报销数用现金补足备用金定额时	借：业务活动费用/单位管理费用等 　贷：库存现金等	借：行政支出/事业支出等 　贷：资金结存/货币资金
4	偿还尚未报销的本单位公务卡欠款		借：其他应收款 　贷：银行存款等	—
5	持卡人报销时		借：业务活动经费等/单位管理费用 　贷：其他应收款	借：行政支出/事业支出等 　贷：资金结存

(续表)

序号	业务内容	账务处理	
		财务会计	预算会计
6	将预付账款的账面余额转入其他应收款时	借：其他应收款 　　贷：预付账款	—
7	对于账龄超过规定年限、确认无法收回的其他应收款	【事业单位】 借：坏账准备 　　贷：其他应收款 【行政单位】 借：资产处置费用 　　贷：其他应收款	—
8	已核销的其他应收款在以后期间又收回的	【事业单位】 借：其他应收款 　　贷：坏账准备 借：银行存款等 　　贷：其他应付款 【行政单位】 借：银行存款等 　　贷：其他收入	借：资金结存——货币资金 　　贷：其他预算收入

【例 2-14】 某事业单位内部实行备用金制度。2×24 年 5 月 1 日，该事业单位甲部门申请备用金 5 000 元，现以现金形式拨付。2×24 年 5 月 15 日，甲部门报销用备用金支付的快递费 500 元，财务部门以现金补足备用金定额。

（1）2×24 年 5 月 1 日，财务会计分录如下：

借：其他应收款　　　　　　　　　　　　　　　　　　　　　　　5 000
　　贷：库存现金　　　　　　　　　　　　　　　　　　　　　　　5 000

（2）2×24 年 5 月 15 日，财务会计分录如下：

借：业务活动费用　　　　　　　　　　　　　　　　　　　　　　　500
　　贷：库存现金　　　　　　　　　　　　　　　　　　　　　　　500

同时，编制预算会计分录：

借：事业支出　　　　　　　　　　　　　　　　　　　　　　　　　500
　　贷：资金结存——货币资金　　　　　　　　　　　　　　　　　500

七、坏账准备

（一）科目设置

坏账准备是指无法收回的应收款项。"坏账准备"科目核算事业单位对收回后不需上缴财政的应收账款和其他应收款提取的坏账准备。本科目应当分别以应收账款和其他应收款进行明细核算。本科目期末贷方余额，反映单位尚未收回的应收款。

事业单位应当于每年年末，对收回后不需上缴财政的应收账款和其他应收款进行全面检查,分析其可收回性,对预计可能产生的坏账损失计提坏账准备、确认坏账损失。事业单位可以采用应收款项余额百分比法、账龄分析法、个别认定法等方法计提坏账准备。坏账准备的计提方法一经确定,不得随意变更;如需变更,应当按照规定报经批准,并在财务报表附注中予以说明。

【注意:行政单位不涉及"坏账准备"科目】

(二)账务处理

(1)计提坏账准备时,借记"其他费用"科目,贷记本科目;冲减坏账准备时,借记本科目,贷记"其他费用"科目。

(2)对于账龄超过规定年限并确认无法收回的应收账款、其他应收款,应当按照有关规定报经批准后,按照无法收回的金额,借记本科目,贷记"应收账款""其他应收款"科目。

已核销、不需上缴财政的应收账款、其他应收款在以后期间又收回的,按照实际收回的金额,借记"应收账款""其他应收款"科目,贷记本科目;同时,借记"银行存款"等科目,贷记"应收账款""其他应收款"科目。

坏账准备的主要账务处理(事业单位)如表 2-14 所示。

表 2-14　　　　　　　　　坏账准备的主要账务处理(事业单位)

序号	业务内容		账务处理	
			财务会计	预算会计
1	年末,全面分析不需上缴财政的应收账款和其他应收款	计提坏账准备,确认坏账损失	借:其他费用 　贷:坏账准备	—
		冲减坏账准备	借:坏账准备 　贷:其他费用	—
2	逾期无法收回的应收账款和其他应收款	批准后,予以核销	借:坏账准备 　贷:应收账款/其他应收款	—
		已核销、不需上缴财政的,在以后期间收回	借:应收账款/其他应收款 　贷:坏账准备 借:银行存款等 　贷:应收账款/其他应付款	借:资金结存——货币资金 　贷:非财政拨款结余

【例 2-15】　2×23 年 12 月 31 日,某事业单位全面分析不需上缴财政的应收账款和其他应收款,计提坏账准备 5 000 元。

2×23 年 12 月 31 日,财务会计分录如下:

借:其他费用　　　　　　　　　　　　　　　　　　　　　　　　　　5 000
　　贷:坏账准备　　　　　　　　　　　　　　　　　　　　　　　　　　5 000

第五节　存货的核算

一、存货概述

（一）存货的定义及分类

存货是指政府会计主体在开展业务活动及其他活动中为耗用或出售而储存的资产，如材料、产品、包装物和低值易耗品等，以及未达到固定资产标准的用具、装具、动植物等。根据保管状态或具体内容的差异，政府会计主体的存货分为在途物品、库存物品和加工物品。

> **延伸阅读2-1**
>
> **存货与政府储备物资的区别**
>
> 从物质形态上看，政府会计主体占有、使用的存货与其控制的政府储备物资具有一定相似性，但政府储备物资是政府会计主体为满足实施国家安全与发展战略、进行抗灾救灾、应对公共突发事件等特定公共需求而控制的物资，其规模和种类反映政府应对各类突发事件、维护社会经济稳定、维护国家安全和部署发展战略等的能力，其功能作用与政府会计主体在开展日常性活动中为耗用或出售而储存的存货具有本质区别。此外，政府收储土地也不属于存货。

（二）存货的确认

存货同时满足下列条件的，才能予以确认：

（1）与该存货相关的服务潜力很可能实现或者经济利益很可能流入政府会计主体。

（2）该存货的成本或者价值能够可靠地计量。

（三）存货的初始计量

存货通常在取得时按照成本进行初始计量。政府会计主体取得存货的方式有很多，所对应的成本核算依据也各有差异。

1. 购入的存货

存货的采购成本包括购买价款、相关税费、运输费、装卸费、保险费，以及使存货达到目前场所和状态所发生的归属于存货成本的其他支出。

2. 自行加工的存货

自行加工存货的成本包括耗用的直接材料费用、发生的直接人工费用，以及按照一定方法分配的与存货加工有关的间接费用。

3. 委托加工的存货

委托加工存货的成本包括委托加工前存成本、委托加工的成本（如委托加工费及按规定应计入委托加工存货成本的相关税费等），以及使存货达到目前场所和状态所发生的归属于存货成本的其他支出。

4. 置换获得的存货

置换获得存货的成本按照换出资产的评估价值，加上支付的补价或减去收到的补价，加上为换入存货发生的其他相关支出确定。

5. 接受捐赠获得的存货

接受捐赠获得存货的成本，有四种确认方式：

（1）按照有关凭据注明的金额加上相关税费、运输费等确定。

（2）没有相关凭据可供取得，但按规定经过资产评估的，按照评估价值加上相关税费、运输费等确定。

（3）没有相关凭据可供取得，也未经资产评估的，比照同类或类似资产的市场价格加上相关税费、运输费等确定。

（4）没有相关凭据且未经资产评估，同类或类似资产的市场价格也无法可靠取得的，按照名义金额入账，相关税费、运输费等计入当期费用。

6. 无偿调入的存货

无偿调入存货的成本按照调出方账面价值加上相关税费、运输费等确定。

7. 盘盈的存货

盘盈存货的成本，有四种确认方式：

（1）按照有关凭据注明的金额确定。

（2）按规定经过资产评估的，按照评估价值确定。

（3）未经资产评估的，按照重置成本确定。

（4）上述方法均无法采用时，可以按照名义金额确定。

下列各项应当在发生时确认为当期费用，不计入存货成本：

（1）非正常消耗的直接材料、直接人工和间接费用。

（2）仓储费用（不包括在加工过程中为达到下一个加工阶段所必需的费用）。

（3）不能归属于使存货达到目前场所和状态所发和的其他支出。

（四）存货的后续计量

1. 发出存货的计量方法

政府会计主体应当根据实际情况采用先进先出法、加权平均法或者个别计价法确定发出存货的实际成本。成本计价方法一经确定，不得随意变更。

对于性质和用途相似的存货，应当采用相同的成本计价方法确定发出存货的成本。对于不能替代使用的存货、为特定项目专门购入或加工的存货，通常采用个别计价法确定发出存货的成本。

2. 存货的领用、发出

对于已发出的存货，应当将其成本结转为当期费用或者计入相关资产成本。

3. 对外捐赠、无偿调出的存货

按规定报经批准对外捐赠、无偿调出的存货，应当将其账面余额予以转销。对外捐赠、无偿调出中发生的归属于捐出方、调出方的相关费用，应当计入当期费用。

4. 毁损的存货

毁损的存货应当将存货账面余额转销计入当期费用，并将毁损存货处置收入扣除相关处置税费后的差额按规定作应缴款项处理（差额为净收益时）或计入当期费用（差额为净损失时）。

5. 盘亏的存货

盘亏的存货按规定报经批准后，应当计入当期费用。

二、在途物品

(一) 科目设置

在途物品是指单位采购材料等物资时货款已付或已开出商业汇票但尚未验收入库的在途物品的采购成本。"在途物品"科目可按照供应单位和物品种类进行明细核算。本科目期末借方余额,反映单位在途物品的采购成本。

(二) 账务处理

(1) 单位购入材料等物品,按照确定的物品采购成本的金额,借记本科目,按照实际支付的金额,贷记"财政拨款收入""银行存款""应付票据"等科目。涉及增值税业务的,相关账务处理参见第三章第二节中"应交增值税"科目的内容。

(2) 所购材料等物品到达并验收入库,按照确定的库存物品成本金额,借记"库存物品"科目,按照物品采购成本金额,贷记本科目,按照使得入库物品达到目前场所和状态所发生的其他支出,贷记"银行存款"等科目。

在途物品的主要账务处理如表 2-15 所示。

表 2-15　　　　　　　　　　在途物品的主要账务处理

序号	业务内容	账务处理	
		财务会计	预算会计
1	购入材料等物资,结算凭证收到货未到,款已付或已开出商业汇票等	借:在途物品 　贷:财政拨款收入/银行存款/ 　　　应付票据等 【注意:行政单位不涉及"应付票据"科目】	借:行政支出/事业支出/ 　　经营支出等 　贷:财政拨款预算收入/资金结存
2	所购材料等物资到达并验收入库	借:库存物品 　贷:在途物品 　　　银行存款等	—

【例 2-16】　某事业单位已经纳入财政国库集中支付制度改革,2×24 年 5 月 10 日,购入一批办公用品,价款为 50 000 元,使用国库集中支付方式完成支付,材料尚未送达。2×24 年 5 月 12 日,材料到达并验收入库。

(1) 2×24 年 5 月 10 日,财务会计分录如下:

借:在途物品　　　　　　　　　　　　　　　　　　　　　　　　50 000
　　贷:财政拨款收入　　　　　　　　　　　　　　　　　　　　　50 000

同时,编制预算会计分录:

借:事业支出——项目支出——商品和服务支出——专用材料费　　50 000
　　贷:财政拨款预算收入　　　　　　　　　　　　　　　　　　　50 000

(2) 2×24 年 5 月 12 日,财务会计分录如下:

借:库存物品　　　　　　　　　　　　　　　　　　　　　　　　50 000
　　贷:在途物品　　　　　　　　　　　　　　　　　　　　　　　50 000

三、加工物品

(一) 科目设置

加工物品是指单位自制或委托外单位加工的各种物品。未完成的测绘、地质勘察、设计成果的实际成本，也通过本科目核算。本科目应当设置"自制物品""委托加工物品"两个一级明细科目，并按照物品类别、品种、项目等设置明细账，进行明细核算。本科目所属"自制物品"一级明细科目下，还应当设置"直接材料""直接人工""其他直接费用"等二级明细科目，用来归集自制物品发生的直接材料、直接人工（专门从事物品制造人员的人工费）等直接费用。对于自制物品发生的间接费用，应当在本科目所属"自制物品"一级明细科目下，单独设置"间接费用"二级明细科目予以归集，期末，再按照一定的分配标准和方法，分配计入有关物品的成本。本科目期末借方余额，反映单位自制或委托外单位加工但尚未完工的各种物品的实际成本。

(二) 账务处理

1. 自制物品

（1）为自制物品领用材料等，按照材料成本，借记"加工物品——自制物品——直接材料"科目，贷记"库存物品"科目。

（2）专门从事物品制造的人员发生的直接人工费用，按照实际发生的金额，借记"加工物品——自制物品——直接人工"科目，贷记"应付职工薪酬"科目。

（3）为自制物品发生的其他直接费用，按照实际发生的金额，借记"加工物品——自制物品——其他直接费用"科目，贷记"银行存款"等科目。

（4）为自制物品发生的间接费用，按照实际发生的金额，借记"加工物品——自制物品——间接费用"科目，贷记"银行存款""应付职工薪酬""固定资产累计折旧""无形资产累计摊销"等科目。

间接费用一般按照生产人员工资、生产人员工时、机器工时、耗用材料的数量或成本、直接费用（直接材料和直接人工）和产品产量等进行分配。单位可根据具体情况自行选择间接费用的分配方法。分配方法一经确定，不得随意变更。

（5）已经制造完成并验收入库的物品，按照所发生的实际成本（包括耗用的直接材料费用、直接人工费用、其他直接费用和分配的间接费用），借记"库存物品"科目，贷记"加工物品——自制物品"科目。

自制物品的主要账务处理如表 2-16 所示。

表 2-16　　　　　　　　　　自制物品的主要账务处理

序号	业务内容	账务处理	
		财务会计	预算会计
1	为自制物品领用材料等	借：加工物品——自制物品——直接材料 贷：库存物品（相关明细科目）	—
2	专门从事物资制造的人员发生的直接人工费用	借：加工物品——自制物品——直接人工 贷：应付职工薪酬（相关明细科目）	—

(续表)

序号	业务内容	账务处理 财务会计	账务处理 预算会计
3	为自制物品发生的其他直接和间接费用	借:加工物品——自制物品——其他直接、间接费用 贷:银行存款/应付职工薪酬/固定资产累计折旧/无形资产累计摊销等	借:行政支出/事业支出/经营支出等 贷:财政拨款预算收入/资金结存
4	自制加工物品完工、验收入库	借:库存物品(相关明细科目) 贷:加工物品——自制物品(相关明细科目)	—

【例 2-17】 某事业单位自制乙产品,2×24 年 5 月 31 日,经计算统计,共领用乙材料 20 000 元,直接从事生产人员工资为 32 000 元,银行存款支付其他直接费用 3 000 元,分摊固定资产折旧 1 500 元。2×24 年 6 月 1 日,乙产品制作完成并验收入库。

(1) 2×24 年 5 月 31 日,财务会计分录如下:

借:加工物品——自制物品乙——直接材料　　　　　　　　　　　　20 000
　　　　　　　　　　　　　——直接人工　　　　　　　　　　　　32 000
　　　　　　　　　　　　　——直接费用　　　　　　　　　　　　 3 000
　　　　　　　　　　　　　——间接费用　　　　　　　　　　　　 1 500
　贷:库存物品——乙材料　　　　　　　　　　　　　　　　　　　20 000
　　　应付职工薪酬　　　　　　　　　　　　　　　　　　　　　　32 000
　　　银行存款——基本账户存款　　　　　　　　　　　　　　　　 3 000
　　　固定资产累计折旧　　　　　　　　　　　　　　　　　　　　 1 500

同时,编制预算会计分录:

借:事业支出——基本支出——商品和服务支出　　　　　　　　　　 3 000
　贷:资金结存——货币资金——银行存款　　　　　　　　　　　　 3 000

【注意:仅以银行存款支付其他直接费用 3 000 元需编制预算会计分录】

(2) 2×24 年 6 月 1 日,财务会计分录如下:

借:库存物品——产成品乙　　　　　　　　　　　　　　　　　　　56 500
　贷:加工物品——自制物品乙——直接材料　　　　　　　　　　　20 000
　　　　　　　　　　　　　——直接人工　　　　　　　　　　　32 000
　　　　　　　　　　　　　——直接费用　　　　　　　　　　　 3 000
　　　　　　　　　　　　　——间接费用　　　　　　　　　　　 1 500

2. 委托加工物品

(1) 发给外单位加工的材料等,按照其实际成本,借记"加工物品——委托加工物品"科目,贷记"库存物品"科目。

(2) 支付加工费、运输费等费用,按照实际支付的金额,借记"加工物品——委托加工物品"科目,贷记"银行存款"等科目。涉及增值税业务的,相关账务处理参见第三章第二节中

"应交增值税"科目的内容。

（3）委托加工完成的材料等验收入库，按照加工前发出材料的成本和加工、运输成本等，借记"库存物品"等科目，贷记"加工物品——委托加工物品"科目。

委托加工物品的主要账务处理如表2-17所示。

表2-17　　　　　　　　　委托加工物品的主要账务处理

序号	业务内容	账务处理	
		财务会计	预算会计
1	发给外单位加工材料	借：加工物品——委托加工物品 贷：库存物品（相关明细科目）	—
2	支付加工费、运输费等费用	借：加工物品——委托加工物品 贷：银行存款等	借：行政支出/事业支出/经营支出等 贷：财政拨款预算收入/资金结存
3	委托加工完成的材料验收入库	借：库存物品 贷：加工物品——委托加工物品	—

【例2-18】　某行政单位委托外单位加工丙产品。2×24年3月11日，发出材料丙材料30 000元，并通过国库集中支付方式支付加工劳务费17 000元。2×24年3月15日，丙产品加工完成并验收入库。

（1）2×24年3月11日，财务会计分录如下：

借：加工物品——委托加工物品丙　　　　　　　　　　　　　　　　47 000
　　贷：库存物品——丙材料　　　　　　　　　　　　　　　　　　　30 000
　　　　财政拨款收入　　　　　　　　　　　　　　　　　　　　　　17 000

同时，编制预算会计分录：

借：行政支出——基本支出——商品和服务支出——劳务费　　　　　17 000
　　贷：财政拨款预算收入　　　　　　　　　　　　　　　　　　　　17 000

【注意：仅财政授权支付加工劳务费17 000元需编制预算会计分录】

（2）2×24年3月15日，财务会计分录如下：

借：库存物品——产成品丙　　　　　　　　　　　　　　　　　　　47 000
　　贷：加工物品——委托加工物品丙　　　　　　　　　　　　　　　47 000

四、库存物品

（一）科目设置

库存物品是指单位在开展业务活动及其他活动中为耗用或出售而储存的各种材料、产品、包装物、低值易耗品，以及达不到固定资产标准的用具、装具、动植物等。已完成的测绘、地质勘察、设计成果等的成本，也通过本科目核算。本科目应当按照库存物品的种类、规格、保管地点等进行明细核算。单位储存的低值易耗品、包装物较多的，可以在本科目（低值易耗品、包装物)下按照"在库""在用"和"摊销"等进行明细核算。本科目期末借方余额,反映单位库存物品的实际成本。

(二)账务处理

1. 取得的库存物品

取得的库存物品,应当按照其取得时的成本入账,具体内容包括:

(1)外购的库存物品验收入库,按照确定的成本,借记本科目,贷记"财政拨款收入""银行存款""应付账款""在途物品"等科目。涉及增值税业务的,相关账务处理参见第三章第二节中"应交增值税"科目的内容。

(2)自制的库存物品加工完成并验收入库,按照确定的成本,借记本科目,贷记"加工物品——自制物品"等科目。

(3)委托外单位加工收回的库存物品验收入库,按照确定的成本,借记本科目,贷记"加工物品——委托加工物品"等科目。

(4)接受捐赠的库存物品验收入库,按照确定的成本,借记本科目,按照发生的相关税费、运输费等,贷记"银行存款"等科目,按照其差额,贷记"捐赠收入"科目。

间接费用一般按照生产人员工资、生产人员工时、机器工时、耗用材料的数量或成本、直接费用(直接材料和直接人工)和产品产量等进行分配。单位可根据具体情况自行选择间接费用的分配方法。分配方法一经确定,不得随意变更。

接受捐赠的库存物品按照名义金额入账的,按照名义金额,借记本科目,贷记"捐赠收入"科目;同时,按照发生的相关税费、运输费等,借记"其他费用"科目,贷记"银行存款"等科目。

(5)无偿调入的库存物品验收入库,按照确定的成本,借记本科目,按照发生的相关税费、运输费等,贷记"银行存款"等科目,按照其差额,贷记"无偿调拨净资产"科目。

(6)置换换入的库存物品验收入库,按照确定的成本,借记本科目,按照换出资产的账面余额,贷记相关资产类科目(换出资产为固定资产、无形资产的,还应当借记"固定资产累计折旧""无形资产累计摊销"科目),按照置换过程中发生的其他相关支出,贷记"银行存款"等科目,按照借、贷方差额,借记"资产处置费用"科目或贷记"其他收入"科目。涉及补价的,分以下情况处理:

第一,支付补价的,按照确定的成本,借记本科目,按照换出资产的账面余额,贷记相关资产类科目(换出资产为固定资产、无形资产的,还应当借记"固定资产累计折旧""无形资产累计摊销"科目),按照支付的补价和置换过程中发生的其他相关支出,贷记"银行存款"等科目,按照借、贷方差额,借记"资产处置费用"科目或贷记"其他收入"科目。

第二,收到补价的,按照确定的成本,借记本科目,按照收到的补价,借记"银行存款"等科目,按照换出资产的账面余额,贷记相关资产类科目(换出资产为固定资产、无形资产的,还应当借记"固定资产累计折旧""无形资产累计摊销"科目),按照置换过程中发生的其他相关支出,贷记"银行存款"等科目,按照补价扣减其他相关支出后的净收入,贷记"应缴财政款"科目,按照借、贷方差额,借记"资产处置费用"科目或贷记"其他收入"科目。

2. 发出的库存物品

库存物品在发出时,分以下列情况处理:

(1)单位开展业务活动等领用、按照规定自主出售或加工的库存物品,按照领用、出售等发出物品的实际成本,借记"业务活动费用""单位管理费用""经营费用""加工物品"等科目,贷记本科目。

采用一次转销法摊销低值易耗品、包装物的,在首次领用时将其账面余额一次性摊销计入有关成本费用,借记有关科目,贷记本科目。

采用五五摊销法摊销低值易耗品、包装物的在首次领用时将其账面余额的50%摊销计入有关成本费用,借记有关科目,贷记本科目;使用完时,将剩余的账面余额转销计入有关成本费用,借记有关科目,贷记本科目。

(2) 经批准对外出售的库存物品(不含可自主出售的库存物品),按照库存物品的账面余额,借记"资产处置费用"科目,贷记本科目;同时,按照收到的价款,借记"银行存款"等科目,按照处置过程中发生的相关费用,贷记"银行存款"等科目,按照其差额,贷记"应缴财政款"科目。

(3) 经批准对外捐赠的库存物品,按照库存物品的账面余额和对外捐赠过程中发生的归属于捐出方的相关费用合计数,借记"资产处置费用"科目,按照库存物品的账面余额,贷记本科目,按照对外捐赠过程中发生的归属于捐出方的相关费用,贷记"银行存款"等科目。

(4) 经批准无偿调出的库存物品,按照库存物品的账面余额,借记"无偿调拨净资产"科目,贷记本科目;同时,按照无偿调出过程中发生的归属于调出方的相关费用,借记"资产处置费用"科目,贷记"银行存款"等科目。

(5) 经批准置换换出的库存物品,参照本科目有关置换换入库存物品的规定进行账务处理。

3. 期末库存物品

单位应当定期对库存物品进行清查盘点,每年至少盘点一次。对于发生的库存物品盘盈、盘亏或者报废、毁损,应当先记入"待处理财产损溢"科目,按照规定报经批准后及时进行后续账务处理。

(1) 盘盈的库存物品,其成本按照有关凭据注明的金额确定;没有相关凭据,但按照规定经过资产评估的,其成本按照评估价值确定;没有相关凭据,也未经过评估的,其成本按照重置成本确定。如无法采用上述方法确定盘盈的库存物品成本的,按照名义金额入账。

盘盈的库存物品,按照确定的入账成本,借记本科目,贷记"待处理财产损溢"科目。

(2) 盘亏或者毁损、报废的库存物品,按照待处理库存物品的账面余额,借记"待处理财产损溢"科目,贷记本科目。

属于增值税一般纳税人的单位,若因非正常原因导致的库存物品盘亏或毁损,还应当将与该库存物品相关的增值税进项税额转出,按照其增值税进项税额,借记"待处理财产损溢"科目,贷记"应交增值税——应交税金——进项税额转出"科目。

以下事项不通过"库存物品"科目核算:

(1) 单位随买随用的零星办公用品,可以在购进时直接列作费用,不通过本科目核算。

(2) 单位控制的政府储备物资,应当通过"政府储备物资"科目核算,不通过本科目核算。

(3) 单位受托存储保管的物资和受托转赠的物资,应通过"受托代理资产"科目核算,不通过本科目核算。

(4) 单位为在建工程购买和使用的材料物资,应当通过"工程物资"科目核算,不通过本科目核算。

库存物品的主要账务处理如表 2-18 所示。

表 2-18　　　　　　　　　　　　库存物品的主要账务处理

序号	业务内容		账务处理	
			财务会计	预算会计
1	外购的库存物品验收入库		借：库存物品 　贷：财政拨款收入/银行存款/ 　　　应付账款/在途物品等	借：行政支出/事业支出/ 　　经营支出等 　贷：财政拨款预算收 　　　入/资金结存
2	自制的库存物品加工完成并验收入库		借：库存物品（相关明细科目） 　贷：加工物品——自制物品等	—
3	委托外单位加工收回的库存物品验收入库		借：库存物品（相关明细科目） 　贷：加工物品——委托加工物 　　　品等	—
4	接受捐赠的库存物品	按照确定的成本入账	借：库存物品（按照确定的成本） 　贷：银行存款等（相关税费、运 　　　输费等） 　　　捐赠收入（贷差）	借：其他支出（相关税费） 　贷：资金结存
		按照名义金额入账	借：库存物品（名义金额） 　贷：捐赠收入 借：其他费用 　贷：银行存款等（相关税费、运 　　　输费等）	借：其他支出（相关税费） 　贷：资金结存
5	无偿调入的库存物品验收入库		借：库存物品（按照确定的成本） 　贷：银行存款（相关税费、运输 　　　费等） 　　　无偿调拨净资产（贷差）	借：其他支出（相关税费） 　贷：资金结存
6	置换换入的库存物品	不涉及补价	借：库存物品（换出资产评估价 　　　值＋其他相关支出） 　　　固定资产累计折旧/无形资产 　　　累计摊销 　　　资产处置费用（借差） 　贷：库存物品/固定资产/无形 　　　资产等（账面余额） 　　　银行存款等（其他相关支出） 　　　其他收入（贷差）	借：其他支出（其他相关支 　　出） 　贷：资金结存
		支付补价	借：库存物品（换出资产评估价 　　　值＋其他相关支出＋补价） 　　　固定资产累计折旧/无形资产 　　　累计摊销 　　　资产处置费用（借差） 　贷：库存物品/固定资产/无形 　　　资产等（账面余额） 　　　银行存款等（其他相关支 　　　出＋补价） 　　　其他收入（贷差）	借：其他支出（其他相关支 　　出＋补价） 　贷：资金结存

(续表)

序号	业务内容		账务处理	
			财务会计	预算会计
6	置换换入的库存物品	收到补价	借：库存物品（换出资产评估价值＋其他相关支出－补价） 银行存款等（补价） 固定资产累计折旧/无形资产累计摊销 资产处置费用（借差） 贷：库存物品/固定资产/无形资产等（账面余额） 银行存款等（其他相关支出） 应缴财政款（补价－其他相关支出） 其他收入（贷差）	借：其他支出（其他相关支出大于收到的补价的差额） 贷：资金结存
7	开展业务活动、按照规定自主出售或加工的库存物品发出时		借：业务活动费用/单位管理费用/经营费用/加工物品等 贷：库存物品（领用、发出成本） 【注意：行政单位不涉及"单位管理费用"科目】	—
8	经批准对外出售（自主出售除外）的库存物品发出时		借：资产处置费用 贷：库存物品 借：银行存款等（收到的价款） 贷：银行存款（发生的相关税费） 应缴财政款（贷差）	—
9	经批准对外捐赠的库存物品发出时		借：资产处置费用 贷：库存物品（账面余额） 银行存款等（归属于捐出方的相关费用）	借：其他支出（实际支付的费用） 贷：资金结存
10	经批准无偿调出的库存物品发出时		借：无偿调拨净资产 贷：库存物品（账面余额） 借：资产处置费用 贷：银行存款等（归属调出方的相关费用）	借：其他支出（实际支付的费用） 贷：资金结存
11	经批准置换换出的库存物品发出时		参照置换换入库存物品的账务处理	
12	清查盘点	盘盈	借：库存物品 贷：待处理财产损溢	—
		盘亏或者毁损、报废	借：待处理财产损溢 贷：库存物品（账面余额）	—
		增值税一般纳税人购进的非自用材料发生盘亏或者毁损、报废的	借：待处理财产损溢 贷：应交增值税——应交税金——进项税额转出	—

【例2-19】 2×24年6月6日,某事业单位购入价值30 000元(不含税价)的丁物品,用于丁科研项目,使用国库集中支付;另发生的运费1 500元(不含税价)尚未支付给甲公司。丁物品已验收入库。假设本例考虑增值税因素。

2×24年6月6日,财务会计分录如下:

借:库存物品——丁物品　　　　　　　　　　　　　　　　　　　　　31 500
　　应交增值税——应交税金——进项税额(30 000×13%+1 500×9%)　 4 035
　　贷:财政拨款收入　　　　　　　　　　　　　　　　　　　　　　　33 900
　　　　应付账款——甲公司　　　　　　　　　　　　　　　　　　　　 1 635

同时,编制预算会计分录:

借:事业支出——项目支出——商品和服务支出——专用材料费　　　　33 900
　　贷:财政拨款预算收入　　　　　　　　　　　　　　　　　　　　　33 900

【例2-20】 2×24年6月12日,某行政单位开展业务活动领用甲物品6 000元,综合部门领用办公耗材价值2 000元。

2×24年6月12日,财务会计分录如下:

借:业务活动费用——商品和服务费用　　　　　　　　　　　　　　　　8 000
　　贷:库存物品——甲物品　　　　　　　　　　　　　　　　　　　　 6 000
　　　　　　——低值易耗品　　　　　　　　　　　　　　　　　　　　 2 000

【例2-21】 2×23年年底,某事业单位在盘点时发现盘盈乙材料,评估价为3 000元;同时发现丙物品盘亏,价值1 500元。

2×23年年底,财务会计分录如下:

借:库存物品——乙材料　　　　　　　　　　　　　　　　　　　　　　3 000
　　贷:待处理财产损溢——存货　　　　　　　　　　　　　　　　　　 3 000

同时:

借:待处理财产损溢——存货　　　　　　　　　　　　　　　　　　　　1 500
　　贷:库存物品——丙物品　　　　　　　　　　　　　　　　　　　　 1 500

第六节　长期投资的核算

一、长期股权投资

(一)科目设置

"长期股权投资"科目应当按照被投资单位和长期股权投资取得方式等进行明细核算。长期股权投资采用权益法核算的,还应当按照"成本""损益调整""其他权益变动"设置明细科目,进行明细核算。本科目期末借方余额,反映事业单位持有的长期股权投资的价值。

【注意:行政单位不涉及"长期股权投资"科目】

(二)账务处理

1. 长期股权投资的初始计量

长期股权投资在取得时,应当按照其实际成本作为初始投资成本。长期股权投资的取得方式不同,其实际成本内容也不一样。

(1)以现金取得的长期股权投资,按照确定的投资成本,借记本科目或"长期股权投资——成本"科目,按照支付的价款中包含的已宣告但尚未发放的现金股利,借记"应收股利"科目,按照实际支付的全部价款,贷记"银行存款"等科目。

收到取得投资实际支付价款中包含的已宣告但尚未发放的现金股利或利润时,借记"银行存款"科目,贷记"应收股利"科目。

(2)以现金以外的其他资产置换取得的长期股权投资,参照"库存物品"科目中置换换入的库存物品的相关规定进行账务处理。

(3)以未入账的无形资产取得的长期股权投资,按照评估价值加相关税费作为投资成本,借记本科目,按照发生的相关税费,贷记"银行存款""其他应交税费"等科目,按其差额,贷记"其他收入"科目。

(4)接受捐赠的长期股权投资,按照确定的投资成本,借记本科目或"长期股权投资——成本"科目,按照发生的相关税费,贷记"银行存款"等科目,按照其差额,贷记"捐赠收入"科目。

(5)无偿调入的长期股权投资,按照确定的投资成本,借记本科目或"长期股权投资——成本"科目,按照发生的相关税费,贷记"银行存款"等科目,按照其差额,贷记"无偿调拨净资产"科目。

长期股权投资初始计量的主要账务(事业单位)处理如表2-19所示。

表2-19　　　　　长期股权投资初始计量的主要账务处理(事业单位)

序号	业务内容	账务处理	
^	^	财务会计	预算会计
1	以现金取得的长期股权投资	借:长期股权投资——成本/长期股权投资 　　应收股利(实际支付价款中含的已宣告但尚未发放的股利或利润) 　贷:银行存款等(实际支付的价款)	借:投资支出(实收款) 　贷:资金结存——货币资金
^	收到取得投资实际支付价款中所包含的已宣告但尚未发放的股利或利润时	借:银行存款 　贷:应收股利	借:资金结存——货币资金 　贷:投资支出等
2	以现金以外的其他资产置换取得长期股权投资	参照"库存物品"科目中置换换入的库存物品的账务处理	
3	以未入账的无形资产取得的长期股权投资	借:长期股权投资 　贷:银行存款/其他应交税费 　　其他收入(贷差)	借:其他支出(支付的相关税费) 　贷:资金结存
4	接受捐赠的长期股权投资	借:长期股权投资——成本/长期股权投资 　贷:银行存款等(相关税费) 　　捐赠收入(贷差)	借:其他支出(支付的相关税费) 　贷:资金结存

（续表）

序号	业务内容	账务处理	
		财务会计	预算会计
5	无偿调入的长期股权投资	借：长期股权投资——成本/长期股权投资 贷：银行存款等（相关税费） 　　无偿调拨净资产（贷差）	借：其他支出（支付的相关税费） 贷：资金结存

【例2-22】 某事业单位于2×23年7月1日以20 000 000元购入乙单位10%的股权，其中包括已宣告但尚未发放的股利150 000元。2×23年10月7日，该事业单位收到未发放的股利150 000元。

（1）2×23年7月1日，财务会计分录如下：

借：长期股权投资　　　　　　　　　　　　　　　　　　　　　　　　19 850 000
　　应收股利　　　　　　　　　　　　　　　　　　　　　　　　　　　　150 000
　　贷：银行存款　　　　　　　　　　　　　　　　　　　　　　　　　20 000 000

同时，编制预算会计分录：

借：投资支出　　　　　　　　　　　　　　　　　　　　　　　　　　20 000 000
　　贷：资金结存——货币资金　　　　　　　　　　　　　　　　　　20 000 000

（2）2×23年10月7日，财务会计分录如下：

借：银行存款　　　　　　　　　　　　　　　　　　　　　　　　　　　150 000
　　贷：应收股利　　　　　　　　　　　　　　　　　　　　　　　　　　150 000

同时，编制预算会计分录：

借：资金结存——货币资金　　　　　　　　　　　　　　　　　　　　　150 000
　　贷：投资支出　　　　　　　　　　　　　　　　　　　　　　　　　　150 000

【例2-23】 某事业单位于2×24年6月1日将一台使用过的机器设备用于对外投资，双方协商作价为900 000元，购入被投资单位70%的股权。该机器的原值为1 000 000元，已计提折旧20 000元。该机器50 000元的运费由该事业单位承担，用银行存款支付。

2×24年6月1日，财务会计分录如下：

借：长期股权投资——成本　　　　　　　　　　　　　　　　　　　　　950 000
　　固定资产累计折旧　　　　　　　　　　　　　　　　　　　　　　　　200 000
　　贷：固定资产　　　　　　　　　　　　　　　　　　　　　　　　　1 000 000
　　　　银行存款　　　　　　　　　　　　　　　　　　　　　　　　　　 50 000
　　　　其他收入　　　　　　　　　　　　　　　　　　　　　　　　　　100 000

同时，编制预算会计分录：

借：其他支出　　　　　　　　　　　　　　　　　　　　　　　　　　　 50 000
　　贷：资金结存——货币资金　　　　　　　　　　　　　　　　　　　　 50 000

2. 长期股权投资的后续计量

长期股权投资持有期间,应当按照规定采用成本法或权益法进行核算。

(1) 采用成本法核算。被投资单位宣告发放现金股利或利润时,按照应收的金额,借记"应收股利"科目,贷记"投资收益"科目。收到现金股利或利润时,按照实际收到的金额,借记"银行存款"等科目,贷记"应收股利"科目。

需要注意的是,政府会计主体无权决定被投资单位的财务和经营政策,或无权参与被投资单位的财务和经营政策决策的,应当采用成本法进行核算。

(2) 采用权益法核算。被投资单位实现净利润的,按照应享有的份额,借记"长期股权投资——损益调整"科目,贷记"投资收益"科目。被投资单位发生净亏损的,按照应分担的份额,借记"投资收益"科目,贷记"长期股权投资——损益调整"科目,但以本科目的账面余额减记至零为限。发生亏损的被投资单位在以后年度又实现净利润的,按照收益分享额弥补未确认的亏损分担额等后的金额,借记"长期股权投资——损益调整"科目,贷记"投资收益"科目。

被投资单位宣告分派现金股利或利润的,按照应享有的份额,借记"应收股利"科目,贷记"长期股权投资——损益调整"科目。

被投资单位发生除净损益和利润分配以外的所有者权益变动的,按照应享有或应分担的份额,借记或贷记"权益法调整"科目,贷记或借记"长期股权投资——其他权益变动"科目。

收到被投资单位发放的现金股利和利润时,按照实际收到的金额,借记"银行存款"等科目,贷记"应收股利"科目。

(3) 成本法与权益法的转换。单位因处置部分长期股权投资等原因而对处置后的剩余股权投资由权益法改按成本法核算的,应当按照权益法下本科目的账面余额作为成本法下"长期股权投资——成本"科目的账面余额。其后,被投资单位宣告分派现金股利或利润时,属于单位已计入投资账面余额的部分,按照应分得的现金股利或利润份额,借记"应收股利"科目,贷记本科目。

单位因追加投资等原因对长期股权投资的核算从成本法改为权益法的,应当按照成本法下本科目的账面余额与追加投资成本的合计金额,借记"长期股权投资——成本"科目,按照成本法下本科目的账面余额,贷记本科目,按照追加投资的成本,贷记"银行存款"等科目。

长期股权投资后续计量的主要账务处理如表 2-20 所示。

表 2-20　　　　　　　　长期股权投资后续计量的主要账务处理

序号	业务内容		账务处理	
			财务会计	预算会计
1	成本法下	被投资单位宣告发放现金股利或利润时	借:应收股利 　贷:投资收益	—
		收到被投资单位发放的现金股利或利润时	借:银行存款等 　贷:应收股利	借:资金结存——货币资金 　贷:投资预算收益
2	权益法下	被投资单位实现净利润的,按照其份额	借:长期股权投资——损益调整 　贷:投资收益	—

(续表)

序号	业务内容		账务处理	
			财务会计	预算会计
2	权益法下	被投资单位发生净亏损的,按照其份额	借:投资收益 　　贷:长期股权投资——损益调整	—
		被投资单发生净亏损,但以后年度又实现净利润,按规定恢复确认投资收益的	借:长期股权投资——损益调整 　　贷:投资收益	—
		被投资单宣告发放现金股利或利润的,按照其份额	借:应收股利 　　贷:长期股权投资——损益调整	—
		被投资单位除净损益和利润分配以外的所有者权益变动时,按照其份额	借:长期股权投资——其他权益变动 　　贷:权益法调整 或: 借:权益法调整 　　贷:长期股权投资——其他权益变动	—
		收到被投资单位发放的现金股利或利润时	借:银行存款等 　　贷:应收股利	借:资金结存——货币资金 　　贷:投资预算收益
3	权益法改为成本法		借:长期股权投资 　　贷:长期股权投资——成本 　　　　长期股权投资——损益调整 　　　　长期股权投资——其他权益变动 借:应收股利 　　贷:长期股权投资	—
4	追加投资成本法改为权益法		借:长期股权投资——成本 　　贷:长期股权投资(成本法下的账面余额) 　　　　银行存款等(追加投资)	借:投资支出(实际支付的金额) 　　贷:资金结存——货币资金

【例2-24】 某事业单位于2×24年1月15日以15 000 000元购入乙单位10%的股权,该事业单位取得该部分股权后,没有权力主导乙单位的相关活动并获得可变回报。2×24年6月30日,乙单位宣告分派现金股利,该事业单位按照其持有比例确定可分回300 000元。2×24年7月30日,该事业单位收到现金股利。

(1)2×24年1月15日,财务会计分录如下:

借:长期股权投资　　　　　　　　　　　　　　　　　　　　　15 000 000
　　贷:银行存款　　　　　　　　　　　　　　　　　　　　　　　　15 000 000

同时,编制预算会计分录:

借:投资支出 15 000 000
　　贷:资金结存——货币资金 15 000 000

(2) 2×24 年 6 月 30 日,财务会计分录如下:

借:应收股利 300 000
　　贷:投资收益 300 000

(3) 2×24 年 7 月 30 日,财务会计分录如下:

借:银行存款 300 000
　　贷:应收股利 300 000

同时,编制预算会计分录:

借:资金结存——货币资金 300 000
　　贷:投资预算收益 300 000

【例 2-25】 某事业单位于 2×23 年 1 月 1 日取得 A 公司 30%的股权。2×23 年,A 公司实现净利润 5 000 000 元。A 公司于 2×24 年 3 月 1 日宣告发放现金股利,该事业单位按其持股比例计算确定可分得 100 000 元,2×24 年 6 月 1 日,A 公司支付现金股利。

(1) 2×23 年 1 月 1 日,财务会计分录如下:

借:长期股权投资——损益调整 150 000
　　贷:投资收益 150 000

(2) 2×24 年 3 月 1 日,财务会计分录如下:

借:应收股利 100 000
　　贷:长期股权投资——损益调整 100 000

(3) 2×24 年 6 月 1 日,财务会计分录如下:

借:银行存款 100 000
　　贷:应收股利 100 000

同时,编制预算会计分录:

借:资金结存——货币资金 100 000
　　贷:投资预算收益 100 000

【例 2-26】 某事业单位于 2×23 年 1 月 1 日取得甲公司 10%的股权,成本为 3 000 000 元,因对被投资单位不具有重大影响且无法可靠确定该项投资的公允价值,该事业单位对其采用成本法核算。该事业单位按照净利润的 10%提取盈余公积。2×24 年 1 月 1 日,该事业单位又以 6 000 000 元取得甲公司 12%的股权,当日该事业单位对甲公司的长期股权投资的账面价值为 4 000 000 元。

2×24 年 1 月 1 日,财务会计分录如下:

借:长期股权投资——甲公司——成本 10 000 000
　　贷:长期股权投资 4 000 000
　　　　银行存款 6 000 000

同时,编制预算会计分录:

借:投资支出　　　　　　　　　　　　　　　　　　　　　　　　6 000 000
　　贷:资金结存——货币资金　　　　　　　　　　　　　　　　　6 000 000

【例2-27】　某事业单位持有乙公司30%的有表决权股份,能够对乙公司的生产经营决策施加重大影响,采用权益法核算。2×23年10月,该事业单位将该项投资中的50%对外出售,出售以后,无法再对乙公司施加重大影响,且该项投资不存在活跃市场,公允价值无法可靠确定,转为采用成本法核算。出售时,该项长期股权投资的账面价值为16 000 000元,其中投资成本为13 000 000元,损益调整为2 000 000元,其他权益变动为1 000 000元。

2×23年10月,财务会计分录如下:

借:长期股权投资　　　　　　　　　　　　　　　　　　　　　　8 000 000
　　贷:长期股权投资——甲公司——成本　　　　　　　　　　　6 500 000
　　　　　　　　　　　　　　　　　——损益调整　　　　　　　1 000 000
　　　　　　　　　　　　　　　　　——其他权益变动　　　　　　500 000

3. 按照规定报经批准处置长期股权投资

(1)按照规定报经批准出售(转让)长期股权投资时,应当根据长期股权投资的取得方式分别进行处理。

处置以现金取得的长期股权投资,处置净收入上缴财政的,按照实际取得的价款,借记"银行存款"等科目,按照被处置长期股权投资的账面余额,贷记本科目,按照尚未领取的现金股利或利润,贷记"应收股利"科目,按照发生的相关税费等支出,贷记"银行存款"等科目,按照借、贷方差额,借记或贷记"投资收益"科目。

处置以现金以外的其他资产取得的长期股权投资,按照被处置长期股权投资的账面余额,借记"资产处置费用"科目,贷记本科目;同时,按照实际取得的价款,借记"银行存款"等科目,按照尚未领取的现金股利或利润,贷记"应收股利"科目,按照发生的相关税费等支出,贷记"银行存款"等科目,按照贷方差额,贷记"应缴财政款"科目。按照规定将处置时取得的投资收益纳入本单位预算管理的,应当按照所取得价款大于被处置长期股权投资账面余额、应收股利账面余额和相关税费支出合计的差额,贷记"投资收益"科目。

(2)因被投资单位破产清算等原因,有确凿证据表明长期股权投资发生损失,按照规定报经批准后予以核销时,按照予以核销的长期股权投资的账面余额,借记"资产处置费用"科目,贷记本科目。

(3)报经批准置换转出长期股权投资时,参照"库存物品"科目中置换换入的库存物品的规定进行账务处理。

(4)采用权益法核算的长期股权投资的处置,除进行上述账务处理外,还应结转原直接计入净资产的相关金额,借记或贷记"权益法调整"科目,贷记或借记"投资收益"科目。

长期股权投资处置的主要账务处理如表2-21所示。

表 2-21 长期股权投资处置的主要账务处理

序号	业务内容		账务处理	
			财务会计	预算会计
1	处置以现金取得的长期股权投资		借：银行存款等（实际取得的价款） 　　投资收益（借差） 贷：长期股权投资（账面余额） 　　应收股利（尚未领取的现金股利或利润） 　　银行存款等（支付的相关税费） 　　投资收益（贷差）	借：资金结存——货币资金（取得价款扣减支付的相关税费后的金额） 贷：投资支出/其他结余（投资款） 　　投资预算收益
2	处置以现金以外的其他资产取得的长期股权投资	处置净收入上缴财政的	借：资产处置费用 贷：长期股权投资 借：银行存款等（实际取得的价款） 贷：应收股利（尚未领取的现金股利或利润） 　　银行存款等（支付的相关税费等） 　　应缴财政款（贷差）	借：资金结存——货币资金 贷：投资预算收益（获得的现金股利或利润）
		按照规定投资收益纳入单位预算管理的	借：资产处置费用 贷：长期股权投资 借：银行存款等（实际取得的价款） 贷：应收股利（尚未领取的现金股利或利润） 　　银行存款等（支付的相关税费等） 　　投资收益（取得价款扣减投资账面余额、应收股利和相关税费后的差额） 　　应缴财政款（贷差）	借：资金结存——货币资金（取得价款扣减投资账面余额和相关税费后的差额） 贷：投资预算收益
3	其他方式处置长期股权投资	按照规定核销时	借：资产处置费用 贷：长期股权投资（账面余额）	—
		置换转出时	参照"库存物品"科目中置换换入的库存物品的账务处理	
4	权益法下,结转原直接计入净资产的相关金额		借：权益法调整 贷：投资收益 或作相反的会计分录	—

【例 2-28】 某事业单位于 2×24 年 6 月 1 日对外转让长期股权投资,该长期股权投资的原始投资额为 50 000 元,现在账面余额为 65 000 元,转让价格为 70 000 元,转让过程中共发生税费 8 000 元。

2×24 年 6 月 1 日,财务会计分录如下：

借：银行存款   62 000
    投资收益   3 000
    贷：长期股权投资   65 000

同时，编制预算会计分录：

借：资金结存——货币资金   62 000
    贷：投资支出   50 000
        投资预算收益   12 000

二、长期债券投资

（一）科目设置

长期债券投资是指事业单位按照规定取得的，持有时间超过1年（不含1年）的债券投资。"长期债券投资"科目应当设置"成本"和"应计利息"两个明细科目，并按照债券投资的种类进行明细核算。本科目期末借方余额，反映事业单位持有的长期债券投资的价值。

【注意：行政单位不涉及"长期债券投资"科目】

（二）账务处理

1. 长期债券投资的初始计量

长期债券投资在取得时，应当按照其实际成本作为投资成本。

取得的长期债券投资，按照确定的投资成本，借记"长期债券投资——成本"科目，按照支付的价款中包含的已到付息期但尚未领取的利息，借记"应收利息"科目，按照实际支付的金额，贷记"银行存款"等科目。实际收到取得债券时所支付价款中包含的已到付息期但尚未领取的利息时，借记"银行存款"科目，贷记"应收利息"科目。

2. 长期债券投资的后续计量

长期债券投资持有期间，按期以债券票面金额与票面利率计算确认利息收入时，如为到期一次还本付息的债券投资，借记本科目（应计利息），贷记"投资收益"科目；如为分期付息、到期一次还本的债券投资，借记"应收利息"科目，贷记"投资收益"科目。收到分期支付的利息时，按照实收的金额，借记"银行存款"等科目，贷记"应收利息"科目。

到期收回长期债券投资，按照实际收到的金额，借记"银行存款"等科目，按照长期债券投资的账面余额，贷记本科目，按照相关应收利息金额，贷记"应收利息"科目，按照其差额，贷记"投资收益"科目。

对外出售长期债券投资，按照实际收到的金额，借记"银行存款"等科目，按照长期债券投资的账面余额，贷记本科目，按照已记入"应收利息"科目但尚未收取的金额，贷记"应收利息"科目，按照其差额，贷记或借记"投资收益"科目。涉及增值税业务的，相关账务处理参见"应交增值税"科目。

长期债券投资的主要账务处理（事业单位）如表2-22所示。

表 2-22　　　　　　　　　长期债券投资的主要账务处理(事业单位)

序号	业务内容	账务处理 财务会计	账务处理 预算会计
1	取得长期债券投资的初始计量	**取得长期债券投资时** 借：长期债券投资——成本 　　应收利息(实际支付价款中包含的已到付息期但尚未领取的利息) 　　贷：银行存款等(实际支付的价款)	借：投资支出(实际支付的价款) 　　贷：资金结存——货币资金
		收到取得债券所支付价款中包含的已到付息期但尚未领取的利息时 借：银行存款 　　贷：应收利息	借：资金结存——货币资金 　　贷：投资支出
2	持有长期债券投资期间	**按期以票面金额与票面利率计算确认利息收入时** 借：应收利息(分期付息、到期一次还本) 　　长期债券投资——应计利息(到期一次还本付息) 　　贷：投资收益	—
		实际收到分期支付的利息时 借：银行存款等 　　贷：应收利息	借：资金结存——货币资金 　　贷：投资预算收益
3	到期收回长期债券投资本息	借：银行存款等 　　贷：长期债券投资(账面余额) 　　　　应收利息 　　　　投资收益(贷差)	借：资金结存——货币资金 　　贷：投资支出/其他结余(投资成本) 　　　　投资预算收益
4	对外出售长期债券投资	借：银行存款等(实际收到的金额) 　　投资收益(借差) 　　贷：长期债券投资(账面余额) 　　　　应收利息 　　　　投资收益(贷差)	借：资金结存——货币资金 　　贷：投资支出/其他结余(投资成本) 　　　　投资预算收益

【例 2-29】　某事业单位发生如下经济业务：

(1) 2×23 年,该事业单位取得长期债券投资,支付对价 60 000 元。

(2) 2×23 年 12 月 31 日,收到债券利息 5 000 元,款项存入银行。

(3) 2×24 年 2 月 1 日,该事业单位向外转让该长期债券投资,转让价格为 62 000 元。

因此：

(1) 2×23 年,财务会计分录如下：

借：长期债券投资——成本　　　　　　　　　　　　　　　　　　　60 000
　　贷：银行存款　　　　　　　　　　　　　　　　　　　　　　　　　60 000

同时,编制预算会计分录：

借：投资支出　　　　　　　　　　　　　　　　　　　　　　　　　60 000
　　贷：资金结存——货币资金　　　　　　　　　　　　　　　　　　　60 000

(2) 2×23年12月31日,财务会计分录如下:

借:应收利息 5 000
　　贷:投资收益 5 000
借:银行存款 5 000
　　贷:应收利息 5 000

同时,编制预算会计分录:

借:资金结存——货币资金 5 000
　　贷:投资预算收益 5 000

(3) 2×24年2月1日,财务会计分录如下:

借:银行存款 62 000
　　贷:长期债券投资——成本 60 000
　　　　投资收益 2 000

同时,编制预算会计分录:

借:资金结存——货币资金 62 000
　　贷:其他结余 60 000
　　　　投资预算收益 2 000

第七节　固定资产的核算

一、固定资产概述

(一)固定资产的定义

固定资产是指政府会计主体为满足自身开展业务活动或其他活动需要而控制的,使用定义年限超过1年(不含1年)、单位价值在规定标准以上,并在使用过程中基本保持原有物质形态的资产,一般包括房屋及构筑物、专用设备、通用设备等。单位价值虽未达到规定标准,但是使用年限超过1年(不含1年)的大批同类物资,如图书、家具、用具、装具等,应当确认为固定资产。

(二)固定资产的分类

固定资产一般分为房屋及构筑物;专用设备;通用设备;文物和陈列品;图书、档案;家具、用具、装具和动植物六类。

二、固定资产的核算科目设置

为了反映固定资产的增减变动情况,单位应当设置"固定资产"科目,核算单位固定资产的原值。本科目期末借方余额,反映单位固定资产的原值。本科目应当按照固定资产类别和项目进行明细核算。

此外,为核算固定资产折旧业务,单位应当设置"固定资产累计折旧"科目,核算单位计提的固定资产累计折旧。本科目期末贷方余额,反映单位计提的固定资产折旧累计数。本科目应当按照所对应固定资产的明细分类进行明细核算。

三、固定资产的确认与初始计量

(一) 固定资产的确认

1. 确认条件

固定资产同时满足下列条件的,应当予以确认:

(1) 与该固定资产相关的服务潜力很可能实现或者经济利益很可能流入。

(2) 该固定资产的成本或者价值能够可靠地计量。

2. 确认时点

(1) 通常情况下,购入、换入、接受捐赠、无偿调入不需安装的固定资产,在固定资产验收合格时确认。

(2) 购入、换入、接受捐赠、无偿调入需要安装的固定资产,在固定资产安装完成交付使用时确认。

(3) 自行建造改建、扩建的固定资产,在建造完成交付使用时确认。

(二) 固定资产的初始计量

固定资产在取得时应当按照成本进行初始计量。取得的固定资产成本的确定如表 2-23 所示。

表 2-23　　　　　　　　　　　取得的固定资产成本的确定

取得方式	成本的确定
购入的固定资产	成本包括实际支付的购买价款、相关税费、使固定资产交付使用前所发生的可归属于该项资产的运输费、装卸费、安装费和专业人员服务费等。以一笔款项购入多项没有单独标价的固定资产,按照各固定资产同类或类似固定资产市场价格的比例对总成本进行分配,分别确定各项固定资产的入账价值
自行建造的固定资产	成本包括建造该项资产至交付使用前所发生的全部必要支出。固定资产的各组成部分需要分别核算的,按照各组成部分固定资产造价确定其成本;没有各组成部分固定资产造价的,按照各组成部分固定资产同类或类似固定资产市场造价的比例对总造价进行分配,确定各组成部分固定资产的成本
改扩建、修缮的固定资产	成本按照原固定资产的账面价值("固定资产"科目的账面余额,减去"累计折旧"科目账面余额后的净值),加上改建、扩建、修缮发生的支出,再扣除固定资产被替换部分账面价值后的金额确定
置换取得的固定资产	成本按照换出资产的评估价值加上支付的补价或减去收到的补价,加上为换入固定资产支付的其他费用(运输费等)确定
接受捐赠、无偿调入的固定资产	成本按照有关凭据注明的金额,加上相关税费、运输费等确定;没有相关凭据可供取得,但依法经过资产评估的,其成本应当按照评估价值,加上相关税费、运输费等确定;没有相关凭据可供取得、也未经评估的,其成本比照同类或类似固定资产的市场价格,加上相关税费、运输费等确定;没有相关凭据也未经评估,其同类或类似固定资产的市场价格无法可靠取得的,其成本应当按照名义金额确定

(续表)

取得方式	成本的确定
盘盈的固定资产	成本按照取得同类或类似固定资产的实际成本确定;没有同类或类似固定资产的实际成本,按照同类或类似固定资产的市场价格确定入账价值;同类或类似固定资产的实际成本或市场价格无法可靠取得的,按照名义金额入账

1. 外购的固定资产

（1）购入不需安装的固定资产验收合格时,按照确定的固定资产成本,借记"固定资产"科目,贷记"财政拨款收入""应付账款""银行存款"等科目。

（2）购入需要安装的固定资产,在安装完毕交付使用前通过"在建工程"科目核算,安装完毕交付使用时再转入"固定资产"科目。

【例2-30】 某事业单位用事业经费购入一项新设备,买价为20 000元,运杂费为1 000元,安装费为2 000元,有关款项均已通过银行支付,该项固定资产安装完毕交付使用,假设不考虑各项税费。

其一,购入设备时,财务会计分录如下：

借：在建工程　　　　　　　　　　　　　　　　　　　　　21 000
　　贷：银行存款　　　　　　　　　　　　　　　　　　　　　21 000

同时,编制预算会计分录：

借：事业支出　　　　　　　　　　　　　　　　　　　　　21 000
　　贷：资金结存——货币资金　　　　　　　　　　　　　　21 000

其二,安装设备时,财务会计分录如下：

借：在建工程　　　　　　　　　　　　　　　　　　　　　2 000
　　贷：银行存款　　　　　　　　　　　　　　　　　　　　　2 000

同时,编制预算会计分录：

借：事业支出　　　　　　　　　　　　　　　　　　　　　2 000
　　贷：资金结存——货币资金　　　　　　　　　　　　　　2 000

其三,电梯安装完成时,财务会计分录如下：

借：固定资产　　　　　　　　　　　　　　　　　　　　　23 000
　　贷：在建工程　　　　　　　　　　　　　　　　　　　　　23 000

（3）购入固定资产扣留质量保证金的,应当在取得固定资产时,按照确定的固定资产成本,借记"固定资产"科目(不需安装)或"在建工程"科目(需要安装),按照实际支付或应付的金额,贷记"财政拨款收入""应付账款"(不含质量保证金)、"银行存款"等科目,按照扣留的质量保证金数额,贷记"其他应付款"科目［扣留期在1年以内(含1年)］或"长期应付款"科目(扣留期超过1年)。质保期满支付质量保证金时,借记"其他应付款""长期应付款"科目,贷记"财政拨款收入""银行存款"等科目。

外购的固定资产的主要账务处理如表2-24所示。

表 2-24　　　　　　　　　　外购的固定资产的主要账务处理

序号	业务内容	账务处理	
		财务会计	预算会计
1	购入不需要安装的固定资产	借：固定资产 　贷：财政拨款收入/应付账款/银行存款等	借：行政支出/事业支出/经营支出 　贷：财政拨款预算收入/资金结存
2	购入需要安装的固定资产	借：在建工程 　贷：财政拨款收入/应付账款/银行存款等 借：固定资产 　贷：在建工程	借：行政支出/事业支出/经营支出 　贷：财政拨款预算收入/资金结存
3	购入固定资产扣留质量保证金的（购买时）	借：固定资产（不需安装）/在建工程（需要安装） 　贷：财政拨款收入/应付账款（不含质量保证金）/银行存款等 　　其他应付款［扣留期在1年以内（含1年）］/长期应付款（扣留期超过1年）	借：行政支出/事业支出/经营支出（实际支付的金额） 　贷：财政拨款预算收入/资金结存
	支付保证金时	借：其他应付款/长期应付款 　贷：财政拨款收入/银行存款等	借：行政支出/事业支出/经营支出 　贷：财政拨款预算收入/资金结存

2. 自行建造的固定资产

自行建造的固定资产交付使用时，按照在建工程成本，借记"固定资产"科目，贷记"在建工程"科目。已交付使用但尚未办理竣工决算手续的固定资产，按照估计价值入账，待办理竣工决算后再按照实际成本调整原来的暂估价值。

【例 2-31】 某事业单位自行建造固定资产，在前期投入工程价款 1 000 000 元，领用材料为 200 000 元，建造过程涉及的款项均通过银行存款支付，工程交付使用。

（1）支付工程价款，财务会计分录如下：

借：在建工程　　　　　　　　　　　　　　　　　　　　　　　　　1 000 000
　　贷：银行存款　　　　　　　　　　　　　　　　　　　　　　　　　1 000 000

同时，编制预算会计分录：

借：事业支出　　　　　　　　　　　　　　　　　　　　　　　　　1 000 000
　　贷：资金结存——货币资金　　　　　　　　　　　　　　　　　　　1 000 000

（2）领用材料时，财务会计分录如下：

借：在建工程　　　　　　　　　　　　　　　　　　　　　　　　　　200 000
　　贷：库存物品　　　　　　　　　　　　　　　　　　　　　　　　　　200 000

（3）工程交付使用时，财务会计分录如下：

借：固定资产	1 200 000
贷：在建工程	1 200 000

3. 融资租赁取得的固定资产

融资租赁取得的固定资产,其成本按照租赁协议或者合同确定的租赁价款、相关税费,以及固定资产交付使用前所发生的可归属于该项资产的运输费、途中保险费、安装调试费等确定。融资租入的固定资产,按照确定的成本,借记"固定资产"科目(不需安装)或"在建工程"科目(需安装),按照租赁协议或者合同确定的租赁价款,贷记"长期应付款"科目,按照支付的相关税费、运输费、途中保险费、安装调试费等金额,贷记"财政拨款收入""银行存款"等科目。定期支付租金时,按照实际支付的金额,借记"长期应付款"科目,贷记"财政拨款收入""银行存款"等科目。

融资租赁取得的固定资产的主要账务处理如表 2-25 所示。

表 2-25　　　　　　　　　　融资租赁取得的固定资产的主要账务处理

序号	业务内容	账务处理	
^	^	财务会计	预算会计
1	融资租入的固定资产	借：固定资产(不需安装)/在建工程(需安装) 贷：长期应付款(协议或合同确定的租赁价款) 　　财政拨款收入/银行存款等(实际支付的相关税费、运输费、途中保险费、安装调试费等)	借：行政支出/事业支出/经营支出 贷：财政拨款预算收入/资金结存(支付的相关税费等)
2	定期支付租金	借：长期应付款 贷：财政拨款收入/银行存款等	借：行政支出/事业支出/经营支出 贷：财政拨款预算收入/资金结存

4. 按照规定跨年度分期付款购入的固定资产

其账务处理参照融资租赁取得的固定资产。

5. 接受捐赠的固定资产

接受捐赠的固定资产按照实际金额入账的,借记"固定资产"科目(不需安装)或"在建工程"科目(需安装),按照发生的相关税费、运输费等,贷记"银行存款"等科目,按照其差额,贷记"捐赠收入"科目。接受捐赠的固定资产按照名义金额入账的,按照名义金额,借记"固定资产"科目(不需安装)或"在建工程"科目(需安装),贷记"捐赠收入"科目；按照发生的相关税费、运输费等,借记"其他费用"科目,贷记"银行存款"等科目。

接受捐赠的固定资产的主要账务处理如表 2-26 所示。

表 2-26　　　　　　　　　　接受捐赠的固定资产的主要账务处理

序号	业务内容	账务处理	
^	^	财务会计	预算会计
1	按实际金额入账	借：固定资产(不需安装)/在建工程(需安装) 贷：银行存款等(实际支付的相关税费、运输费等) 　　捐赠收入(贷差)	借：其他支出(支付的相关税费) 贷：资金结存

(续表)

序号	业务内容	账务处理	
		财务会计	预算会计
2	按名义金额入账	借：固定资产(不需安装)/在建工程(需安装) 　　贷：捐赠收入 借：其他费用(支付的相关税费、运输费等) 　　贷：银行存款等	借：其他支出(支付的相关税费) 　　贷：资金结存

6. 无偿调入的固定资产

无偿调入的固定资产，按照确定的固定资产成本，借记"固定资产"科目（不需安装）或"在建工程"科目（需安装），按照发生的相关税费、运输费等，贷记"银行存款"等科目，按照其差额，贷记"无偿调拨净资产"科目。

无偿调入的固定资产的主要账务处理如表 2-27 所示。

表 2-27　　　　　　　　　无偿调入的固定资产的主要账务处理

序号	业务内容	账务处理	
		财务会计	预算会计
1	无偿调入固定资产	借：固定资产(不需安装)/在建工程(需安装) 　　贷：银行存款等(支付的相关税费、运输费等) 　　　　无偿调拨净资产(贷差)	借：其他支出(支付的相关税费) 　　贷：资金结存

【例 2-32】　某事业单位接受无偿调入的固定资产，资产价值为 50 000 元，期间发生的运输费为 800 元。

财务会计分录如下：

借：固定资产　　　　　　　　　　　　　　　　　　　　　　　50 800
　　贷：在建工程——待核销基建支出　　　　　　　　　　　　　50 000
　　　　银行存款　　　　　　　　　　　　　　　　　　　　　　　　800

同时，编制预算会计分录：

借：其他支出　　　　　　　　　　　　　　　　　　　　　　　　　800
　　贷：资金结存——货币资金　　　　　　　　　　　　　　　　　　800

7. 置换取得的固定资产

置换取得的固定资产参照"库存物品"科目中置换换入的库存物品的相关规定进行账务处理。

固定资产取得时涉及增值税业务的，相关账务处理参见第三章第二节中"应交增值税"科目的内容。

四、固定资产的后续计量

(一)固定资产的折旧

1. 折旧的定义

折旧是指在固定资产的预计使用年限内,按照确定的方法对应计的折旧额进行系统分摊。固定资产应计提的折旧额为其成本,计提折旧不考虑预计净残值。

2. 折旧的范围

下列各项固定资产不需计提折旧:①文物和陈列品。②动植物。③图书档案。④单独计价入账的土地。⑤以名义金额计量的固定资产。此外,已提足折旧的固定资产和提前报废的固定资产,也不再计提折旧。

在确定折旧的范围时,还应注意以下几点:

(1)固定资产应当按月计提折旧,并根据用途计入当期费用或者相关资产成本。

(2)固定资产提足折旧后,无论能否继续使用,均不再计提折旧;提前报废的固定资产也不再补提折旧。已提足折旧的固定资产产,可以继续使用的,应当继续使用,规范实物管理。

(3)固定资产因改建、扩建或修缮等原因而延长其使用年限的,应当按照重新确定的固定资产的成本以及重新确定的折旧年限计算折旧额。

3. 折旧的方法

政府会计主体一般应当采用年限平均法或者工作量法计提固定资产折旧。在确定固定资产的折旧方法时,应当考虑与固定资产相关的服务潜力或提供经济利益的预期实现方式。固定资产的折旧方法一经确定,不得随意变更。

4. 折旧的年限

政府会计主体应当根据相关规定以及固定资产的性质和实际使用情况,合理确定固定资产的折旧年限。固定资产的折旧年限一经确定,不得随意变更。

5. 折旧的账务处理

(1)按月计提固定资产折旧时,按照应计提折旧金额,借记"业务活动费用""单位管理费用""经营费用""加工物品""在建工程"等科目,贷记"固定资产累计折旧"科目。

【注意:行政单位不涉及"单位管理费用""经营费用"科目】

(2)经批准处置或处理固定资产时,按照所处置或处理固定资产的账面价值,借记"资产处置费用""无偿调拨净资产""待处理财产损溢"等科目,按照已计提的折旧,借记"固定资产累计折旧"科目,按照固定资产的账面余额,贷记"固定资产"科目。

二维码2-1
视频:固定资产折旧的账务处理

> **相关思考2-1**
>
> **暂估入账的固定资产如何计提折旧**

暂估入账的固定资产计提折旧,实际成本确定后不需调整原已计提的折旧额。因改、扩建或修缮等原因而延长其使用年限的,应当按照重新确定的固定资产的成本以及重新确定的折旧年限计算折旧额。

固定资产累计折旧的主要账务处理如表2-28所示。

表 2-28　　　　　　　　　　固定资产累计折旧的主要账务处理

序号	业务内容	账务处理	
		财务会计	预算会计
1	按月计提固定资产折旧时	借：业务活动费用/单位管理费用/经营费用/加工物品/在建工程等 贷：固定资产累计折旧	—
2	处置或处理固定资产时	借：待处理财产损溢/无偿调拨净资产/资产处置费用等 　　固定资产累计折旧 贷：固定资产（账面余额）	涉及资金支付的，参照"固定资产"科目相关账务处理

相关思考 2-2

固定资产计提折旧的时点是什么

企业会计：当月增加，当月不计提折旧，从下月起开始计提；当月减少，当月仍照提，从下月起不计提。

政府会计：当月增加，当月开始计提折旧；当月减少，当月不再计提。

【例 2-33】 某事业单位新购进固定资产一批，价值为 72 000 元，计划使用 6 年，每月计提折旧 1 000 元，假设第 5 年年末对固定资产进行报废处置。

（1）购进时，财务会计分录如下：

借：固定资产　　　　　　　　　　　　　　　　　　　　　　　　72 000
　　贷：银行存款　　　　　　　　　　　　　　　　　　　　　　　　72 000

同时，预算会计分录如下：

借：事业支出　　　　　　　　　　　　　　　　　　　　　　　　72 000
　　贷：资金结存——货币资金　　　　　　　　　　　　　　　　　　72 000

（2）计提折旧时，财务会计分录如下：

借：业务活动费用　　　　　　　　　　　　　　　　　　　　　　　1 000
　　贷：固定资产累计折旧　　　　　　　　　　　　　　　　　　　　1 000

（3）报废时，财务会计分录如下：

借：待处理财产损溢　　　　　　　　　　　　　　　　　　　　　12 000
　　固定资产累计折旧　　　　　　　　　　　　　　　　　　　　60 000
　　贷：固定资产　　　　　　　　　　　　　　　　　　　　　　　72 000

（二）与固定资产有关的后续支出

固定资产后续的维护改建支出，在账务处理上有两种处理方法，即资本化和费用化。《政府会计制度》没有对两种处理方式的选择标准作出详细、具体的规定，但资本化支出通常应当符合资产的定义，即与该支出有关的经济利益很可能流入单位，并且该支出能够可靠地计量，则可以予以资本化，增加固定资产的账面价值；否则，应当予以费用化，计入当期损益。资本化的支出是指为增加固定资产使用效能或延长其使用年限而发生的改建、扩建等，如可以延长不动产使用寿命的翻修、可以增加不动产使用面积的扩建、可以提高产品生产效率的机器升级改造等。费用化支出是指为保证固定资产正常使用发生的日常维修等支出。

1. 符合固定资产确认条件的后续支出

通常情况下,将固定资产转入改建、扩建时,按照固定资产的账面价值,借记"在建工程"科目,按照固定资产已计提折旧,借记"固定资产累计折旧"科目,按照固定资产的账面余额,贷记"固定资产"科目。

为增加固定资产使用效能或延长其使用年限而发生的改建、扩建等后续支出,借记"在建工程"科目,贷记"财政拨款收入""应付账款""银行存款"等科目。

固定资产改建、扩建等完成交付使用时,按照在建工程成本,借记"固定资产"科目,贷记"在建工程"科目。

2. 不符合固定资产确认条件的后续支出

为保证固定资产正常使用发生的日常维修等支出,借记"业务活动费用""单位管理费用""经营费用"等科目,贷记"财政拨款收入""银行存款"等科目。

固定资产后续计量的主要账务处理如表 2-29 所示。

表 2-29　　　　　　　　　　固定资产后续计量的主要账务处理

序号	业务内容		账务处理	
			财务会计	预算会计
1	符合固定资产确认条件的	通常情况	借:在建工程(账面价值) 　　固定资产累计折旧 　贷:固定资产(账面余额)	—
		增加固定资产使用效能或延长其使用年限而发生的改建、扩建等后续支出	借:在建工程 　贷:财政拨款收入/应付账款/银行存款等	借:行政支出/事业支出/经营支出 　贷:财政拨款预算收入/资金结存
		改建、扩建等完成交付使用时	借:固定资产 　贷:在建工程	—
2	不符合固定资产确认条件的		借:业务活动费用/单位管理费用/经营费用等 　贷:财政拨款收入/银行存款等 【注意:行政单位不涉及"单位管理费用""经营费用"科目】	借:行政支出/事业支出/经营支出 　贷:财政拨款预算收入/资金结存

【例 2-34】　某事业单位决定对固定资产进行扩建,固定资产的账面余额为 500 000 元,已计提折旧 200 000 元,扩建过程中支付工程款 300 000 元。

(1) 将固定资产账面价值转入在建工程时,财务会计分录如下:

借:在建工程　　　　　　　　　　　　　　　　　　　　　　　300 000
　　固定资产累计折旧　　　　　　　　　　　　　　　　　　　200 000
　贷:固定资产　　　　　　　　　　　　　　　　　　　　　　　　500 000

(2) 支付工程款时,财务会计分录如下:

借:在建工程　　　　　　　　　　　　　　　　　　　　　300 000
　　贷:银行存款　　　　　　　　　　　　　　　　　　　　　300 000

同时,编制预算会计分录:

借:事业支出　　　　　　　　　　　　　　　　　　　　　300 000
　　贷:银行存款　　　　　　　　　　　　　　　　　　　　　300 000

(3) 工程交付使用时,财务会计分录如下:

借:固定资产　　　　　　　　　　　　　　　　　　　　　600 000
　　贷:在建工程　　　　　　　　　　　　　　　　　　　　　600 000

五、固定资产的处置

1. 出售、转让固定资产

报经批准出售、转让固定资产,按照被出售、转让固定资产的账面价值,借记"资产处置费用"科目,按照固定资产已计提的折旧,借记"固定资产累计折旧"科目,按照固定资产的账面余额,贷记"固定资产"科目;同时,按照收到的价款,借记"银行存款"等科目,按照处置过程中发生的相关费用,贷记"银行存款"等科目,按照其差额,贷记"应缴财政款"科目。

【例 2-35】 某事业单位出售固定资产一批,固定资产的账面余额为 68 000 元,已计提折旧 52 000 元,出售固定资产时收到价款 20 000 元。

财务会计分录如下:

借:资产处置费用　　　　　　　　　　　　　　　　　　16 000
　　固定资产累计折旧　　　　　　　　　　　　　　　　52 000
　　贷:固定资产　　　　　　　　　　　　　　　　　　　　68 000
借:银行存款　　　　　　　　　　　　　　　　　　　　　4 000
　　贷:应缴财政款　　　　　　　　　　　　　　　　　　　4 000

2. 对外捐赠固定资产

报经批准对外捐赠固定资产,按照固定资产已计提的折旧,借记"固定资产累计折旧"科目,按照被处置固定资产的账面余额,贷记"固定资产"科目,按照捐赠过程中发生的归属于捐出方的相关费用,贷记"银行存款"等科目,按照其差额,借记"资产处置费用"科目。

【例 2-36】 某事业单位对外捐赠固定资产,固定资产的账面余额为 200 000 元,已计提折旧 50 000 元,另外该事业单位支付运输费 2 000 元。

财务会计分录如下:

借:资产处置费用　　　　　　　　　　　　　　　　　　152 000
　　固定资产累计折旧　　　　　　　　　　　　　　　　50 000
　　贷:固定资产　　　　　　　　　　　　　　　　　　　500 000
　　　　银行存款　　　　　　　　　　　　　　　　　　　2 000

同时,编制预算会计分录:

借：其他支出　　　　　　　　　　　　　　　　　　　　　　　　　　　2 000
　　贷：银行存款　　　　　　　　　　　　　　　　　　　　　　　　　　　　　2 000

3. 无偿调出固定资产

报经批准无偿调出固定资产，按照固定资产已计提的折旧，借记"固定资产累计折旧"科目，按照被处置固定资产账面余额，贷记"固定资产"科目，按照其差额，借记"无偿调拨净资产"科目；同时，按照无偿调出过程中发生的归属于调出方的相关费用，借记"资产处置费用"科目，贷记"银行存款"等科目。

【例 2-37】　某事业单位无偿调出固定资产，固定资产账面余额为 300 000 元，已计提折旧 60 000 元，另外该事业单位支付运输费 5 000 元。

财务会计分录如下：

借：无偿调拨净资产　　　　　　　　　　　　　　　　　　　　　　　240 000
　　固定资产累计折旧　　　　　　　　　　　　　　　　　　　　　　　 60 000
　　贷：固定资产　　　　　　　　　　　　　　　　　　　　　　　　　　　 300 000
借：资产处置费用　　　　　　　　　　　　　　　　　　　　　　　　　 5 000
　　贷：银行存款　　　　　　　　　　　　　　　　　　　　　　　　　　　　 5 000

同时，编制预算会计分录：

借：其他支出　　　　　　　　　　　　　　　　　　　　　　　　　　　5 000
　　贷：银行存款　　　　　　　　　　　　　　　　　　　　　　　　　　　　 5 000

4. 置换换出固定资产

报经批准置换换出固定资产，参照"库存物品"科目中置换换入的库存物品的规定进行账务处理。

固定资产处置时涉及增值税业务的，相关账务处理参见第三章第二节中"应交增值税"科目的内容。

固定资产处置的主要账务处理如表 2-30 所示。

表 2-30　　　　　　　　　固定资产处置的主要账务处理

序号	业务内容	账务处理	
		财务会计	预算会计
1	出售、转让固定资产	借：资产处置费用 　　固定资产累计折旧 　　贷：固定资产（账面余额） 借：银行存款等（处置固定资产收到的价款） 　　贷：银行存款等（发生的相关费用） 　　　　应缴财政款（贷差）	—
2	对外捐赠固定资产	借：固定资产累计折旧 　　资产处置费用（借差） 　　贷：固定资产（账面余额） 　　　　银行存款等（归属于捐出方的相关费用）	按照对外捐赠过程中发生的归属于捐出方的相关费用： 借：其他支出 　　贷：资金结存

(续表)

序号	业务内容	账务处理	
		财务会计	预算会计
3	无偿调出固定资产	借：固定资产累计折旧 　　无偿调拨净资产（借差） 　贷：固定资产（账面余额） 借：资产处置费用 　贷：银行存款等（归属于调出方的相关费用）	借：其他支出 　贷：资金结存
4	置换换出固定资产	参照"库存物品"科目中置换换入的库存物品的规定进行账务处理	

六、固定资产的清查盘点

单位应当定期对固定资产进行清查盘点，每年至少盘点一次。对于发生的固定资产盘盈、盘亏或毁损、报废，应当先记入"待处理财产损溢"科目，按照规定报经批准后及时进行后续账务处理。

1. 固定资产的盘盈

盘盈的固定资产，其成本按照有关凭据注明的金额确定；没有相关凭据、但按照规定经过资产评估的，其成本按照评估价值确定；没有相关凭据、也未经过评估的，其成本按照重置成本确定。如无法采用上述方法确定盘盈固定资产成本的，按照名义金额入账。盘盈的固定资产，按照确定的入账成本，借记"固定资产"科目，贷记"待处理财产损溢"科目。

2. 固定资产的盘亏、毁损或报废

盘亏、毁损或报废的固定资产，按照待处理固定资产的账面价值，借记"待处理财产损溢"科目，按照已计提的折旧，借记"固定资产累计折旧"科目，按照固定资产的账面余额，贷记"固定资产"科目。

固定资产定期盘点清查的主要账务处理如表2-31所示。

表2-31　　　　　　固定资产定期盘点清查的主要账务处理

序号	业务内容	账务处理	
		财务会计	预算会计
1	盘盈的固定资产	借：固定资产 　贷：待处理财产损溢	—
2	盘亏、毁损或报废的固定资产	借：待处理财产损溢（账面价值） 　　固定资产累计折旧 　贷：固定资产（账面余额）	—

【例2-38】　某事业单位于某年年底对单位的固定资产进行盘点，发生如下经济业务：
（1）盘盈一台电脑，价值为5 000元。

财务会计分录如下：

借：固定资产　　　　　　　　　　　　　　　　　　　　　　　　5 000
　　贷：待处理财产损溢　　　　　　　　　　　　　　　　　　　　　　5 000

（2）发现某固定资产损毁，该固定资产的账面价值为3 000元，已计提折旧2 000元。财务会计分录如下：

借：待处理财产损溢　　　　　　　　　　　　　　　　　　　　　3 000
　　固定资产累计折旧　　　　　　　　　　　　　　　　　　　　1 000
　　贷：固定资产　　　　　　　　　　　　　　　　　　　　　　　　3 000

第八节　在建工程的核算

《政府会计制度》中要求：单位对基本建设投资应当按照本制度规定统一进行会计核算，不再单独建账，但是应当按项目单独核算，并保证项目资料完整。因此，不论是基本建设项目，还是非基本建设项目，只要是涉及单位的新建、改建、扩建，以及技术改造、设备更新等资本性支出，都纳入"在建工程"科目核算。

一、在建工程的定义

在建工程是指已经发生必要支出，但尚未达到交付使用状态的建设项目工程。

（一）科目设置

为了反映在建工程的增减变动情况，单位应当设置"在建工程"科目，核算单位在建的建设项目工程的实际成本。单位在建的信息系统项目工程、公共基础设施项目工程、保障性住房项目工程的实际成本，也通过本科目核算。本科目期末借方余额，反映单位尚未完工的建设项目工程发生的实际成本。本科目应当设置"建筑安装工程投资""设备投资""待摊投资""其他投资""待核销基建支出""基建转出投资"等明细科目，并按照具体项目进行明细核算。

（二）账务处理

1. 建筑安装工程投资

（1）将固定资产等资产转入改建、扩建等时，按照固定资产等资产的账面价值，借记"在建工程——建筑安装工程投资"科目，按照已计提的折旧或摊销，借记"固定资产累计折旧"等科目，按照固定资产等资产的原值，贷记"固定资产"等科目。

固定资产等资产改建、扩建过程中涉及替换（或拆除）原资产的某些组成部分的，按照被替换（或拆除）部分的账面价值，借记"待处理财产损溢"科目，贷记"在建工程——建筑安装工程投资"科目。

（2）单位对于发包建筑安装工程，根据建筑安装工程价款结算账单与施工企业结算工程价款时，按照应承付的工程价款，借记"在建工程——建筑安装工程投资"科目，按照预付工程款余额，贷记"预付账款——预付工程款"科目，按照其差额，贷记"财政拨款收入""银行存款""应付账款"等科目。

（3）单位自行施工的小型建筑安装工程，按照发生的各项支出金额，借记"在建工程——建筑安装工程投资"科目，贷记"工程物资""银行存款""应付职工薪酬"等科目。

（4）工程竣工，办妥竣工验收交接手续交付使用时，按照建筑安装工程成本（含应分摊的待摊投资),借记"固定资产"等科目,贷记"在建工程——建筑安装工程投资"科目。

2. 设备投资

(1) 购入设备时,按照购入成本,借记"在建工程——设备投资"科目,贷记"财政拨款收入""应付账款""银行存款"等科目;采用预付款方式购入设备的,有关预付款的账务处理参照后文"在建工程"科目中有关"建筑安装工程投资"明细科目的规定。

(2) 设备安装完毕,办妥竣工验收交接手续交付使用时,按照设备投资成本(含设备安装工程成本和分摊的待摊投资),借记"固定资产"等科目,贷记"在建工程——设备投资""在建工程——建筑安装工程投资——安装工程"科目。

(3) 将不需要安装的设备和达不到固定资产标准的工具、器具交付使用时,按照相关设备、工具、器具的实际成本,借记"固定资产""库存物品"科目,贷记"在建工程——设备投资"科目。

3. 待摊投资

建设工程发生的构成建设项目实际支出的、按照规定应当分摊计入有关工程成本和设备成本的各项间接费用和税费支出,先在本明细科目中归集;建设工程办妥竣工验收交接手续交付使用时,按照合理的分配方法,摊入相关工程成本、在安装设备成本等。

(1) 单位发生的构成待摊投资的各类费用,按照实际发生金额,借记"在建工程——待摊投资"科目,贷记"财政拨款收入""银行存款""应付利息""长期借款""其他应交税费""固定资产累计折旧""无形资产累计摊销"等科目。

【注意:行政单位不涉及"应付利息""长期借款"科目】

(2) 对于建设过程中试生产、设备调试等产生的收入,按照取得的收入金额,借记"银行存款"等科目,按照依据有关规定应当冲减建设工程成本的部分,贷记"在建工程——待摊投资"科目,按照其差额贷记"应缴财政款"或"其他收入"科目。

(3) 由自然灾害、管理不善等原因造成的单项工程或单位工程报废或毁损,扣除残料价值和过失人或保险公司等赔款后的净损失,报经批准后计入继续施工的工程成本的,按照工程成本扣除残料价值和过失人或保险公司等赔款后的净损失,借记"在建工程——待摊投资"科目,按照残料变价收入、过失人或保险公司赔款等,借记"银行存款""其他应收款"等科目,按照报废或毁损的工程成本,贷记"在建工程——建筑安装工程投资"科目。

(4) 工程交付使用时,按照合理的分配方法分配待摊投资,借记"在建工程——建筑安装工程投资、设备投资"科目,贷记"在建工程——待摊投资"科目。

4. 其他投资

(1) 单位为建设工程发生的房屋购置支出,基本畜禽、林木等的购置、饲养、培育支出,办公生活用家具、器具购置支出,软件研发和不能计入设备投资的软件购置等支出,按照实际发生的金额,借记"在建工程——其他投资"科目,贷记"财政拨款收入""银行存款"等科目。

(2) 工程完成将形成的房屋、基本畜禽、林木等各种财产,以及无形资产交付使用时,按照其实际成本,借记"固定资产""无形资产"等科目,贷记"在建工程——其他投资"科目。

5. 待核销基建支出

(1) 建设项目发生的江河清障、航道清淤、飞播造林、补助群众造林、水土保持、城市绿化等不能形成资产的各类待核销基建支出,按照实际发生金额,借记"在建工程——待核销

二维码 2-4:
待摊投资的分配方法

基建支出"科目,贷记"财政拨款收入""银行存款"等科目。

(2) 取消的建设项目发生的可行性研究费,按照实际发生的金额,借记"在建工程——待核销基建支出"科目,贷记"在建工程——待摊投资"科目。

(3) 由自然灾害等原因发生的建设项目整体报废所形成的净损失,报经批准后转入待核销基建支出,按照项目整体报废所形成的净损失,借记"在建工程——待核销基建支出"科目,按照报废工程回收的残料变价收入、保险公司赔款等,借记"银行存款""其他应收款"等科目,按照报废的工程成本,贷记"在建工程——建筑安装工程投资等"科目。

(4) 建设项目竣工验收交付使用时,对发生的待核销基建支出进行冲销,借记"资产处置费用"科目,贷记"在建工程——待核销基建支出"科目。

6. 基建转出投资

为建设项目配套而建成的、产权不归属本单位的专用设施,在项目竣工验收交付使用时,按照转出的专用设施的成本,借记"在建工程——基建转出投资"科目,贷记"在建工程——建筑安装工程投资"科目;同时,借记"无偿调拨净资产"科目,贷记"在建工程——基建转出投资"科目。

在建工程的主要账务处理如表 2-32 所示。

表 2-32　　　　　　　　　　在建工程的主要账务处理

序号	业务内容		账务处理	
			财务会计	预算会计
1	建筑安装工程投资	将固定资产等转入改建、扩建时	借：在建工程——建筑安装工程投资 　　固定资产累计折旧等 贷：固定资产等	—
		改建、扩建过程中替换(或拆除)原资产某些组成部分的	借：待处理财产损溢 贷：在建工程——建筑安装工程投资	—
		发包工程预付工程款时	借：预付账款——预付工程款 贷：财政拨款收入/银行存款等	借：行政支出/事业支出等 贷：财政拨款预算收入/资金结存
		按照进度结算工程款时	借：在建工程——建筑安装工程投资 贷：预付账款——预付工程款 　　财政拨款收入/银行存款/应付账款等(贷差)	借：行政支出/事业支出等(补付款项) 贷：财政拨款预算收入/资金结存
		自行施工的小型建筑安装工程发生支出时	借：在建工程——建筑安装工程投资 贷：工程物资/银行存款/应付职工薪酬等	借：行政支出/事业支出等(实际支付的款项) 贷：资金结存等
		工程竣工验收交接手续交付使用时	借：固定资产等 贷：在建工程——建筑安装工程投资	—

(续表)

序号	业务内容		账务处理	
			财务会计	预算会计
2	设备投资	购入设备时	借：在建工程——设备投资 贷：财政拨款收入/应付账款/银行存款等	借：行政支出/事业支出等（实际支付的款项） 贷：财政拨款预算收入/资金结存
		安装完毕，交付使用时	借：固定资产等 贷：在建工程——设备投资 ——建筑安装工程投资——安装工程	—
		将不需要安装的设备和达不到固定资产标准的工具、器具交付使用时	借：固定资产/库存物品 贷：在建工程——设备投资	—
3	待摊投资	发生构成待摊投资的各类费用时	借：在建工程——待摊投资 贷：财政拨款收入/银行存款/应付利息/长期借款/其他应交税费/固定资产累计折旧/无形资产累计摊销等	借：行政支出/事业支出等（实际支付的款项） 贷：财政拨款预算收入/资金结存
		对于建设过程中试生产、设备调试等产生的收入	借：银行存款等 贷：在建工程——待摊投资（按规定冲减工程成本的部分） 应缴财政款/其他收入（贷差）	借：资金结存 贷：其他预算收入
		经批准将单项工程或单位工程报废净损失计入继续施工的工程成本的	借：在建工程——待摊投资 银行存款/其他应收款等（残料变价收入、过失人或保险公司赔款等） 贷：在建工程——建筑安装工程投资（毁损或报废的工程成本）	—
		工程交付使用时，按照一定的分配方法进行待摊投资分配	借：在建工程——建筑安装工程投资 ——设备投资 贷：在建工程——待摊投资	—
4	其他投资	发生其他投资支出时	借：在建工程——其他投资 贷：财政拨款收入/银行存款等	借：行政支出/事业支出等（实际支付的款项） 贷：财政拨款预算收入/资金结存
		资产交付使用时	借：固定资产/无形资产等 贷：在建工程——其他投资	—

（续表）

序号	业务内容		账务处理	
			财务会计	预算会计
5	待核销基建支出	发生各类待核销基建支出时	借：在建工程——待核销基建支出 贷：财政拨款收入/银行存款等	借：行政支出/事业支出（实际支付的款项） 贷：财政拨款预算收入/资金结存
		取消的项目发生的可行性研究费	借：在建工程——待核销基建支出 贷：在建工程——待摊投资	—
		由自然灾害等原因发生的项目整体报废所形成的净损失	借：在建工程——待核销基建支出 银行存款/其他应收款等（残料变价收入、保险公司赔款等） 贷：在建工程——建筑安装工程投资等	—
		经批准冲销待核销基建支出时	借：资产处置费用 贷：在建工程——待核销基建支出	
6	基建转出投资	为建设项目配套而建成的、产权不归属本单位的专用设施交付使用时	借：在建工程——基建转出投资 贷：在建工程——建筑安装工程投资 借：无偿调拨净资产 贷：在建工程——基建转出投资	—

【例 2-39】 2×23 年 3 月 1 日,某事业单位在建造某一设备时,以银行存款支付可行性研究费用 30 000 元;4 月 1 日,该事业单位在设备调试过程中产生的收入为 2 000 元,分配的待摊投资为 1 000 元;9 月 1 日,该设备完工交付使用。

（1）2×23 年 3 月 1 日,财务会计分录如下：

借：在建工程——待摊投资　　　　　　　　　　　　　　　　　　　30 000
　　贷：银行存款　　　　　　　　　　　　　　　　　　　　　　　　30 000

同时,编制预算会计分录：

借：事业支出　　　　　　　　　　　　　　　　　　　　　　　　　30 000
　　贷：资金结存——货币资金——银行存款　　　　　　　　　　　　30 000

（2）2×23 年 4 月 1 日,财务会计分录如下：

借：银行存款　　　　　　　　　　　　　　　　　　　　　　　　　 2 000
　　贷：在建工程——待摊投资　　　　　　　　　　　　　　　　　　 1 000
　　　　其他收入　　　　　　　　　　　　　　　　　　　　　　　　 1 000

同时,编制预算会计分录：

借：资金结存——货币资金——银行存款　　　　　　　　　　　　　 1 000
　　贷：其他预算收入　　　　　　　　　　　　　　　　　　　　　　 1 000

(3) 2×23年9月1日,财务会计分录如下:

借:在建工程——设备投资　　　　　　　　　　　　　　　　　　　　29 000
　　贷:在建工程——待摊投资　　　　　　　　　　　　　　　　　　　　29 000

二、工程物资

工程物资是指单位为在建工程准备的各种物资,包括工程用材料、设备等。

(一) 科目设置

为了反映工程物资的增减变动情况,单位应当设置"工程物资"科目,核算单位为在建工程准备的各种物资的成本。本科目期末借方余额,反映单位为在建工程准备的各种物资的成本。本科目可按照"库存材料""库存设备"等工程物资类别进行明细核算。

(二) 账务处理

(1) 购入为工程准备的物资,按照确定的物资成本,借记"工程物资"科目,贷记"财政拨款收入""银行存款""应付账款""其他应付款"等科目。

(2) 领用工程物资,按照物资成本,借记"在建工程"科目,贷记"工程物资"科目。工程完工后将领出的剩余物资退库时,作相反的会计分录。

(3) 工程完工后将剩余的工程物资转作本单位存货等的,按照物资成本,借记"库存物品"等科目,贷记"工程物资"科目。

涉及增值税业务的,相关账务处理参见第三章第二节中"应交增值税"科目的内容。

工程物资的主要账务处理如表2-33所示。

表2-33　　　　　　　　　　工程物资的主要账务处理

序号	业务内容	账务处理	
		财务会计	预算会计
1	购入工程物资(取得工程物资)	借:工程物资 　贷:财政拨款收入/银行存款/ 　　　应付账款/其他应付款等	借:行政支出/事业支出/经营支出等 　　(实际支付的款项) 　贷:财政拨款预算收入/资金结存
2	领用工程物资(发出工程物资)	借:在建工程 　贷:工程物资	—
3	剩余工程物资转为存货	借:库存物品 　贷:工程物资	—

【例2-40】　2×24年3月16日,某事业单位购入一批为工程准备的物资——甲产品,通过国库集中支付方式支付10 000元,另外用银行存款支付运杂费600元。2×24年4月1日,领用其中50%的物资用于工程建设——A项目。2×24年6月1日,再次领用45%。2×24年7月1日,工程完工,剩下的物资转为本单位的库存物品管理。

(1) 2×24年3月16日,财务会计分录如下:

借:工程物资——库存材料——甲产品　　　　　　　　　　　　　　10 600
　　贷:财政拨款收入　　　　　　　　　　　　　　　　　　　　　　10 000
　　　　银行存款　　　　　　　　　　　　　　　　　　　　　　　　　　600

同时,编制预算会计分录:

借:事业支出——基本支出——资本性支出　　　　　　　　　　　　　　10 600
　　贷:财政拨款预算收入　　　　　　　　　　　　　　　　　　　　　10 000
　　　　资金结存——货币资金——银行存款　　　　　　　　　　　　　　600

(2) 2×24年4月1日,财务会计分录如下:

借:在建工程——A项目　　　　　　　　　　　　　　　　　　　　　5 300
　　贷:工程物资——库存材料——甲产品　　　　　　　　　　　　　　5 300

(3) 2×24年6月1日,财务会计分录如下:

借:在建工程——A项目　　　　　　　　　　　　　　　　　　　　　4 770
　　贷:工程物资——库存材料——甲产品　　　　　　　　　　　　　　4 770

(4) 2×24年7月1日,财务会计分录如下:

借:库存物品——甲产品　　　　　　　　　　　　　　　　　　　　　530
　　贷:工程物资——库存材料——甲产品　　　　　　　　　　　　　　530

第九节　无形资产的核算

一、无形资产概述

(一) 无形资产的定义

无形资产是指政府会计主体控制的没有实物形态的可辨认非货币性资产,如专利权、商标权、著作权、土地使用权、非专利技术等。"可辨认"的标准有两条,满足其一即可:

(1) 能够从政府会计主体中分离或者划分出来,并能单独或者与相关合同、资产或负债一起,用于出售、转移、授予许可、租赁或者交换。

(2) 源自合同性权利或其他法定权利,无论这些权利是否可以从政府会计主体或其他权利和义务中转移或者分离。

(二) 无形资产的分类

(1) 专利权,是指政府对事业单位在某一产品的造型、配方、结构、制造工艺或程序的发明上给予制造使用和出售等方面的专门权利。专利权受法律保护。

(2) 土地使用权,是指事业单位依法取得的在一定期间内开发和利用土地的权利。在我国,土地归国家所有,任何单位或个人只有使用权,没有土地所有权。

(3) 非专利技术又称专有技术、技术秘密、技术诀窍,是指发明者未申请专利或不够申请专利条件的而未经公开的先进技术,包括先进经验、技术设计资料、原料配方等。非专利技术不受法律保护,但却是一种事实上的专利权,可以进行转让和投资。

(4) 著作权又称版权,是指文学、艺术和科学作品等著作人依法对其作品所拥有的权利,一般包括发表权、署名权、修改权、保护作品完整权、使用权和获得报酬权等。著作权受国家法律保护。

(5) 商标权,是指专门在某类指定的商品或产品上使用特定的名称或图案的权利。商标一经注册,即受法律保护。

二、无形资产的核算科目设置

(一)"无形资产"科目

为了反映无形资产的增减变动情况,单位应当设置"无形资产"总账科目,核算单位无形资产的原值。本科目期末借方余额,反映单位无形资产的原值。本科目应当按照无形资产类别和项目进行明细核算。

(二)"无形资产累计摊销"科目

为了核算无形资产累计摊销的增减变动情况,单位应当设置"无形资产累计摊销"科目,核算单位对使用年限有限的无形资产计提的累计摊销。本科目期末贷方余额,反映单位计提的无形资产摊销累计数。本科目应当按照所对应无形资产的明细分类进行明细核算。

(三)"研发支出"科目

为了核算研发支出的增减变动情况,单位应当设置"研发支出"科目,核算单位自行研究开发项目研究阶段和开发阶段发生的各项支出。本科目期末借方余额,反映单位预计能达到预定用途的研究开发项目在开发阶段发生的累计支出数。本科目应当按照自行研究开发项目,分别在"研究支出""开发支出"明细科目中进行明细核算。

> **相关思考 2-3**
>
> **建设项目中软件研发支出的核算科目是什么**
>
> 建设项目中的软件研发支出,应当通过"在建工程"科目核算,不通过"无形资产"科目核算。

三、无形资产的确认与初始计量

(一)无形资产的确认

第一,无形资产的确认条件包括:

(1)与该无形资产相关的服务潜力很可能实现或者经济利益很可能流入政府会计主体。

(2)该无形资产的成本或者价值能够可靠地计量。政府会计主体在判断无形资产的服务潜力或经济利益是否很可能实现或流入时,应当对无形资产在预计使用年限内可能存在的各种社会、经济、科技因素作出合理估计,并且应当有确凿的证据支持。

第二,政府会计主体购入的不构成相关硬件不可缺少组成部分的软件,应确认为无形资产。

第三,对于研发支出,政府会计主体应当区分研究阶段支出与开发阶段支出。

(1)研究是指为获取并理解新的科学或技术知识而进行的独创性的有计划调查。研究阶段的特点在于:一是计划性。研究阶段是建立在有计划的调查基础上的,即研发项目已经相关管理层的批准,并着手收集相关资料、进行市场调查等。二是探索性。研究阶段基本上是探索性的,为进一步的开发活动进行资料及相关方面的准备,这一阶段不会形成阶段性成果。从研究活动的特点看,其研究是否能在未来形成成果,即通过开发后是否会形成无形资产均有很大的不确定性,因此研究阶段的有关支出在发生时应当费用化,计入当期损益。

(2)开发是指在进行生产或使用前,将研究成果或其他知识应用于某项计划或设计,以生产出新的或具有实质性改进的材料、装置、产品等。开发阶段的特点在于:一是具有针对性。开发阶段是建立在研究阶段基础上的,因而,对项目的开发具有针对性。二是形成成果的可能性较大。进入开发阶段的研发项目往往形成成果的可能性较大。开发阶段的支出,先按合理方法进行归集,如果最终形成无形资产的,应当确认为无形资产;如果最终未形成无形资产的,应当计入当期费用。

(3) 自行研发项目尚未进入开发阶段,或者确实无法区分研究阶段支出和开发阶段支出的,但按法律程序已申请取得无形资产的,应当将依法取得时发生的注册费、聘请律师费等费用确认为无形资产。

第四,政府会计主体自创商誉及内部产生的品牌、报刊名等,不应确认为无形资产。

第五,与无形资产有关的后续支出,符合《政府会计准则第4号——无形资产》规定的确认条件的,应当计入无形资产成本,不符合《政府会计准则第4号——无形资产》规定的确认条件的,应当在发生时计入当期费用。

(二) 无形资产的初始计量

无形资产在取得时应当按照成本进行初始计量。

1. 外购的无形资产

外购的无形资产的成本包括购买价款、相关税费以及可归属于该项资产达到预定用途前所发生的其他支出。

外购的无形资产,按照确定的成本,借记"无形资产"科目,贷记"财政拨款收入""应付账款""银行存款"等科目。

委托软件公司开发的软件,视同外购的无形资产确定其成本。

合同中约定预付开发费用的,按照预付金额,借记"预付账款"科目,贷记"财政拨款收入""银行存款"等科目。软件开发完成交付使用并支付剩余或全部软件开发费用时,按照软件开发费用总额,借记"无形资产"科目,按照相关预付账款金额,贷记"预付账款"科目,按照支付的剩余金额,贷记"财政拨款收入""银行存款"等科目。

2. 自行开发的无形资产

自行研究开发项目形成的无形资产(自行开发的无形资产)的成本包括自该项目进入开发阶段后至达到预定用途前所发生的支出总额。

(1) 自行研究开发项目研究阶段的支出,应当先在"研发支出"科目归集。按照从事研究及其辅助活动人员计提的薪酬,研究活动领用的库存物品,发生的与研究活动相关的管理费、间接费和其他各项费用,借记"研发支出——研究支出"科目,贷记"应付职工薪酬""库存物品""财政拨款收入""固定资产累计折旧""银行存款"等科目。

期(月)末,应当将"研发支出"科目归集的研究阶段的支出金额转入当期费用,借记"业务活动费用"等科目,贷记"研发支出——研究支出"科目。

(2) 自行研究开发项目开发阶段的支出,先通过"研发支出"科目进行归集。按照从事开发及其辅助活动人员计提的薪酬,开发活动领用的库存物品,发生的与开发活动相关的管理费、间接费和其他各项费用,借记"研发支出——开发支出"科目,贷记"应付职工薪酬""库存物品""财政拨款收入""固定资产累计折旧""银行存款"等科目。

(3) 自行研究开发项目尚未进入开发阶段,或者确实无法区分研究阶段支出和开发阶段支出,但按照法律程序已申请取得无形资产的,按照依法取得时发生的注册费、聘请律师费等费用,借记"无形资产"科目,贷记"财政拨款收入""银行存款"等科目;按照依法取得前所发生的研究开发支出,借记"业务活动费用"等科目,贷记"研发支出"科目。

(4) 自行研究开发项目完成,达到预定用途形成无形资产的,按照"研发支出"科目归集的开发阶段的支出金额,借记"无形资产"科目,贷记"研发支出——开发支出"科目。

(5) 单位应于每年年度终了评估研究开发项目是否能达到预定用途,如预计不能达到预定用途(即无法最终完成开发项目并形成无形资产的),应当将已发生的开发支出金额全部转入当期费用,借记"业务活动费用"等科目,贷记"研发支出——开发支出"科目。

自行研究开发项目时涉及增值税业务的,相关账务处理参见第三章第二节中"应交增值税"科目的内容。

3. 置换取得的无形资产

置换取得的无形资产的成本按照换出资产的评估价值加上支付的补价或减去收到的补价,加上换入无形资产发生的其他相关支出确定。

置换取得的无形资产,参照"库存物品"科目中置换换入的库存物品的相关规定进行账务处理。

4. 接受捐赠的无形资产

接受捐赠的无形资产的成本有四种确认方式:①按照有关凭据注明的金额加上相关税费确定。②没有相关凭据可供取得,但按规定经过资产评估的,其成本按照评估价值加上相关税费确定。③没有相关凭据可供取得,也未经资产评估的,其成本比照同类或类似资产的市场价格加上相关税费确定。④没有相关凭据且未经资产评估,同类或类似资产的市场价格也无法可靠取得的,按照名义金额入账,相关税费计入当期费用。

确定接受捐赠无形资产的初始入账成本时,应当考虑该项资产尚可为政府会计主体带来服务潜力或经济利益的能力。

接受捐赠的无形资产,按照确定的无形资产成本,借记"无形资产"科目,按照发生的相关税费等,贷记"银行存款"等科目,按照其差额,贷记"捐赠收入"科目。接受捐赠的无形资产按照名义金额入账的,按照名义金额,借记"无形资产"科目,贷记"捐赠收入"科目;同时,按照发生的相关税费等,借记"其他费用"科目,贷记"银行存款"等科目。

5. 无偿调入的无形资产

无偿调入的无形资产的成本按照调出方账面价值加上相关税费确定。

无偿调入的无形资产,按照确定的无形资产成本,借记"无形资产"科目,按照发生的相关税费等,贷记"银行存款"等科目,按照其差额,贷记"无偿调拨净资产"科目。

无形资产取得时涉及增值税业务的,相关账务处理参见第三章第二节中"应交增值税"科目的内容。

取得的无形资产的主要账务处理如表 2-34 所示。

表 2-34　　　　　　　　　取得的无形资产的主要账务处理

序号	业务内容	账务处理	
		财务会计	预算会计
1	外购的无形资产入账时	借:无形资产 　贷:财政拨款收入/应付账款/ 　　　银行存款等	借:行政支出/事业支出/ 　　经营支出等 　贷:财政拨款预算收入/资金结存

(续表)

序号	业务内容		账务处理	
			财务会计	预算会计
2	委托软件公司开发的软件	按照合同约定预付开发费用时	借：预付账款 　　贷：财政拨款收入/银行存款等	借：行政支出/事业支出/经营支出等（预付的款项） 　　贷：财政拨款预算收入/资金结存
		委托开发的软件交付使用，并支付剩余或全部软件开发费用时	借：无形资产（开发费总额） 　　贷：预付账款 　　　　财政拨款收入/银行存款等（支付的剩余款项）	借：行政支出/事业支出/经营支出等 　　贷：财政拨款预算收入/资金结存
3	自行开发的无形资产	研究阶段的支出	借：研发支出——研究支出 　　贷：应付职工薪酬/库存物品/财政拨款收入/固定资产累计折旧/银行存款等 期（月）末，转入当期费用： 借：业务活动费用等 　　贷：研发支出——研究支出	借：行政支出/事业支出/经营支出等（实际支付的款项） 　　贷：财政拨款预算收入/资金结存
		开发阶段的支出	借：研发支出——开发支出 　　贷：应付职工薪酬/库存物品/财政拨款收入/固定资产累计折旧/银行存款等	借：行政支出/事业支出/经营支出等（实际支付的款项） 　　贷：财政拨款预算收入/资金结存
		尚未进入开发阶段，或者确实无法区分研究阶段支出和开发阶段支出，但按照法律程序已申请取得无形资产的	借：无形资产（依法取得时发生的注册费、聘请律师费等费用） 　　贷：财政拨款收入/银行存款等 借：业务活动费用等（依法取得前所发生的研究开发支出） 　　贷：研发支出	借：行政支出/事业支出/经营支出等 　　贷：财政拨款预算收入/资金结存
		研发项目完成，达到预定用途形成无形资产的	借：无形资产 　　贷：研发支出——开发支出	—
		年末经评估，研发项目预计不能达到预定用途	借：业务活动费用等 　　贷：研发支出——开发支出	—
4	置换取得的无形资产		参照"库存物品"科目中置换换入的库存物品的相关规定进行账务处理	
5	接受捐赠的无形资产	按照实际金额入账	借：无形资产 　　贷：银行存款等（发生的相关税费等） 　　　　捐赠收入（贷差）	借：其他支出（支付的相关税费等） 　　贷：资金结存

(续表)

序号	业务内容		账务处理	
			财务会计	预算会计
5	接受捐赠的无形资产	按照名义金额入账	借：无形资产（名义金额） 　　贷：捐赠收入 借：其他费用 　　贷：银行存款等（发生的相关税费等）	借：其他支出（支付的相关税费等） 　　贷：资金结存
6	无偿调入的无形资产		借：无形资产 　　贷：银行存款等（发生的相关税费等） 　　　　无偿调拨净资产（贷差）	借：其他支出（支付的相关税费等） 　　贷：资金结存

【例 2-41】 2×24 年 1 月 30 日，某事业单位自行研究开发一项专利技术，在研究开发过程中发生一批甲材料费，价值为 300 000 元，人工工资为 500 000 元，用银行存款支付其他费用 100 000 元，总计 900 000 元。其中，符合资本化条件的支出为 800 000 元，该专利技术于 2×24 年 6 月 30 日已达到预定用途。假定不考虑相关税费。

(1) 2×24 年 1 月 30 日，财务会计分录如下：

借：研发支出——研究支出　　　　　　　　　　　　　　　　　　　　100 000
　　　　　　——开发支出　　　　　　　　　　　　　　　　　　　　800 000
　　贷：库存物品——甲材料　　　　　　　　　　　　　　　　　　　300 000
　　　　应付职工薪酬——基本工资　　　　　　　　　　　　　　　　500 000
　　　　银行存款　　　　　　　　　　　　　　　　　　　　　　　　100 000

同时，编制预算会计分录：

借：事业支出——基本支出——商品和服务支出　　　　　　　　　　　100 000
　　贷：资金结存——货币资金——银行存款　　　　　　　　　　　　100 000

(2) 2×24 年 6 月 30 日，财务会计分录如下：

借：业务活动费用——商品和服务费用　　　　　　　　　　　　　　　100 000
　　无形资产——专利技术　　　　　　　　　　　　　　　　　　　　800 000
　　贷：研发支出——研究支出　　　　　　　　　　　　　　　　　　100 000
　　　　　　　——开发支出　　　　　　　　　　　　　　　　　　　800 000

【例 2-42】 2×24 年 2 月 20 日，某事业单位接受甲公司捐赠的一项专利技术 A，其评估值为 100 000 元，用银行存款支付相关税费 1 000 元。

2×24 年 2 月 20 日，财务会计分录如下：

借：无形资产——专利技术——A　　　　　　　　　　　　　　　　　101 000
　　贷：捐赠收入——甲公司　　　　　　　　　　　　　　　　　　　100 000
　　　　银行存款　　　　　　　　　　　　　　　　　　　　　　　　　1 000

同时，编制预算会计分录：

借：其他支出——相关税费　　　　　　　　　　　　　　　　1 000
　　贷：资金结存——货币资金——银行存款　　　　　　　　　　　　1 000

四、无形资产的后续计量

（一）无形资产的摊销

无形资产的摊销是指在无形资产使用年限内，按照确定的方法对应摊销金额进行系统分摊。

1. 摊销范围

政府会计主体应当对使用年限有限的无形资产进行摊销，于取得或形成无形资产时合理确定其使用年限。无形资产的使用年限为有限的，应当估计该使用年限。无法预见无形资产为政府会计主体提供服务潜力或者带来经济利益期限的，应当视为使用年限不确定的无形资产。

2. 不应摊销的无形资产

（1）使用年限不确定的无形资产。

（2）已摊销完毕仍继续使用的无形资产。

（3）以名义金额计量的无形资产。

3. 摊销年限的确定

（1）法律规定了有效年限的，按照法律规定的有效年限作为摊销年限。

（2）法律没有规定有效年限的，按照相关合同或单位申请书中的受益年限作为摊销年限。

（3）法律没有规定有效年限，相关合同或单位申请书也没有规定受益年限的，应当根据无形资产为政府会计主体提供服务潜力或经济利益的实际情况，预计其使用年限。

（4）非大批量购入、单价小于1 000元的无形资产，可以于购买的当期将其成本一次全部转销。

4. 摊销方法

政府会计主体一般应当采用年限平均法或者工作量法对无形资产进行摊销，应摊销金额为其成本，不考虑预计残值。

因发生后续支出而增加无形资产成本的，应当按照重新确定的无形资产成本以及重新确定的摊销年限计算摊销额。

5. 摊销的账务处理

政府会计主体应当按月对使用年限有限的无形资产进行摊销，并根据用途计入当期费用或者相关资产成本。

按月对无形资产进行摊销时，按照应摊销金额，借记"业务活动费用""单位管理费用""加工物品""在建工程"等科目，贷记"无形资产累计摊销"科目。

无形资产累计摊销的主要账务处理如表2-35所示。

表2-35　　　　　　　　　　无形资产累计摊销的主要账务处理

序号	业务内容	账务处理	
		财务会计	预算会计
1	按月进行无形资产摊销时	借：业务活动费用/单位管理费用/加工物品/在建工程等 　　贷：无形资产累计摊销	—

【例2-43】 2×24年7月1日,某事业单位因开展业务活动需要,购入一项专利技术,支付价款600 000元,款项已支付,该专利技术的使用寿命为10年。

月摊销金额＝600 000÷10÷12＝5 000(元)

当月计提摊销的财务会计分录如下:

借:业务活动费用——无形资产摊销　　　　　　　　　　　　　　　　　　　5 000
　　贷:无形资产累计摊销——专利技术　　　　　　　　　　　　　　　　　　5 000

(二)与无形资产有关的后续支出

1. 符合无形资产确认条件的后续支出

为增加无形资产的使用效能对其进行升级改造或扩展其功能时,如需暂停对无形资产进行摊销的,按照无形资产的账面价值,借记"在建工程"科目,按照无形资产已摊销金额,借记"无形资产累计摊销"科目,按照无形资产的账面余额,贷记"无形资产"科目。

无形资产后续支出符合无形资产确认条件的,按照支出的金额,借记"无形资产"科目(无需暂停计提摊销的)或"在建工程"科目(需暂停计提摊销的),贷记"财政拨款收入""银行存款"等科目。

暂停摊销的无形资产升级改造或扩展功能等完成交付使用时,按照在建工程成本,借记"无形资产"科目,贷记"在建工程"科目。

2. 不符合无形资产确认条件的后续支出

为保证无形资产正常使用而发生的日常维护等支出,借记"业务活动费用""单位管理费用""经营费用"等科目,贷记"财政拨款收入""银行存款"等科目。

无形资产后续支出的主要账务处理如表2-36所示。

表2-36　　　　　　　　　　无形资产后续支出的主要账务处理

序号	业务内容	账务处理	
		财务会计	预算会计
1	符合无形资产确认条件的后续支出(为增加无形资产的使用效能而发生的后续支出)	借:在建工程 　　无形资产累计摊销 　贷:无形资产 借:在建工程(需暂停计提摊销的)/无形资产(无需暂停计提摊销的) 　贷:财政拨款收入/银行存款等 借:无形资产 　贷:在建工程	借:行政支出/事业支出/经营支出等(实际支付的资金) 　贷:财政拨款预算收入/资金结存
2	不符合无形资产确认条件的后续支出(为维护无形资产的正常使用而发生的后续支出)	借:业务活动费用/单位管理费用/经营费用等 　贷:财政拨款收入/银行存款等 【注意:行政单位不涉及"单位管理费用""经营费用"科目】	借:行政支出/事业支出/经营支出等 　贷:财政拨款预算收入/资金结存

【例2-44】 某事业单位拥有一个信息系统,账面价值为70 000元,2×24年3月31日,该信息系统已累计摊销7 000元,为增加该信息系统的使用效能,对该信息系统进行升级改造,暂停使用,停止计提摊销。2×24年4月30日,用银行存款支付升级费用20 000元,该

支出符合无形资产确认条件。2×24 年 5 月 31 日,该信息系统交付使用。

(1) 2×24 年 3 月 31 日,财务会计分录如下:

借:在建工程——信息系统　　　　　　　　　　　　　　　63 000
　　无形资产累计摊销——软件　　　　　　　　　　　　　7 000
　　　贷:无形资产——软件　　　　　　　　　　　　　　　　　　70 000

(2) 2×24 年 4 月 30 日,财务会计分录如下:

借:在建工程——信息系统　　　　　　　　　　　　　　　20 000
　　　贷:银行存款　　　　　　　　　　　　　　　　　　　　　　20 000

同时,编制预算会计分录:

借:事业支出——项目支出——资本性支出　　　　　　　20 000
　　　贷:资金结存——货币资金——银行存款　　　　　　　　　20 000

(3) 2×24 年 5 月 31 日,财务会计分录如下:

借:无形资产——软件　　　　　　　　　　　　　　　　83 000
　　　贷:在建工程——信息系统　　　　　　　　　　　　　　　83 000

五、无形资产的处置

1. 出售、转让无形资产

报经批准出售、转让无形资产,按照被出售、转让无形资产的账面价值,借记"资产处置费用"科目,按照无形资产已计提的摊销,借记"无形资产累计摊销"科目,按照无形资产的账面余额,贷记"无形资产"科目;同时,按照收到的价款,借记"银行存款"等科目,按照处置过程中发生的相关费用,贷记"银行存款"等科目,按照其差额,贷记"应缴财政款"(按照规定应上缴无形资产转让净收入的)或"其他收入"(按照规定将无形资产转让收入纳入本单位预算管理的)科目。

2. 对外捐赠无形资产

报经批准对外捐赠无形资产,按照无形资产已计提的摊销,借记"无形资产累计摊销"科目,按照被处置无形资产的账面余额,贷记"无形资产"科目,按照捐赠过程中发生的归属于捐出方的相关费用,贷记"银行存款"等科目,按照其差额,借记"资产处置费用"科目。

3. 无偿调出无形资产

报经批准无偿调出无形资产,按照无形资产已计提的摊销,借记"无形资产累计摊销"科目,按照被处置无形资产的账面余额,贷记"无形资产"科目,按照其差额,借记"无偿调拨净资产"科目;同时,按照无偿调出过程中发生的归属于调出方的相关费用,借记"资产处置费用"科目,贷记"银行存款"等科目。

4. 置换换出无形资产

报经批准置换换出无形资产,参照"库存物品"科目中置换换入的库存物品的规定进行账务处理。

5. 核销无形资产

无形资产预期不能为单位带来服务潜力或经济利益,按照规定报经批准核销时,按照待核销无形资产的账面价值,借记"资产处置费用"科目,按照已计提摊销,借记"无形资产累计摊销"科目,按照无形资产的账面余额,贷记"无形资产"科目。

无形资产处置时涉及增值税业务的,相关账务处理参见第三章第二节中"应交增值税"科目的内容。

无形资产处置的主要账务处理如表 2-37 所示。

表 2-37　　　　　　　　　　无形资产处置的主要账务处理

序号	业务内容	账务处理	
		财务会计	预算会计
1	出售、转让无形资产	借:资产处置费用 　　无形资产累计摊销 　贷:无形资产 借:银行存款等(收到的价款) 　贷:银行存款等(发生的相关费用) 　　应缴财政款(应上缴无形资产转让净收入的)/其他收入(将无形资产转让收入纳入本单位预算管理的)	转让收入按照规定纳入本单位预算: 借:资金结存 　贷:其他预算收入
2	对外捐赠无形资产	借:无形资产累计摊销 　　资产处置费用 　贷:无形资产(账面余额) 　　银行存款等(归属于捐出方的相关费用)	借:其他支出(归属于捐出方的相关费用) 　贷:资金结存
3	无偿调出无形资产	借:无形资产累计摊销 　　无偿调拨净资产 　贷:无形资产(账面余额) 借:资产处置费用 　贷:银行存款等(相关费用)	借:其他支出(归属于调出方的相关费用) 　贷:资金结存
4	置换换出无形资产	参照"库存物品"科目中置换换入的库存物品的规定进行账务处理	
5	核销无形资产	借:资产处置费用 　　无形资产累计摊销 　贷:无形资产(账面余额)	—

【例 2-45】　2×24 年 5 月 31 日,某事业单位转让一项专利权,其账面价值为 200 000 元,已计提摊销 120 000 元,转让时取得价款 100 000 元,以银行存款支付发生的相关税费 5 000 元。

2×24 年 5 月 31 日,财务会计分录如下:

借:资产处置费用　　　　　　　　　　　　　　　　　　　　　　　　80 000
　　无形资产累计摊销——专利权　　　　　　　　　　　　　　　　120 000
　　贷:无形资产——专利权　　　　　　　　　　　　　　　　　　　200 000
借:银行存款　　　　　　　　　　　　　　　　　　　　　　　　　　100 000
　　贷:应缴财政款——应缴国库款(按规定上缴)[或:其他收入——科技成果转化收入(按规定纳入本单位预算管理)]　　　　　　　　　　　　　　　　　　95 000
　　　　银行存款　　　　　　　　　　　　　　　　　　　　　　　　5 000

如果上缴财政,则不作预算会计处理。

如果转让收入纳入本单位预算管理,则需同时编制预算会计分录:

借:资金结存——货币资金——银行存款　　　　　　　　　　　　95 000
　　贷:其他预算收入——科技成果转化收入　　　　　　　　　　　95 000

第十节　其他资产的核算

由于篇幅所限,本书将"公共基础设施""政府储备物资""文物资源""保障性住房""受托代理资产""长期待摊费用""待处理财产损溢"资产类科目合并为一节,统称为其他资产。

一、公共基础设施

(一) 公共基础设施概述

1. 公共基础设施的定义

公共基础设施是指政府会计主体为满足社会公共需求而控制的,同时具有以下特征的有形资产:是一个有形资产系统或网络的组成部分;具有特定用途;一般不可移动。

2. 公共基础设施的分类

公共基础设施主要包括:①市政基础设施(如城市道路、桥梁、隧道、公交场站、路灯、广场、公园绿地、室外公共健身器材,以及环卫、排水、供水、供电、供气、供热、污水处理、垃圾处理系统等)。②交通基础设施(如公路、航道、港口等)。③水利基础设施(如大坝、堤防、水闸、泵站、渠道等)。④其他公共基础设施。

3. 特殊情况

(1) 独立于公共基础设施、不构成公共基础设施使用不可缺少组成部分的管理维护用房屋建筑物、设备、车辆等,适用《政府会计准则第3号——固定资产》。

(2) 属于文物资源的公共基础设施,适用其他相关政府会计准则。

(3) 采用政府和社会资本合作模式(即PPP模式)形成的公共基础设施的确认和初始计量,适用其他相关政府会计准则。

(二) 公共基础设施的核算科目设置

为了反映公共基础设施的增减变动情况,单位应当设置"公共基础设施"科目,核算单位控制的公共基础设施的原值。本科目期末借方余额,反映公共基础设施的原值。本科目应当按照公共基础设施的类别、项目等进行明细核算。单位应当根据行业主管部门对公共基础设施的分类规定,制定适用于本单位管理的公共基础设施目录、分类方法,作为进行公共基础设施核算的依据。

此外,为了反映公共基础设施累计折旧(摊销)的增减变动情况,单位应当设置"公共基础设施累计折旧(摊销)"科目,核算单位计提的公共基础设施累计折旧和累计摊销。本科目期末贷方余额,反映单位提取的公共基础设施折旧和摊销的累计数。本科目应当按照所对应公共基础设施的明细分类进行明细核算。

二维码2-6:
公共基础设施的确认

(三) 公共基础设施的初始计量

公共基础设施在取得时应当按照成本进行初始计量。

1. 自行建造的公共基础设施

自行建造的公共基础设施的成本包括完成批准的建设内容所发生的全部必要支出,包括建筑安装工程投资支出、设备投资支出、待摊投资支出和其他投资支出。

自行建造的公共基础设施完工交付使用时,按照在建工程的成本,借记"公共基础设施"科目,贷记"在建工程"科目。

已交付使用但尚未办理竣工决算手续的公共基础设施,应当按照估计价值入账,待办理竣工决算后再按照实际成本调整原来的暂估价值。

2. 无偿调入的公共基础设施

无偿调入的公共基础设施的成本按照该项公共基础设施在调出方的账面价值加上归属于调入方的相关费用确定。

接受其他单位无偿调入的公共基础设施,按照确定的成本,借记"公共基础设施"科目,按照发生的归属于调入方的相关费用,贷记"财政拨款收入""银行存款"等科目,按照其差额,贷记"无偿调拨净资产"科目。

3. 接受捐赠的公共基础设施

接受捐赠的公共基础设施的成本有以下三种确认方式:①按照有关凭据注明的金额加上相关费用确定。②没有相关凭据可供取得,但按规定经过资产评估的,其成本按照评估价值加上相关费用确定。③没有相关凭据可供取得,也未经资产评估的,其成本比照同类或类似资产的市场价格加上相关费用确定。

如受赠的系旧的公共基础设施,在确定其初始入账成本时应当考虑该项资产的新旧程度。

接受捐赠的公共基础设施,按照确定的成本,借记"公共基础设施"科目,按照发生的相关费用,贷记"财政拨款收入""银行存款"等科目,按照其差额,贷记"捐赠收入"科目。

4. 外购的公共基础设施

外购的公共基础设施的成本包括购买价款、相关税费,以及公共基础设施交付使用前所发生的可归属于该项资产的运输费、装卸费、安装费和专业人员服务费等。

外购的公共基础设施,按照确定的成本,借记"公共基础设施"科目,贷记"财拨款收入""银行存款"等科目。

值得注意的是,对于成本无法可靠取得的公共基础设施,单位应当设置备查簿进行登记,待成本能够可靠确定后再按照规定及时入账。无偿调入和接受捐赠的公共基础设施成本无法可靠取得的,按照发生的相关税费、运输费等金颜金额,借记"其他费用"科目,贷记"财政拨款收入""银行存款"等科目。

公共基础设施初始计量的主要账务处理如表 2-38 所示。

表 2-38　　　　　　　　　公共基础设施初始计量的主要账务处理

序号	业务内容	账务处理	
		财务会计	预算会计
1	自行建造的公共基础设施完工交付使用时	借:公共基础设施 　贷:在建工程	—

(续表)

序号	业务内容	账务处理 财务会计	账务处理 预算会计
2	接受无偿调入的公共基础设施	借：公共基础设施 　　贷：财政拨款收入/银行存款等（发生的归属于调入方的相关费用） 　　　　无偿调拨净资产（贷差） 如果无偿调入的公共基础设施成本无法可靠取得时： 借：其他费用（发生的归属于调入方的相关费用） 　　贷：财政拨款收入/银行存款等	借：其他支出（支付的归属于调入方的相关费用） 　　贷：财政拨款预算收入/资金结存
3	接受捐赠的公共基础设施	借：公共基础设施 　　贷：财政拨款收入/银行存款等（发生的归属于捐入方的相关费用） 　　　　捐赠收入（贷差） 如果接受捐赠的公共基础设施成本无法可靠取得时： 借：其他费用（发生的归属于捐入方的相关费用） 　　贷：财政拨款收入/银行存款等	借：其他支出（支付的归属于调入方的相关费用） 　　贷：财政拨款预算收入/资金结存
4	外购的公共基础设施	借：公共基础设施 　　贷：财政拨款收入/银行存款等	借：行政支出/事业支出 　　贷：财政拨款预算收入/资金结存

【例2-46】 某行政单位建设一个室外公共健身器材，于2×23年5月1日完工，交付使用，但尚未办理竣工决算时按照"在建工程"科目的账面价值360 000元入账。2×23年12月7日，竣工决算完成，工程竣工决算价为380 000元（不考虑折旧问题）。

（1）2×23年5月1日，完工交付时，财务会计分录如下：

借：公共基础设施——公共健身器材　　　　　　　　　　　　　　　　　　360 000
　　贷：在建工程——公共健身器材　　　　　　　　　　　　　　　　　　　　360 000

（2）2×23年12月7日，竣工决算完成时，财务会计分录如下：

借：公共基础设施——公共健身器材　　　　　　　　　　　　　　　　　　 20 000
　　贷：银行存款——基本账户存款　　　　　　　　　　　　　　　　　　　　 20 000

同时，编制预算会计分录：

借：行政支出——项目支出——资本性支出　　　　　　　　　　　　　　　 20 000
　　贷：资金结存——货币资金——银行存款　　　　　　　　　　　　　　　 20 000

（四）公共基础设施的后续计量

1. 公共基础设施的折旧或摊销

（1）计提范围。公共基础设施在一般情形下都需要计提折旧。不得计提折旧的公共基础设施包括：①单位持续进行良好的维护使其性能得到永久维持的公共基础设施。②确认为公共基础设施的单独计价入账的土地使用权。③已经提足折旧的公共基础设施。④提前报废的公共基础设施。

> **相关思考2-4**
>
> ### 土地使用权应如何摊销
>
> 对于确认为公共基础设施的单独计价入账的土地使用权,政府会计主体应当按照《政府会计准则第4号——无形资产》的相关规定进行摊销。

(2) 折旧方法。单位一般采用年限平均法或工作量法计提公共基础设施折旧,不考虑预计净残值。折旧方法一经确定,不得变更。

(3) 折旧年限。单位确定公共基础设施折旧年限,应考虑以下因素:①设计使用年限或设计基准期。②预计实现服务潜力或提供经济利益的期限。③预计有形损耗和无形损耗。④法律或者类似规定对资产使用的限制。折旧年限一经确定,不得随意变更。

值得注意的是,无偿调入和接受捐赠的公共基础设施按照尚可使用年限计提折旧。暂估入账的公共基础设施,实际成本确定后不需调整原已计提的折旧额。改建、扩建的公共基础设施暂停计提折旧,重新确定成本后,按照新的折旧年限重新计算折旧额,不需调整原已计提的折旧额。

(4) 账务处理。按月计提公共基础设施折旧时,按照应计提的折旧额,借记"业务活动费用"科目,贷记"公共基础设施累计折旧(摊销)"科目。

按月对确认为公共基础设施的单独计价入账的土地使用权进行摊销时,按照应计提的摊销额,借记"业务活动费用"科目,贷记"公共基础设施累计折旧(摊销)"科目。

公共基础设施折旧(摊销)的主要账务处理如表2-39所示。

表2-39　　　　　　　　公共基础设施折旧(摊销)的主要账务处理

序号	业务内容	账务处理	
		财务会计	预算会计
1	按月计提公共基础设施折旧时	借:业务活动费用 　贷:公共基础设施累计折旧(摊销)	—
2	按月对确认为公共基础设施的单独计价入账的土地使用权进行摊销时	借:业务活动费用 　贷:公共基础设施累计折旧(摊销)	—

【**例2-47**】 2×24年2月24日,某单位购买一公园绿地,支付价款300 000元,同时发生相关税费60 000元,用银行存款支付,每月折旧3 000元。

2×24年2月24日,计提折旧时,财务会计分录如下:

借:业务活动费用——公共基础设施折旧　　　　　　　　　　　　　　　3 000
　　贷:公共基础设施累计折旧(摊销)　　　　　　　　　　　　　　　　　　　3 000

2. 公共基础设施的后续支出

(1) 符合公共基础设施确认条件的后续支出。将公共基础设施转入改建、扩建时,按照公共基础设施的账面价值,借记"在建工程"科目,按照公共基础设施已计提折旧,借记"公共基础设施累计折旧(摊销)"科目,按照公共基础设施的账面余额,贷记"公共基础设施"科目。为增加公共基础设施使用效能或延长其使用年限而发生的改建、扩建等后续支出,借记"在建工程"科目,贷记"财政拨款收入""银行存款"等科目。公共基础设施改建、扩建完成,竣工验收交付使用时,按照在建工程成本,借记"公共基础设施"科目,贷记"在建工程"科目。

(2) 不符合公共基础设施确认条件的后续支出。为保证公共基础设施正常使用而发生的日常维修、养护等支出,借记"业务活动费用""单位管理费用"等科目,贷记"财政拨款收入""银行存款"等科目。

公共基础设施后续计量的主要账务处理如表 2-40 所示。

表 2-40 公共基础设施后续计量的主要账务处理

序号	业务内容		账务处理	
			财务会计	预算会计
1	符合公共基础设施确认条件的后续支出	将公共基础设施转入改建、扩建时	借:在建工程 　　公共基础设施累计折旧(摊销) 贷:公共基础设施(账面余额)	—
		为增加公共基础设施使用效能或延长其使用年限而发生的改建、扩建等后续支出	借:在建工程(发生的相关后续支出) 贷:财政拨款收入/应付账款/银行存款等	借:行政支出/事业支(实际支付的款项) 贷:财政拨款预算收入/资金结存
		公共基础设施改建、扩建完成,竣工验收交付使用时	借:公共基础设施 贷:在建工程	—
2	不符合公共基础设施确认条件的后续支出	为维护公共基础设施的正常使用而发生的日常维修、养护等后续支出	借:业务活动费用/单位管理费用 贷:财政拨款收入/银行存款等	借:行政支出/事业支出(实际支付的款项) 贷:财政拨款预算收入/资金结存

【例 2-48】 2×24 年 2 月 24 日,某行政单位一处所属市政桥梁发生日常维修费用 60 000 元,用银行存款支付。

2×24 年 2 月 24 日,财务会计分录如下:

借:业务活动费用——商品和服务费用——维修费　　　　　　　　　　　　60 000
　　贷:银行存款——基本账户存款　　　　　　　　　　　　　　　　　　　　60 000

同时,编制预算会计分录:

借:行政支出——基本支出——商品和服务支出——维修费　　　　　　　　60 000
　　贷:资金结存——货币资金——银行存款　　　　　　　　　　　　　　　　60 000

(五)公共基础设施的处置

(1) 报经批准对外捐赠公共基础设施,按照公共基础设施已计提的折旧或摊销,借记"公共基础设施累计折旧(摊销)"科目,按照被处置公共基础设施的账面余额,贷记"公共基础设施"科目,按照捐赠过程中发生的归属于捐出方的相关费用,贷记"银行存款"等科目,按照其差额,借记"资产处置费用"科目。

(2) 报经批准无偿调出公共基础设施,按照公共基础设施已计提的折旧或摊销,借记"公共基础设施累计折旧(摊销)"科目,按照被处置公共基础设施的账面余额,贷记"公共基础设施"科目,按照其差额,借记"无偿调拨净资产"科目;同时,按照无偿调出过程中发生的归属于调出方的相关费用,借记"资产处置费用"科目,贷记"银行存款"等科目。

公共基础设施处置的主要账务处理如表2-41所示。

表2-41　　　　　　　　　公共基础设施处置的主要账务处理

序号	业务内容	账务处理	
		财务会计	预算会计
1	对外捐赠公共基础设施	借:公共基础设施累计折旧(摊销) 　　资产处置费用(借差) 贷:公共基础设施(账面余额) 　　银行存款等(归属于捐出方的相关费用)	借:其他支出(归属于捐出方的相关费用) 贷:资金结存
2	无偿调出公共基础设施	借:公共基础设施累计折旧(摊销) 　　无偿调拨净资产(借差) 贷:公共基础设施(账面余额) 借:资产处置费用 贷:银行存款等(归属于调出方的相关费用)	借:其他支出(归属于调出方的相关费用) 贷:资金结存等

【例2-49】 2×24年4月8日,某行政单位将其桥梁对外无偿捐赠给另一家单位北方公司,桥梁原值为500 000元,已计提累计折旧60 000元,发生相关税费20 000元,用银行存款支付。

2×24年4月8日,财务会计分录如下:

借:资产处置费用　　　　　　　　　　　　　　　　　　　　　　　460 000
　　公共基础设施累计折旧(摊销)——市政桥梁　　　　　　　　　　 60 000
　　贷:公共基础设施——市政桥梁　　　　　　　　　　　　　　　　　500 000
　　　　银行存款——基本账户存款　　　　　　　　　　　　　　　　　 20 000

同时,编制预算会计分录:

借:其他支出——相关税费　　　　　　　　　　　　　　　　　　　 20 000
　　贷:资金结存——货币资金——银行存款　　　　　　　　　　　　　 20 000

(六) 公共基础设施的清查盘点

(1) 盘盈的公共基础设施。对于发生的公共基础设施盘盈,应当先记入"待处理财产损溢"科目,按规定报经批准后,借记"公共基础设施"科目,贷记"待处理财产损溢"科目。

(2) 盘亏、毁损或报废的公共基础设施。对于发生的公共基础设施盘亏、毁损或报废,应当先记入"待处理财产损溢"科目,按照规定报经批准后,按照待处置公共基础设施的账面价值,借记"待处理财产损溢"科目,按照已计提折旧或摊销,借记"公共基础设施累计折旧

（摊销）"科目，按照公共基础设施的账面余额，贷记"公共基础设施"科目。

公共基础设施清查盘点的主要账务处理如表2-42所示。

表2-42　　　　　　　　公共基础设施清查盘点的主要账务处理

序号	业务内容	账务处理	
		财务会计	预算会计
1	盘盈的公共基础设施	借：公共基础设施 　　贷：待处理财产损溢	—
2	盘亏、损毁或报废的公共基础设施	借：待处理财产损溢 　　公共基础设施累计折旧（摊销） 　　贷：公共基础设施（账面余额）	—

二、政府储备物资

（一）政府储备物资概述

1. 政府储备物资的定义

政府储备物资是指政府会计主体为满足实施国家安全与发展战略、进行抗灾救灾、应对公共突发事件等特定公共需求而控制的，同时具有下列特征的有形资产：①在应对可能发生的特定事件或情形时动用。②其购入、存储保管、更新（轮换）、动用等由政府及相关部门发布的专门管理制度规范。

2. 政府储备物资的分类

政府储备物资包括战略及能源物资、抢险抗灾救灾物资、农产品、医药物资和其他重要商品物资。通常情况下，政府储备物资由政府会计主体委托承储单位存储。

延伸阅读2-2

政府流动资产管理中库存物品和政府储备物资的对比分析

政府自身也是一个经济实体，需要各种物资保障，这些物资有自用的也有公共使用的。凡是非不动产，其通过"固定资产""在建工程""无形资产""公共基础设施""文物资源""保障性住房"等科目核算；与其对应的动产，也就是流动资产，常用的业务通过"库存物品"和"政府储备物资"这两个科目核算。

"库存物品"科目核算单位在开展业务活动及其他活动中为耗用或出售而储存的各种材料、产品包装物、低值易耗品，以及达不到固定资产标准的用具、装具、动植物等成本。政府储备物资是指政府会计主体为满足实施国家安全与发展战略、进行抗灾救灾、应对公共突发事件等特定公共需求而控制的资源。两者的主要区别在于用途的不同，库存物品用于自身开展业务活动过程中的耗用；而政府储备物资的用途更加具体，政府单位的储备物资只有备战、备荒、备灾等公众用途。

（二）政府储备物资的核算科目设置

为了反映政府储备物资的增减变动情况，单位应当设置"政府储备物资"科目，核算单位控制的政府储备物资的成本。本科目期末借方余额，反映政府储备物资的成本。本科目应当按照政府储备物资的种类、品种、存放地点等进行明细核算。单位根据需要，可在本科目下设置"在库""发出"等明细科目进行明细核算。

(三) 政府储备物资的初始计量

政府储备物资在取得时应当按照成本进行初始计量。

1. 购入的政府储备物资

购入的政府储备物资的成本包括购买价款和政府会计主体承担的相关税费、运输费、装卸费、保险费、检测费，以及使政府储备物资达到目前场所和状态所发生的归属于政府储备物资成本的其他支出。

购入的政府储备物资验收入库，按照确定的成本，借记"政府储备物资"科目，贷记"财政拨款收入""银行存款"等科目。

2. 委托加工的政府储备物资

委托加工的政府储备物资的成本包括委托加工前物料成本、委托加工的成本（如委托加工费以及按规定应计入委托加工政府储备物资成本的相关税费等），以及政府会计主体承担的使政府储备物资达到目前场所和状态所发生的归属于政府储备物资成本的其他支出。

涉及委托加工政府储备物资业务的，相关账务处理参照"加工物品"科目。

3. 接受捐赠的政府储备物资

接受捐赠的政府储备物资的成本有以下三种确认方式：①按照有关凭据注明的金额加上政府会计主体承担的相关税费、运输费等确定。②没有相关凭据可供取得，但按规定经过资产评估的，其成本按照评估价值加上政府会计主体承担的相关税费、运输费等确定。③没有相关凭据可供取得，也未经资产评估的，其成本比照同类或类似资产的市场价格加上政府会计主体承担的相关税费、运输费等确定，不能使用名义金额。

接受捐赠的政府储备物资验收入库，按照确定的成本，借记"政府储备物资"科目，按照单位承担的相关税费、运输费等，贷记"财政拨款收入""银行存款"等科目，按照其差额，贷记"捐赠收入"科目。

4. 接受无偿调入的政府储备物资

接受无偿调入的政府储备物资的成本按照调出方账面价值加上归属于政府会计主体的相关税费、运输费等确定。

接受无偿调入的政府储备物资验收入库，按照确定的成本，借记"政府储备物资"科目，按照单位承担的相关税费、运输费等，贷记"财政拨款收入""银行存款"等科目，按照其差额，贷记"无偿调拨净资产"科目。

政府储备物资初始计量的主要账务处理如表2-43所示。

表2-43　　　　　　　　政府储备物资初始计量的主要账务处理

序号	业务内容	账务处理	
		财务会计	预算会计
1	购入的政府储备物资	借：政府储备物资 　贷：财政拨款收入/银行存款等	借：行政支出/事业支出 　贷：财政拨款预算收入/资金结存
2	接受捐赠的政府储备物资	借：政府储备物资 　贷：财政拨款收入/银行存款等（捐入方承担的相关税费） 　　　捐赠收入（贷差）	借：其他支出（捐入方承担的相关税费） 　贷：财政拨款预算收入/资金结存

(续表)

序号	业务内容	账务处理	
		财务会计	预算会计
3	无偿调入的政府储备物资	借：政府储备物资 　贷：财政拨款收入/银行存款等 　　（调入方承担的相关税费） 　　无偿调拨净资产（贷差）	借：其他支出（调入方承担的相关税费） 　贷：财政拨款预算收入/资金结存

【例2-50】 某事业单位于2×24年3月11日购入一批救灾物资，已经验收入库，用银行存款支付货款60 000元，并支付相关运输费、保管费800元。

2×24年3月11日，支付货款和相关费用时，财务会计分录如下：

借：政府储备物资——救灾物资　　　　　　　　　　　　　　　60 800
　　贷：银行存款——基本账户存款　　　　　　　　　　　　　　60 800

同时，编制预算会计分录：

借：事业支出——项目支出——商品和服务支出　　　　　　　　60 800
　　贷：资金结存——货币资金　　　　　　　　　　　　　　　　60 800

相关思考2-5

不计入政府储备物资成本的项目有哪些

下列各项不计入政府储备物资成本：①仓储费用。②日常维护费用。③不能归属于使政府储备物资达到目前场所和状态所发生的其他支出。

（四）发出政府储备物资的计量

1. 发出政府储备物资的成本计价方法

与存货相同，政府会计主体可以采用先进计价法、加权平均法或者个别计价法确定政府储备物资发出的成本。计价方法一经确定，不得随意变更。对于性质和用途相似的政府储备物资，政府会计主体应当采用相同的成本计价方法确定发出物资的成本。对于不能替代使用的政府储备物资、为特定项目专门购入或加工的政府储备物资，政府会计主体通常应采用个别计价法确定发出物资的成本。

2. 发出政府储备物资的账务处理

（1）因动用而发出无需收回的政府储备物资的，按照发出物资的账面余额，借记"业务活动费用"科目，贷记"政府储备物资"科目。

（2）因动用而发出需要收回或者预期可能收回的政府储备物资的，在发出物资时，按照发出物资的账面余额，借记"政府储备物资——发出"科目，贷记"政府储备物资——在库"科目；按照规定的质量验收标准收回物资时，按照收回物资的原账面余额，借记"政府储备物资——在库"科目，按照未收回物资的原账面余额，借记"业务活动费用"科目，按照物资发出时登记在"政府储备物资"科目所属"发出"明细科目中的余额，贷记"政府储备物资——发出"科目。

（3）因行政管理主体变动等原因而将政府储备物资调拨给其他主体的，按照无偿调出政府储备物资的账面余额,借记"无偿调拨净资产"科目,贷记"政府储备物资"科目。

（4）对外销售政府储备物资并将销售收入纳入单位预算统一管理的,发出物资时,按照发出物资的账面余额,借记"业务活动费用"科目,贷记"政府储备物资"科目;实现销售收入时,按照确认的收入金额,借记"银行存款""应收账款"等科目,贷记"事业收入"或"其他收入"等科目;按照发生的相关税费,借记"业务活动费用"科目,贷记"银行存款"等科目。

对外销售政府储备物资并按照规定将销售净收入上缴财政的,发出物资时,按照发出物资的账面余额,借记"资产处置费用"科目,贷记"政府储备物资"科目;取得销售价款时,按照实际收到的款项金额,借记"银行存款"等科目,按照发生的相关税费,贷记"银行存款"等科目,按照销售价款大于所承担的相关税费后的差额,贷记"应缴财政款"科目。

发出政府储备物资的主要账务处理如表2-44所示。

表2-44　　　　　　　　发出政府储备物资的主要账务处理

序号	业务内容	账务处理	
		财务会计	预算会计
1	动用发出无需收回的政府储备物资	借:业务活动费用 贷:政府储备物资(账面余额)	—
2	动用发出需要收回或预期可能收回的政府储备物资	发出物资时: 借:政府储备物资——发出(账面余额) 贷:政府储备物资——在库 按规定的质量验收标准收回物资时: 借:政府储备物资——在库(收回物资的原账面余额) 业务活动费用(未收回物资的原账面余额) 贷:政府储备物资——发出	—
3	因行政管理主体变动等原因而将政府储备物资调拨给其他主体的	借:无偿调拨净资产 贷:政府储备物资(账面余额)	—
4	对外销售政府储备物资的 / 按照规定将销售收入纳入本单位预算统一管理的	借:业务活动费用 贷:政府储备物资 借:银行存款/应收账款等 贷:事业收入等 【注意:行政单位为"其他收入"科目】 借:业务活动费用 贷:银行存款等(发生的相关税费)	借:资金结存(收到的销售价款) 贷:事业预算收入等 借:行政支出/事业支出 贷:资金结存(支付的相关税费)
	销售收入扣除相关税费后上缴财政的	借:资产处置费用 贷:政府储备物资 借:银行存款等(收到的销售价款) 贷:银行存款(发生的相关税费) 应缴财政款(贷差)	—

【例 2-51】 2×23 年 9 月 10 日,某单位因紧急救灾需要,发出一批储备医药品物资,价值 100 000 元,不再收回。

2×23 年 9 月 10 日,发出物资时,财务会计分录如下:

借:业务活动费用——商品和服务费用　　　　　　　　　　　　　　　100 000
　　贷:政府储备物资——医药品　　　　　　　　　　　　　　　　　　　　　100 000

【例 2-52】 2×23 年 9 月 10 日,某单位因紧急救灾需要,发出一批储备医药品物资,价值 100 000 元,预计救灾结束后能收回一部分,2×23 年 9 月 30 日收回 50%。

(1) 2×23 年 9 月 10 日,发出物资时,财务会计分录如下:

借:政府储备物资——救灾物资——发出　　　　　　　　　　　　　100 000
　　贷:政府储备物资——救灾物资——在库　　　　　　　　　　　　　　　100 000

(2) 2×23 年 9 月 30 日,收回部分物资时,财务会计分录如下:

借:政府储备物资——救灾物资——在库　　　　　　　　　　　　　 50 000
　　业务活动费用——商品和服务费用　　　　　　　　　　　　　　　 50 000
　　贷:政府储备物资——救灾物资——发出　　　　　　　　　　　　　　　100 000

(五)政府储备物资的清点盘查

单位应当定期对政府储备物资进行清查盘点,每年至少盘点一次。对于发生的政府储备物资盘盈、盘亏或者报废、毁损,应当先记入"待处理财产损溢"科目,按照规定报经批准后及时进行后续账务处理。盘盈的政府储备物资,按照确定的入账成本,借记"政府储备物资"科目,贷记"待处理财产损溢"科目。盘亏、报废或毁损的政府储备物资,按照待处理政府储备物资的账面余额,借记"待处理财产损溢"科目,贷记"政府储备物资"科目。

政府储备物资清查盘点的主要账务处理如表 2-45 所示。

表 2-45　　　　　　　　政府储备物资清查盘点的主要账务处理

序号	业务内容	账务处理 财务会计	账务处理 预算会计
1	盘盈的政府储备物资	借:政府储备物资 　贷:待处理财产损溢	—
2	盘亏、报废或毁损的政府储备物资	借:待处理财产损溢 　贷:政府储备物资	—

三、文物资源

(一)文物资源概述

1. 文物资源的定义

文物资源是指按照《中华人民共和国文物保护法》等有关法律、行政法规规定,被认定为文物的有形资产,以及考古发掘品、尚未被认定为文物的古籍和按照文物征集尚未入藏的征集物。

2. 文物资源和固定资产的文物陈列品的区别

文物资源和固定资产的文物陈列品是有区别的。文物资源是本单位监管的,不是占有使用的,是为了满足社会公共需求;而固定资产的文物陈列品是本单位占有使用的。

(二)文物资源的核算科目设置

为了反映文物资源的增减变动情况,单位应当设置"文物资源"科目,核算由政府会计主体承担管理收藏职责的文物资源。

"文物资源"科目应当按照文物资源的类型、计量属性等进行明细核算。政府会计主体应当根据文物资源的类型,设置"可移动文物""不可移动文物""其他藏品"一级明细科目;根据文物资源的计量属性,设置"成本""名义金额"二级明细科目。对于可移动文物和其他藏品,根据文物资源的入藏状态,设置"待入藏""馆藏""借出"三级明细科目。对于认定为不可移动文物的公共基础设施,其三级及以下明细科目的设置可参照公共基础设施有关规定执行。

政府会计主体可以根据实际情况在"文物资源"科目下自行增设明细科目。

"文物资源"科目下的"成本"明细科目的期末借方余额,反映以成本计量的文物资源成本;"名义金额"明细科目的期末借方余额,反映以名义金额计量的文物资源数量。

需要注意的是,单位为满足自身开展业务活动或其他活动需要而控制的文物和陈列品,应当通过"固定资产"科目核算,不通过"文物资源"科目核算。

(三)文物资源的主要账务处理

1. 文物资源的取得

文物资源在取得时,应当按照其成本入账。

(1)对于依法征集外购取得的文物资源,政府会计主体应当按照购买价款确定其成本。以一笔款项征集购买多项没有单独标价的文物资源,政府会计主体应当按照系统、合理的方法对购买价款进行分配,分别确定各项文物资源的成本。

政府会计主体通过征集外购方式取得的文物资源,按照确定的成本,借记本科目,贷记"财政拨款收入""应付账款""银行存款"等科目。

文物资源在取得后直接入藏的,政府会计主体应当在财务会计将其记入本科目下的"馆藏"明细科目;取得后暂未入藏的,政府会计主体应当将其记入本科目下的"待入藏"明细科目,待办理完成入藏手续后由本科目下的"待入藏"明细科目转入"馆藏"明细科目。

政府会计主体通过其他方式取得文物资源且尚未入藏的,参照上述规定进行账务处理。

(2)通过调拨、依法接收、指定保管等方式取得的文物资源,其成本应当按照该文物资源在调出方的账面价值予以确定。调出方未将该文物资源入账或账面价值为零的(即已按制度规定提足折旧的,下同),政府会计主体应当按照成本无法可靠取得的文物资源进行账务处理。

政府会计主体通过调入、依法接收、指定保管等方式取得的文物资源,应当按照确定的成本或名义金额,借记本科目,贷记"无偿调拨净资产"科目。

(3)政府会计主体通过考古发掘、接受捐赠等方式取得文物资源的,应当按照成本无法可靠取得的文物资源进行账务处理。政府会计主体在接受捐赠过程中按照规定向捐赠人支付物质奖励的,在发生时计入当期费用。

政府会计主体对于考古发掘、接受捐赠等方式取得的文物资源,应当按照名义金额入账,借记本科目,贷记"累计盈余""捐赠收入"等科目。

（4）因盘点、普查等方式盘盈的文物资源,有相关凭据的,其成本按照凭据注明的金额予以确定；没有相关凭据的,政府会计主体应当按照成本无法可靠取得的文物资源进行账务处理。

文物资源发生盘盈的,政府会计主体应当按照确定的成本或名义金额,借记本科目,贷记"待处理财产损溢"科目。

按照规定报经批准处理后,对属于本年度取得的文物资源,政府会计主体应当按照当年新取得文物资源的情形进行账务处理,借记"待处理财产损溢"科目,贷记"捐赠收入""无偿调拨净资产""累计盈余"等科目；对属于以前年度取得的文物资源,政府会计主体应当按照前期差错进行账务处理,借记"待处理财产损溢"科目,贷记"以前年度盈余调整"科目。

（5）政府会计主体为取得文物资源发生的相关支出,包括文物资源入藏前发生的保险费、运输费、装卸费、专业人员服务费,以及按规定向捐赠人支付的物质奖励等,政府会计主体应当按照实际发生的费用,借记"业务活动费用"等科目,贷记"财政拨款收入""银行存款"等科目。

2. 文物资源的保护与利用

（1）对于文物资源本体的修复修缮等相关保护支出,政府会计主体应当按照实际发生的费用,借记"业务活动费用"科目,贷记"财政拨款收入""银行存款""库存物品"等科目。

（2）政府会计主体将已入藏的文物资源借给外单位的,应当至少在每年年末核查尚未收回的文物资源,按照账面价值,借记本科目下的"借出"明细科目,贷记本科目下的"馆藏"明细科目；在借出的文物资源收回时作相反的会计分录。

政府会计主体从外单位借入文物资源的,应当至少在每年年末核查尚未归还的文物资源,按照该文物资源在借出方的账面价值,借记"受托代理资产"科目,贷记"受托代理负债"科目；在归还借入的文物资源时作相反的会计分录。

3. 文物资源的调出与撤销退出

（1）文物资源调出的账务处理。报经批准无偿调出文物资源的,政府会计主体应当按照调出的文物资源的账面价值,借记"无偿调拨净资产"科目,贷记本科目；同时,按照无偿调出过程中发生的归属于调出方的相关支出,借记"资产处置费用"科目,贷记"财政拨款收入""银行存款"等科目。

（2）文物资源被依法拆除或发生毁损、丢失的账务处理。文物资源报经文物行政部门批准被依法拆除或者因不可抗力等因素毁损、丢失的,政府会计主体应当在按照规定程序核查处理后确认文物资源灭失时,按照该文物资源的账面价值,借记"待处理财产损溢"科目,贷记本科目。文物资源报经批准予以核销时,政府会计主体应当借记"资产处置费用"科目,贷记"待处理财产损溢"科目。

政府会计主体在按照规定程序核查处理过程中依法取得净收入的,应当按照收到的金额在财务会计借记"银行存款"等科目,贷记"其他收入"科目。政府会计主体发生净支出的,按照实际支出净额在财务会计借记"资产处置费用"科目,贷记"银行存款"等科目。

文物资源的主要账务处理如表2-46所示。

表 2-46　　　　　　　　　　　　　文物资源的主要账务处理

序号	业务内容	账务处理 财务会计	账务处理 预算会计
1	文物资源的取得	征集外购取得的文物资源	借：文物资源 贷：财政拨款收入/应付账款/银行存款等	借：行政支出/事业支出 贷：财政拨款预算收入/资金结存
		调拨、依法接收、指定保管等方式取得的文物资源	借：文物资源 贷：无偿调拨净资产	—
		考古发掘、接受捐赠等方式取得的文物资源	借：文物资源 贷：累计盈余/捐赠收入等	—
		盘盈的文物资源	借：文物资源 贷：待处理财产损溢	—
		为取得文物资源发生的相关支出	借：业务活动费用 贷：财政拨款收入/银行存款等	借：行政支出/事业支出 贷：财政拨款预算收入/资金结存等
2	文物资源的保护与利用	发生保护支出	借：业务活动费用 贷：财政拨款收入/银行存款/库存物品等	借：行政支出/事业支出 贷：财政拨款预算收入/资金结存等
		将已入藏的文物资源借给外单位	借：文物资源——借出 贷：文物资源——馆藏	—
		从外单位借入文物资源	借：受托代理资产 贷：受托代理负债	—
3	文物资源的调出与撤销退出	无偿调出文物资源时	借：无偿调拨净资产 贷：文物资源 借：资产处置费用 贷：财政拨款收入/银行存款等	借：其他支出 贷：财政拨款预算收入/资金结存等
		文物资源被依法拆除或发生毁损、丢失时	借：待处理财产损溢 贷：文物资源	—

【例 2-53】 2×24 年 5 月 21 日，某单位接受外单位 A 公司捐赠一批文物资源，资产评估价值为 70 000 元，运杂费为 600 元，以银行存款支付。

2×24 年 5 月 21 日，接受捐赠时，财务会计分录如下：

借：文物资源　　　　　　　　　　　　　　　　　　　　　　　　70 600
　　贷：银行存款——基本账户存款　　　　　　　　　　　　　　　　600
　　　　捐赠收入——A 公司　　　　　　　　　　　　　　　　　　70 000

同时,编制预算会计分录:

借:其他支出——运杂费　　　　　　　　　　　　　　　　　　　600
　　贷:资金结存——货币资金——银行存款　　　　　　　　　　　　600

【例2-54】 2×23年12月10日,某单位将一批文物资源对外无偿调出给同一系统另一家单位,对方账面记载价值为90 000元,运杂费为500元,以银行存款支付。

2×23年12月25日,调出资产时,财务会计分录如下:

借:无偿调拨净资产　　　　　　　　　　　　　　　　　　　90 000
　　贷:文物资源　　　　　　　　　　　　　　　　　　　　　　90 000
借:资产处置费用　　　　　　　　　　　　　　　　　　　　　500
　　贷:银行存款——基本账户存款　　　　　　　　　　　　　　　500

同时,编制预算会计分录:

借:其他支出——相关税费　　　　　　　　　　　　　　　　　　500
　　贷:资金结存——货币资金——银行存款　　　　　　　　　　　　500

四、保障性住房

(一)保障性住房的定义

保障性住房是指政府为中低收入住房困难家庭所提供的限定标准、限定价格或租金的住房,一般由廉租住房、经济适用住房、政策性租赁住房、定向安置房等构成。

(二)保障性住房的核算科目设置

1. "保障性住房"科目

为了反映保障性住房的增减变动情况,单位应当设置"保障性住房"科目,核算单位为满足社会公共需求而控制的保障性住房的原值。本科目期末借方余额,反映保障性住房的原值。本科目应当按照保障性住房的类别、项目等进行明细核算。

2. "保障性住房累计折旧"科目

为了核算保障性住房累计折旧的增减变动情况,单位应当设置"保障性住房累计折旧"科目,核算单位计提的保障性住房的累计折旧。本科目期末贷方余额,反映单位计提的保障性住房折旧累计数。本科目应当按照所对应保障性住房的类别进行明细核算。

(三)保障性住房的主要账务处理

1. 取得保障性住房

保障性住房在取得时,应当按照其成本入账。

(1) 外购的保障性住房,其成本包括购买价款、相关税费以及可归属于该项资产达到预定用途前所发生的其他支出。外购的保障性住房,按照确定的成本,借记"保障性住房"科目,贷记"财政拨款收入""银行存款"等科目。

(2) 自行建造的保障性住房交付使用时,按照在建工程成本,借记"保障性住房"科目,贷记"在建工程"科目。已交付使用但尚未办理竣工决算手续的保障性住房,按照估计价值入账,待办理竣工决算后再按照实际成本调整原来的暂估价值。

(3) 接受捐赠、融资租赁取得的保障性住房,参照"固定资产"科目的相关规定进行账务处理。

（4）接受其他单位无偿调入的保障性住房，其成本按照该项资产在调出方的账面价值加上归属于调入方的相关费用确定。无偿调入的保障性住房，按照确定的成本，借记"保障性住房"科目，按照发生的归属于调入方的相关费用，贷记"银行存款"等科目，按照其差额，贷记"无偿调拨净资产"科目。

2. 保障性住房的折旧

按月计提保障性住房折旧时，按照应计提的折旧额，借记"业务活动费用"科目，贷记"保障性住房累计折旧"科目。

3. 与保障性住房有关的后续支出

与保障性住房有关的后续支出，参照"固定资产"科目的相关规定进行账务处理。

4. 出租保障性住房

按照规定出租保障性住房并将出租收入上缴同级财政，按照收取的租金金额，借"银行存款"等科目，贷记"应缴财政款"科目。

5. 处置保障性住房

（1）报经批准无偿调出保障性住房，按照保障性住房已计提的折旧，借记"保障性住房累计折旧"科目，按照被处置保障性住房的账面余额，贷记"保障性住房"科目，按照其差额，借记"无偿调拨净资产"科目；同时，按照无偿调出过程中发生的归属于调出方的相关费用，借记"资产处置费用"科目，贷记"银行存款"等科目。

（2）报经批准出售保障性住房，按照被出售保障性住房的账面价值，借记"资产处置费用"科目，按照保障性住房已计提的折旧，借记"保障性住房累计折旧"科目，按照保障性住房的账面余额，贷记"保障性住房"科目；同时，按照收到的价款，借记"银行存款"等科目，按照出售过程中发生的相关费用，贷记"银行存款"等科目，按照其差额，贷记"应缴财政款"科目。

6. 保障性住房的清查盘点

单位应当定期对保障性住房进行清查盘点。对于发生的保障性住房盘盈、盘亏、毁损或报废等，参照"固定资产"科目的相关规定进行账务处理。

保障性住房的主要账务处理如表 2-47 所示。

表 2-47　　　　　　　　　　保障性住房的主要账务处理

序号	业务内容	账务处理	
		财务会计	预算会计
1	外购的保障性住房	借：保障性住房 　贷：财政拨款收入/银行存款等	借：行政支出/事业支出 　贷：财政拨款预算收入/资金结存
	自行建造的保障性住房，完工交付使用时	借：保障性住房 　贷：在建工程	—
	无偿调入的保障性住房	借：保障性住房 　贷：银行存款等（发生的相关费用） 　　无偿调拨净资产（贷差）	借：其他支出（支付的相关税费） 　贷：资金结存等

(续表)

序号	业务内容	账务处理	
		财务会计	预算会计
2	按月计提保障性住房折旧时	借：业务活动费用 　　贷：保障性住房累计折旧	—
3	与保障性住房有关的后续支出	参照"固定资产"科目的相关规定进行账务处理	
4	按照规定出租保障性住房并将出租收入上缴同级财政	借：银行存款等 　　贷：应缴财政款	—
5	处置保障性住房 — 无偿调出保障性住房	借：保障性住房累计折旧 　　无偿调拨净资产（借差） 　　贷：保障性住房（账面余额）	—
		借：资产处置费用 　　贷：银行存款等（归属调出方的相关费用）	借：其他支出 　　贷：资金结存等
5	处置保障性住房 — 出售保障性住房	借：资产处置费用 　　保障性住房累计折旧 　　贷：保障性住房（账面余额） 借：银行存款等（处置保障性住房收到的价款） 　　贷：银行存款等（发生的相关费用） 　　　　应缴财政款（贷差）	—
6	保障性住房盘点清查	参照"固定资产"科目的相关规定进行账务处理	

【例 2-55】 2×23 年 2 月 17 日，某行政单位购买 200 套保障性住房，每套价款为 15 万元，用财政直接支付。

2×23 年 2 月 17 日，购买保障性住房时，财务会计分录如下：

借：保障性住房　　　　　　　　　　　　　　　　　　　　　　　　　30 000 000
　　贷：财政拨款收入——财政直接支付——项目支出　　　　　　　　　　　　30 000 000

同时，编制预算会计分录：

借：行政支出——项目支出——资本性支出　　　　　　　　　　　　　　30 000 000
　　贷：财政拨款预算收入——财政直接支付　　　　　　　　　　　　　　　　30 000 000

【例 2-56】 承[例 2-55]，2×23 年 5 月 29 日起，出租其中 20 套，每套每月租金为 2 000 元，以银行存款方式收起。

每月收取租金时，财务会计分录如下：

借：银行存款——基本账户存款　　　　　　　　　　　　　　　　　　　　40 000
　　贷：应缴财政款——应缴国库款　　　　　　　　　　　　　　　　　　　　　40 000

【例 2-57】 承[例 2-55]，每月对购入的 200 套保障性住房按照 50 年计提折旧。

每月计提折旧时,财务会计分录如下:

借:业务活动费用——保障性住房折旧　　　　　　　　　　　　　　50 000
　　贷:保障性住房累计折旧　　　　　　　　　　　　　　　　　　　　　　50 000

【例 2-58】 承[例 2-55][例 2-57],2×23 年 12 月 27 日,出售其中 20 套保障性住房,获得收入 400 万元,上缴财政,另支付相关税费 9 万元。

2×23 年 12 月 27 日,财务会计分录如下:

借:资产处置费用　　　　　　　　　　　　　　　　　　　　　　　2 950 000
　　保障性住房累计折旧　　　　　　　　　　　　　　　　　　　　　　50 000
　　贷:保障性住房　　　　　　　　　　　　　　　　　　　　　　　3 000 000
借:银行存款——基本账户存款　　　　　　　　　　　　　　　　　4 000 000
　　贷:银行存款——基本账户存款　　　　　　　　　　　　　　　　　90 000
　　　　应缴财政款——应缴国库款　　　　　　　　　　　　　　　3 910 000

延伸阅读2-3

保障性住房实施税费减免政策

财政部、国家税务总局、住房城乡建设部发布公告,为推进保障性住房建设,从 2023 年 10 月 1 日起,对保障性住房项目建设用地免征城镇土地使用税;对保障性住房经营管理单位与保障性住房相关的印花税,以及保障性住房购买人涉及的印花税予以免征。

公告明确,企事业单位、社会团体以及其他组织转让旧房作为保障性住房房源且增值额未超过扣除项目金额 20% 的,免征土地增值税。对保障性住房经营管理单位回购保障性住房继续作为保障性住房房源的,免征契税。对个人购买保障性住房减按 1% 的税率征收契税。

此外,保障性住房项目免收各项行政事业性收费和政府性基金,包括防空地下室易地建设费、城市基础设施配套费、教育费附加和地方教育附加等。享受税费优惠政策的保障性住房项目,按照城市人民政府认定的范围确定。

资料来源:鲁元珍,邱玥.保障性住房实施税费减免政策[EB/OL].(2023-10-08)[2023-10-24]. https://epaper.gmw.cn/gmrb/html/2023-10/08/nw.D110000gmrb_20231008_4-02.htm.

五、受托代理资产

(一)受托代理资产的定义

受托代理资产是指单位接受委托方委托管理的各项资产,包括受托指定转赠的物资、受托存储保管的物资等。

(二)受托代理资产的核算科目设置

为核算受托代理资产业务,单位应当设置"受托代理资产"科目。本科目核算单位接受委托方委托管理的各项资产的成本。单位管理的罚没物资也应当通过本科目核算。单位收到的受托代理资产为现金和银行存款的,不通过本科目核算,应当通过"库存现金""银行存款"科目进行核算。本科目期末余额在借方,反映单位受托代理资产的成本。本科目应当按照资产的种类和委托人进行明细核算;属于转赠资产的,还应当按照受赠人进行明细核算。

(三)受托代理资产的主要账务处理

1. 受托转赠物资

(1)接受委托人委托需要转赠给受赠人的物资,其成本按照有关凭据注明的金额确定。

接受委托转赠的物资验收入库,按照确定的成本,借记"受托代理资产"科目,贷记"受托代理负债"科目。

受托协议约定由受托方承担相关税费、运输费等的,还应当按照实际支付的相关税费、运输费等金额,借记"其他费用"科目,贷记"财政拨款收入""银行存款"等科目。

(2) 将受托转赠物资交付受赠人时,按照转赠物资的成本,借记"受托代理负债"科目,贷记"受托代理资产"科目。

(3) 转赠物资的委托人取消了对捐赠物资的转赠要求,且不再收回捐赠物资的,应当将转赠物资转为单位的存货、固定资产等。按照转赠物资的成本,借记"受托代理负债"科目,贷记"受托代理资产"科目;同时,借记"库存物品""固定资产"等科目,贷记"其他收入"科目。

2. 受托存储保管物资

(1) 接受委托人委托存储保管的物资,其成本按照有关凭据注明的金额确定。接受委托储存的物资验收入库,按照确定的成本,借记"受托代理资产"科目,贷记"受托代理负债"科目。

(2) 支付由受托单位承担的与受托存储保管的物资相关的运输费、保管费等费用时,按照实际发生的费用金额,借记"其他费用"等科目,贷记"财政拨款收入""银行存款"等科目。

(3) 根据委托人要求交付或发出受托存储保管的物资时,按照发出物资的成本,借记"受托代理负债"科目,贷记"受托代理资产"科目。

3. 罚没物资

(1) 取得罚没物资时,其成本按照有关凭据注明的金额确定。取得的罚没物资验收入库,按照确定的成本,借记"受托代理资产"科目,贷记"受托代理负债"科目。罚没物资成本无法可靠确定的,单位应当设置备查簿进行登记。

(2) 按照规定处置或移交罚没物资时,按照罚没物资的成本,借记"受托代理负债"科目,贷记"受托代理资产"科目。处置时取得款项的,按照实际取得的款项金额,借记"银行存款"等科目,贷记"应缴财政款"等科目。

受托代理资产的主要账务处理如表 2-48 所示。

表 2-48　　　　　　　　　受托代理资产的主要账务处理

序号	业务内容		账务处理	
			财务会计	预算会计
1	受托转赠物资	接受受托人委托需要转赠给受赠人的物资	借:受托代理资产 　贷:受托代理负债	—
		受托协议约定由受托方承担相关税费、运输费等的	借:其他费用 　贷:财政拨款收入/银行存款等	借:其他支出(实际支付的相关税费、运输费等) 　贷:财政拨款收入/资金结存
		将受托转赠物资交付受赠人时	借:受托代理负债 　贷:受托代理资产	—
		转赠物资的委托人取消了对捐赠物资的转赠要求,且不再收回捐赠物资的	借:受托代理负债 　贷:受托代理资产 借:库存物品/固定资产等 　贷:其他收入	—

(续表)

序号	业务内容	账务处理 财务会计	账务处理 预算会计
2	受托存储保管物资	接受委托人委托储存保管的物资验收入库	借：受托代理资产 　贷：受托代理负债	—
		支付由受托单位承担的受托储存保管的物资相关的运输费、保管费等费用时	借：其他费用 　贷：财政拨款收入/银行存款等	借：其他支出（实际支付的相关税费、运输费等） 　贷：财政拨款收入/资金结存
		根据委托人要求交付受托存储保管的物资时	借：受托代理负债 　贷：受托代理资产	—
3	罚没物资	取得罚没物资时	借：受托代理资产 　贷：受托代理负债	—
		按照规定处置或移交罚没物资时	借：受托代理负债 　贷：受托代理资产 处置时取得款项的： 借：银行存款等 　贷：应缴财政款	

【例2-59】 某单位接受其他单位委托接受一批物资,转赠给另一单位A。根据委托单位提供的凭据,该批物资价值200 000元,于2×24年2月18日验收入库。双方约定由该单位承担相关运杂费3 000元,均以银行存款付讫。2×24年3月20日,该单位将该批物资的一半转赠给A单位,剩余一半根据委托人要求不再转赠,同时委托人也不再收回。

(1) 2×24年2月18日,验收入库并支付相关运杂费时,财务会计分录如下：

借：受托代理资产——受托转赠物资　　　　　　　　　　　　　　　　　　200 000
　　贷：受托代理负债　　　　　　　　　　　　　　　　　　　　　　　　200 000
借：其他费用——运杂费　　　　　　　　　　　　　　　　　　　　　　　3 000
　　贷：银行存款——基本账户存款　　　　　　　　　　　　　　　　　　3 000

同时,编制预算会计分录：

借：其他支出——运杂费　　　　　　　　　　　　　　　　　　　　　　　3 000
　　贷：资金结存——货币资金——银行存款　　　　　　　　　　　　　　3 000

(2) 2×24年3月20日,将物资的一半转赠给A单位,财务会计分录如下：

借：受托代理负债　　　　　　　　　　　　　　　　　　　　　　　　　　100 000
　　贷：受托代理资产——受托转赠物资　　　　　　　　　　　　　　　　10 0000

处理不再转赠物资时,财务会计分录如下：

借：受托代理负债　　　　　　　　　　　　　　　　　　　　　　　　　　100 000
　　贷：受托代理资产——受托转赠物资　　　　　　　　　　　　　　　　10 0000

借：库存物品　　　　　　　　　　　　　　　　　　　　　　　　　100 000
　　　　贷：其他收入——其他　　　　　　　　　　　　　　　　　　　　　　　100 000

【例2-60】 2×24年5月1日，某单位在执法过程中获得一批罚没物资入库。根据对方单位提供的凭据，该批物资价值20 000元。按照有关规定，该批物资按照程序进行处置。2×24年7月1日完成处置，获得处置收益2 300元。

（1）2×24年5月1日，罚没物资入库时，财务会计分录如下：

　　借：受托代理资产——罚没物资　　　　　　　　　　　　　　　　　20 000
　　　　贷：受托代理负债　　　　　　　　　　　　　　　　　　　　　　　　20 000

（2）2×24年7月1日，完成对罚没物资的处置时，财务会计分录如下：

　　借：受托代理负债　　　　　　　　　　　　　　　　　　　　　　　20 000
　　　　贷：受托代理资产——受托存罚没物资　　　　　　　　　　　　　　20 000
　　借：银行存款——基本账户存款　　　　　　　　　　　　　　　　　 2 300
　　　　贷：应缴财政款——应缴国库款　　　　　　　　　　　　　　　　　 2 300

六、长期待摊费用

（一）长期待摊费用的定义

长期待摊费用是指单位已经发出，但应由本期和以后各期负担的分摊期限在1年以上（不含1年）的各项费用，如以经营租赁方式租入的固定资产发生的改良支出等。

（二）长期待摊费用的核算科目设置

为了核算长期待摊费用的增减变动情况，单位应当设置"长期待摊费用"科目。本科目期末借方余额，反映单位尚未摊销完毕的长期待摊费用。本科目应当按照费用项目进行明细核算。

（三）长期待摊费用的主要账务处理

（1）发生长期待摊费用时，按照支出金额，借记"长期待摊费用"科目，贷记"财政拨款收入""银行存款"等科目。

（2）按照受益期间摊销长期待摊费用时，按照摊销金额，借记"业务活动费用""单位管理费用""经营费用"等科目，贷记"长期待摊费用"科目。

（3）如果某项长期待摊费用已经不能使单位受益，应当将其摊余金额一次全部转入当期费用。按照摊销金额，借记"业务活动费用""单位管理费用""经营费用"等科目，贷记"长期待摊费用"科目。

长期待摊费用的主要账务处理如表2-49所示。

表2-49　　　　　　　　　　　　　长期待摊费用的主要账务处理

序号	业务内容	账务处理	
		财务会计	预算会计
1	发生长期待摊费用时	借：长期待摊费用 　　贷：财政拨款收入/银行存款等	借：行政支出/事业支出 　　贷：财政拨款预算收入/资金结存
2	按期摊销或一次转销长期待摊费用剩余账面余额时	借：业务活动费用/单位管理费用/ 　　　经营费用等 　　贷：长期待摊费用	—

【例2-61】 2×23年1月1日,某事业单位对租住的某办公楼进行维修改造,工程款为48万元,使用办公楼改造项目经费支付,已经通过国库集中支付方式支付完毕。未来还有2年租赁期,于2×24年12月31日租期届满。2×24年7月1日,因为客观原因,不再租赁该办公楼,将剩余改造款一次摊销完毕。

(1) 2×23年1月1日,支付维修改造工程款时,财务会计分录如下:

借:长期待摊费用——装修费　　　　　　　　　　　　　　　480 000
　　贷:财政拨款收入　　　　　　　　　　　　　　　　　　　　480 000

同时,编制预算会计分录:

借:事业支出——项目支出——资本性支出　　　　　　　　　480 000
　　贷:财政拨款预算收入　　　　　　　　　　　　　　　　　　480 000

(2) 2×23年1月至2×24年6月,每月摊销改造款时,财务会计分录如下:

借:单位管理费用——商品和服务费用　　　　　　　　　　　20 000
　　贷:长期待摊费用——装修费　　　　　　　　　　　　　　　20 000

(3) 2×24年7月1日,一次摊销剩余租金时,财务会计分录如下:

借:单位管理费用——商品和服务费用　　　　　　　　　　　20 000
　　贷:长期待摊费用——装修费　　　　　　　　　　　　　　　20 000

七、待处理财产损溢

(一) 待处理财产损溢的定义

待处理财产损溢是指单位在资产清查过程中查明的各种资产盘盈、盘亏和报废、毁损的价值。

(二) 待处理财产损溢的核算科目设置

为了核算待处理财产损溢的增减变动情况,单位应当设置"待处理财产损溢"科目。本科目核算单位在资产清查过程中查明的各种资产盘盈、盘亏和报废、损毁的价值。本科目期末如为借方余额,反映尚未处理完毕的各种资产的净损失;期末如为贷方余额,反映尚未处理完毕的各种资产净溢余。年末,经批准处理后,本科目一般应无余额。本科目应当按照待处理的资产项目进行明细核算;对于在资产处理过程中取得收入或发生相关费用的项目,还应当设置"待处理财产价值""处理净收入"明细科目,进行明细核算。

(三) 待处理财产损溢的主要账务处理

单位资产清查中查明的资产盘盈、盘亏、报废和毁损,一般应当先记入"待处理财产损溢"科目,按照规定报经批准后及时进行账务处理。年末结账前一般应处理完毕。

1. 账账核对时发现的库存现金短缺或溢余

具体核算参见本章第二节"货币资金的核算"。

2. 资产清查过程中发现的存货、固定资产、无形资产、公共基础设施、政府储备物资、文物资源、保障性住房等各种资产盘盈、盘亏或毁损、报废

具体核算参见本章第五节"存货的核算"、第七节"固定资产的核算"、第九节"无形资产的核算"、第十节"其他资产的核算"。

待处理财产损溢的主要账务处理如表2-50所示。

表 2-50　　待处理财产损溢的主要账务处理

序号	业务内容		账务处理	
			财务会计	预算会计
1	现金溢余	发现溢余	借：库存现金 　贷：待处理财产损溢	借：资金结存——货币资金 　贷：其他预算收入
		应付有关人员或单位	借：待处理财产损溢 　贷：其他应付款 借：其他应付款 　贷：库存现金	借：其他预算收入 　贷：资金结存——货币资金
		无法查明原因	借：待处理财产损溢 　贷：其他收入	—
	现金短缺	发现短缺	借：待处理财产损溢 　贷：库存现金	借：其他支出 　贷：资金结存——货币资金
		应收有关人员或单位	借：其他应收款 　贷：待处理财产损溢 借：库存现金 　贷：其他应收款	借：资金结存——货币资金 　贷：其他支出
		无法查明原因	借：资产处置费用 　贷：待处理财产损溢	—
2	盘盈的非现金资产	转入待处理财产时	借：库存物品/固定资产/无形资产/公共基础设施/政府储备物资/文物资源/保障性住房等 　贷：待处理财产损溢	—
		报经批准后处理时　流动资产	借：待处理财产损溢 　贷：业务活动费用/单位管理费用	—
		非流动资产	借：待处理财产损溢 　贷：以前年度盈余调整	—
3	盘亏或毁损、报废的非现金资产	转入待处理财产时	借：待处理财产损溢——待处理财产价值/固定资产累计折旧/公共基础设施累计折旧（摊销）/无形资产累计摊销/保障性住房累计折旧 　贷：库存物品/固定资产/无形资产/公共基础设施/政府储备物资/文物资源/保障性住房等	—
		报经批准处理时	借：资产处置费用 　贷：待处理财产损溢——待处理财产价值	—

(续表)

序号	业务内容	账务处理	
		财务会计	预算会计
3	盘亏或毁损、报废的非现金资产	处理过程中取得的残值或残值变价收入、保险理赔或过失人赔偿等	借：库存现金/银行存款/库存物品/其他应收款 贷：待处理财产损溢——处理净收入	—
		处理过程中发生相关费用	借：待处理财产损溢——处理净收入 贷：库存现金/银行存款等	—
		处理收支结清，处理收入大于相关费用的	借：待处理财产损溢——处理净收入 贷：应缴财政款	—
		处理收支结清，处理收入小于相关费用的	借：资产处置费用 贷：待处理财产损溢——处理净收入	借：其他支出 贷：资金结存（支付的处理净支出）

本章小结

本章主要学习了资产的概念、分类和计量基础；货币资金的核算；短期投资的核算；应收及预付款项的核算；存货的核算；长期投资的核算；固定资产的核算；在建工程的核算；无形资产的核算；其他资产的核算，包括公共基础设施、政府储备物资、文物资源、保障性住房、受托代理资产、长期待摊费用和待处理财产损溢。

本章重要概念

资产　货币资金　应收及预付款项　存货　投资　固定资产　在建工程　无形资产　公共基础设施　政府储备物资　文物资源　保障性住房　受托代理资产　长期待摊费用　待处理财产损溢

本章练习

二维码2-9：
本章练习

二维码2-10：
本章练习
参考答案

第三章　负　债

- ➢ 内容提要
- ➢ 重点难点
- ➢ 学习目标
- ➢ 知识框架
- ➢ 思政育人
- ➢ 第一节　负债概述
- ➢ 第二节　流动负债的核算
- ➢ 第三节　非流动负债的核算
- ➢ 本章小结
- ➢ 本章重要概念
- ➢ 本章练习

内容提要

本章主要讲解负债的分类；负债的计量基础；流动负债包含的会计科目及其主要账务处理；非流动负债包含的会计科目及其主要账务处理。

重点难点

本章重点为短期借款、应交增值税、其他应交税费、应缴财政款、应付职工薪酬，以及应付及预收类科目的主要账务处理；难点为应交增值税的主要账务处理及非流动负债的主要账务处理。

学习目标

通过本章学习，学生应掌握短期借款、应交增值税、其他应交税费、应缴财政款、应付职工薪酬、应付及预收类科目的主要账务处理；了解行政事业单位的负债的分类和负债的计量基础。

知识框架

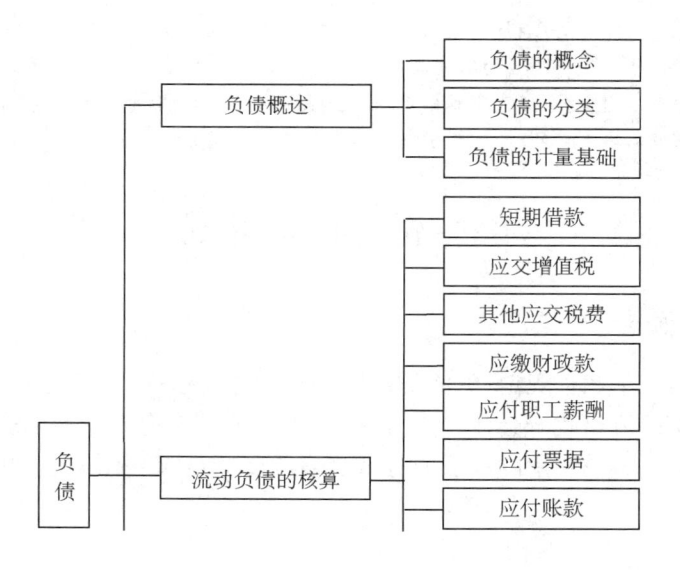

```
                        ┌─ 负债的概念
            ┌─ 负债概述 ─┼─ 负债的分类
            │           └─ 负债的计量基础
            │
            │                    ┌─ 短期借款
            │                    ├─ 应交增值税
            │                    ├─ 其他应交税费
   负债 ────┤                    ├─ 应缴财政款
            ├─ 流动负债的核算 ───┼─ 应付职工薪酬
            │                    ├─ 应付票据
            │                    └─ 应付账款
```

```
                          ┌─ 应付政府补贴款
                          ├─ 应付利息
                          ├─ 预收账款
                          ├─ 其他应付款
                          ├─ 预提费用
                          │
                          ├─ 长期借款
                          ├─ 长期应付款
          非流动负债的核算 ─┼─ 预计负债
                          └─ 受托代理负债
```

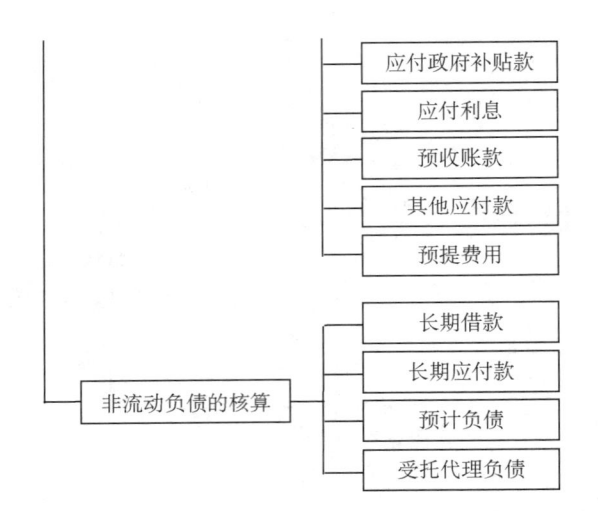

思政育人　退税减税降费落实处　服务发展大局显担当

退税减税降费是助企纾困最公平、最直接、最有效的举措。党的十八大以来，党中央、国务院审时度势、科学决策，出台一系列退税减税降费政策，为减轻市场主体负担、应对经济下行压力提供了有力支持。

税务部门坚持以习近平新时代中国特色社会主义思想为指导，认真贯彻落实党中央、国务院决策部署，将落实退税减税降费政策作为重要的政治任务，探索实施"短平快优九个一"工作法，特别是在2022年落实大规模增值税留抵退税政策中，坚持"快退税款、狠打骗退、严查内错、欢迎外督、持续宣传"五措并举，推动政策红利直达快享，有效引导社会预期，助力市场主体提振发展信心、增强发展后劲。2013年至2021年，税务部门累计办理新增减税降费8.8万亿元，连续实施并不断加力的退税减税降费政策效应不断显现。一项项利企惠民、服务经济社会发展的政策措施扎实推进，广大税务干部攻坚克难、全力以赴，积极回应纳税人缴费人期盼，在服务大局中彰显税务担当。

资料来源：国家税务总局办公厅.退税减税降费落实处 服务发展大局显担当——党的十八大以来税务部门落实退税减税降费政策 助力稳定宏观经济大盘综述[EB/OL].(2022-08-19)[2023-11-27].http://shanxi.chinatax.gov.cn/web/detail/sx-11400-2641-1761486.

【思政寄语】

回首这些年退税减税降费的历程，国家用收入的"减法"换取企业效益的"加法"和市场活力的"乘法"，政府用"紧日子"让百姓过上"好日子"的魄力与决心清晰可见。退税减税政策彰显了大国的自信。

党的二十大报告中提出，健全现代预算制度，优化税制结构。作为税收制度体系的重要组成部分，阶段性优惠政策具有灵活性和丰富性的特点，能够及时契合经济发展需求。

第一节　负债概述

一、负债的概念

《基本准则》第三十三条规定：负债是指政府会计主体过去的经济业务或者事项形成的，预期会导致经济资源流出政府会计主体的现时义务。现时义务是指政府会计主体在现行条件下已承担的义务。未来发生的经济业务或者事项形成的义务不属于现时义务，不应当确认为负债。

现时义务包括法定义务和推定义务。法定义务是指因合同、法律法规或其他司法解释等产生的义务。推定义务是指根据政府会计主体以往的习惯做法、已公布的政策或者已公开的承诺或声明,政府会计主体向其他方表明其将承担并且其他方也合理预期政府会计主体将履行的相关义务。

二、负债的分类

政府会计主体的负债按照流动性,分为流动负债和非流动负债。其中,流动负债是指预计在1年内(含1年)偿还的负债,主要包括短期借款、应交增值税、其他应交税费、应缴财政款、应付职工薪酬、应付票据、应付及预收账款、应付政府补贴款、应付利息、其他应付款、预提费用等;非流动负债是指流动负债以外的负债,主要包括长期借款、长期应付款、预计负债、受托代理负债等。

【注意:行政单位不涉及短期借款、应付票据、预收账款、长期借款等;事业单位不涉及应付政府补贴款】

三、负债的计量基础

《基本准则》第三十六条第一款规定:负债的计量属性主要包括历史成本、现值和公允价值。负债的计量属性具体如表3-1所示。

表3-1　　　　　　　　　　　负债的计量属性

序号	计量基础	具体内容
1	历史成本	负债按照因承担现时义务而实际收到的款项或者资产的金额,或者承担现时义务的合同金额,或者按照为偿还负债预期需要支付的现金计量
2	现值	负债按照预计期限内需要偿还的未来净现金流出量的折现金额计量
3	公允价值	负债按照市场参与者在计量日发生的有序交易中,转移负债所需支付的价格计量

政府会计主体在对负债进行计量时,一般应当采历史成本。采用现值、公允价值计量的,应当保证所确定的负债金额能够持续、可靠地计量。

第二节　流动负债的核算

一、短期借款

(一)核算内容

"短期借款"科目核算事业单位经批准向银行或其他金融机构等借入的期限在1年内(含1年)的各种借款。

【注意:行政单位不涉及"短期借款"科目】

(二)明细科目设置

"短期借款"科目应当按照债权人和借款种类进行明细核算。

（三）短期借款的主要账务处理

（1）借入各种短期借款时，按照实际借入的金额，借记"银行存款"科目，贷记本科目。

（2）银行承兑汇票到期，本单位无力支付票款的，按照银行承兑汇票的票面金额，借记"应付票据"科目，贷记本科目。

（3）计提当月应付利息费用时，借记"其他费用——利息费用"科目，贷记"应付利息"科目。

（4）支付短期借款利息时，借记"其他支出"科目，贷记"银行存款"科目。

（5）归还短期借款时，借记本科目，贷记"银行存款"科目。

短期借款的主要账务处理如表3-2所示。

表3-2　　　　　　　　　　　短期借款的主要账务处理

序号	业务内容	账务处理 财务会计	账务处理 预算会计
1	借入款项时	借：银行存款 贷：短期借款	借：资金结存——货币资金 贷：债务预算收入
2	银行承兑汇票到期，本单位无力偿还时	借：应付票据 贷：短期借款	借：经营支出等 贷：债务预算收入
3	计提当月应付利息费用时	借：其他费用——利息费用 贷：应付利息	—
4	支付借款利息时	借：其他支出 贷：银行存款	借：其他预算支出 贷：资金结存——货币资金
5	归还现金时	借：短期借款 贷：银行存款	借：债务还本支出 贷：资金结存——货币资金

延伸阅读3-1

对纳入部门预算管理的现金收支进行"平行记账"

对于纳入部门预算管理的现金收支业务，在进行财务会计核算的同时也应当进行预算会计核算。对于其他业务，仅需要进行财务会计核算。

延伸阅读3-2

资金结存核算范围

"资金结存"科目核算的流入、流出、调整、滚存的资金，仅限于货币资金（包括库存现金、银行存款、其他货币资金以及零余额账户用款额度）和财政应返还额度。因此，"资金结存"科目下的明细科目反映的是资金的形式。与"资金结存"科目相关的业务活动包括资金流入行政事业单位和资金流出行政事业单位，以及不同形式的资金之间的转换。凡涉及财务会计科目"库存现金""银行存款""其他货币资金""零余额账户用款额度"科目，以及"财政应返还额度"科目的经济业务及事项都属于"资金结存"科目的核算范围。

【例3-1】 某事业单位为满足事业业务发展的资金需求，从中国农业银行×××支行借入200 000元，借款期限为6个月，年利率为8%。

(1) 借款时,财务会计分录如下:

借:银行存款 200 000
　贷:短期借款——农业银行×××支行 200 000

同时,编制预算会计分录:

借:资金结存——货币资金 200 000
　贷:债务预算收入 200 000

(2) 归还短期借款并支付借款利息时,财务会计分录如下:

借款利息＝200 000×8‰×6÷12＝8 000(元)

借:短期借款——农业银行×××支行 200 000
　其他支出——利息支出 8 000
　贷:银行存款 208 000

同时,编制预算会计分录:

借:债务还本支出 200 000
　其他预算支出 8 000
　贷:资金结存——货币资金 208 000

二、应交增值税

(一) 核算内容

"应交增值税"科目核算单位按照税法规定计算应交纳的增值税。

(二) 明细科目设置

"应交增值税"科目下的明细科目及其核算内容如表3-3所示。属于一般纳税人的单位为进行应交增值税的会计核算,应在"应交增值税"科目下设置"应交税金""未交税金""预交税金""待抵扣进项税额""待认证进项税额""待转销项税额""简易计税""转让金融商品应交增值税""代扣代交增值税"等明细科目。

表3-3　　　　　　　　　"应交增值税"科目下的明细科目及其核算内容

科目	明细科目		核算内容
应交增值税	应交税金	进项税额	核算单位购进货物、加工修理修配劳务、服务、无形资产或不动产而支付或负担的、准予从当期销项税额中抵扣的增值税额
		已交税金	核算单位当月交纳的增值税额
		转出未交增值税	核算单位月份终了,转出的应交未交的增值税额
		转出多交增值税	核算单位月度终了,转出的多交的增值税额
		减免税款	核算单位按照现行增值税制度规定准予减免的增值税额
		销项税额	核算单位销售货物、加工修理修配劳务、服务、无形资产或不动产应收取的增值税额
		进项税额转出	核算单位购进货物、加工修理修配劳务、服务、无形资产或不动产等发生非正常损失以及其他原因而不应从销项税额中抵扣、按照规定转出的进项税额

(续表)

科目	明细科目	核算内容
应交增值税	未交税金	核算单位月度终了从"应交税金"或"预交税金"明细科目转入当月应交未交、多交或预交的增值税额，以及当月交纳以前期间未交的增值税额
	预交税金	核算单位转让不动产、提供不动产经营租赁服务等，以及其他按照现行增值税制度规定应预交的增值税额
	待抵扣进项税额	核算单位已取得增值税扣税凭证并经税务机关认证，按照现行增值税制度规定准予以后期间从销项税额中抵扣的进项税额
	待认证进项税额	核算单位由于未经税务机关认证而不得从当期销项额中抵扣的进项税额，包括：一般纳税人已取得增值税扣税凭证并按规定准予从销项税额中抵扣，但尚未经税务机关认证的进项税额；一般纳税人已申请稽核，但尚未取得稽核相符结果的海关缴款书进项税额
	待转销项税额	核算单位销售货物、加工修理修配劳务、服务、无形资产或不动产，已确认相关收入(或利得)但尚未发生增值税纳税义务而需于以后期间确认为销项税额的增值税额
	简易计税	核算单位采用简易计税方法发生的增值税计提、扣减预交、交纳等业务
	转让金融商品应交增值税	核算单位因转让金融商品而发生的增值税额
	代扣代交增值税	核算单位购进在境内未设经营机构的境外单位或个人在境内的应税行为代扣代交的增值税额

属于增值税小规模纳税人的单位只需在"应交增值税"科目下设置"转让金融商品应交增值税""代扣代交增值税"明细科目。

延伸阅读3-3

增值税税率、征收率、预征率

1. 增值税税率

增值税税率一共有13%、9%、6%和0四档。

(1) 销售交通运输服务、邮政、基础电信、建筑、不动产租赁服务，销售不动产，转让土地使用权以及销售或进口正列举的农产品等货物的增值税税率为9%。

(2) 加工修理修配劳务、有形动产租赁服务和进口货物的增值税税率为13%。

(3) 销售无形资产(土地使用权除外)的增值税税率为6%。

(4) 出口货物的增值税税率为0。

(5) 其余的：货物的增值税税率是13%，服务的增值税税率是6%。

2. 征收率

征收率一共有3%和5%两档。

绝大多数情况下，征收率是3%，财政部和国家税务总局另有规定的除外。

(1) 5%征收率的适用范围：销售不动产，不动产租赁，转让土地使用权，提供劳务派遣服务、安全保护服务选择差额纳税方式的。货物销售里没有5%的征收率。

(2) 容易与5%的征收率记混的应税行为需单独记忆:建筑服务,有形动产租赁,小规模纳税人提供劳务派遣服务、安全保护服务未选择差额纳税方式的。

(3) 两个减按:个人出租住房,按照5%的征收率减按1.5%计算应纳税额。销售自己使用过的固定资产、旧货,按照3%的征收率减按2%征收增值税。

3. 预征率

预征率有2%、3%和5%三档。

简易计税的预征率基本上与征收率一致。销售不动产和销售自行开发房地产的预征率的简易计税与一般计税相同。

应该注意的是,换算成不含税价时,分母为税率或征收率,而不是预征率。例如,纳税人出租不动产适用一般计税方法计税的,其应预交税款按"含税销售额÷(1+9%)×3%预征率"的公式计算。

(三) 应交增值税的主要账务处理

1. 单位取得资产或接受服务时进项税额的账务处理

1) 单位购买用于增值税应税项目、增值税可以抵扣的资产或服务

单位购买用于增值税应税项目的资产或服务等时,按照应计入相关成本费用或资产的金额,借记"业务活动费用""在途物品""库存物品""工程物资""在建工程""固定资产""无形资产"等科目,按照当月已认证的可抵扣增值税额,借记"应交增值税——应交税金——进项税额"科目,按照当月未认证的可抵扣增值税额,借记"应交增值税——待认证进项税额"科目,按照应付或实际支付的金额,贷记"应付账款""应付票据""银行存款""零余额账户用款额度"等科目。发生退货的,如原增值税专用发票已作认证,应根据税务机关开具的红字增值税专用发票作相反的会计分录;如原增值税专用发票未作认证,应将发票退回并作相反的会计分录。

【注意:行政单位不涉及"应付票据"科目】

【例3-2】 某事业单位为增值税一般纳税人。2×24年3月1日,发生购进科研物资器材一批,器材已验收入库,取得增值税专用发票,不含税价为30 000元,进项税额为3 900元,款项已经通过银行支付。

2×24年3月1日,财务会计分录如下:

借:库存物品	30 000
应交增值税——应交税金——进项税额	3 900
贷:银行存款	33 900

同时,编制预算会计分录:

借:事业支出——商品和服务支出	33 900
贷:资金结存——货币资金——银行存款	33 900

【例3-3】 某事业单位为增值税一般纳税人。2×24年4月1日,补购器材一批,价款为10 000元,进项税额为1 300元,款项已经通过银行支付。未收到增值税专用发票,但是器材已验收入库。该事业单位4月未认证发票,5月才认证。

(1) 2×24年4月1日,购买器材时,财务会计分录如下:

借:库存物品	10 000
应交增值税——待认证进项税额	1 300
贷:银行存款	11 300

同时，编制预算会计分录：

借：事业支出——商品和服务支出　　　　　　　　　　　　　　　　　　11 300
　　贷：资金结存——货币资金——银行存款　　　　　　　　　　　　　　11 300

（2）2×24年4月，认证增值税专用发票后，财务会计分录如下：

借：应交增值税——应交税金——进项税额　　　　　　　　　　　　　　1 300
　　贷：应交增值税——待认证进项税额　　　　　　　　　　　　　　　　1 300

【例3-4】　承[例3-3]，该笔发票由于会计人员的原因，超过180天未认证，有两种处理方法。

（1）方法一，放弃抵扣，财务会计分录如下：

借：库存物品　　　　　　　　　　　　　　　　　　　　　　　　　　　1 300
　　贷：应交增值税——待认证进项税额　　　　　　　　　　　　　　　　1 300

（2）方法二，发票退回并用红字冲销，财务会计分录如下：

借：应交增值税——应交税金——进项税额　　　　　　　　　　　　　　1 300
　　贷：应交增值税——待认证进项税额　　　　　　　　　　　　　　　　1 300

2）采购等业务进项税额不得抵扣的情形

单位购进资产或服务等，用于简易计税方法计税项目、免征增值税项目、集体福利或个人消费等，其进项税额按照现行增值税制度规定不得从销项税额中抵扣的，取得增值税专用发票时，应按照增值税发票注明的金额，借记相关成本费用或资产科目，按照待认证的增值税进项税额，借记"应交增值税——待认证进项税额"科目，按照实际支付或应付的金额，贷记"银行存款""应付账款""零余额账户用款额度"等科目。经税务机关认证为不可抵扣进项税时，借记"应交增值税——应交税金——进项税额"科目，贷记"应交增值税——待认证进项税额"科目，同时，将进项税额转出，借记相关成本费用类科目，贷记"应交增值税——应交税金——进项税额转出"科目。

【例3-5】　某事业单位为增值税一般纳税人。2×24年7月1日，购进雾霾口罩，取得增值税专用发票，价款为2 000元，进项税额为260元，准备用于职工福利。

（1）2×24年7月1日，购买雾霾口罩时，财务会计分录如下：

借：库存物品　　　　　　　　　　　　　　　　　　　　　　　　　　　2 000
　　应交增值税——应交税金——进项税额　　　　　　　　　　　　　　　260
　　贷：银行存款　　　　　　　　　　　　　　　　　　　　　　　　　　2 260

同时，编制预算会计分录：

借：事业支出——商品和服务支出——福利费　　　　　　　　　　　　　2 260
　　贷：资金结存——货币资金——银行存款　　　　　　　　　　　　　　2 260

（2）2×24年7月1日，进项税额转出，财务会计分录如下：

借：库存物品　　　　　　　　　　　　　　　　　　　　　　　　　　　260
　　贷：应交增值税——应交税金——进项税额转出　　　　　　　　　　　260

增值税一般纳税人单位取得资产或接受劳务的账务处理如表3-4所示。

表 3-4　　　　　　增值税一般纳税人单位取得资产或接受劳务的账务处理

序号	业务内容	账务处理	
		财务会计	预算会计
1	进项税额允许抵扣	借：库存物品/固定资产/业务活动费用等 　　应交增值税——应交税金——进项税额 　　应交增值税——待认证进项税额(当月未认证可抵扣) 贷：银行存款/应付账款等	借：事业支出/行政支出/经营支出等 贷：资金结存等(实际支付的含税金额)
2	购入资产或服务用于非应税项目	借：库存物品/固定资产/业务活动费用等(成本+增值税) 贷：银行存款/应付账款等	

3) 进项税额抵扣情况发生改变

因发生非正常损失或改变用途等，原已计入进项税额、待抵扣进项税额或待认证进项税额，但按照现行增值税制度规定不得从销项税额中抵扣的，借记"待处理财产损溢""固定资产""无形资产"等科目，贷记"应交增值税——应交税金——进项税额转出""应交增值税——待抵扣进项税额"或"应交增值税——待认证进项税额"科目。

原不得抵扣且未抵扣进项税额的固定资产、无形资产等，因改变用途等用于允许抵扣进项税额的应税项目的，应按照允许抵扣的进项税额，借记"应交增值税——应交税金——进项税额"科目，贷记"固定资产""无形资产"等科目。

📚 相关思考3-1

原不得抵扣且未抵扣进项税额的固定资产、无形资产等转变为可允许抵扣进项税额的应税项目，应如何计提折旧

原不得抵扣且未抵扣进项税额的固定资产、无形资产等，因改变用途等用于允许抵扣进项税额的应税项目的，应按照调整后的账面价值在剩余尚可使用年限内计提折旧或摊销。

进项税额抵扣情况发生改变及账务处理如表 3-5 所示。

表 3-5　　　　　　进项税额抵扣情况发生改变及账务处理

进项税额抵扣情况变化	适用情形	进项税额的处理	账务处理(仅涉及财务会计处理，不影响预算会计处理)
待认证进项税额转为可抵扣进项税额	待认证增值税经税务局认定为可抵扣进项税额	—	借：应交增值税——应交税金——进项税额 贷：应交增值税——待认证进项税额
待认证进项税额转为不可抵扣进项税额	待认证增值税经税务局认定为不可抵扣进项税额	—	借：应交增值税——应交税金——进项税额 贷：应交增值税——待认证进项税额 借：业务活动费用等 贷：应交增值税——应交税金——进项税额转出

进项税额抵扣情况变化	适用情形	进项税额的处理	账务处理(仅涉及财务会计处理,不影响预算会计处理)
可抵扣进项税额转为不可抵扣进项税额	原资产或应税服务发生非正常损失或改变用途,用于按现行税法规定不可抵扣进项税额的项目,导致其可以抵扣进项税额转为不可抵扣进项税额	按照下列计算公式,将进项税额转出,计入相关资产成本或费用: 转出的不得抵扣的进项税额=固定资产、无形资产或不动产净值×适用税率 其中,固定资产、无形资产或不动产净值是指纳税人根据财务会计制度计提折旧或摊销后的余额	借:库存物品/固定资产/待处理财产损溢等(按照税法规定不得抵扣的进项税额) 贷:应交增值税——应交税金——进项税额转出 应交增值税——待认证进项税额(未认证时用途发生改变)
不得抵扣进项税额转为可抵扣进项税额	原不得抵扣且未抵扣进项税额的固定资产、无形资产等,因改变用途等用于允许抵扣进项税额的应税项目	按照允许抵扣的进项税额,冲减固定资产、无形资产等的账面原值,固定资产、无形资产等经上述调整后,应按照调整后的账面价值在剩余尚可使用年限内计提折旧或摊销	借:应交增值税——应交税金——进项税额(可以抵扣的进项税额) 贷:固定资产/无形资产等

【例 3-6】 某事业单位为增值税一般纳税人。2×23 年 5 月 1 日,购买了一座楼办公用,价值为 20 000 000 元,进项税额为 1 800 000 元,款项由财政直接支付。

2×23 年 5 月 1 日,财务会计分录如下:

借:固定资产 20 000 000
　　应交增值税——应交税金——进项税额 1 800 000
　　贷:财政拨款收入 21 800 000

同时,编制预算会计分录:

借:事业支出——项目支出——资本性支出 21 800 000
　　贷:财政拨款预算收入 21 800 000

相关思考 3-2

若将[例 3-6]中的 2×23 年 5 月 1 日改为 2×22 年 12 月 1 日,应如何作账务处理

(1) 2×22 年 12 月 1 日,财务会计分录如下:

借:固定资产 20 000 000
　　应交增值税——应交税金——进项税额 1 080 000
　　应交增值税——待抵扣进项税额 720 000
　　贷:财政拨款收入 21 800 000

同时,编制预算会计分录:

借:事业支出——项目支出——资本性支出 21 800 000
　　贷:财政拨款预算收入 21 800 000

(2) 2×23年5月1日,财务会计分录如下:

借:应交增值税——待抵扣进项税额　　　　　　　　　　　　　　　　　　720 000
　　贷:应交增值税——应交税金——进项税额　　　　　　　　　　　　　　　　720 000

【例3-7】 承[例3-6],2×24年4月,该事业单位将办公楼改造成员工食堂,用于集体福利。假设2×24年4月该不动产的净值为18 000 000元。

不动产净值率=18 000 000÷20 000 000×100%=90%

不得抵扣的进项税额=1 800 000×90%=1 620 000(元)

已知1 620 000元<1 800 000元。

财务会计分录如下:

借:固定资产　　　　　　　　　　　　　　　　　　　　　　　　　　　　1 620 000
　　贷:应交增值税——应交税金——进项税额转出　　　　　　　　　　　　　1 620 000

4) 购买方作为扣缴义务人

购买方作为扣缴义务人的账务处理如表3-6所示。

表3-6　　　　　　　　　　购买方作为扣缴义务人的账务处理

序号	业务内容	账务处理	
		财务会计	预算会计
1	扣缴义务人购入资产	借:库存物品/业务活动费用/在途物品/工程物资/固定资产/无形资产等 　　应交增值税——应交税金——进项税额 　贷:银行存款/应付账款等 　　应交增值税——代扣代交增值税	借:事业支出/行政支出/经营支出等 　贷:资金结存等(实际支付的含税金额)
2	实际交纳代扣代交增值税时	借:应交增值税——代扣代交增值税 　贷:银行存款/零余额账户用款额度等	借:事业支出/行政支出/经营支出等 　贷:资金结存等

相关思考3-3

哪种情形下以购买方作为扣缴义务人

境外单位或个人在境内发生应税行为,在境内未设有经营机构的,以购买方为增值税扣缴义务人。境内一般纳税人购进服务、无形资产或不动产,需要进行代扣代交增值税。

【例3-8】 某省事业单位为增值税一般纳税人。2×24年1月,从某外国企业购入一项服务,价款为10 000元,进项税额为600元,款项尚未支付。按相关规定履行代扣代交义务,取得《中华人民共和国税收通用缴款书》作为抵扣凭证。

(1) 2×24年1月,财务会计分录如下:

借:业务活动费用　　　　　　　　　　　　　　　　　　　　　　　　　　　10 000
　　应交增值税——应交税金——进项税额　　　　　　　　　　　　　　　　　　600
　贷:应付账款　　　　　　　　　　　　　　　　　　　　　　　　　　　　　10 000
　　应交增值税——代扣代交增值税　　　　　　　　　　　　　　　　　　　　　600

(2) 实际交纳时,财务会计分录如下:

借:应交增值税——代扣代交增值税　　　　　　　　　　　　　　　　600
　　贷:银行存款　　　　　　　　　　　　　　　　　　　　　　　　　　600

同时,编制预算会计分录:

借:事业支出——商品和服务支出　　　　　　　　　　　　　　　　　　600
　　贷:资金结存——货币资金——银行存款　　　　　　　　　　　　　　600

2. 单位销售资产或提供服务等业务销项税额的账务处理

1) 销售资产或提供服务业务

单位销售货物或提供服务,应当按照应收或已收的金额,借记"应收账款""应收票据""银行存款"等科目,按照确认的收入金额,贷记"经营收入""事业收入""其他收入"等科目,按照现行增值税制度规定计算的销项税额(或采用简易计税方法计算的应纳增值税额),贷记"应交增值税——应交税金——销项税额"或"应交增值税——简易计税"科目(小规模纳税人应贷记"应交增值税"科目)。发生销售退回的,应根据按照规定开具的红字增值税专用发票作相反的会计分录。

【注意:行政单位不涉及"应收票据""经营收入""事业收入"科目】

按照《政府会计制度》及相关政府会计准则确认收入的时点早于按照增值税制度确认增值税纳税义务发生时点的,应将相关销项税额计入"应交增值税——待转销项税额"科目,待实际发生纳税义务时再转入"应交增值税——应交税金——销项税额"或"应交增值税——简易计税"科目。

按照增值税制度确认增值税纳税义务发生时点早于按照《政府会计制度》及相关政府会计准则确认收入的时点的,应按照应纳增值税额,借记"应收账款"科目,贷记"应交增值税——应交税金——销项税额"或"应交增值税——简易计税"科目。

【例 3-9】　某事业单位为增值税一般纳税人,经营业务为销售商品,销售商品不含税价格共计 20 000 元,进项税额为 2 600 元,款项尚未收到。

财务会计分录如下:

借:应收账款　　　　　　　　　　　　　　　　　　　　　　　　　22 600
　　贷:经营收入　　　　　　　　　　　　　　　　　　　　　　　　20 000
　　　　应交增值税——应交税金——销项税额　　　　　　　　　　　 2 600

【例 3-10】　某省事业单位为增值税一般纳税人。2×23 年 8 月,处置一批之前购买的设备,符合简易计税减按 3% 征收增值税,取得变卖收入 20 600 元,全部上缴国库。

财务会计分录如下:

借:银行存款　　　　　　　　　　　　　　　　　　　　　　　　　20 600
　　贷:应缴财政款——应缴国库款　　　　　　　　　　　　　　　　20 000
　　　　应交增值税——简易计税　　　　　　　　　　　　　　　　　　600

2) 金融商品转让按照规定以盈亏相抵后的余额作为销售额

金融商品实际转让月末,如产生转让收益,则按照应纳税额,借记"投资收益"科目,贷记"应交增值税——转让金融商品应交增值税"科目;如产生转让损失,则按照可结转下月抵扣税额,借记"应交增值税——转让金融商品应交增值税"科目,贷记"投资收益"科目。
【注意:行政单位不涉及金融商品转让业务的核算】

3. 单位月末转出应交未交、多交的增值税的账务处理

月度终了,单位应当将当月应交未交或多交的增值税自"应交税金"明细科目转入"未交税金"明细科目。对于当月应交未交的增值税,借记"应交增值税——应交税金——转出未交增值税"科目,贷记"应交增值税——未交税金"科目;对于当月多交的增值税,借记"应交增值税——未交税金"科目,贷记"应交增值税——应交税金——转出多交增值税"科目。

4. 单位交纳增值税的账务处理

1) 交纳当月应交增值税

单位交纳当月应交的增值税,借记"应交增值税——应交税金——已交税金"科目(小规模纳税人借记"应交增值税"科目),贷记"银行存款""零余额账户用款额度"等科目。

2) 交纳以前期间未交增值税

单位交纳以前期间未交的增值税,借记"应交增值税——未交税金"科目(小规模纳税人借记"应交增值税"科目),贷记"银行存款""零余额账户用款额度"等科目。

3) 预交增值税

单位预交增值税时,借记"应交增值税——预交税金"科目,贷记"银行存款""零余额账户用款额度"等科目。月末,单位应将"预交税金"明细科目余额转入"未交税金"明细科目,借记"应交增值税——未交税金"科目,贷记"应交增值税——预交税金"科目。

4) 减免增值税

对于当期直接减免的增值税,借记"应交增值税——应交税金——减免税款"科目,贷记"业务活动费用""经营费用"等科目。

延伸阅读3-4

按照现行增值税制度的规定,单位初次购买增值税税控系统专用设备支付的费用以及交纳的技术维护费允许在增值税应纳税额中全额抵减的,按照规定抵减的增值税应纳税额,借记"应交增值税——应交税金——减免税款"科目(小规模纳税人借记"应交增值税"科目),贷记"业务活动费用""经营费用"等科目。

增值税一般纳税人应交增值税的账务处理如表3-7所示。

表3-7　　　　　　　增值税一般纳税人应交增值税的账务处理

序号	业务内容		账务处理	
			财务会计	预算会计
1	单位销售资产或提供服务等业务	销售应税资产或提供服务业务	借:银行存款/应收票据/应收账款等(包含增值税的价款总额) 贷:事业收入/经营收入/其他业务收入等 应交增值税——应交税金——销项税额/应交增值税——简易计税 【注意:行政单位不涉及"经营收入""事业收入"科目】	借:资金结存等(实际支付的含税金额) 贷:事业预算收入/其他预算收入等

(续表)

序号	业务内容			账务处理	
				财务会计	预算会计
1	单位销售资产或提供服务等业务	金融商品转让【注意：行政单位不涉及该业务的核算】	产生收益	借：投资收益（按净收益计算的应纳增值税） 贷：应交增值税——转让金融商品应交增值税	—
			产生损失	借：应交增值税——转让金融商品应交增值税 贷：投资收益（按净损失计算的应纳增值税）	—
			交纳增值税时	借：应交增值税——转让金融商品应交增值税 贷：银行存款等	借：投资预算收益等 贷：资金结存
			年末，有借方余额	借：投资收益 贷：应交增值税——转让金融商品应交增值税	—
2	发生销售退回			根据按照规定开具的红字增值税专用发票作相反的会计分录	—
3	月末转出多交和未交增值税		月末转出本月未交增值税	借：应交增值税——应交税金——转出未交增值税 贷：应交增值税——未交税金	
			月末转出本月多交增值税	借：应交增值税——未交税金 贷：应交增值税——应交税金——转出多交增值税	—
4	交纳增值税		交纳本月应交增值税时	借：应交增值税——应交税金——已交税金 贷：银行存款/零余额账户用款额度等	借：事业支出/行政支出/经营支出 贷：资金结存
			交纳以前期间未交增值税时	借：应交增值税——未交税金 贷：银行存款/零余额账户用款额度等	借：事业支出/行政支出/经营支出 贷：资金结存
			按规定预交增值税时	预交时： 借：应交增值税——预交税金 贷：银行存款/零余额账户用款额度等 月末： 借：应交增值税——未交税金 贷：应交增值税——预交税金	预交时： 借：事业支出/行政支出/经营支出 贷：资金结存

(续表)

序号	业务内容	账务处理	
		财务会计	预算会计
4	交纳增值税	当期直接减免的增值税	借：应交增值税——应交税金——减免税款 贷：业务活动费用/经营费用等 【注意：行政单位不涉及"经营费用"科目】	—

【例 3-11】 某事业单位将闲置的办公楼对外出租。协议约定，2×23 年 7 月至 2×24 年 6 月每季度末交纳当季房租，每季度房租为 30 000 元（不含税），税率为 9%。2×23 年 9 月末，该事业单位收到 2×23 年 7 月至 9 月的房租。该房租收入不需要上缴财政。

（1）2×23 年 7 月末，财务会计分录如下：

借：应收账款　　　　　　　　　　　　　　　　　　　　　　　　10 900
　　贷：租金收入　　　　　　　　　　　　　　　　　　　　　　　10 000
　　　　应交增值税——待转销项税额　　　　　　　　　　　　　　　900

（2）2×23 年 8 月末，财务会计分录如下：

借：应收账款　　　　　　　　　　　　　　　　　　　　　　　　10 900
　　贷：租金收入　　　　　　　　　　　　　　　　　　　　　　　10 000
　　　　应交增值税——待转销项税额　　　　　　　　　　　　　　　900

（3）2×23 年 9 月末，财务会计分录如下：

借：银行存款　　　　　　　　　　　　　　　　　　　　　　　　32 700
　　贷：应收账款　　　　　　　　　　　　　　　　　　　　　　　21 800
　　　　租金收入　　　　　　　　　　　　　　　　　　　　　　　10 000
　　　　应交增值税——应交税金——销项税额　　　　　　　　　　　900
借：应交增值税——待转销项税额　　　　　　　　　　　　　　　 1 800
　　贷：应交增值税——应交税金——销项税额　　　　　　　　　　1 800

同时，编制预算会计分录：

借：资金结存——货币资金——银行存款　　　　　　　　　　　　32 700
　　贷：其他预算收入——租金预算收入　　　　　　　　　　　　　32 700

属于小规模纳税人的单位，购进货物时，将支付的增值税计入材料的采购成本；销售货物或者提供劳务，一般情况下，只开具普通发票，按不含税价格的 6%计算应交增值税。采用销售额和应纳税金合并定价的，按照"不含税销售额＝价税合计÷（1＋增值税税率）"计算公式还原为不含税销售额。增值税小规模纳税人应交增值税的账务处理如表 3-8 所示。

表 3-8　　　　　　　　　增值税小规模纳税人应交增值税的账务处理

序号	业务内容		账务处理	
			财务会计	预算会计
1	购入应税资产或服务时		借：业务活动费用/在途物品/库存物品等（价税合计金额） 　贷：银行存款等/应付账款等	借：事业支出/行政支出/经营支出 　贷：资金结存（实际支付的含税金额） 实际交纳增值税时： 借：投资预算收益等 　贷：资金结存
2	购进资产或服务时作为扣缴义务人		借：在途物品/库存物品/固定资产/无形资产等 　贷：银行存款/应付账款等 　　　应交增值税——代扣代交增值税 实际交纳增值税时： 参见增值税一般纳税人的账务处理	
3	销售资产或提供服务时		借：银行存款/应收账款等（增值税价税合计） 　贷：事业收入/经营收入/其他业务收入等（不含增值税） 　　　应交增值税 【注意：行政单位不涉及"经营收入""事业收入"科目】	借：资金结存 　贷：事业预算收入/经营预算收入/其他预算收入
4	金融商品转让 【注意：行政单位不涉及该业务的核算】	产生收益	借：投资收益（按净收益计算的应纳增值税） 　贷：应交增值税——转让金融商品应交增值税	—
		产生损失	借：应交增值税——转让金融商品应交增值税 　贷：投资收益（按净损失计算的应纳增值税）	—
		实际交纳时	参见增值税一般纳税人的账务处理	借：投资预算收益等 　贷：资金结存
5	交纳增值税时		借：应交增值税 　贷：银行存款等	借：事业支出/行政支出/经营支出 　贷：资金结存
6	本月交纳以前期间未交增值税		借：应交增值税——未交税金 　贷：银行存款/零余额账户用款额度等	借：事业支出/行政支出/经营支出 　贷：资金结存
7	减免增值税		借：应交增值税 　贷：业务活动费用/经营费用等 【注意：行政单位不涉及"业务活动费用"科目】	—

三、其他应交税费

(一)核算内容

其他应交税费是核算单位按照国家税法等有关规定计算应当交纳的除增值税以外的各种税费,包括城市维护建设税、教育费附加、地方教育附加、房产税、车船税、城镇土地使用税和企业所得税等。为核算其他应交税费业务,单位应当设置"其他应交税费"科目。单位代扣代交的个人所得税也通过本科目核算。

延伸阅读3-5

应交纳的印花税不需要预提应交税费,直接通过"业务活动费用""单位管理费用""经营费用"等科目核算,不通过"其他应交税费"科目核算。

"其他应交税费"科目借方反映当期应缴税费的减少;贷方反映当期应缴税费的增加。本科目期末贷方余额,反映单位应交未交的除增值税以外的税费金额;期末如为借方余额,反映单位多交纳的除增值税以外的税费金额。

(二)明细科目的设置

"其他应交税费"科目应当按照应交纳的税费种类进行明细核算。单位应当在"其他应交税费"科目下设"应交城市维护建设税""应交车船税""应交房产税""应交土地增值税""应交城镇土地使用税""应交教育费附加""应交地方教育附加""应交个人所得税""单位应交所得税"和"其他税费"明细科目。

【注意:行政单位不涉及"单位应交所得税"明细科目】

(三)其他应交税费的主要账务处理

1. 城市维护建设税、教育费附加、地方教育附加、车船税、房产税、城镇土地使用税等纳税义务

(1)发生时,按照税法规定计算的应交税费金额,借记"业务活动费用""单位管理费用""经营费用"等科目,贷记"其他应交税费"科目及对应的明细科目。

【注意:行政单位不涉及"单位管理费用""经营费用"科目】

(2)实际交纳时,借记"其他应交税费"科目及对应的明细科目,贷记"银行存款"等科目。

【例3-12】 某事业单位于2×24年1月出租办公室取得含税租金收入126 000元。该事业单位出租收入符合简易计税办法,适用的增值税征收率为5%,城市维护建设税、教育费附加和地方教育附加的税率分别为7%、3%和2%。

第一,计提其他应交税费时,财务会计分录如下:

应交增值税=126 000÷(1+5%)×5%=6 000(元)
应交城市维护建设税=6 000×7%=420(元)
应交教育费附加=6 000×3%=180(元)
应交地方教育附加=6 000×2%=120(元)

借:业务活动费用——商品和服务支出——税金及附加费用——城市维护建设税　　420
　　　　　　　　　　　　　　　　　　　　　　　——教育费附加　　　　　　　180
　　　　　　　　　　　　　　　　　　　　　　　——地方教育附加　　　　　　120

　　　　贷：其他应交税费——城市维护建设税　　　　　　　　　　　　　　420
　　　　　　　　　　——教育费附加　　　　　　　　　　　　　　　　　180
　　　　　　　　　　——地方教育附加　　　　　　　　　　　　　　　　120

　　第二，支付其他应交税费时，财务会计分录如下：

　　　借：其他应交税费——城市维护建设税　　　　　　　　　　　　　　420
　　　　　　　　　　——教育费附加　　　　　　　　　　　　　　　　　180
　　　　　　　　　　——地方教育附加　　　　　　　　　　　　　　　　120
　　　　贷：银行存款　　　　　　　　　　　　　　　　　　　　　　　　720

　　同时，编制预算会计分录：

　　　借：事业支出——商品和服务支出——税金及附加费用　　　　　　　720
　　　　贷：资金结存——货币资金——银行存款　　　　　　　　　　　　720

　　2. 代扣代交职工(含长期聘用人员)的个人所得税

　　（1）按照税法规定计算应交税费金额时，借记"应付职工薪酬""业务活动费用""单位管理费用"等科目，贷记"其他应交税费——应交个人所得税"科目。

　　【注意：行政单位不涉及"单位管理费用"科目】

　　（2）实际交纳时，借记"其他应交税费——应交个人所得税"科目，贷记"财政拨款收入""零余额账户用款额度""银行存款"等科目。

　　3. 企业所得税纳税义务

　　（1）发生时，按照税法规定计算的应缴税费金额，借记"所得税费用"科目，贷记"其他应交税费——单位应交所得税"科目。

　　（2）实际交纳时，借记"其他应交税费——单位应交所得税"科目，贷记"银行存款"科目。

　　【注意：行政单位不涉及企业所得税业务的核算】

　　【例3-13】　某单位机关服务中心于2×23年12月计算应交纳所得税费用为60 000元。2×24年4月，汇算清缴60 000元，以银行存款支付。

　　（1）2×23年12月，财务会计分录如下：

　　　借：所得税费用　　　　　　　　　　　　　　　　　　　　　　　60 000
　　　　贷：其他应交税费——单位应交所得税　　　　　　　　　　　　60 000

　　（2）2×24年4月，财务会计分录如下：

　　　借：其他应交税费——单位应交所得税　　　　　　　　　　　　　60 000
　　　　贷：银行存款　　　　　　　　　　　　　　　　　　　　　　　60 000

　　同时，编制预算会计分录：

　　　借：非财政拨款结余　　　　　　　　　　　　　　　　　　　　　60 000
　　　　贷：资金结存——货币资金——银行存款　　　　　　　　　　　60 000

　　其他应交纳税费的主要账务处理如表3-9所示。

表 3-9　　　　　　　　　　　其他应交纳税费的主要账务处理

序号	业务内容		账务处理	
			财务会计	预算会计
1	城市维护建设税、教育费附加、地方教育附加、车船税、房产税、城镇土地使用税等	发生时,按照税法规定计算的应交纳税费金额	借：业务活动费用/单位管理费用/经营费用等 　贷：其他应交税费——应交城市维护建设税/应交教育费附加/应交地方教育附加/应交车船税/应交房产税/应交城镇土地使用税等 【注意：行政单位不涉及"单位管理费用""经营费用"科目】	—
		实际交纳时	借：其他应交税费——应交城市维护建设税/应交教育费附加/应交地方教育附加/应交车船税/应交房产税/应交城镇土地使用税等 　贷：银行存款等	借：事业支出/行政支出/经营支出 　贷：资金结存
2	代扣代交职工的个人所得税	计算应代扣代交职工个人所得税	借：应付职工薪酬 　贷：其他应交税费——应交个人所得税	—
		计算应代扣代交职工以外其他人员个人所得税	借：业务活动费用/单位管理费用等 　贷：其他应交税费——应交个人所得税 【注意：行政单位不涉及"单位管理费用"科目】	—
		实际交纳时	借：其他应交税费——应交个人所得税 　贷：财政拨款收入/零余额账户用款额度/银行存款等	借：事业支出/行政支出/经营支出等 　贷：财政拨款预算收入/资金结存
3	企业所得税纳税义务 【注意：行政单位不涉及该业务的核算】	发生时,按照税法规定计算的应交纳税费的金额	借：所得税费用 　贷：其他应交税费——单位应交所得税	—
		实际交纳时	借：其他应交税费——单位应交所得税 　贷：银行存款等	借：非财政拨款结余 　贷：资金结存

延伸阅读3-6

目前,在实际工作中,行政单位无"应交城市维护建设税""应交房产税""应交土地增值税""应交城镇土地使用税""应交教育费附加""应交地方教育附加""应交企业所得税"涉税事项情况。

【例3-14】 某省行政单位代扣代交个人所得税5 400元,以银行存款交纳。

(1) 代扣个人所得税,财务会计分录如下:

借:应付职工薪酬　　　　　　　　　　　　　　　　　　　　　5 400
　　贷:其他应交税费——应交个人所得税　　　　　　　　　　　　　　5 400

(2) 代交个人所得税,财务会计分录如下:

借:其他应交税费——应交个人所得税　　　　　　　　　　　　　5 400
　　贷:银行存款　　　　　　　　　　　　　　　　　　　　　　　　5 400

同时,编制预算会计分录:

借:行政支出　　　　　　　　　　　　　　　　　　　　　　　　5 400
　　贷:资金结存——货币资金——银行存款　　　　　　　　　　　　5 400

四、应缴财政款

(一)核算内容

应缴财政款是指单位取得或应收的按照规定应当上缴财政的款项,包括应缴国库的款项和应缴财政专户的款项,但不包括单位按照国家税法等有关规定应当交纳的各种税费。

1. 应缴国库款

应缴国库款是指事业单位在业务活动中按规定取得的应缴国库的各种款项,包括罚没收入、无主财物变价收入以及其他按预算管理规定应上缴国库(不包括应缴税费)的款项等。

2. 应缴财政专户款

应缴财政专户款是指行政事业单位按规定代收的应上缴财政专户的预算外资金。

单位应当设置"应缴财政款"科目,对单位取得的按规定应当上缴财政的款项进行核算。"应缴财政款"科目借方反映当期行政事业单位应缴财政款的减少;贷方反映当期行政事业单位应缴财政款的增加。本科目贷方余额,反映行政事业单位应当上缴财政但尚未缴纳的款项。年终清缴后,本科目一般应无余额。

延伸阅读3-7

单位按照国家税法等有关规定应当交纳的各种税费,通过"应交增值税""其他应交税费"科目核算,不通过"应缴财政款"科目核算。

(二)明细科目设置

"应缴财政款"科目应当按照应缴财政款项的类别进行明细核算。单位应当在"应缴财政款"科目下设"应缴国库款""应缴财政专户款"明细科目。

(三)应缴财政款的主要账务处理

1. 取得或应收按照规定应缴财政的款项

单位取得或应收按照规定应缴财政款项时,借记"银行存款""应收账款"等科目,贷记本科目。单位上缴应缴财政款项时,按照实际上缴的金额,借记本科目,贷记"银行存款"科目。

【例3-15】 某事业单位于2×23年3月11日取得非税收入20 000元,存入非税账户。2×23年12月20日,上缴财政专户。

(1) 2×23年3月11日,财务会计分录如下:

借:银行存款　　　　　　　　　　　　　　　　　　　　　　　　20 000
　　贷:应缴财政款——应缴财政专户款　　　　　　　　　　　　　　20 000

(2) 2×23年12月20日,财务会计分录如下:

借:应缴财政款——应缴财政专户款　　　　　　　　　　　　　　　20 000
　　贷:银行存款　　　　　　　　　　　　　　　　　　　　　　　　20 000

2. 处置资产取得的应上缴财政款

国有资产处置收入属于国家所有,应当按照政府非税收入管理的规定,实行"收支两条线管理",即对于国有资产的处置收入都要计入应缴财政专户款,处置损失计入行政支出、事业支出或者经营支出。

【注意:行政单位不涉及事业支出和经营支出,事业单位不涉及行政支出】

延伸阅读3-8

收支两条线

收支两条线管理是指具有执收执罚职能的单位,根据国家法律、法规和规章收取的行政事业性收费(含政府性基金)和罚没收入,实行收入与支出两条线管理。即上述行政事业性收费和罚没收入按规定应全额上缴国库或预算外资金财政专户。同时,执收执罚单位需要使用资金时,由财政部门根据需要统筹安排核准后,从国库或预算外资金财政专户拨付。

单位处置资产取得的应上缴财政的处置净收入的账务处理,参照"待处理财产损溢"等科目的相关账务处理。

【例3-16】 某省行政单位下属事业单位于2×24年4月1日报废一批固定资产,收到变价收入16 000元,款项已存入银行,用银行存款支付处置费用1 000元。该行政单位资产管理规定,资产处置收入直接上缴国库。

(1) 收到变价收入时,财务会计分录如下:

借:银行存款　　　　　　　　　　　　　　　　　　　　　　　　16 000
　　贷:待处理财产损溢——固定资产——处置净收入　　　　　　　　16 000

(2) 支付处置费用时,财务会计分录如下:

借:待处理财产损溢——固定资产——处置净收入　　　　　　　　　1 000
　　贷:银行存款　　　　　　　　　　　　　　　　　　　　　　　　1 000

(3) 处理收支清理时,财务会计分录如下:

借:待处理财产损溢——固定资产——处置净收入　　　　　　　　　15 000
　　贷:应缴财政款——应缴国库款　　　　　　　　　　　　　　　　15 000

应缴财政款的主要账务处理如表3-10所示。

表 3-10　　　　　　　　　　　　应缴财政款的主要账务处理

序号	业务内容	账务处理 财务会计	账务处理 预算会计
1	取得或应收按照规定应缴财政的款项时	借：银行存款/应收账款等 　贷：应缴财政款	—
2	上缴财政款项时	借：应缴财政款 　贷：银行存款等	—
3	处置资产取得的应上缴财政的处置净收入	参照"待处理财产损溢"等科目的相关账务处理	

相关思考 3-4

为什么应缴财政款不进行预算会计处理

在财政国库集中收付制度下，缴款人应将应缴财政的款项直接缴入财政国库或财政专户，不通过行政事业单位的银行存款账户过渡。在这种情况下，行政事业单位的职责是监督缴款人依法将应缴财政的款项及时上缴财政，行政事业单位不需要对相应的缴款业务作正式的会计分录。对于一些零星的难以实行国库集中代缴制度的政府非税收入，行政事业单位在直接收取后，应当及时上缴财政。

五、应付职工薪酬

（一）核算内容

应付职工薪酬是指单位按照有关规定应付给职工（含长期聘用人员）及为职工支付的各种薪酬，包括基本工资、国家统一规定的津贴补贴、规范津贴补贴（绩效工资）、改革性补贴、社会保险费（如职工基本养老保险费、职业年金、基本医疗保险费等）、住房公积金等。

单位应当设置"应付职工薪酬"科目，对单位应付给职工及为职工支付的各种薪酬进行核算。本科目借方反映当期单位应付职工薪酬的减少；贷方反映当期单位应付职工薪酬的增加。本科目期末贷方余额，反映单位应付未付的职工薪酬。

（二）明细科目设置

"应付职工薪酬"科目应当根据国家有关规定按照"基本工资（含离退休费）""国家统一规定的津贴补贴""规范津贴补贴（绩效工资）""改革性补贴""社会保险费""住房公积金""其他个人收入"等明细科目进行明细核算。其中，"社会保险费"和"住房公积金"明细科目的核算内容包括单位从职工工资中代扣代交的社会保险费、住房公积金，以及单位为职工计算交纳的社会保险费、住房公积金。

（三）应付职工薪酬的主要账务处理

1. 计算确认当期应付职工薪酬（含单位为职工计算交纳的社会保险费、住房公积金）

（1）计提从事专业及其辅助活动人员的职工薪酬，借记"业务活动费用""单位管理费用"科目，贷记本科目。

【注意：行政单位不涉及"单位管理费用"科目】

（2）计提应由在建工程、加工物品、自行研发无形资产负担的职工薪酬，借记"在建工程""加工物品""研发支出"等科目，贷记本科目。

(3)计提从事专业及其辅助活动之外的经营活动人员的职工薪酬,借记"经营费用"科目,贷记本科目。

【注意:行政单位不涉及计提从事专业及其辅助活动之外的经营活动人员的职工薪酬的核算】

(4)因解除与职工的劳动关系而给予的补偿,借记"业务活动费用""单位管理费用"等科目,贷记本科目。

【注意:行政单位不涉及"单位管理费用"科目,事业单位不涉及"业务活动费用"科目】

2．向职工支付工资、津贴补贴等薪酬

按照实际支付的金额,借记本科目,贷记"财政拨款收入""零余额账户用款额度""银行存款"等科目。

3．从应付职工薪酬中代扣各种款项

按照税法规定代扣职工个人所得税时,借记"应付职工薪酬——基本工资(含离退休费)"科目,贷记"其他应交税费——应交个人所得税"科目。从应付职工薪酬中代扣为职工垫付的水电费、房租等费用时,按照实际扣除的金额,借记"应付职工薪酬——基本工资(含离退休费)"科目,贷记"其他应收款"等科目。从应付职工薪酬中代扣社会保险费和住房公积金按照代扣的金额,借记"应付职工薪酬——基本工资(含离退休费)"科目,贷记本科目相关明细科目。

4．交纳职工社会保险费和住房公积金

按照国家有关规定交纳职工社会保险费和住房公积金时,按照实际支付的金额,借记本科目相关明细科目,贷记"财政拨款收入""零余额账户用款额度""银行存款"等科目。

5．从应付职工薪酬中支付的其他款项

借记本科目,贷记"零余额账户用款额度""银行存款"等科目。

应付职工薪酬的主要账务处理如表3-11所示。

表3-11　　　　　　　　　　应付职工薪酬的主要账务处理

序号	业务内容		账务处理	
			财务会计	预算会计
1	计算确认当期应付职工薪酬(含单位为职工计算交纳的社会保险费、住房公积金)	从事专业及其辅助活动人员的职工薪酬	借:业务活动费用/单位管理费用 　贷:应付职工薪酬 【注意:行政单位不涉及"单位管理费用"科目】	—
		应由在建工程、加工物品、自行研发无形资产负担的职工薪酬	借:在建工程/加工物品/研发支出等 　贷:应付职工薪酬	—
		从事专业及其辅助活动之外的经营活动人员的职工薪酬 【注意:行政单位不涉及此业务的核算】	借:经营费用 　贷:应付职工薪酬	—

(续表)

序号	业务内容		账务处理	
			财务会计	预算会计
1	计算确认当期应付职工薪酬（含单位为职工计算交纳的社会保险费、住房公积金）	因解除与职工的劳动关系而给予的补偿	借：单位管理费用/业务活动费用等 贷：应付职工薪酬 【注意：行政单位不涉及"单位管理费用"科目，事业单位不涉及"业务活动费用"科目】	—
2	向职工支付工资、津贴补贴等薪酬		借：应付职工薪酬 贷：财政拨款收入/零余额账户用款额度/银行存款等	借：事业支出/行政支出/经营支出等 贷：财政拨款预算收入/资金结存 【注意：行政单位不涉及"事业支出"科目，事业单位不涉及"行政支出"科目】
3	从职工薪酬中代扣各种款项	代扣职工个人所得税时	借：应付职工薪酬——基本工资（含离退休费） 贷：其他应交税费——应交个人所得税	—
		代扣社会保险费和住房公积金时	借：应付职工薪酬——基本工资（含离退休费） 贷：应付职工薪酬——社会保险费/住房公积金	—
		代扣为职工垫付的水电费、房租等费用时	借：应付职工薪酬——基本工资（含离退休费） 贷：其他应收款等	—
4	交纳职工社会保险费和住房公积金		借：应付职工薪酬——社会保险费/住房公积金 贷：财政拨款收入/零余额账户用款额度/银行存款等	借：事业支出/行政支出/经营支出等 贷：财政拨款预算收入/资金结存
5	从应付职工薪酬中支付的其他款项		借：应付职工薪酬 贷：银行存款等	借：事业支出/行政支出/经营支出等 贷：资金结存等

【例3-17】 某事业单位统发职工工资，本月应发工资总额为500 000元，其中：用于行政部门的人员工资为100 000元，用于后勤部门的人员工资为120 000元，用于离退休人员工资为120 000元，用于科研业务的人员工资为160 000元。代扣住房公积金25 000元，代扣养老保险费2 500元，代扣医疗保险750元，代扣个人所得税12 000元，代扣职工水电费、房租75 000元。

(1) 计算本月应付职工薪酬，财务会计分录如下：

借：单位管理费用——工资福利支出　　　　　　　　　　　　　　340 000
　　业务活动费用——工资福利支出　　　　　　　　　　　　　　160 000
　　　贷：应付职工薪酬——基本工资（含离退休费）　　　　　　　　　　500 000

（2）计算代扣代交税费和代扣垫付费用时，财务会计分录如下：

借：应付职工薪酬——基本工资（含离退休费）　　　　　　　　　115 250
　　　贷：应付职工薪酬——机关事业单位基本养老保险缴费　　　　　　　2 500
　　　　　　　　　　　　——职工基本医疗保险缴费　　　　　　　　　　750
　　　　　　　　　　　　——住房公积金　　　　　　　　　　　　　25 000
　　　　　其他应交税费——应交个人所得税　　　　　　　　　　　　12 000
　　　　　其他应收款——代扣款项　　　　　　　　　　　　　　　　75 000

（3）代交个人所得税时，财务会计分录如下：

借：其他应交税费——应交个人所得税　　　　　　　　　　　　　12 000
　　　贷：银行存款　　　　　　　　　　　　　　　　　　　　　　　12 000

同时，编制预算会计分录：

借：事业支出——基本支出——工资福利　　　　　　　　　　　　12 000
　　　贷：资金结存——货币资金——银行存款　　　　　　　　　　　　12 000

（4）支付职工薪酬和代交住房公积金、社会保险费时，财务会计分录如下：

借：应付职工薪酬——基本工资（含离退休费）　　　　　　　　　500 000
　　　　　　　　——机关事业单位基本养老保险缴费　　　　　　　　2 500
　　　　　　　　——职工基本医疗保险缴费　　　　　　　　　　　　750
　　　　　　　　——住房公积金　　　　　　　　　　　　　　25 000
　　其他应收款——代扣款项　　　　　　　　　　　　　　　　　75 000
　　　贷：零余额账户用款额度——基本支出用款额度　　　　　　　　603 250

同时，编制预算会计分录：

借：事业支出——基本支出——工资福利　　　　　　　　　　　603 250
　　　贷：资金结存——零余额账户用款额度　　　　　　　　　　　603 250

六、应付票据

（一）核算内容

应付票据是指事业单位因购买材料、物资时所开出、承兑的商业汇票，包括银行承兑汇票和商业承兑汇票。按国家有关规定，单位之间只有在商品交易的情况下，才能使用商业汇票结算方式。在会计核算中，购买商品在采用商业汇票结算方式下，如果开出的是商业承兑汇票，必须由付款方（购买单位）承兑；如果是银行承兑的汇票，必须经银行承兑。付款单位应在商业汇票到期前，及时将款项足额交存其开户银行，可使银行在到期日凭票将款项划转给收款人、被背书人或贴现银行。

事业单位应设置"应付票据"科目，核算事业单位发生债务时所开出、承兑的各种商业汇票。本科目借方反映当期事业单位应付票据的减少；贷方反映当期应付票据的增加。本科目期末贷方余额,反映事业单位开出、承兑的尚未到期的应付票据金额。

【注意:行政单位不涉及"应付票据"科目】

(二)明细科目设置

"应付票据"科目应当按照债权人进行核算。单位应当在"应付票据"科目下设"银行承兑汇票""商业承兑汇票"明细科目进行核算。

延伸阅读3-9

事业单位应当设置应付票据备查簿,详细登记每一应付票据的种类、号数、出票日期、到期日、票面金额、交易合同号、收款人姓名或单位名称,以及付款日期和金额等。应付票据到期结清票款后,应当在备查簿内逐笔注销。

(三)应付票据的主要账务处理

(1)开出、承兑商业汇票时,借记"库存物品""固定资产"等科目,贷记本科目。涉及增值税业务的,相关账务处理参照"应交增值税"科目。以商业汇票抵付应付账款时,借记"应付账款"科目,贷记本科目。

(2)支付银行承兑汇票的手续费时,借记"业务活动费用""经营费用"等科目,贷记"银行存款""零余额账户用款额度"等科目。

(3)商业汇票到期时,应当分以下情况处理:

第一,收到银行支付到期票据的付款通知时,借记本科目,贷记"银行存款"科目。

第二,银行承兑汇票到期,单位无力支付票款的,按照应付票据的账面余额,借记本科目,贷记"短期借款"科目。商业承兑汇票到期,单位无力支付票款的,按照应付票据的账面余额,借记本科目,贷记"应付账款"科目。

应付票据的主要账务处理(事业单位)如表3-12所示。

表3-12　　　　　　　　应付票据的主要账务处理(事业单位)

序号	业务内容		账务处理	
			财务会计	预算会计
1	开出、承兑商业汇票时		借:库存物品/固定资产等 　贷:应付票据	—
2	以商业汇票抵付应付账款时		借:应付账款 　贷:应付票据	—
3	支付银行承兑汇票的手续费时		借:业务活动费用/经营费用等 　贷:银行存款/零余额账户用款额度等	借:事业支出/经营支出 　贷:资金结存——货币资金
4	商业汇票到期时	收到银行支付到期票据的付款通知时	借:应付票据 　贷:银行存款	借:事业支出/经营支出 　贷:资金结存——货币资金
		银行承兑汇票到期,单位无力支付票款	借:应付票据 　贷:短期借款	借:事业支出/经营支出 　贷:债务预算收入

(续表)

序号	业务内容		账务处理	
			财务会计	预算会计
4	商业汇票到期时	商业承兑汇票到期,单位无力支付票款	借:应付账款 　贷:应付票据	—

【例3-18】 某事业单位为开展事业活动采用银行承兑汇票结算方式购入一批材料,根据发票账单,购入材料的价款为23 200元,其中包括增值税3 200元,材料已验收入库。该事业单位开出2个月到期的银行承兑汇票,并支付银行承兑汇票手续费120元。

(1)开出承兑的银行承兑汇票时,财务会计分录如下:

借:库存物品　　　　　　　　　　　　　　　　　　　　　　20 000
　　应交增值税——应交税金——进项税额　　　　　　　　　3 200
　　贷:应付票据——银行承兑汇票　　　　　　　　　　　　　　23 200

(2)支付银行承兑手续费时,财务会计分录如下:

借:业务活动费用　　　　　　　　　　　　　　　　　　　　120
　　贷:银行存款　　　　　　　　　　　　　　　　　　　　　　120

同时,编制预算会计分录:

借:事业支出——基本支出——商品和服务支出　　　　　　120
　　贷:资金结存——货币资金——银行存款　　　　　　　　　120

(3)票据到期还款时,财务会计分录如下:

借:应付票据——银行承兑汇票　　　　　　　　　　　　　23 200
　　贷:银行存款　　　　　　　　　　　　　　　　　　　　　23 200

同时,编制预算会计分录:

借:事业支出——基本支出——工资福利　　　　　　　　　23 200
　　贷:资金结存——货币资金——银行存款　　　　　　　　23 200

(4)若票据到期不能如期支付票款,财务会计分录如下:

借:应付票据　　　　　　　　　　　　　　　　　　　　　23 200
　　贷:短期借款　　　　　　　　　　　　　　　　　　　　　23 200

七、应付账款

(一) 核算内容

应付账款是指单位因购买物资或服务、工程建设等而应付的偿还期限在1年以内(含1年)的款项。应付账款因单位购进商品或接受劳务等经济业务发生时间与付款时间不一致而产生。应付账款的入账时间为所购买商品的所有权转移之日,即对所购买的材料、物资等验收入库后,按发票金额登记入账。入账时间一般是到期的应付金额,即发票金额。

为核算应付账款业务,单位应设置"应付账款"科目。本科目借方反映当期事业单位应付账款的减少;贷方反映当期事业单位应付账款的增加。本期科目期末贷方余额,反映单位尚未支付的应付账款。

(二) 明细科目设置

"应付账款"科目应当按照债权单位(或个人)进行明细核算。对于建设项目,单位可以按照具体项目设置"应付器材款""应付工程款"等明细科目,进行明细核算。对于核销的应付账款,单位应设立备查簿在备查簿中保留登记。

(三) 应付账款的主要账务处理

(1) 收到所购材料、物资、设备或服务以及确认完成工程进度但尚未付款时,根据发票及账单等有关凭证,按照应付未付款项的金额,借记"库存物品""固定资产""在建工程"等科目,贷记本科目。

(2) 偿付应付账款时,按照实际支付的金额,借记本科目,贷记"财政拨款收入""零余额账户用款额度""银行存款"等科目。

开出、承兑商业汇票抵付应付账款时,借记本科目,贷记"应付票据"科目。

【注意:行政单位不涉及开出、承兑商业汇票抵付应付账款的核算】

(3) 无法偿付或债权人豁免偿还的应付账款,应当按照规定报经批准后进行账务处理。经批准核销时,借记本科目,贷记"其他收入"科目。核销的应付账款应在备查簿中保留登记。

应付账款的主要账务处理如表 3-13 所示。

表 3-13　　　　　　　　　　应付账款的主要账务处理

序号	业务内容	账务处理 财务会计	账务处理 预算会计
1	所购材料、物资、设备或服务以及确认完成工程进度但尚未付款时	借:库存物品/固定资产/在建工程等 贷:应付账款	—
2	偿付应付账款时	借:应付账款 贷:财政拨款收入/零余额账户用款额度/银行存款等	借:事业支出/行政支出等 贷:财政拨款预算收入/资金结存
3	开出、承兑商业汇票抵付应付账款时 【注意:行政单位不涉该业务的核算】	借:应付账款 贷:应付票据	—
4	无法偿付或债权人豁免偿还的应付账款,经批准核销时	借:应付账款 贷:其他收入	—

【例 3-19】　某事业单位为增值税一般纳税人。2×23 年 8 月 1 日,为开展事业活动需要,向某公司购入办公用品一批,价款为 3 000 元,增值税为 480 元,办公用品已验收入库,款项尚未支付。2×23 年 8 月 15 日,该事业单位通过单位零余额账户偿付 3 480 元。

(1) 2×23 年 8 月 1 日,财务会计分录如下:

借：库存物品 3 000
　　应交增值税——应交税金——进项税额 480
　　　贷：应付账款——某公司 3 480

（2）2×23年8月15日，财务会计分录如下：

借：应付账款——某公司 3 480
　　　贷：零余额账户用款额度 3 480

同时，编制预算会计分录：

借：事业支出——基本支出——商品和服务支出 3 480
　　　贷：资金结存——零余额账户用款额度 3 480

八、应付政府补贴款

（一）核算内容

"应付政府补贴款"科目核算负责发放政府补贴的行政单位，按照规定应当支付给政府补贴接受者的各种政府补贴款，通常包括按照政策规定发放的低保补贴、失独家庭补贴、老人补贴、困难家庭补贴等。应付政府补贴款是行政单位代表政府发放的补贴，属于政府承诺义务。在政府出台补贴规定后，当补贴对象及补贴金额确定的，代表政府发放补贴的行政单位就应当确认应付政府补贴款。

【注意：事业单位不涉及"应付政府补贴款"科目】

（二）明细科目设置

行政单位应当根据管理的需要，按照支付的政府补贴种类设置明细科目，进行明细核算。行政单位还应当按照补贴对象建立备查簿，进行明细核算。

（三）应付政府补贴款的账务处理

（1）发生应付政府补贴时，按照依规定计算确定的应付政府补贴金额，借记"业务活动费用"科目，贷记本科目。

（2）支付应付政府补贴款时，按照支付的金额，借记本科目，贷记"零余额账户用款额度""银行存款"等科目。

应付政府补贴款的主要账务处理（行政单位）如表3-14所示。

表3-14　　　　　　　应付政府补贴款的主要账务处理（行政单位）

序号	业务内容	账务处理	
		财务会计	预算会计
1	发生应付政府补贴时	借：业务活动费用 　　贷：应付政府补贴款	—
2	支付应付政府补贴款时	借：应付政府补贴款 　　贷：零余额账户用款额度/银行存款等	借：行政支出 　　贷：资金结存等

【例3-20】　某行政单位发生一项应付政府补贴业务，按照规定计算确定的应付政府补贴金额为58 500元。数日后，该行政单位通过零余额账户用款额度向相应政府补贴接受者

支付该项政府补贴款项58 500元。

(1) 发生应付政府补贴时,财务会计分录如下:

借:业务活动费用　　　　　　　　　　　　　　　　　　　58 500
　　贷:应付政府补贴款　　　　　　　　　　　　　　　　　　　58 500

(2) 通过零余额账户用款额度支付应付政府补贴时,财务会计分录如下:

借:应付政府补贴款　　　　　　　　　　　　　　　　　　58 500
　　贷:零余额账户用款额度　　　　　　　　　　　　　　　　　58 500

同时,编制预算会计分录:

借:行政支出　　　　　　　　　　　　　　　　　　　　　58 500
　　贷:资金结存——零余额账户用款额度　　　　　　　　　　　58 500

九、应付利息

(一) 核算内容

事业单位应当设置"应付利息"科目,核算事业单位按照合同约定应支付的借款利息,包括短期借款、分期付息到期还本的长期借款等应支付的利息。本科目期末为贷方余额,反映事业单位应付未付的利息。

【注意:行政单位不涉及"应付利息"科目】

(二) 明细科目设置

"应付利息"科目按照债权人等进行明细核算。

(三) 应付利息的主要账务处理

(1) 为建造固定资产、公共基础设施等借入的专门借款的利息,属于建设期间发生的,按期计提利息费用时,按照计算确定的金额,借记"在建工程"科目,贷记本科目;不属于建设期间发生的,按期计提利息费用时,按照计算确定的金额,借记"其他费用"科目,贷记本科目。

(2) 对于其他借款,按期计提利息费用时,按照计算确定的金额,借记"其他费用"科目,贷记本科目。

(3) 实际支付应付利息时,按照支付的金额,借记本科目,贷记"银行存款"等科目。

应付利息的主要账务处理(事业单位)如表3-15所示。

表3-15　　　　　　　　　应付利息的主要账务处理(事业单位)

序号	业务内容	账务处理	
		财务会计	预算会计
1	为建造固定资产、公共基础设施等借入的专门借款的利息	借:在建工程 　　贷:应付利息	—
2	对于其他借款,按期计提利息费用时	借:其他费用 　　贷:应付利息	—

(续表)

序号	业务内容	账务处理	
		财务会计	预算会计
3	实际支付应付利息时	借：应付利息 　　贷：银行存款等	借：其他支出 　　贷：资金结存——货币资金

【例3-21】 某事业单位将借入5年期到期还本每年付息的长期借款5 000 000元，合同约定利率为3.5%。

（1）计算确定利息费用时，财务会计分录如下：

借：其他费用——利息支出　　　　　　　　　　　　　　　　　175 000
　　贷：应付利息　　　　　　　　　　　　　　　　　　　　　175 000

（2）实际支付利息时，财务会计分录如下：

借：应付利息——利息支出　　　　　　　　　　　　　　　　　175 000
　　贷：银行存款　　　　　　　　　　　　　　　　　　　　　175 000

同时，编制预算会计分录：

借：其他支出——利息支出　　　　　　　　　　　　　　　　　175 000
　　贷：资金结存——货币资金——银行存款　　　　　　　　　175 000

十、预收账款

（一）核算内容

预收账款是指事业单位按照合同约定预先收取但尚未结算的款项。本科目核算事业单位预先收取但尚未结算的款项。

事业单位应当设置"预收账款"科目。预收款项情况不多的单位，可以不设置"预收账款"科目，而直接通过"应收账款"科目核算。

"预收账款"科目借方反映当期事业单位预收账款的减少；贷方反映当期事业单位预收账款的增加；本科目期末贷方余额，反映事业单位期末预先收取尚未结算的款项余额。

【注意：行政单位不涉及"预收账款"科目】

（二）明细科目设置

"预收账款"科目按照债权人等进行明细核算。

（三）预收账款的主要账务处理

（1）从付款方预收款项时，按照实际预收的金额，借记"银行存款"等科目，贷记本科目。

（2）确认有关收入时，按照预收账款的账面余额，借记本科目，按照应确认的收入金额，贷记"事业收入""经营收入"等科目，按照付款方补付或退回付款方的金额，借记或贷记"银行存款"等科目。涉及增值税业务的，相关账务处理参照"应交增值税"科目。

（3）无法偿付或债权人豁免偿还的预收账款，应当按照规定报经批准后进行账务处理。经批准核销时，借记本科目，贷记"其他收入"科目。

核销的预收账款应在备查簿中保留登记。

预收账款的主要账务处理(事业单位)如表3-16所示。

表3-16　　　　　　　　　预收账款的主要账务处理(事业单位)

序号	业务内容	账务处理	
		财务会计	预算会计
1	从付款方预收款项时	借:银行存款等 　贷:预收账款	借:资金结存——货币资金 　贷:事业预算收入/经营预算收入等
2	确认有关收入时	借:预收账款 　　银行存款(收到补付款) 　贷:事业收入/经营收入等 　　银行存款(退回预收款)	借:资金结存——货币资金 　贷:事业预算收入/经营预算收入等(收到补付款) 退回预收款的金额作相反的会计分录
3	无法偿付或债权人豁免偿还的预收账款,经批准核销时	借:预收账款 　贷:其他收入	—

【例3-22】　某省机关服务中心于2×24年5月发生如下业务:

(1) 5月2日,预收B公司服务费6 000元,存入银行。

(2) 5月15日,广告服务完成后,实际结算价款6 600元,B公司已经通过银行存款补付。

(3) 5月20日,以前年度的预收账款1 000元无法偿付,经批准核销。

因此:

(1) 2×24年5月2日,财务会计分录如下:

借:银行存款　　　　　　　　　　　　　　　　　　　　　　　　　6 000
　　贷:预收账款——B公司　　　　　　　　　　　　　　　　　　　　6 000

同时,编制预算会计分录:

借:资金结存——货币资金——银行存款　　　　　　　　　　　　　6 000
　　贷:经营预算收入　　　　　　　　　　　　　　　　　　　　　　6 000

(2) 2×24年5月15日,财务会计分录如下:

借:预收账款——B公司　　　　　　　　　　　　　　　　　　　　6 000
　　银行存款　　　　　　　　　　　　　　　　　　　　　　　　　　600
　　贷:经营收入——影视广告收入　　　　　　　　　　　　　　　　6 000
　　　　应交增值税——应交税金——销项税额　　　　　　　　　　　600

同时,编制预算会计分录:

借:资金结存——货币资金——银行存款　　　　　　　　　　　　　　600
　　贷:经营预算收入　　　　　　　　　　　　　　　　　　　　　　　600

(3) 2×24年5月20日,财务会计分录如下:

借：预收账款　　　　　　　　　　　　　　　　　　　　　　　　　1 000
　　贷：其他收入——无法支付的预收款　　　　　　　　　　　　　　　　1 000

十一、其他应付款

(一)核算内容

"其他应付款"科目核算单位除应交增值税、其他应交税费、应缴财政款、应付职工薪酬、应付票据、应付账款、应付利息、预收账款、应付政府补贴款以外，其他各项偿还期限在1年内(含1年)的应付及暂收款项，如收取的押金、存入保证金、已经报销但尚未偿还银行的本单位公务卡欠款等。

【注意：行政单位不涉及"应付票据""预收账款""应付利息"科目，事业单位不涉及"应付政府补贴款"科目】

同级政府财政部门预拨的下期预算款和没有纳入预算的暂付款项，以及采用实拨资金方式通过本单位转拨给下属单位的财政拨款，也通过本科目核算。

(二)明细科目设置

"其他应付款"科目应当按照其他应付款的类别及债权人等设置"待清算报销额度""待清算公务卡报销额度""待清算储蓄卡报销额度""代扣款项""押金""其他"等明细科目，进行明细核算。核销的其他应付款应在备查簿中保留登记。

(三)其他应付款的主要账务处理

(1)发生其他应付及暂收款项时，借记"银行存款"等科目，贷记本科目。支付(或退回)其他应付及暂收款项时，借记本科目，贷记"银行存款"等科目。将暂收款项转为收入时，借记本科目，贷记"事业收入""其他收入"等科目。

【注意：行政单位不涉及"事业收入"科目】

(2)收到同级政府财政部门预拨的下期预算款和没有纳入预算的暂付款项，按照实际收到的金额，借记"银行存款""零余额账户用款额度"等科目，贷记本科目；待到下一预算期或批准纳入预算时，借记本科目，贷记"财政拨款收入"科目。采用实拨资金方式通过本单位转拨给下属单位的财政拨款，按照实际收到的金额，借记"银行存款"科目，贷记本科目；向下属单位转拨财政拨款时，按照转拨的金额，借记本科目，贷记"银行存款"科目。

(3)本单位公务卡持卡人报销时，按照审核报销的金额，借记"业务活动费用""单位管理费用"等科目，贷记本科目；偿还公务卡欠款时，借记本科目，贷记"银行存款""零余额账户用款额度"等科目。

【注意：行政单位不涉及"单位管理费用"科目】

(4)涉及质保金形成其他应付款的，相关账务处理参照"固定资产"或"在建工程"科目。

(5)无法偿付或债权人豁免偿还的其他应付款项，应当按照规定报经批准后进行账务处理。经批准核销时，借记本科目，贷记"其他收入"科目。

核销的其他应付款应在备查簿中保留登记。

其他应付款的主要账务处理如表3-17所示。

表 3-17　　　　　　　　　　　　其他应付款的主要账务处理

序号	业务内容		账务处理	
			财务会计	预算会计
1	发生暂收款项	取得暂收款项时	借：银行存款等 　贷：其他应付款	—
		确认收入时	借：其他应付款 　贷：事业收入/其他收入等	借：资金结存——货币资金 　贷：事业预算收入/其他预算收入等
		退回暂收款项时	借：其他应付款 　贷：银行存款等	
2	收到同级财政部门预拨的下期预算款和没有纳入预算的暂付款项	按照实际收到的金额	借：银行存款/零余额账户用款额度等 　贷：其他应付款	
		待到下一级预算期或批准纳入预算时	借：其他应付款 　贷：财政拨款收入	借：资金结存——货币资金 　贷：财政拨款预算收入
3	发生其他应付义务	确认其他应付款项时	借：业务活动费用/单位管理费用等 　贷：其他应付款	
		支付其他应付款项时	借：其他应付款 　贷：银行存款/零余额账户用款额度等	借：事业支出/行政支出等 　贷：资金结存
4	无法偿付或债权人豁免偿还的其他应付款项		借：其他应付款 　贷：其他收入	—

【例 3-23】　某省事业单位于 2×24 年发生如下经济业务,不考虑税费因素：

(1) 3 月,用公务卡购买办公用品 2 000 元,取得发票并报销。

(2) 5 月,为开展业务活动收取申请者押金 10 000 元,收取供应商保证金 20 000 元,银行账户已收到款项。

(3) 6 月初,开展的业务活动结束,退回申请者押金 9 000 元,1 000 元转作业务活动收入;退回供应商保证金 20 000 元,银行账户已经支付款项。

(4) 收到省财政厅拨付 2×24 年的财政拨款授权支付额度 50 000 元。

因此：

(1) 第一,审核报销时,财务会计分录如下：

借：业务活动费用——商品和服务费用　　　　　　　　　　　　　　　　　2 000
　　贷：其他应付款——待清算报销额度——待清算公务卡报销额度　　　　　　　2 000

第二,偿还公务卡欠款时,财务会计分录如下：

借：其他应付款——待清算报销额度——待清算公务卡报销额度　　　　　　　2 000
　　贷：零余额账户用款额度——基本支出用款额度　　　　　　　　　　　　　2 000

同时,编制预算会计分录:

借:事业支出——基本支出——商品和服务支出　　　　　　　　2 000
　　贷:资金结存——零余额账户用款额度——基本支出用款额度　　2 000

(2) 收取押金、保证金时,财务会计分录如下:

借:银行存款　　　　　　　　　　　　　　　　　　　　　　30 000
　　贷:其他应付款——押金　　　　　　　　　　　　　　　　10 000
　　　　其他应付款——其他　　　　　　　　　　　　　　　　20 000

(3) 退回押金、保证金时,财务会计分录如下:

借:其他应付款——押金　　　　　　　　　　　　　　　　　10 000
　　其他应付款——其他　　　　　　　　　　　　　　　　　20 000
　　贷:银行存款　　　　　　　　　　　　　　　　　　　　29 000
　　　　事业收入——后勤服务收入　　　　　　　　　　　　　1 000

同时,编制预算会计分录:

借:资金结存——货币资金——银行存款　　　　　　　　　　1 000
　　贷:事业预算收入　　　　　　　　　　　　　　　　　　　1 000

(4) 收到财政拨款,财务会计分录如下:

借:零余额账户用款额度——基本支出用款额度　　　　　　　50 000
　　贷:其他应付款——其他　　　　　　　　　　　　　　　50 000

十二、预提费用

(一) 核算内容

"预提费用"科目核算单位预先提取的已经发生但尚未支付的费用,如预提租金费用等。本科目期末贷方余额,反映单位已预提但尚未支付的各项费用。

延伸阅读3-10

事业单位按规定从科研项目收入中提取的项目间接费用或管理费,也通过本科目核算。事业单位计提的借款利息费用,通过"应付利息""长期借款"科目核算,不通过本科目核算。

(二) 明细科目设置

"预提费用"科目应当按照预提费用的种类进行明细核算。对于提取的项目间接费用或管理费,应当在本科目下设置"项目间接费用或管理费"明细科目,并按项目进行明细核算。

(三) 预提费用的主要账务处理

1. 项目间接费用或管理费

按规定从科研项目收入中提取项目间接费用或管理费时,按照提取的金额,借记"单位管理费用"科目,贷记"预提费用——项目间接费用或管理费"科目。

【注意:行政单位不涉及"单位管理费用"科目】

实际使用计提的项目间接费用或管理费时,按照实际支付的金额,借记"预提费用——项目间接费用或管理费"科目,贷记"银行存款""库存现金"等科目。

2. 其他预提费用

按期预提租金等费用时,按照预提的金额,借记"业务活动费用""单位管理费用""经营费用"等科目,贷记本科目。实际支付款项时,按照支付的金额,借记本科目,贷记"零余额账户用款额度""银行存款"等科目。

【注意:行政单位不涉及"单位管理费用""经营费用"科目】

预提费用的主要账务处理如表 3-18 所示。

表 3-18　　　　　　　　　　　　预提费用的主要账务处理

序号	业务内容	账务处理	
		财务会计	预算会计
1	项目间接费用或管理费		
	按规定计提项目间接费用或管理费时	借:单位管理费用 贷:预提费用——项目间接费用或管理费	借:非财政拨款结转——项目间接费用或管理费 贷:非财政拨款结余——项目间接费用或管理费
	实际使用计提的项目间接费用或管理费时	借:预提费用——项目间接费用或管理费 贷:银行存款/库存现金等	借:事业支出/行政支出等 贷:资金结存
2	其他预提费用		
	按照规定预提每期租金等费用时	借:业务活动费用/单位管理费用/经营费用等 贷:预提费用	—
	实际支付款项时	借:预提费用 贷:银行存款/零余额账户用款额度等	借:事业支出/行政支出/经营支出等 贷:资金结存

【例 3-24】　某事业单位 2×24 年每月预提业务用房房屋租金 10 000 元,下月初支付。

(1) 2×24 年每月预提时,财务会计分录如下:

借:业务活动费用——商品和服务费用　　　　　　　　　　　　　　　　10 000
　　贷:预提费用——其他预提费用　　　　　　　　　　　　　　　　　　　　10 000

(2) 2×24 年每月支付时,财务会计分录如下:

借:预提费用——其他预提费用　　　　　　　　　　　　　　　　　　　　10 000
　　贷:银行存款　　　　　　　　　　　　　　　　　　　　　　　　　　　　10 000

同时,编制预算会计分录:

借:事业支出——基本支出——商品和服务支出——租赁费　　　　　　　10 000
　　贷:资金结存——货币资金——银行存款　　　　　　　　　　　　　　　10 000

第三节　非流动负债的核算

一、长期借款

（一）核算内容

"长期借款"科目核算事业单位经批准向银行或其他金融机构等借入的期限超过1年（不含1年）的各种借款本息。

【注意：行政单位不涉及"长期借款"科目】

（二）明细科目设置

"长期借款"科目应当设置"本金"和"应计利息"明细科目，并按照贷款单位和贷款种类进行明细核算。对于建设项目借款，还应按照具体项目进行明细核算。

（三）长期借款的主要账务处理

（1）借入各项长期借款时，按照实际借入的金额，借记"银行存款"科目，贷记"长期借款——本金"科目。

（2）为建造固定资产、公共基础设施等应支付的专门借款利息，按期计提利息时，分别以下情况处理：①属于工程项目建设期间发生的利息，计入工程成本，按照计算确定的应支付的利息金额，借记"在建工程"科目，贷记"应付利息"科目（分期付息、到期还本借款的利息，下同）或"长期借款——应计利息"科目（到期一次还本付息借款的利息，下同）。②属于工程项目完工交付使用后发生的利息，计入当期费用，按照计算确定的应支付的利息金额，借记"其他费用"科目，贷记"应付利息"科目。

（3）按期计提其他长期借款的利息时，按照计算确定的应支付的利息金额，借记"其他费用"科目，贷记"应付利息"科目或"长期借款——应计利息"科目。

（4）实际支付利息时，按照实际支付的金额，借记"应付利息"科目，贷记"银行存款"等科目。

（5）到期归还长期借款本金、利息时，借记"长期借款——本金、应付利息"科目，贷记"银行存款"科目。

长期借款的主要账务处理（事业单位）如表3-19所示。

表3-19　　　　　　长期借款的主要账务处理（事业单位）

序号	业务内容		账务处理	
			财务会计	预算会计
1	借入各项长期借款时		借：银行存款 　贷：长期借款——本金	借：资金结存——货币资金 　贷：债务预算收入
2	为构建固定资产、公共基础设施等应支付的专门借款利息	属于工程项目建设期间发生的	借：在建工程 　贷：应付利息（分期付息、到期还本） 　　　长期借款——应计利息（到期一次还本付息）	—

(续表)

序号	业务内容		账务处理	
			财务会计	预算会计
2	为构建固定资产、公共基础设施等应支付的专门借款利息	属于工程项目完工交付使用后发生的	借：其他费用 　贷：应付利息（分期付息、到期还本） 　　　长期借款——应计利息（到期一次还本付息）	—
		实际支付利息时	借：应付利息 　贷：银行存款等	借：其他支出 　贷：资金结存
3	其他长期借款利息	计提利息时	借：其他费用 　贷：应付利息（分期付息、到期还本） 　　　长期借款——应计利息（到期一次还本付息）	—
		实际支付利息时	借：应付利息 　贷：银行存款等	借：其他支出 　贷：资金结存
4	归还长期借款本金、利息		借：长期借款——本金 　　　　　　——应付利息（到期一次还本付息） 　贷：银行存款	借：债务还本支出（支付的本金） 　贷：资金结存

【例 3-25】　某事业单位于 2×23 年 4 月 1 日从银行借入资金 2 000 000 元，用于构建厂房，借款期限为 2 年，年利率为 12%，按年支付利息。所借款项已存入银行。该厂房从 2×23 年 6 月 1 日开始建设，至 2×24 年 8 月 31 日完工。2×25 年 4 月 1 日，该事业单位如期归还该笔借款。

(1) 2×23 年 4 月 1 日，财务会计分录如下：

借：银行存款　　　　　　　　　　　　　　　　　　　　　　　　　2 000 000
　　贷：长期借款——本金　　　　　　　　　　　　　　　　　　　　　　　2 000 000

同时，编制预算会计分录：

借：资金结存——货币资金——银行存款　　　　　　　　　　　　　2 000 000
　　贷：债务预算收入　　　　　　　　　　　　　　　　　　　　　　　　　2 000 000

(2) 第一，2×23 年 12 月 31 日计提长期借款利息时，财务会计分录如下：
年应计利息=2 000 000×12%=240 000(元)
费用化期限=2 个月(2×23 年 4 月、5 月)
费用化金额=240 000÷12×2=40 000(元)
借款费用资本化期限=7 个月(2×23 年 6 月至 12 月)
借款费用资本化金额=240 000÷12×7=140 000(元)

借：在建工程 140 000
　　其他费用——利息支出 40 000
　　贷：应付利息 180 000

第二，支付利息时，财务会计分录如下：

借：应付利息 180 000
　　贷：银行存款 180 000

同时，编制预算会计分录：

借：其他支出——利息支出 180 000
　　贷：资金结存——货币资金——银行存款 180 000

（3）2×24年8月31日，计算长期借款利息（为了结转固定资产价值）时，财务会计分录如下：
应计利息＝2 000 000×12％÷12×8＝160 000（元）

借：在建工程 160 000
　　贷：应付利息 160 000

（4）第一，2×24年12月31日，计算长期借款利息时，财务会计分录如下：
应计利息＝2 000 000×12％÷12×4＝80 000（元）

借：其他费用——利息支出 80 000
　　贷：应付利息 80 000

第二，支付利息时，财务会计分录如下：

借：应付利息 240 000
　　贷：银行存款 240 000

同时，编制预算会计分录：

借：其他支出——利息支出 240 000
　　贷：资金结存——货币资金 240 000

（5）2×25年3月31日，计算长期借款利息时，财务会计分录如下：
应计利息＝2 000 000×12％÷12×3＝60 000（元）

借：其他费用——利息支出 60 000
　　贷：应付利息 60 000

（6）2×25年4月1日，归还借款时，财务会计分录如下：

借：长期借款——本金 2 000 000
　　应付利息 60 000
　　贷：银行存款 2 060 000

同时，编制预算会计分录：

借：债务还本支出 2 000 000
　　其他支出——利息支出 60 000
　　贷：资金结存——货币资金——银行存款 2 060 000

二、长期应付款

(一) 核算内容

"长期应付款"科目核算单位发生的偿还期限超过 1 年(不含 1 年)的应付款项,如以融资租赁方式取得固定资产应付的租赁费等。

(二) 明细科目设置

"长期应付款"科目应当按照长期应付款的类别及债权人进行明细核算。

(三) 长期应付款的主要账务处理

(1) 发生长期应付款时,借记"固定资产""在建工程"等科目,贷记本科目。

(2) 支付长期应付款时,按照实际支付的金额,借记本科目,贷记"财政拨款收入""零余额账户用款额度""银行存款"等科目。涉及增值税业务的,相关账务处理参照"应交增值税"科目。

(3) 无法偿付或债权人豁免偿还的长期应付款,应当按照规定报经批准后进行账务处理。经批准核销时,借记本科目,贷记"其他收入"科目。

核销的长期应付款应在备查簿中保留登记。

(4) 涉及质保金形成长期应付款的,相关账务处理参照"固定资产"科目。

长期应付款的主要账务处理如表 3-20 所示。

表 3-20　　　　　　　　　　长期应付款的主要账务处理

序号	业务内容	账务处理	
		财务会计	预算会计
1	发生长期应付款时	借:固定资产/在建工程等 贷:长期应付款	—
2	支付长期应付款时	借:长期应付款 贷:财政拨款收入/零余额账户用款额度/银行存款等	借:事业支出/行政支出/经营支出等 贷:财政拨款预算收入/资金结存
3	无法偿付或债权人豁免偿还的长期应付款,经批准核销时	借:长期应付款 贷:其他收入	—

【例 3-26】　某事业单位融资租入一条生产线,按租赁协议确定的租赁价款为 1 000 000 元,另以银行存款支付运输费、途中保险费、安装调试费等共计 80 000 元。租赁协议规定,租赁费用分 5 年于每年年初偿还。该生产线的折旧年限为 6 年,采用直线法计提折旧(不考虑残值)。租赁期满后,生产线转为承租方所有。

(1) 租入生产线时,财务会计分录如下:

借:固定资产——融资租入固定资产　　　　　　　　　　　　　1 080 000
　　贷:长期应付款——应付融资租赁款　　　　　　　　　　　　1 000 000
　　　　银行存款　　　　　　　　　　　　　　　　　　　　　　　80 000

(2) 按期支付融资租赁费时,财务会计分录如下:

借：长期应付款——应付融资租赁款　　　　　　　　　　　　　　200 000
　　贷：银行存款　　　　　　　　　　　　　　　　　　　　　　　　　　200 000

同时，编制预算会计分录：

借：事业支出——基本支出——资本性支出　　　　　　　　　　　200 000
　　贷：资金结存——货币资金——银行存款　　　　　　　　　　　　　　200 000

（3）计提折旧时，财务会计分录如下：

借：单位管理费用——折旧费　　　　　　　　　　　　　　　　　180 000
　　贷：累计折旧　　　　　　　　　　　　　　　　　　　　　　　　　　180 000

（4）租赁期满后，该生产线产权归承租方所有时，财务会计分录如下：

借：固定资产——生产线　　　　　　　　　　　　　　　　　　1 080 000
　　贷：固定资产——融资租入固定资产　　　　　　　　　　　　　　　1 080 000

三、预计负债

（一）核算内容

"预计负债"科目核算单位对因或有事项所产生的现时义务而确认的负债，如对未决诉讼等确认的负债。本科目借方反映当期单位预计负债的减少；贷方反映当期单位预计负债的增加。本科目期末贷方余额，反映单位已经确认但尚未支付的预计负债金额。

> **延伸阅读3-11**
>
> **或有事项**
>
> 或有事项是指过去的交易或者事项形成的，其结果须由某些未来事项的发生或不发生才能决定的不确定事项。其具有以下特征：
>
> （1）由过去交易或事项形成，是指或有事项的现存状况是过去交易或事项引起的客观存在。例如，未决诉讼虽然是正在进行中的诉讼，但该诉讼是企业因过去的经济行为导致起诉其他单位或被其他单位起诉。这是现存的一种状况而不是未来将要发生的事项。未来可能发生的自然灾害、交通事故、经营亏损等，不属于或有事项。
>
> （2）结果具有不确定性，是指或有事项的结果是否发生具有不确定性，或者或有事项的结果预计将会发生，但发生的具体时间或金额具有不确定性。例如，债务担保事项的担保方到期是否承担和履行连带责任，需要根据债务到期时被担保方能否按时还款加以确定。这一事项的结果在担保协议达成时具有不确定性。
>
> （3）由未来事项决定，是指或有事项的结果只能由未来不确定事项的发生或不发生才能决定。例如，债务担保事项只有在被担保方到期无力还款时企业（担保方）才履行连带责任。
>
> 常见的或有事项主要包括未决诉讼或仲裁、债务担保、产品质量保证（含产品安全保证）、承诺、亏损合同、重组义务、环境污染整治等。

（二）明细科目设置

"预计负债"科目应当按照预计负债的项目进行明细核算。

（三）预计负债的主要账务处理

（1）确认预计负债时，按照预计的金额，借记"业务活动费用""经营费用""其他费用"等科目，贷记本科目。

【注意：行政单位不涉及"经营费用"科目】

（2）实际偿付预计负债时，按照偿付的金额，借记本科目，贷记"银行存款""零余额账户用款额度"等科目。

（3）根据确凿证据需要对已确认的预计负债账面余额进行调整的，按照调整增加的金额，借记有关科目，贷记本科目；按照调整减少的金额，借记本科目，贷记有关科目。

预计负债的主要账务处理如表3-21所示。

表3-21　　　　　　　　　　预计负债的主要账务处理

序号	业务内容	账务处理	
		财务会计	预算会计
1	确认预计负债时	借：业务活动费用/经营费用/其他费用等 贷：预计负债	—
2	实际偿付预计负债时	借：预计负债 贷：银行存款/零余额账户用款额度等	借：事业支出/行政支出/经营支出/其他支出等 贷：资金结存
3	对预计负债账面余额进行调整的	借：业务活动费用/经营费用/其他费用等 贷：预计负债 或作相反的会计分录	—

【例3-27】　某省事业单位于2×23年7月1日接到法院起诉，单位预计要支付赔偿金额为1 000 000～2 000 000元的某一金额，而且该区间内每个金额的可能性都大致相同，假设这是一起因经营引起的案件。2×23年8月1日，单位用银行存款偿付赔偿金1 500 000元。

（1）2×23年7月1日，财务会计分录如下：

借：经营费用——其他费用　　　　　　　　　　　　　　　　1 500 000
　　贷：预计负债　　　　　　　　　　　　　　　　　　　　　1 500 000

（2）2×23年8月1日，财务会计分录如下：

借：预计负债　　　　　　　　　　　　　　　　　　　　　　1 500 000
　　贷：银行存款　　　　　　　　　　　　　　　　　　　　　1 500 000

同时，编制预算会计分录：

借：经营支出——其他支出　　　　　　　　　　　　　　　　1 500 000
　　贷：资金结存——货币资金——银行存款　　　　　　　　　1 500 000

相关思考3-5

若将[例3-27]中的事业单位改为行政单位，应如何作账务处理

（1）2×23年7月1日，财务会计分录如下：

借：其他费用——其他　　　　　　　　　　　　　　　　　　1 500 000
　　贷：预计负债　　　　　　　　　　　　　　　　　　　　　1 500 000

（2）2×23年8月1日，财务会计分录如下：

借：预计负债　　　　　　　　　　　　　　　　　　　　　　　1 500 000
　　　贷：财政拨款收入——财政直接支付　　　　　　　　　　　1 500 000
　　同时,编制预算会计分录：
借：行政支出——其他支出——国家赔偿费用支出　　　　　　　1 500 000
　　　贷：财政拨款预算收入——财政直接支付　　　　　　　　　1 500 000

四、受托代理负债

（一）核算内容

受托代理负债核算单位接受委托,取得受托代理资产时形成的负债。受托代理负债反映单位对受托代理资产的支付义务。虽然单位受托代理的现金和银行存款不在"受托代理资产"科目核算,但是单位受托代理现金和银行存款仍然属于受托代理资产,在编制资产负债表时列入受托代理资产项目。所以,在单位收到和支付受托代理的现金和银行存款时,也要确认受托代理负债的增加和减少。

为核算和监督单位受托代理资产形成的负债情况,单位应设置"受托代理负债"科目。本科目属于负债类科目。

（二）明细科目设置

"受托代理负债"科目按照负债的种类和委托人进行明细核算,相关账务处理参照"受托代理资产""库存现金""银行存款"等科目。

（三）受托代理负债的主要账务处理

"受托代理负债"科目反映的是受托代理资产时形成的负债,其账务处理有以下三种情况。

1. 受托转赠物资形成的负债

（1）接受委托人委托需要转赠给受赠人的物资,其成本按照有关凭据注明的金额确定。接受委托转赠的物资验收入库时,按照确定的成本,借记"受托代理资产"科目,贷记本科目。

（2）将受托转赠物资交付受赠人时,按照转赠物资的成本,借记本科目,贷记"受托代理资产"科目。

（3）转赠物资的委托人取消了对捐赠物资的转赠要求,且不再收回捐赠物资的,应当将转赠物资转为单位的存货、固定资产等。按照转赠物资的成本,借记本科目,贷记"受托代理资产"科目。

2. 受托存储保管物资形成的负债

（1）接受委托人委托存储保管的物资,其成本按照有关凭据注明的金额确定。接受委托储存的物资验收入库时,按照确定的成本,借记"受托代理资产"科目,贷记本科目。

（2）根据委托人要求交付或发出受托存储保管的物资时,按照发出物资的成本,借记本科目,贷记"受托代理资产"科目。

3. 罚没物资形成的负债

（1）取得罚没物资时,其成本按照有关凭据注明的金额确定。罚没物资验收入库时,按照确定的成本,借记"受托代理资产"科目,贷记本科目。

（2）按照规定处置或移交罚没物资时,按照罚没物资的成本,借记本科目,贷记"受托代理资产"科目。

【例 3-28】 某省事业单位 2×23 年发生如下经济业务：

(1) 10 月 8 日，接受 A 事业单位委托将一设备转赠给 B 省科研所，设备价值为 150 000 元，设备验收入库。

(2) 11 月 1 日，该省事业单位将此设备转交给 B 省科研所。

(3) 12 月 10 日，A 事业单位决定不将此设备转赠给 B 省研究所，并不再收回此设备。

(4) 12 月 12 日，该省事业单位将此设备作为固定资产。

因此：

(1) 2×23 年 10 月 8 日，财务会计分录如下：

借：受托代理资产——受托存储保管物资　　　　　　　　　　　　150 000
　　贷：受托代理负债　　　　　　　　　　　　　　　　　　　　　　150 000

(2) 2×23 年 11 月 1 日，财务会计分录如下：

借：受托代理负债　　　　　　　　　　　　　　　　　　　　　　　150 000
　　贷：受托代理资产——受托存储保管物资　　　　　　　　　　　150 000

(3) 2×23 年 12 月 10 日，财务会计分录如下：

借：受托代理负债　　　　　　　　　　　　　　　　　　　　　　　150 000
　　贷：受托代理资产——受托存储保管物资　　　　　　　　　　　150 000

(4) 2×23 年 12 月 12 日，财务会计分录如下：

借：固定资产　　　　　　　　　　　　　　　　　　　　　　　　　150 000
　　贷：其他收入——其他　　　　　　　　　　　　　　　　　　　150 000

本 章 小 结

本章主要学习了负债的概念、分类和计量基础；短期借款的核算；应交增值税的核算；其他应交税费的核算；应缴财政款的核算；应付职工薪酬的核算；应付票据的核算；应付账款的核算；应付政府补贴款的核算；应付利息的核算；预收账款的核算；其他应付款的核算；预提费用的核算；长期借款的核算；长期应付款的核算；预计负债的核算；受托代理负债的核算。

本 章 重 要 概 念

负债　短期借款　应交增值税　其他应交税费　应缴财政款　应付职工薪酬
应付票据　应付账款　应付政府补贴款　应付利息　预收账款　其他应付款　预提费用
长期借款　长期应付款　预计负债　受托代理负债

本 章 练 习

二维码 3-7：本章练习

二维码 3-8：本章练习参考答案

第四章　收入与预算收入

- ➤ 内容提要
- ➤ 重点难点
- ➤ 学习目标
- ➤ 知识框架
- ➤ 思政育人
- ➤ 第一节　收入与预算收入概述
- ➤ 第二节　财政拨款收入与财政拨款预算收入的核算
- ➤ 第三节　业务收入与业务预算收入的核算
- ➤ 第四节　调剂性收入与调剂性预算收入的核算
- ➤ 本章小结
- ➤ 本章重要概念
- ➤ 本章练习

内容提要

本章主要讲解收入与预算收入的概念、分类和确认;财政拨款收入与财政拨款预算收入的核算;非同级财政拨款收入与非同级财政拨款预算收入的核算;业务收入与业务预算收入的核算;调剂性收入与调剂性预算收入的核算。

重点难点

本章重点为收入与预算收入的概念、分类和确认,财政拨款收入与财政拨款预算收入,非同级财政拨款收入与非同级财政拨款预算收入,事业收入与事业预算收入,经营收入与经营预算收入,其他收入与其他预算收入等的核算内容、科目及明细科目设置和账务处理;难点为财政拨款收入与财政拨款预算收入的账务处理、其他收入与其他预算收入的账务处理。

学习目标

通过本章学习,学生应理解收入与预算收入的概念、分类和确认;掌握财政拨款收入与财政拨款预算收入、非同级财政拨款收入与非同级财政拨款预算收入、事业收入与事业预算收入、经营收入与经营预算收入、其他收入与其他预算收入的核算内容、科目及明细科目设置和账务处理;熟悉调剂性收入与调剂性预算收入的核算。

知识框架

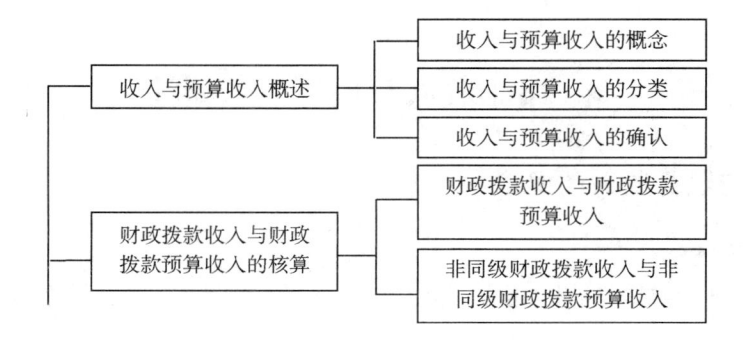

```
                                    ┌─ 收入与预算收入的概念
                 收入与预算收入概述 ─┼─ 收入与预算收入的分类
                                    └─ 收入与预算收入的确认

                 财政拨款收入与财政 ─┬─ 财政拨款收入与财政拨款预算收入
                 拨款预算收入的核算   └─ 非同级财政拨款收入与非同级财政拨款预算收入
```

157

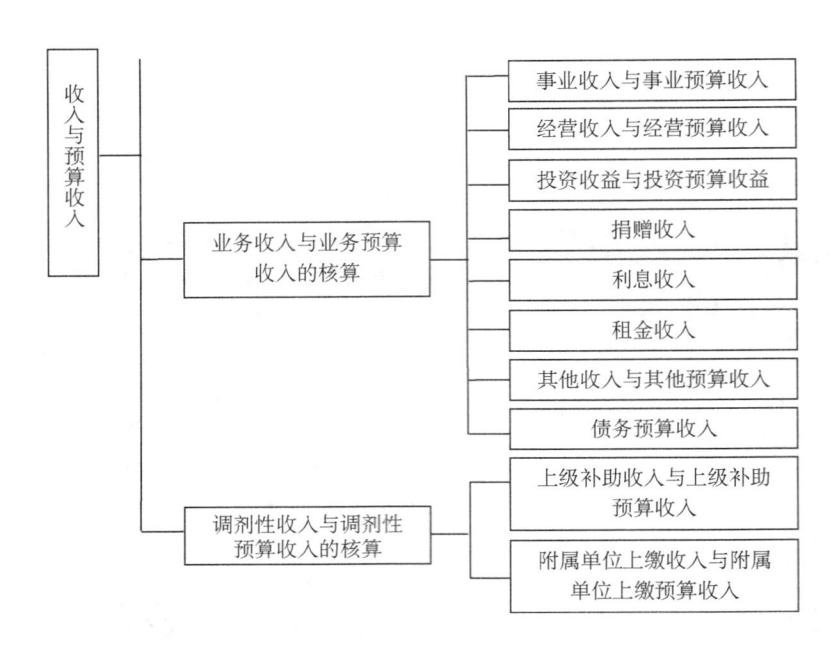

```
                                    ┌─ 事业收入与事业预算收入
                                    │
                                    ├─ 经营收入与经营预算收入
                                    │
                                    ├─ 投资收益与投资预算收益
                   ┌─ 业务收入与业务预算  │
                   │   收入的核算        ├─ 捐赠收入
                   │                    │
 收入与              │                    ├─ 利息收入
 预算收入 ──────────┤                    │
                   │                    ├─ 租金收入
                   │                    │
                   │                    ├─ 其他收入与其他预算收入
                   │                    │
                   │                    └─ 债务预算收入
                   │
                   │                    ┌─ 上级补助收入与上级补助
                   └─ 调剂性收入与调剂性  │   预算收入
                      预算收入的核算     │
                                        └─ 附属单位上缴收入与附属
                                           单位上缴预算收入
```

🎬 思政育人　　强化会计人员风险意识，坚持底线思维

党的二十大报告中指出，我国发展进入战略机遇和风险挑战并存、不确定难预料因素增多的时期，各种"黑天鹅""灰犀牛"事件随时可能发生。我们必须增强忧患意识，坚持底线思维，做到居安思危、未雨绸缪，准备经受风高浪急甚至惊涛骇浪的重大考验。党的十八大以来，习近平总书记多次强调"坚持底线思维""着力防范化解重大风险"，是对新时代加强党的建设提出的新论断新要求。这一重要论述是坚持和贯彻马克思主义基本原理的内在要求，是深刻总结正反两方面历史经验得出的必然结论，也是全面建设社会主义现代化国家的现实需要。

坚持底线思维，着力防范化解重大风险，是从全局出发，坚持联系的普遍性，善于运用系统思维解决问题的具体体现。底线思维作为一种全局性思维，充分体现了马克思主义关于全局思想和系统优化的理论。当前，面对政治、意识形态、经济、科技、社会、外部环境、党的建设等领域重大风险，我们必须从全局出发，坚持整体与部分的统一，将重大风险看作一个整体的系统，将各个领域的不同风险看作系统中的要素，充分考虑要素与要素、系统与要素之间的关系进行决策，从而更好防范和化解各类风险。

资料来源：蔡勤禹，刘振．正确认识关于坚持底线思维着力防范化解重大风险论述的重要性［EB/OL］．(2023-02-23)[2023-06-21]．https://www.workercn.cn/c/2023-02-23/7743797.shtml．

【思政寄语】

坚持底线思维是每一个会计人员必须具有的底线和原则。在结合新兴技术、进行会计信息化实践过程中，会计人员更需要从全局出发，善于运用不断更新的会计知识进行具体问题的解决，增强风险意识，增强辨别风险的能力。

第一节　收入与预算收入概述

一、收入与预算收入的概念

（一）收入的概念

收入是财务会计要素。《基本准则》第四十二条规定：收入是指报告期内导致政府会计

二维码4-1 视频：收入与预算收入的概念

主体净资产增加的、含有服务潜力或者经济利益的经济资源的流入。

（二）预算收入的概念

预算收入是预算会计要素。《基本准则》第十九条规定：预算收入是指政府会计主体在预算年度内依法取得的并纳入预算管理的现金流入。

在政府单位会计方面，预算收入是指行政事业单位在预算年度内依法取得并纳入单位预算管理的现金流入。

二、收入与预算收入的分类

（一）收入的分类

事业单位的收入主要分为财政拨款收入、事业收入、上级补助收入、附属单位上缴收入、经营收入、非同级财政拨款收入、投资收益、捐赠收入、利息收入、租金收入和其他收入。行政单位的收入主要分为财政拨款收入、非同级财政拨款收入、捐赠收入、利息收入、租金收入和其他收入。

（二）预算收入的分类

事业单位的预算收入主要分为财政拨款预算收入、事业预算收入、上级补助预算收入、附属单位上缴预算收入、经营预算收入、债务预算收入、非同级财政拨款预算收入、投资预算收益和其他预算收入。行政单位的预算收入主要分为财政拨款预算收入、非同级财政拨款预算收入和其他预算收入。

三、收入与预算收入的确认

（一）收入的确认

《基本准则》第四十三条规定：收入的确认应当同时满足以下条件：

（1）与收入相关的含有服务潜力或者经济利益的经济资源很可能流入政府会计主体。

（2）含有服务潜力或者经济利益的经济资源流入会导致政府会计主体资产增加或者负债减少。

（3）流入金额能够可靠地计量。

（二）预算收入的确认

《基本准则》第二十条规定：预算收入一般在实际收到时予以确认，以实际收到的金额计量。

延伸阅读 4-1

行政事业单位收入的管理

加强行政事业单位收入的管理，对于提高财政资金的使用效益，保护社会公众的基本权益有着重要的意义。根据《事业单位财务规则》《行政单位财务规则》的要求，对行政事业单位收入管理的内容主要包括以下几点：

（1）加强收入的预算管理。行政事业单位应当将各项收入全部纳入单位预算，统一核算，统一管理。

（2）保证收入的合法性与合理性。行政事业单位的各项收入应当依法取得，符合国家有关法律、法规和规章制度的规定。各收费项目、收费范围和收费标准必须按照法定程序审批，取得收费许可后方可实施。

（3）及时上缴各项财政收入。行政单位依法取得的应当上缴财政的罚没收入、行政事业性收费、政府性基金、国有资产处置和出租出借收入等,事业单位对按照规定上缴国库或者财政专户的资金不属于行政事业单位的收入,应当按照国库集中收缴的有关规定及时足额上缴,不得隐瞒、滞留、截留、占用、挪用、拖欠或坐支。

第二节 财政拨款收入与财政拨款预算收入的核算

一、财政拨款收入与财政拨款预算收入

(一)核算内容

"财政拨款收入""财政拨款预算收入"科目核算单位从同级政府财政部门取得的各类财政拨款。

(二)明细科目设置

"财政拨款收入"科目可按照一般公共预算财政拨款、政府性基金预算财政拨款等拨款种类进行明细核算。

"财政拨款预算收入"科目应当设置"基本支出"和"项目支出"两个明细科目,并按照《政府收支分类科目》中"支出功能分类科目"的项级科目进行明细核算;同时,在"基本支出"明细科目下按照"人员经费"和"日常公用经费"进行明细核算,在"项目支出"明细科目下按照具体项目进行明细核算。有一般公共预算财政拨款、政府性基金预算财政拨款等两种或两种以上财政拨款的单位,还应当按照财政拨款的种类进行明细核算。

(三)主要账务处理

1. 财政拨款收入的主要账务处理

(1)国库集中支付方式下取得的收入,根据收到的国库集中支付凭证及相关原始凭证,按照凭证上的国库集中支付入账金额,借记"库存物品""固定资产""业务活动费用""单位管理费用""应付职工薪酬"等科目,贷记本科目。涉及增值税业务的,相关账务处理参照"应交增值税"科目。

年末,根据本年度财政部门批准的本年度预算指标大于当年实际支付数的差额中允许结转使用的金额,借记"财政应返还额度——财政授权支付"科目,贷记本科目。

(2)按规定向本单位实有资金账户划转财政资金,按照实际收到的金额,借记"银行存款"等科目,贷记本科目。

(3)因差错更正或购货退回等发生国库集中支付款项退回的,属于以前年度支付的款项,按照退回的金额,借记"财政应返还额度"科目,贷记"以前年度盈余调整""库存物品"等科目;属于本年度支付的款项,按照退回的金额,借记本科目,贷记"业务活动费用""库存物品"等科目。

(4)期末,将本科目本期发生额转入本期盈余,借记本科目,贷记"本期盈余"科目。期末结转后,本科目应无余额。

2. 财政拨款预算收入的主要账务处理

(1)国库集中支付方式下,单位根据收到的国库集中支付凭证及相关原始凭证,按照凭证上的国库集中支付入账金额,借记"事业支出"等科目,贷记本科目,若使用之前年度预算指标,则贷记"资金结存——行政应返还额度"科目。

年末,根据本年度财政部门批准的本年度预算指标数与当年实际支出数的差额,借记"资金结存——财政应返还额度"科目,贷记本科目。

(2)按规定向本单位实有资金账户划转财政资金,单位按照本期预算收到财政拨款预算收入时,按照实际收到的金额,借记"资金结存——货币资金"科目,贷记本科目。单位收到下期预算的财政预拨款,应当在下个预算期,按照预收的金额,借记"资金结存——货币资金"科目,贷记本科目。

(3)因差错更正、购货退回等发生国库集中支付款项退回的,属于本年度支付的款项,按照退回的金额,借记本科目,贷记"事业支出"等科目。

(4)年末,将本科目本年发生额转入财政拨款结转,借记本科目,贷记"财政拨款结转——本年收支结转"科目。年末结转后,本科目应无余额。

财政拨款收入与财政拨款预算收入的主要账务处理如表4-1所示。

表4-1　　　　　　　　　财政拨款收入与财政拨款预算收入的主要账务处理

序号	业务内容		账务处理	
			财务会计	预算会计
1	收到拨款时	国库集中支付方式	借:库存物品/固定资产/业务活动费用/单位管理费用/应付职工薪酬等 　贷:财政拨款收入	【事业单位】 借:事业支出等 　贷:财政拨款预算收入 【行政单位】 借:行政支出等 　贷:财政拨款预算收入
		按规定向本单位实有资金账户划转财政资金	借:银行存款等 　贷:财政拨款收入	借:资金结存——货币资金 　贷:财政拨款预算收入
2	年末确认拨款差额时	根据本年度国库集中支付预算指标数与当年国库集中支付实际支付数的差额	借:财政应返还额度——财政授权支付 　贷:财政拨款收入	借:资金结存——财政应返还额度 　贷:财政拨款预算收入
3	因差错更正或购货退回等发生国库集中支付款项退回时	属于本年度支付的款项	借:财政拨款收入 　贷:业务活动费用/库存物品等	【事业单位】 借:财政拨款预算收入 　贷:事业支出等 【行政单位】 借:财政拨款预算收入 　贷:行政支出等
		属于以前年度支付的款项(财政拨款结转资金)	借:财政应返还额度 　贷:以前年度盈余调整/库存物品等	借:资金结存——财政应返还额度 　贷:财政拨款结转——年初余额调整
4	期末/年末结转时		借:财政拨款收入 　贷:本期盈余	借:财政拨款预算收入 　贷:财政拨款结转——本年收支结转

【例 4-1】 某事业单位已经纳入财政国库集中支付改革。2×24 年 2 月 5 日,财政部门为该事业单位支付当月工资支出 900 000 元,收到国库集中支付凭证。

2×24 年 2 月 5 日,财务会计分录如下:

借:业务活动费用——工资福利费用　　　　　　　　　　　　　　　　　900 000
　　贷:财政拨款收入——基本支出　　　　　　　　　　　　　　　　　　900 000

同时,编制预算会计分录:

借:事业支出——基本支出——工资福利支出　　　　　　　　　　　　　900 000
　　贷:财政拨款预算收入——基本支出　　　　　　　　　　　　　　　　900 000

相关思考 4-1

若[例 4-1]中的事业单位为行政单位,预算会计分录将有何不同

若[例 4-1]中的事业单位为行政单位,则预算会计分录应借记"行政支出"科目,即:

借:行政支出——基本支出——工资福利支出　　　　　　　　　　　　　900 000
　　贷:财政拨款预算收入——基本支出　　　　　　　　　　　　　　　　900 000

【例 4-2】 2×23 年全年国库集中支付预算指标为 5 000 000 元,当年实际支出 4 100 000 元,有 900 000 万元截至 2×23 年年底尚未支付。

2×23 年 12 月 31 日,财务会计分录如下:

借:财政应返还额度　　　　　　　　　　　　　　　　　　　　　　　　900 000
　　贷:财政拨款收入　　　　　　　　　　　　　　　　　　　　　　　　900 000

同时,编制预算会计分录:

借:资金结存——财政应返还额度　　　　　　　　　　　　　　　　　　900 000
　　贷:财政拨款预算收入　　　　　　　　　　　　　　　　　　　　　　900 000

【例 4-3】 2×23 年全年国库集中支付预算指标为 5 000 000 元,当年下达数为 4 300 000 元,有 700 000 万元截至 2×23 年年底尚未下达。

2×23 年 12 月 31 日,财务会计分录如下:

借:财政应返还额度　　　　　　　　　　　　　　　　　　　　　　　　700 000
　　贷:财政拨款收入　　　　　　　　　　　　　　　　　　　　　　　　700 000

同时,编制预算会计分录:

借:资金结存——财政应返还额度　　　　　　　　　　　　　　　　　　700 000
　　贷:财政拨款预算收入　　　　　　　　　　　　　　　　　　　　　　700 000

【例 4-4】 2×24 年 3 月 5 日,收到开户银行存款进账单表明,收到同级财政部门拨入的本期项目支出财政拨款 100 000 元。

2×24 年 3 月 5 日,财务会计分录如下:

借:银行存款　　　　　　　　　　　　　　　　　　　　　　　　　　　100 000
　　贷:财政拨款收入——项目支出收入　　　　　　　　　　　　　　　　100 000

同时,编制预算会计分录:

借：资金结存——货币资金 100 000
　　贷：财政拨款预算收入——项目支出收入 100 000

【例 4-5】 2×24 年 5 月 5 日，发现一批物品存在质量问题退回。该批物品于当年 2 月购入，金额为 500 000 元，为国库集中支付。

2×24 年 5 月 5 日，财务会计分录如下：

借：财政拨款收入 500 000
　　贷：库存物品 500 000

同时，编制预算会计分录：

借：财政拨款预算收入 500 000
　　贷：事业支出——基本支出——商品和服务支出 500 000

相关思考 4-2

若[例 4-5]中的事业单位为行政单位，预算会计分录将有何不同

若[例 4-5]中的事业单位为行政单位，则预算会计分录应贷记"行政支出"科目，即：

借：财政拨款预算收入 500 000
　　贷：行政支出——基本支出——商品和服务支出 900 000

【例 4-6】 2×24 年 6 月 5 日，发现一批物品存在质量问题退回。该批物品于 2×23 年购入，金额为 200 000 元，为国库集中支付。该笔资金按照规定结转至"财政拨款结转"科目。

2×24 年 6 月 5 日，财务会计分录如下：

借：财政应返还额度 200 000
　　贷：库存物品 200 000

同时，编制预算会计分录：

借：资金结存——财政应返还额度 200 000
　　贷：财政拨款结转——年初余额调整 200 000

二、非同级财政拨款收入与非同级财政拨款预算收入

(一) 核算内容

"非同级财政拨款收入"科目核算单位从非同级政府财政部门取得的经费拨款，包括从同级政府其他部门取得的横向转拨财政款、从上级或下级政府财政部门取得的经费拨款等。事业单位因开展科研及其辅助活动从非同级政府财政部门取得的经费拨款，应当通过"事业收入——非同级财政拨款"科目核算，不通过本科目核算。

"非同级财政拨款预算收入"科目核算单位从非同级政府财政部门取得的财政拨款，包括本级横向转拨财政款和非本级财政拨款。对于因开展科研及其辅助活动从非同级政府财政部门取得的经费拨款，应当通过"事业预算收入——非同级财政拨款"科目进行核算，不通过本科目核算。

(二) 明细科目设置

"非同级财政拨款收入"科目应当按照本级横向转拨财政款和非本级财政拨款进行明细

核算,并按照收入来源进行明细核算。

"非同级财政拨款预算收入"科目应当按照非同级财政拨款预算收入的类别、来源、《政府收支分类科目》中"支出功能分类科目"的项级科目等进行明细核算。非同级财政拨款预算收入中如有专项资金收入,还应按照具体项目进行明细核算。

(三) 主要账务处理

1. 非同级财政拨款收入的主要账务处理

(1) 确认非同级财政拨款收入时,按照应收或实际收到的金额,借记"其他应收款""银行存款"等科目,贷记本科目。

(2) 收到非同级财政拨款收入时,按照实际收到的金额,借记"银行存款"科目,贷记"其他应收款"科目。

(3) 期末,将本科目本期发生额转入本期盈余,借记本科目,贷记"本期盈余"科目。期末结转核算参见第六章第二节中"本期盈余"科目的内容。期末结转后,本科目应无余额。

2. 非同级财政拨款预算收入的主要账务处理

(1) 取得非同级财政拨款预算收入时,按照实际收到的金额,借记"资金结存——货币资金"科目,贷记本科目。

(2) 年末,将本科目本年发生额中的专项资金收入转入非财政拨款结转,借记本科目下各专项资金收入明细科目,贷记"非财政拨款结转——本年收支结转"科目;同时,将本科目本年发生额中的非专项资金收入转入其他结余,借记本科目下各非专项资金收入明细科目,贷记"其他结余"科目。年末结转后,本科目应无余额。

非同级财政拨款收入与非同级财政拨款预算收入的主要账务处理如表 4-2 所示。

表 4-2　　　非同级财政拨款收入与非同级财政拨款预算收入的主要账务处理

序号	业务内容		账务处理	
			财务会计	预算会计
1	确认收入时	按照应收或实际收到的金额	借:其他应收款/银行存款等 贷:非同级财政拨款收入	借:资金结存——货币资金(按照实际收到的金额) 贷:非同级财政拨款预算收入
2	收到应收的款项时	按照实际收到的金额	借:银行存款 贷:其他应收款	
3	期末/年末结转时	专项资金	借:非同级财政拨款收入 贷:本期盈余	借:非同级财政拨款预算收入 贷:非财政拨款结转——本年收支结转
		非专项资金		借:非同级财政拨款预算收入 贷:其他结余

【例 4-7】 某事业单位于 2×24 年 5 月 18 日确认从属地医疗机构取得医疗费财政拨款 100 000 元。2×24 年 6 月 30 日,收到该笔款项。

(1) 2×24 年 5 月 18 日,确认收入时,财务会计分录如下:

借：其他应收款——医疗费　　　　　　　　　　　　　　　100 000
　　　　贷：非同级财政拨款收入——横向财政拨款　　　　　　　　　　　100 000
　（2）2×24年6月30日，收到应收款项时，财务会计分录如下：
　　借：银行存款　　　　　　　　　　　　　　　　　　　　100 000
　　　　贷：其他应收款——医疗费　　　　　　　　　　　　　　　　　100 000
　　同时，编制预算会计分录：
　　借：资金结存——货币资金——银行存款　　　　　　　　　100 000
　　　　贷：非同级财政拨预算款收入——横向财政拨款　　　　　　　　100 000

第三节　业务收入与业务预算收入的核算

一、事业收入与事业预算收入

（一）核算内容

"事业收入"科目核算事业单位开展专业业务活动及其辅助活动实现的收入，不包括从同级政府财政部门取得的各类财政拨款。

"事业预算收入"科目核算事业单位开展专业业务活动及其辅助活动取得的现金流入。事业单位因开展科研及其辅助活动从非同级政府财政部门取得的经费拨款，也通过本科目核算。

（二）明细科目设置

"事业收入"科目应当按照事业收入的类别、来源等进行明细核算。对于因开展科研及其辅助活动从非同级政府财政部门取得的经费拨款，应当在本科目下单设"非同级财政拨款"明细科目进行核算。

"事业预算收入"科目应当按照事业预算收入类别、项目、来源、《政府收支分类科目》中"支出功能分类科目"项级科目等进行明细核算。对于因开展科研及其辅助活动从非同级政府财政部门取得的经费拨款，应当在本科目下单设"非同级财政拨款"明细科目进行明细核算。事业预算收入中如有专项资金收入，还应按照具体项目进行明细核算。

（三）主要账务处理

1. 事业收入的主要账务处理

1）采用财政专户返还方式管理的事业收入

实际收到或应收应上缴财政专户的事业收入时，按照实际收到或应收的金额，借记"银行存款""应收账款"等科目，贷记"应缴财政款"科目。向财政专户上缴款项时，按照实际上缴的款项金额，借记"应缴财政款"科目，贷记"银行存款"等科目。收到从财政专户返还的事业收入时，按照实际收到的返还金额，借记"银行存款"等科目，贷记本科目。

延伸阅读4-2

采用财政专户返还方式管理的事业收入

目前，采用财政专户返还方式管理的事业收入主要是教育收费。其他事业收入，财政部门可以根据情况和管理需要采用财政专户返还方式进行管理。例如，财政部门可以根据情况和管理需要，对广播电视事业单位的广告收入采用财政专户返还方式进行管理等。采用财政专户返还方式进行管理,有利于财政部门加强对有关事业收入的管理。

2) 采用预收款方式确认的事业收入

实际收到预收款项时,按照收到的款项金额,借记"银行存款"等科目,贷记"预收账款"科目。以合同完成进度确认事业收入时,按照基于合同完成进度计算的金额,借记"预收账款"科目,贷记本科目。

3) 采用应收款方式确认的事业收入

根据合同完成进度计算本期应收的款项,借记"应收账款"科目,贷记本科目。实际收到款项时,借记"银行存款"等科目,贷记"应收账款"科目。

4) 其他方式下确认的事业收入

其他方式下确认的事业收入,按照实际收到的金额,借记"银行存款""库存现金"等科目,贷记本科目。

上述第2)至第4)项中涉及增值税业务的,相关账务处理参照"应交增值税"科目。

5) 期末结转

期末,将本科目本期发生额转入本期盈余,借记本科目,贷记"本期盈余"科目。期末结转后,本科目应无余额。

2. 事业预算收入的主要账务处理

1) 采用财政专户返还方式管理的事业预算收入

收到从财政专户返还的事业预算收入时,按照实际收到的返还金额,借记"资金结存——货币资金"科目,贷记本科目。

2) 其他方式下确认的事业预算收入

收到其他事业预算收入时,按照实际收到的款项金额,借记"资金结存——货币资金"科目,贷记本科目。

3) 年末结转

年末,将本科目本年发生额中的专项资金收入转入非财政拨款结转,借记本科目下各专项资金收入明细科目,贷记"非财政拨款结转——本年收支结转"科目;同时,将本科目本年发生额中的非专项资金收入转入其他结余,借记本科目下各非专项资金收入明细科目,贷记"其他结余"科目。年末结转后,本科目应无余额。

事业收入与事业预算收入的主要账务处理如表4-3所示。

表4-3　　　　　　　　事业收入与事业预算收入的主要账务处理

序号	业务内容		账务处理	
			财务会计	预算会计
1	采用财政专户返还方式	实际收到或应收应上缴财政专户的事业收入时	借:银行存款/应收账款等 贷:应缴财政款	—
		向财政专户上缴款项时	借:应缴财政款 贷:银行存款等	—
		收到从财政专户返还的款项时	借:银行存款等 贷:事业收入	借:资金结存——货币资金 贷:事业预算收入

(续表)

序号	业务内容		账务处理	
			财务会计	预算会计
2	采用预收款方式	实际收到款项时	借：银行存款等 　贷：预收账款	借：资金结存——货币资金 　贷：事业预算收入
		按合同完成进度确认收入时	借：预收账款 　贷：事业收入	—
3	采用应收款方式	根据合同完成进度计算本期应收的款项	借：应收账款 　贷：事业收入	—
		实际收到款项时	借：银行存款等 　贷：应收账款	借：资金结存——货币资金 　贷：事业预算收入
4	其他方式		借：银行存款/库存现金等 　贷：事业收入	借：资金结存——货币资金 　贷：事业预算收入
5	期末/年末结转时	专项资金收入	借：事业收入 　贷：本期盈余	借：事业预算收入 　贷：非财政拨款结转——本年收支结转
		非专项资金收入		借：事业预算收入 　贷：其他结余

【例4-8】 某事业单位收到一笔采用财政专户返还方式管理的事业收入90 000元,款项已存入开户银行。数日后,该事业单位通过开户银行向财政专户上缴收到的该笔事业收入90 000元。次月,该事业单位收到从财政专户返还的一部分事业收入70 000元,款项已存入开户银行。

(1) 收到采用财政专户返还方式管理的事业收入时,财务会计分录如下:

借：银行存款　　　　　　　　　　　　　　　　　　　　　　　　　　90 000
　贷：应缴财政款——应缴财政专户款　　　　　　　　　　　　　　　　　90 000

(2) 通过开户银行向财政专户上缴相应的事业收入时,财务会计分录如下:

借：应缴财政款——应缴财政专户款　　　　　　　　　　　　　　　　　90 000
　贷：银行存款　　　　　　　　　　　　　　　　　　　　　　　　　　90 000

(3) 收到从财政专户返还的一部分事业收入时,财务会计分录如下:

借：银行存款　　　　　　　　　　　　　　　　　　　　　　　　　　70 000
　贷：事业收入——财政专户返还收入　　　　　　　　　　　　　　　　　70 000

同时,编制预算会计分录:

借：资金结存——货币资金——银行存款　　　　　　　　　　　　　　　70 000
　贷：事业预算收入——财政专户返还收入　　　　　　　　　　　　　　　70 000

【例4-9】 2×23年2月1日,某事业单位与甲公司签订了某项技术合同,共计50 000元。2×23年3月1日,按合同约定从甲公司预收款项50 000元,款项已存入开户银行。2×23年6月1日,该事业单位完成了该技术合同规定内容的一半,提供的技术服务获得了对方的认可,按合同完成进度计算确认实现的事业收入为25 000元。2×23年10月1日,合同全部完成,该事业单位确认剩余合同的事业收入为25 000元。

(1) 2×23年3月1日,从甲公司预收款项时,财务会计分录如下:

借:银行存款　　　　　　　　　　　　　　　　　　　　　　　　50 000
　　贷:预收账款——甲公司　　　　　　　　　　　　　　　　　　　　50 000

同时,编制预算会计分录:

借:资金结存——货币资金——银行存款　　　　　　　　　　　　　50 000
　　贷:事业预算收入——科研收入　　　　　　　　　　　　　　　　　50 000

(2) 2×23年6月1日,确认实现的事业收入时,财务会计分录如下:

借:预收账款——甲公司　　　　　　　　　　　　　　　　　　　　25 000
　　贷:事业收入——科研收入　　　　　　　　　　　　　　　　　　　25 000

(3) 2×23年10月1日,确认实现的剩余合同的事业收入时,财务会计分录如下:

借:预收账款——甲公司　　　　　　　　　　　　　　　　　　　　25 000
　　贷:事业收入——科研收入　　　　　　　　　　　　　　　　　　　25 000

【例4-10】　2×24年2月1日,某事业单位与甲公司签订了某项技术合同,共计50 000元。2×24年6月1日,该事业单位完成了该技术合同规定内容的一半,提供的技术服务获得了对方的认可,按合同完成进度计算确认实现的事业收入为25 000元,款项尚未收到。2×24年7月1日,收到款项25 000元。

(1) 2×24年6月1日,确认实现的事业收入时,财务会计分录如下:

借:应收账款——甲公司　　　　　　　　　　　　　　　　　　　　25 000
　　贷:事业收入——科研收入　　　　　　　　　　　　　　　　　　　25 000

(2) 2×24年7月1日,实际收到款项时,财务会计分录如下:

借:银行存款　　　　　　　　　　　　　　　　　　　　　　　　25 000
　　贷:应收账款——甲公司　　　　　　　　　　　　　　　　　　　　25 000

同时,编制预算会计分录:

借:资金结存——货币资金——银行存款　　　　　　　　　　　　　25 000
　　贷:事业预算收入——科研收入　　　　　　　　　　　　　　　　　25 000

【例4-11】　2×24年3月1日,某事业单位收到后勤服务费20 000元。
2×24年3月1日,财务会计分录如下:

借:银行存款　　　　　　　　　　　　　　　　　　　　　　　　20 000
　　贷:事业收入——后勤服务收入　　　　　　　　　　　　　　　　　20 000

同时,编制预算会计分录:

借:资金结存——货币资金——银行存款　　　　　　　　　　　　　20 000
　　贷:事业预算收入——后勤服务收入　　　　　　　　　　　　　　　20 000

二、经营收入与经营预算收入

(一) 核算内容

"经营收入"科目核算事业单位在专业业务活动及其辅助活动之外开展非独立核算经营活动取得的收入。

"经营预算收入"科目核算事业单位在专业业务活动及其辅助活动之外开展非独立核算经营活动取得的现金流入。

> **相关思考 4-3**
>
> **事业单位经营收入与附属单位上缴收入的主要区别是什么**
>
> 经营收入是指事业单位在专业业务活动及其辅助活动之外开展非独立核算经营活动取得的收入。附属单位上缴收入是指事业单位取得的附属独立核算单位按照有关规定上缴的收入。事业单位开展的非独立核算经营活动应当是小规模的,不便或无法形成独立核算单位。如果相应的经营活动规模较大,应尽可能组建附属独立核算单位。之后,附属独立核算单位按规定向事业单位上缴款项,形成事业单位的附属单位上缴收入。

(二) 明细科目设置

"经营收入"科目应当按照经营活动类别、项目和收入来源等进行明细核算。

"经营预算收入"科目应当按照经营活动类别、项目、《政府收支分类科目》中"支出功能分类科目"的项级科目等进行明细核算。

(三) 主要账务处理

1. 经营收入的主要账务处理

经营收入应当在提供服务或发出存货,同时收讫价款或者取得索取价款的凭据时,按照实际收到或应收的金额予以确认。

(1) 实现经营收入时,按照确定的收入金额,借记"银行存款""应收账款""应收票据"等科目,贷记本科目。涉及增值税业务的,相关账务处理参照"应交增值税"科目。

(2) 期末,将本科目本期发生额转入本期盈余,借记本科目,贷记"本期盈余"科目。期末结转后,本科目应无余额。

2. 经营预算收入的主要账务处理

(1) 收到经营预算收入时,按照实际收到的金额,借记"资金结存——货币资金"科目,贷记本科目。

(2) 年末,将本科目本年发生额转入经营结余,借记本科目,贷记"经营结余"科目。年末结转后,本科目应无余额。

经营收入与经营预算收入的主要账务处理如表 4-4 所示。

表 4-4　　　　　经营收入与经营预算收入的主要账务处理

序号	业务内容		账务处理	
			财务会计	预算会计
1	确认收入时	按照确定的收入金额	借:银行存款/应收账款/应收票据等 贷:经营收入	借:资金结存——货币资金 (按照实际收到的金额) 贷:经营预算收入

(续表)

序号	业务内容		账务处理	
			财务会计	预算会计
2	收到应收的款项时	按照实际收到的金额	借：银行存款等 　贷：应收账款/应收票据	
3	期末/年末结转时		借：经营收入 　贷：本期盈余	借：经营预算收入 　贷：经营结余

【例4-12】 2×24年3月5日，某事业单位开展一项非独立核算的经营活动，取得经营收入6 000元，款项已存入开户银行。

2×24年3月5日，财务会计分录如下：

借：银行存款　　　　　　　　　　　　　　　　　　　　　　　　　6 000
　　贷：经营收入　　　　　　　　　　　　　　　　　　　　　　　　　6 000

同时，编制预算会计分录：

借：资金结存——货币资金——银行存款　　　　　　　　　　　　　6 000
　　贷：经营预算收入　　　　　　　　　　　　　　　　　　　　　　　6 000

三、投资收益与投资预算收益

(一)核算内容

"投资收益"科目核算事业单位股权投资和债券投资所实现的收益或发生的损失。

"投资预算收益"科目核算事业单位取得的按照规定纳入部门预算管理的属于投资收益性质的现金流入，包括股权投资收益、出售或收回债券投资所取得的收益和债券投资利息收入。

(二)明细科目设置

"投资收益"科目应当按照投资的种类等进行明细核算。

"投资预算收益"科目应当按照《政府收支分类科目》中"支出功能分类科目"的项级科目等进行明细核算。

(三)主要账务处理

1. 投资收益的主要账务处理

(1)收到短期投资持有期间的利息，按照实际收到的金额，借记"银行存款"科目，贷记"投资收益"科目。

(2)出售或到期收回短期债券本息，按照实际收到的金额，借记"银行存款"科目，按照出售或收回短期投资的成本，贷记"短期投资"科目，按照其差额，贷记或借记本科目。涉及增值税业务的，相关账务处理参照"应交增值税"科目。

(3)持有的分期付息、一次还本的长期债券投资，按期确认利息收入时，按照计算确定的应收未收利息，借记"应收利息"科目，贷记本科目；持有的到期一次还本付息的债券投资，按期确认利息收入时，按照计算确定的应收未收利息，借记"长期债券投资——应计利息"科目，贷记本科目。

(4) 出售长期债券投资或到期收回长期债券投资本息,按照实际收到的金额,借记"银行存款"等科目,按照债券初始投资成本和已计未收利息的金额,贷记"长期债券投资——成本、应计利息"科目(到期一次还本付息债券)或"长期债券投资""应收利息"科目(分期付息债券),按照其差额,贷记或借记本科目。涉及增值税业务的,相关账务处理参照"应交增值税"科目。

(5) 采用成本法核算的长期股权投资持有期间,被投资单位宣告分派现金股利或利润时,按照宣告分派的现金股利或利润中属于单位应享有的份额,借记"应收股利"科目,贷记本科目。取得分派的利润或股利时,按照实际收到的金额,借记"银行存款"科目,贷记"应收股利"科目。

采用权益法核算的长期股权投资持有期间,按照应享有或应分担的被投资单位实现的净损益的份额,借记或贷记"长期股权投资——损益调整"科目,贷记或借记本科目。收到被投资单位发放的现金股利时,按照实际收到的金额,借记"银行存款"科目,贷记"应收股利"科目。被投资单位发生净亏损,但以后年度又实现净利润的,单位在其收益分享额弥补未确认的亏损分担额等后,恢复确认投资收益,借记"长期股权投资——损益调整"科目,贷记本科目。

(6) 按照规定处置长期股权投资时有关投资收益的账务处理参照"长期股权投资"科目。

(7) 期末,将本科目本期发生额转入本期盈余,借记或贷记本科目,贷记或借记"本期盈余"科目。期末结转后,本科目应无余额。

2. 投资预算收益的主要账务处理

(1) 出售或到期收回本年度取得的短期、长期债券,按照实际取得的价款或实际收到的本息金额,借记"资金结存——货币资金"科目,按照取得债券时"投资支出"科目的发生额,贷记"投资支出"科目,按照其差额,贷记或借记本科目。

出售或到期收回以前年度取得的短期、长期债券,按照实际取得的价款或实际收到的本息金额,借记"资金结存——货币资金"科目,按照取得债券时"投资支出"科目的发生额,贷记"其他结余"科目,按照其差额,贷记或借记本科目。

出售、转让以货币资金取得的长期股权投资的,其账务处理参照出售或到期收回债券投资。

(2) 持有的短期投资以及分期付息、一次还本的长期债券投资收到利息时,按照实际收到的金额,借记"资金结存——货币资金"科目,贷记本科目。

(3) 持有长期股权投资取得被投资单位分派的现金股利或利润时,按照实际收到的金额,借记"资金结存——货币资金"科目,贷记本科目。

(4) 出售、转让以非货币性资产取得的长期股权投资时,按照实际取得的价款扣减支付的相关费用和应缴财政款后的余额(按照规定纳入单位预算管理的),借记"资金结存——货币资金"科目,贷记本科目。

(5) 年末,将本科目本年发生额转入其他结余,借记或贷记本科目,贷记或借记"其他结余"科目。年末结转后,本科目应无余额。

投资收益与投资预算收益的主要账务处理如表 4-5 所示。

表 4-5　　　　　　　　　　投资收益与投资预算收益的主要账务处理

序号	业务内容		账务处理	
			财务会计	预算会计
1	出售或到期收回短期债券本息		借：银行存款 　　投资收益（借差） 　贷：短期投资（成本） 　　　投资收益（贷差）	借：资金结存——货币资金（实际收到的款项） 　　投资预算收益（借差） 　贷：投资支出/其他结余（投资成本） 　　　投资预算收益（贷差）
2	持有的分期付息、一次还本的长期债券投资	确认应收未收利息时	借：应收利息 　贷：投资收益	—
		实际收到利息时	借：银行存款 　贷：应收利息	借：资金结存——货币资金 　贷：投资预算收益
3	持有的一次还本付息的长期债券投资	计算确定的应收未收利息	借：长期债券投资——应计利息 　贷：投资收益	—
4	出售长期债券投资或到期收回长期债券投资本息		借：银行存款等 　　投资收益（借差） 　贷：长期债券投资 　　　应收利息（分期付息） 　　　长期债券投资——成本 　　　　　　　　　——应付利息（到期一次还本付息） 　　　投资收益（贷差）	借：资金结存——货币资金（实际收到的款项） 　　投资预算收益（借差） 　贷：投资支出/其他结余 　　　投资预算收益（贷差）
5	成本法下长期股权投资持有期间，被投资单位宣告分派利润或股利	按照宣告分派的利润或股利中属于单位应享有的份额	借：应收股利 　贷：投资收益	—
		取得分派的利润或股利时，按照实际收到的金额	借：银行存款 　贷：应收股利	借：资金结存——货币资金 　贷：投资预算收益
6	采用权益法核算的长期股权投资持有期间	按照应享有或应分担的被投资单位实现的净损益的份额	借：长期股权投资——损益调整 　贷：投资收益（被投资单位实现的净利润） 借：投资收益（被投资单位发生的净亏损） 　贷：长期股权投资——损益调整	
		收到被投资单位发放的现金股利时，按照实际收到的金额	借：银行存款 　贷：应收股利	借：资金结存——货币资金 　贷：投资预算收益

(续表)

序号	业务内容		账务处理	
			财务会计	预算会计
6	采用权益法核算的长期股权投资持有期间	被投资单位发生净亏损,但以后年度又实现净利润的,按规定恢复确认投资收益	借:长期股权投资——损益调整 　贷:投资收益	—
7	期末/年末结转时	投资收益为贷方余额时	借:投资收益 　贷:本期盈余	借:投资预算收益 　贷:其他结余
		投资收益为借方余额时	借:本期盈余 　贷:投资收益	借:其他结余 　贷:投资预算收益

【例 4-13】 某事业单位出售一项本年度取得的短期投资,实际收到款项 12 800 元,款项已存入开户银行。该项短期投资的账面余额为 12 500 元,取得时"投资支出"科目的发生额也为 12 500 元。按照规定,本次短期投资出售取得的投资收益纳入单位预算管理。

财务会计分录如下:

借:银行存款　　　　　　　　　　　　　　　　　　　　　　　　　12 800
　贷:短期投资　　　　　　　　　　　　　　　　　　　　　　　　　12 500
　　　投资收益　　　　　　　　　　　　　　　　　　　　　　　　　　　300

同时,编制预算会计分录:

借:资金结存——货币资金——银行存款　　　　　　　　　　　　　12 800
　贷:投资支出　　　　　　　　　　　　　　　　　　　　　　　　　12 500
　　　投资预算收益　　　　　　　　　　　　　　　　　　　　　　　　 300

【例 4-14】 某事业单位收到短期投资持有期间的利息 2 200 元,款项已存入开户银行。

财务会计分录如下:

借:银行存款　　　　　　　　　　　　　　　　　　　　　　　　　　2 200
　贷:投资收益　　　　　　　　　　　　　　　　　　　　　　　　　　2 200

同时,编制预算会计分录:

借:资金结存——货币资金——银行存款　　　　　　　　　　　　　　2 200
　贷:投资预算收益　　　　　　　　　　　　　　　　　　　　　　　　2 200

【例 4-15】 某事业单位持有 A 公司 10% 的股份,相应的长期股权投资采用成本法核算。某日,该事业单位收到 A 公司数日前宣告分派的现金股利 12 000 元,款项已存入开户银行。

财务会计分录如下:

借:银行存款　　　　　　　　　　　　　　　　　　　　　　　　　 12 000
　贷:应收股利　　　　　　　　　　　　　　　　　　　　　　　　　 12 000

同时,编制预算会计分录:

借:资金结存——货币资金——银行存款　　　　　　　　　　　　　　12 000
　　贷:投资预算收益　　　　　　　　　　　　　　　　　　　　　　12 000

四、捐赠收入

(一)核算内容

"捐赠收入"科目核算单位接受其他单位或者个人捐赠取得的收入。

(二)明细科目设置

"捐赠收入"科目应当按照捐赠资产的用途和捐赠单位等进行明细核算。

(三)主要账务处理

(1)接受捐赠的货币资金,按照实际收到的金额,借记"银行存款""库存现金"等科目,贷记本科目。

(2)接受捐赠的存货、固定资产等非现金资产,按照确定的成本,借记"库存物品""固定资产"等科目,按照发生的相关税费、运输费等,贷记"银行存款"等科目,按照其差额,贷记本科目。

(3)接受捐赠的存货、固定资产等非现金资产按照名义金额入账的,按照名义金额,借记"库存物品""固定资产"等科目,贷记本科目;同时,按照发生的相关税费、运输费等,借记"其他费用"科目,贷记"银行存款"等科目。

(4)期末,将本科目本期发生额转入本期盈余,借记本科目,贷记"本期盈余"科目。期末结转后,本科目应无余额。

捐赠收入的主要账务处理如表4-6所示。

表4-6　　　　　　　　　　　　捐赠收入的主要账务处理

序号	业务内容		账务处理	
			财务会计	预算会计
1	接受捐赠的货币资金	按照实际收到的金额	借:银行存款/库存现金等 　贷:捐赠收入	借:资金结存——货币资金 　贷:其他预算收入—— 　　　捐赠收入
2	接受捐赠的存货、固定资产等非现金资产	按照确定的成本	借:库存物品/固定资产等 　贷:银行存款等(相关税费支出) 　　　捐赠收入(贷差)	借:其他支出(支付的相关税费等) 　贷:资金结存
		如按照名义金额入账	借:库存物品/固定资产等(名义金额) 　贷:捐赠收入 借:其他费用 　贷:银行存款等(相关税费支出)	借:其他支出(支付的相关税费等) 　贷:资金结存
3	期末/年末结转时	专项资金	借:捐赠收入 　贷:本期盈余	借:其他预算收入——捐赠收入 　贷:非财政拨款结转—— 　　　本年收支结转

(续表)

序号	业务内容		账务处理	
			财务会计	预算会计
3	期末/年末结转时	非专项资金	借：捐赠收入 　　贷：本期盈余	借：其他预算收入——捐赠收入 　　贷：其他结余

【例 4-16】 2×24 年 5 月 16 日，某事业单位收到某企业捐赠的银行存款 50 000 元。

2×24 年 5 月 16 日，财务会计分录如下：

借：银行存款　　　　　　　　　　　　　　　　　　　　　　50 000
　　贷：捐赠收入——某企业　　　　　　　　　　　　　　　　　　50 000

同时，编制预算会计分录：

借：资金结存——货币资金——银行存款　　　　　　　　　　50 000
　　贷：其他预算收入——捐赠收入　　　　　　　　　　　　　　50 000

五、利息收入

（一）核算内容

"利息收入"科目核算单位取得的银行存款利息收入。

（二）明细科目设置

"利息收入"科目可以按照不同开户银行设置明细科目。

（三）主要账务处理

（1）取得银行存款利息时，按照实际收到的金额，借记"银行存款"科目，贷记本科目。

（2）期末，将本科目本期发生额转入本期盈余，借记本科目，贷记"本期盈余"科目。期末结转后，本科目应无余额。

利息收入的主要账务处理如表 4-7 所示。

表 4-7　　　　　　　　　　利息收入的主要账务处理

序号	业务内容		账务处理	
			财务会计	预算会计
1	确认银行存款利息收入	实际收到利息时	借：银行存款 　　贷：利息收入	借：资金结存——货币资金 　　贷：其他预算收入——利息收入
2	期末/年末结转时		借：利息收入 　　贷：本期盈余	借：其他预算收入——利息收入 　　贷：其他结余

【例 4-17】 2×24 年 3 月 20 日，某事业单位收到银行存款利息 6 000 元。

2×24 年 3 月 20 日，财务会计分录如下：

借：银行存款　　　　　　　　　　　　　　　　　　　　　　6 000
　　贷：利息收入　　　　　　　　　　　　　　　　　　　　　　6 000

同时，编制预算会计分录：

借：资金结存——货币资金——银行存款　　　　　　　　　　　　　6 000
　　贷：其他预算收入——利息收入　　　　　　　　　　　　　　　　　6 000

六、租金收入

（一）核算内容

"租金收入"科目核算单位经批准利用国有资产出租取得并按照规定纳入本单位预算管理的租金收入。

（二）明细科目设置

"租金收入"科目应当按照出租国有资产类别和收入来源等进行明细核算。

（三）主要账务处理

国有资产出租收入，应当在租赁期内各个期间按照直线法予以确认。

（1）采用预收租金方式的，预收租金时，按照收到的金额，借记"银行存款"等科目，贷记"预收账款"科目；分期确认租金收入时，按照各期租金金额，借记"预收账款"科目，贷记本科目。

（2）采用后付租金方式的，每期确认租金收入时，按照各期租金金额，借记"应收账款"科目，贷记本科目；收到租金时，按照实际收到的金额，借记"银行存款"等科目，贷记"应收账款"科目。

（3）采用分期收取租金方式的，每期收取租金时，按照租金金额，借记"银行存款"等科目，贷记本科目。涉及增值税业务的，相关账务处理参照"应交增值税"科目。

（4）期末，将本科目本期发生额转入本期盈余，借记本科目，贷记"本期盈余"科目。期末结转后，本科目应无余额。

租金收入的主要账务处理如表4-8所示。

表4-8　　　　　　　　　　　　租金收入的主要账务处理

序号	业务内容	账务处理	
		财务会计	预算会计
1	预收租金方式　收到预付的租金时	【事业单位】 借：银行存款等 　　贷：预收账款 【行政单位】 借：银行存款等 　　贷：应收账款	借：资金结存——货币资金 　　贷：其他预算收入—— 　　　　租金收入
1	预收租金方式　按照直线法分期确认租金收入时	【事业单位】 借：预收账款 　　贷：租金收入 【行政单位】 借：应收账款 　　贷：租金收入	—

收入与预算收入 第四章

(续表)

序号	业务内容		账务处理	
			财务会计	预算会计
2	后付租金方式	确认租金收入时	借：应收账款 　　贷：租金收入	—
		收到租金时	借：银行存款等 　　贷：应收账款	借：资金结存——货币资金 　　贷：其他预算收入—— 　　　　租金收入
3	分期收取租金方式		借：银行存款等 　　贷：租金收入	借：资金结存——货币资金 　　贷：其他预算收入—— 　　　　租金收入
4	期末/年末结转时		借：租金收入 　　贷：本期盈余	借：其他预算收入——租 　　　　金收入 　　贷：其他结余

【例 4-18】 某事业单位将办公楼对外出租给了甲公司，每年租金收入为 240 000 元，纳入单位预算管理。分别编制该事业单位采用预收租金方式、后付租金方式、分期收取租金方式的有关会计分录。

（1）预收租金方式下该事业单位编制的有关会计分录。

第一，收到预付租金时，财务会计分录如下：

借：银行存款　　　　　　　　　　　　　　　　　　　　　　240 000
　　贷：预收账款——甲公司　　　　　　　　　　　　　　　　　　240 000

同时，编制预算会计分录：

借：资金结存——货币资金——银行存款　　　　　　　　　　240 000
　　贷：其他预算收入——租金收入　　　　　　　　　　　　　　　240 000

第二，每期确认租金收入时，财务会计分录如下：

借：预收账款——甲公司　　　　　　　　　　　　　　　　　　20 000
　　贷：租金收入　　　　　　　　　　　　　　　　　　　　　　　20 000

（2）后付租金方式下该事业单位编制的有关会计分录。

第一，每期确认租金收入时，财务会计分录如下：

借：应收账款——甲公司　　　　　　　　　　　　　　　　　　20 000
　　贷：租金收入　　　　　　　　　　　　　　　　　　　　　　　20 000

第二，收到后付租金时，财务会计分录如下：

借：银行存款　　　　　　　　　　　　　　　　　　　　　　240 000
　　贷：应收账款——甲公司　　　　　　　　　　　　　　　　　　240 000

同时，编制预算会计分录：

借：资金结存——货币资金——银行存款　　　　　　　　　　240 000
　　贷：其他预算收入——租金收入　　　　　　　　　　　　　　　240 000

二维码 4-4 视频：[例 4-18] 解析

177

（3）分期收取租金方式下该事业单位编制的有关会计分录。

分期收取租金时，财务会计分录如下：

借：银行存款　　　　　　　　　　　　　　　　　　　　　　　　　20 000
　　贷：租金收入　　　　　　　　　　　　　　　　　　　　　　　　20 000

同时，编制预算会计分录：

借：资金结存——货币资金——银行存款　　　　　　　　　　　　　20 000
　　贷：其他预算收入——租金收入　　　　　　　　　　　　　　　　20 000

相关思考 4-4

若[例 4-18]中的事业单位为行政单位，预收租金方式下的相关会计分录该如何编制

若[例 4-18]中的事业单位为行政单位，则预收租金方式下该行政单位编制的有关会计分录如下：

(1) 收到预付租金时，财务会计分录如下：

借：银行存款　　　　　　　　　　　　　　　　　　　　　　　　240 000
　　贷：应收账款——甲公司　　　　　　　　　　　　　　　　　　240 000

同时，编制预算会计分录：

借：资金结存——货币资金——银行存款　　　　　　　　　　　　240 000
　　贷：其他预算收入——租金收入　　　　　　　　　　　　　　　240 000

(2) 每期确认租金收入时，财务会计分录如下：

借：应收账款——甲公司　　　　　　　　　　　　　　　　　　　　20 000
　　贷：租金收入　　　　　　　　　　　　　　　　　　　　　　　　20 000

七、其他收入与其他预算收入

（一）核算内容

"其他收入"科目核算政府单位取得的除财政拨款收入、事业收入、上级补助收入、附属单位上缴收入、经营收入、非同级财政拨款收入、投资收益、捐赠收入、利息收入、租金收入以外的各项收入，包括现金盘盈收入、按照规定纳入单位预算管理的科技成果转化收入、行政单位收回已核销的其他应收款、无法偿付的应付及预收款项、置换换出资产评估增值等。需要注意的是，行政单位不涉及事业收入、上级补助收入、附属单位上缴收入、经营收入、投资收益。

"其他预算收入"科目核算政府单位除财政拨款预算收入、事业预算收入、上级补助预算收入、附属单位上缴预算收入、经营预算收入、债务预算收入、非同级财政拨款预算收入、投资预算收益之外的纳入部门预算管理的现金流入，包括捐赠预算收入、利息预算收入、租金预算收入、现金盘盈收入等。单位发生的捐赠预算收入、利息预算收入、租金预算收入金额较大或业务较多的，可单独设置"捐赠预算收入""利息预算收入""租金预算收入"等科目。需要注意的是，行政单位不涉及事业预算收入、上级补助预算收入、附属单位上缴预算收入、经营预算收入、债务预算收入、投资预算收益。

(二) 明细科目设置

"其他收入"科目应当按照其他收入的类别、来源等进行明细核算。

"其他预算收入"科目应当按照其他收入类别、《政府收支分类科目》中"支出功能分类科目"的项级科目等进行明细核算。其他预算收入中如有专项资金收入,还应按照具体项目进行明细核算。

(三) 主要账务处理

1. 其他收入的主要账务处理

1) 现金盘盈收入

每日现金账款核对中发现的现金溢余,属于无法查明原因的部分,报经批准后,借记"待处理财产损溢"科目,贷记本科目。

2) 科技成果转化收入

单位科技成果转化所取得的收入,按照规定留归本单位的,按照所取得收入扣除相关费用之后的净收益,借记"银行存款"等科目,贷记本科目。

3) 行政单位收回已核销的其他应收款

行政单位已核销的其他应收款在以后期间收回的,按照实际收回的金额,借记"银行存款"等科目,贷记本科目。

4) 无法偿付的应付及预收款项

无法偿付或债权人豁免偿还的应付账款、预收账款、其他应付款和长期应付款,借记"应付账款""预收账款""其他应付款""长期应付款"等科目,贷记本科目。

5) 置换换出资产评估增值

资产置换过程中,换出资产评估增值的,按照评估价值高于资产账面价值或账面余额的金额,借记有关科目,贷记本科目。具体账务处理参照"库存物品"等科目。

6) 以未入账的无形资产取得的长期股权投资

以未入账的无形资产取得的长期股权投资,按照评估价值加上相关税费作为投资成本,借记"长期股权投资"科目,按照发生的相关税费,贷记"银行存款""其他应交税费"等科目,按其差额,贷记本科目。

7) 其他情况

确认第1)至第5)项以外的其他收入时,按照应收或实际收到的金额,借记"其他应收款""银行存款""库存现金"等科目,贷记本科目。涉及增值税业务的,相关账务处理参照"应交增值税"科目。

8) 期末结转

期末,将本科目本期发生额转入本期盈余,借记本科目,贷记"本期盈余"科目。期末结转后,本科目应无余额。

2. 其他预算收入的主要账务处理

(1) 接受捐赠现金资产、收到银行存款利息、收到资产承租人支付的租金时,按照实际收到的金额,借记"资金结存——货币资金"科目,贷记本科目。

(2) 每日现金账款核对中如发现现金溢余,按照溢余的现金金额,借记"资金结存——货币资金"科目,贷记本科目。经核实,属于应支付给有关个人和单位的部分,按照实际支付的金额,借记本科目,贷记"资金结存——货币资金"科目。

(3) 收到其他预算收入时,按照收到的金额,借记"资金结存——货币资金"科目,贷记本科目。

(4) 年末,将本科目本年发生额中的专项资金收入转入非财政拨款结转,借记本科目下各专项资金收入明细科目,贷记"非财政拨款结转——本年收支结转"科目;同时,将本科目本年发生额中的非专项资金收入转入其他结余,借记本科目下各非专项资金收入明细科目,贷记"其他结余"科目。年末结转后,本科目应无余额。

其他收入与其他预算收入的主要账务处理如表4-9所示。

表4-9　　　　　　　　　其他收入与其他预算收入的主要账务处理

序号	业务内容		账务处理	
			财务会计	预算会计
1	现金盘盈收入	属于无法查明原因的部分,报经批准后	借:待处理财产损溢 贷:其他收入	—
2	科技成果转化收入	按照规定留归本单位的	借:银行存款等 贷:其他收入	借:资金结存——货币资金 贷:其他预算收入
3	行政单位收回已核销的其他应收款	按照实际收回的金额	借:银行存款等 贷:其他收入	借:资金结存——货币资金 贷:其他预算收入
4	无法偿付的应付及预收款项		借:应付账款/预收账款/其他应付款/长期应付款等 贷:其他收入 【注意:行政单位不涉及"预收账款"科目】	—
5	置换换出资产评估增值	按照换出资产评估价值高于资产账面价值的金额	借:有关科目 贷:其他收入	
6	以未入账的无形资产取得的长期股权投资		借:长期股权投资 贷:银行存款/其他应交税费等(相关税费支出)	借:其他支出(支付的相关税费等) 贷:资金结存
7	其他情况	按照应收或实际收到的金额	借:其他应收款/银行存款/库存现金等 贷:其他收入	借:资金结存——货币资金 贷:其他预算收入
8	期末/年末结转时	专项资金	借:其他收入 贷:本期盈余	借:其他预算收入 贷:非财政拨款结转——本年收支结转
		非专项资金		借:其他预算收入 贷:其他结余

【例4-19】 某事业单位年终进行结账,"其他收入"科目贷方余额为90 000元,其中,专

项资金收入为 60 000 元,非专项资金收入为 30 000 元。

财务会计分录如下:

借:其他收入　　　　　　　　　　　　　　　　　　　　　90 000
　　贷:本期盈余　　　　　　　　　　　　　　　　　　　　　90 000

同时,编制预算会计分录:

借:其他预算收入　　　　　　　　　　　　　　　　　　　　90 000
　　贷:非财政拨款结转——本年收支结转　　　　　　　　　60 000
　　　　其他结余　　　　　　　　　　　　　　　　　　　　30 000

八、债务预算收入

(一)核算内容

"债务预算收入"科目核算事业单位按照规定从银行和其他金融机构等借入的、纳入部门预算管理的、不以财政资金作为偿还来源的债务本金收入。

(二)明细科目设置

"债务预算收入"科目应当按照贷款单位、贷款种类、《政府收支分类科目》中"支出功能分类科目"的项级科目等进行明细核算。债务预算收入中如有专项资金收入,还应按照具体项目进行明细核算。

(三)主要账务处理

(1)借入各项短期或长期借款时,按照实际借入的金额,借记"资金结存——货币资金"科目,贷记本科目。

(2)偿还各项短期或长期借款时,借记"债务还本支出"科目,贷记"资金结存——货币资金"科目。

(3)年末,将本科目本年发生额中的专项资金收入转入非财政拨款结转,借记本科目下各专项资金收入明细科目,贷记"非财政拨款结转——本年收支结转"科目;同时,将本科目本年发生额中的非专项资金收入转入其他结余,借记本科目下各非专项资金收入明细科目,贷记"其他结余"科目。年末结转后,本科目应无余额。

债务预算收入的主要账务处理如表 4-10 所示。

表 4-10　　　　　　　　　　债务预算收入的主要账务处理

序号	业务内容		账务处理	
			财务会计	预算会计
1	短期借款	借入各种短期借款	借:银行存款 　贷:短期借款	借:资金结存——货币资金 　贷:债务预算收入
		偿还短期借款本金	借:短期借款 　贷:银行存款	借:债务还本支出 　贷:资金结存——货币资金
2	长期借款	借入各项长期借款时	借:银行存款 　贷:长期借款——本金	借:资金结存——货币资金 　贷:债务预算收入

(续表)

序号	业务内容		账务处理	
			财务会计	预算会计
2	长期借款	偿还长期借款本金	借：长期借款——本金 贷：银行存款	借：债务还本支出 贷：资金结存——货币资金
3	期末/年末结转时	债务预算收入结转（专项资金）	—	借：债务预算收入 贷：非财政拨款结转——本年收支结转
		债务预算收入结转（非专项资金）	—	借：债务预算收入 贷：其他结余
		债务还本支出结转	—	借：其他结余 贷：债务还本支出

【例 4-20】 某事业单位经批准向银行借入一笔短期借款，借款金额为 40 000 元，纳入部门预算管理，作为工程项目专用。

财务会计分录如下：

借：银行存款　　　　　　　　　　　　　　　　　　　　　　　40 000
　　贷：短期借款　　　　　　　　　　　　　　　　　　　　　　40 000

同时，编制预算会计分录：

借：资金结存——货币资金——银行存款　　　　　　　　　　　40 000
　　贷：债务预算收入——专项资金收入　　　　　　　　　　　40 000

第四节 调剂性收入与调剂性预算收入的核算

一、上级补助收入与上级补助预算收入

（一）核算内容

"上级补助收入"科目核算事业单位从主管部门和上级单位取得的非财政拨款收入。

"上级补助预算收入"科目核算事业单位从主管部门和上级单位取得的非财政补助现金流入。

（二）明细科目设置

"上级补助收入"科目应当按照发放补助单位、补助项目等进行明细核算。

"上级补助预算收入"科目应当按照发放补助单位、补助项目、《政府收支分类科目》中"支出功能分类科目"的项级科目等进行明细核算。上级补助预算收入中如有专项资金收入，还应按照具体项目进行明细核算。

（三）主要账务处理

1. 上级补助收入的主要账务处理

（1）确认上级补助收入时，按照应收或实际收到的金额，借记"其他应收款""银行存款"等科目，贷记本科目。

（2）实际收到应收的上级补助款时，按照实际收到的金额，借记"银行存款"等科目，贷

记"其他应收款"科目。

（3）期末，将本科目本期发生额转入本期盈余，借记本科目，贷记"本期盈余"科目。期末结转后，本科目应无余额。

2. 上级补助预算收入的主要账务处理

（1）收到上级补助预算收入时，按照实际收到的金额，借记"资金结存——货币资金"科目，贷记本科目。

（2）年末，将本科目本年发生额中的专项资金收入转入非财政拨款结转，借记本科目下各专项资金收入明细科目，贷记"非财政拨款结转——本年收支结转"科目；同时，将本科目本年发生额中的非专项资金收入转入其他结余，借记本科目下各非专项资金收入明细科目，贷记"其他结余"科目。年末结转后，本科目应无余额。

上级补助收入与上级补助预算收入的主要账务处理如表 4-11 所示。

表 4-11　　　　　　　上级补助收入与上级补助预算收入的主要账务处理

序号	业务内容		账务处理	
			财务会计	预算会计
1	日常核算	确认时	借：其他应收款/银行存款等 　贷：上级补助收入	借：资金结存——货币资金 　贷：上级补助预算收入
		收到应收的上级补助款时	借：银行存款等 　贷：其他应收款	
2	期末/年末结转时	专项资金收入	借：上级补助收入 　贷：本期盈余	借：上级补助预算收入 　贷：非财政拨款结转—— 　　　本年收支结转
		非专项资金收入		借：上级补助预算收入 　贷：其他结余

【例 4-21】　某事业单位于 2×24 年 5 月 22 日确认应收到上级补助收入 30 000 元，全部为非专项资金收入。2×24 年 6 月 1 日，收到该笔款项。

（1）2×24 年 5 月 22 日，财务会计分录如下：

借：其他应收款——上级补助收入　　　　　　　　　　　　　　　　　　30 000
　　贷：上级补助收入——非专项资金收入　　　　　　　　　　　　　　　　30 000

（2）2×24 年 6 月 1 日，财务会计分录如下：

借：银行存款　　　　　　　　　　　　　　　　　　　　　　　　　　　30 000
　　贷：其他应收款——上级补助收入　　　　　　　　　　　　　　　　　　30 000

同时，编制预算会计分录：

借：资金结存——货币资金——银行存款　　　　　　　　　　　　　　　30 000
　　贷：上级补助预算收入——非专项资金收入　　　　　　　　　　　　　　30 000

二、附属单位上缴收入与附属单位上缴预算收入

（一）核算内容

"附属单位上缴收入"科目核算事业单位取得的附属独立核算单位按照有关规定上缴的收入。

"附属单位上缴预算收入"科目核算事业单位取得附属独立核算单位根据有关规定上缴的现金流入。

> **延伸阅读4-3**
>
> **事业单位的附属独立核算单位**
>
> 事业单位的附属独立核算单位可以是事业单位,也可以是企业。事业单位与其附属独立核算的事业单位通常存在行政隶属关系和预算管理关系;与其附属独立核算的企业通常不仅存在投资上的资金联系,而且还存在有权任免其管理人员职务、支持或否决其经营决策等权利联系。事业单位的附属独立核算企业大多曾经是事业单位的一个组成部分,从事相应的业务活动,后因种种原因从事业单位中独立出来,成为独立核算的企业法人实体。

(二)明细科目设置

"附属单位上缴收入"科目应当按照附属单位、缴款项目等进行明细核算。

"附属单位上缴预算收入"科目应当按照附属单位、缴款项目、《政府收支分类科目》中"支出功能分类科目"的项级科目等进行明细核算。附属单位上缴预算收入中如有专项资金收入,还应按照具体项目进行明细核算。

(三)主要账务处理

1. 附属单位上缴收入的主要账务处理

(1)确认附属单位上缴收入时,按照应收或收到的金额,借记"其他应收款""银行存款"等科目,贷记本科目。

(2)实际收到应收附属单位上缴款时,按照实际收到的金额,借记"银行存款"等科目,贷记"其他应收款"科目。

(3)期末,将本科目本期发生额转入本期盈余,借记本科目,贷记"本期盈余"科目。期末结转后,本科目应无余额。

2. 附属单位上缴预算收入的主要账务处理

(1)收到附属单位缴来款项时,按照实际收到的金额,借记"资金结存——货币资金"科目,贷记本科目。

(2)年末,将本科目本年发生额中的专项资金收入转入非财政拨款结转,借记本科目下各专项资金收入明细科目,贷记"非财政拨款结转——本年收支结转"科目;同时,将本科目本年发生额中的非专项资金收入转入其他结余,借记本科目下各非专项资金收入明细科目,贷记"其他结余"科目。年末结转后,本科目应无余额。

附属单位上缴收入与附属单位上缴预算收入的主要账务处理如表4-12所示。

表4-12　　附属单位上缴收入与附属单位上缴预算收入的主要账务处理

序号	业务内容		账务处理	
			财务会计	预算会计
1	日常核算	确认时	借:其他应收款/银行存款等 　贷:附属单位上缴收入	借:资金结存——货币资金 　贷:附属单位上缴预算收入
		实际收到应收附属单位上缴款时	借:银行存款等 　贷:其他应收款	

(续表)

序号	业务内容		账务处理	
			财务会计	预算会计
2	期末/年末结转时	专项资金收入	借：附属单位上缴收入 　　贷：本期盈余	借：附属单位上缴预算收入 　　贷：非财政拨款结转—— 　　　　本年收支结转
		非专项资金收入		借：附属单位上缴预算收入 　　贷：其他结余

【例 4-22】 某事业单位下属的招待所为独立核算的附属单位。按事业单位与招待所签订的收入分配办法规定，2×23 年招待所应交纳分成款 90 000 元，事业单位已收到招待所上缴的款项。

财务会计分录如下：

借：银行存款　　　　　　　　　　　　　　　　　　　　　　90 000
　　贷：附属单位上缴收入——招待所　　　　　　　　　　　　　　90 000

同时，编制预算会计分录：

借：资金结存——货币资金——银行存款　　　　　　　　　　90 000
　　贷：附属单位上缴预算收入——招待所　　　　　　　　　　　　90 000

本章小结

本章主要学习了行政事业单位收入及预算收入的概念与分类；行政及事业单位收入与预算收入的类别与核算要点；行政单位与事业单位对各项预算收入核算的异同点。

本章重要概念

收入　预算收入　财政拨款收入　财政拨款预算收入　非同级财政拨款收入　非同级财政拨款预算收入　事业收入　事业预算收入　经营收入　经营预算收入　投资收益　投资预算收益　捐赠收入　利息收入　租金收入　其他收入　其他预算收入　上级补助收入　上级补助预算收入　债务预算收入　附属单位上缴收入　附属单位上缴预算收入

本章练习

二维码 4-5：
本章练习

二维码 4-6：
本章练习
参考答案

185

第五章 费用与预算支出

> 内容提要
> 重点难点
> 学习目标
> 知识框架
> 思政育人
> 第一节 费用与预算支出概述
> 第二节 业务费用与业务预算支出的核算
> 第三节 调剂性费用与调剂性预算支出的核算
> 本章小结
> 本章重要概念

内容提要

本章主要讲解了行政事业单位业务费用及业务预算支出的主要经营业务及其核算特点;业务费用与业务预算支出的核算方法;调剂性费用与调剂性预算支出的核算。

重点难点

本章重点为业务费用与业务预算支出的核算内容,包括业务活动费用、单位管理费用与行政支出、事业支出的核算,经营费用与经营支出的核算,资产处置费用的核算等;难点为事业支出、经营支出的核算。

学习目标

通过本章学习,学生应理解费用与预算支出的基本内容;了解各项费用与预算支出之间的区别;掌握各项费用与预算支出的概念和主要经济业务的核算。

知识框架

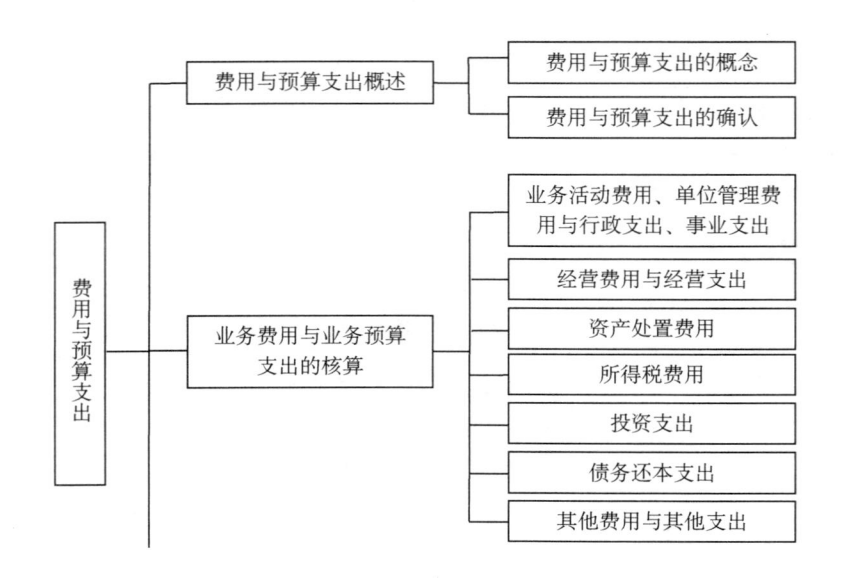

```
                    ┌─ 费用与预算支出概述 ─┬─ 费用与预算支出的概念
                    │                      └─ 费用与预算支出的确认
费用与预算支出 ─────┤
                    │                      ┌─ 业务活动费用、单位管理费用与行政支出、事业支出
                    │                      ├─ 经营费用与经营支出
                    └─ 业务费用与业务预算 ─┼─ 资产处置费用
                       支出的核算          ├─ 所得税费用
                                           ├─ 投资支出
                                           ├─ 债务还本支出
                                           └─ 其他费用与其他支出
```

```
                                    ┌── 上缴上级费用与上缴上级支出
调剂性费用与调剂性预算支出的核算 ──┤
                                    └── 对附属单位补助费用与对附属单位补助支出
```

思政育人　　打造清廉公车，事业单位公务用车新规出台

为规范和加强中央国家机关所属事业单位公务用车管理，巩固公务用车制度改革成果，针对人大国有资产监督和审计查出问题完善整改长效机制，根据《党政机关公务用车管理办法》等有关规定，2023年9月12日，国家机关事务管理局印发《中央国家机关所属事业单位公务用车管理办法（试行）》（以下简称《办法》）。

2015年中央事业单位公务用车制度改革实施后，中央国家机关所属事业单位按规定保留了必要的公务用车。近几年，中央国家机关各部门、各单位认真落实《党政机关公务用车管理办法》等有关规定，不断强化所属事业单位公务用车管理，取得一定成效。但巡视、审计等也发现部分事业单位公务用车管理存在薄弱环节，违规问题时有发生，需要进一步规范管理。

《办法》深入贯彻落实习近平总书记关于机关事务工作的重要指示精神，遵循《党政机关公务用车管理办法》基本原则，与事业单位公务用车制度改革政策规定相衔接，明确了事业单位公务用车管理遵循总额控制、经济适用、节能环保、规范高效的原则，公务出行应当坚持社会化、市场化方向，强调要将坚持勤俭办一切事业的要求贯彻落实到公务用车管理的全流程、各环节，节约高效保障公共服务和公益事业需要。

《办法》坚持统一制度、分级管理原则，突出从严规范管理的要求，对公务用车控制数、配备标准、配备更新程序、使用和处置管理、监督检查等全流程进行了规定，强调要加强越野车、租用车辆等特殊事项管理，明确不得以任何形式变相超数量配备车辆等12个"不得"的管理要求。

《办法》聚焦事业单位行业特点和业务需求，对于事业单位优先配备使用新能源汽车作出细化规定，强化了存量资产盘活利用、标识化信息化等管理要求，要求行业特点突出的行政主管部门应当根据国家有关规定和本办法，结合实际制定完善相关配套制度。

《办法》印发后，中央国家机关层面基本形成了以《党政机关公务用车管理办法》为统领、《中央国家机关所属垂直管理机构 派出机构公务用车管理办法（试行）》和《中央国家机关所属事业单位公务用车管理办法（试行）》为配套支撑的公务用车管理制度体系，在制度建设上实现了对中央国家机关及其所属各级行政单位和各类事业单位公务用车管理全覆盖。

资料来源：周静圆，阙梅梅. 国管局印发《中央国家机关所属事业单位公务用车管理办法（试行）》[EB/OL]. (2023-09-12)[2023-10-30]. http://politics.people.com.cn/n1/2023/0912/c1001-40076221.html.

【思政寄语】

党的二十大报告提出，锲而不舍落实中央八项规定精神，抓住"关键少数"以上率下，持续深化纠治"四风"，重点纠治形式主义、官僚主义，坚决破除特权思想和特权行为。把握作风建设地区性、行业性、阶段性特点，抓住普遍发生、反复出现的问题深化整治，推进作风建设常态化长效化。为贯彻党的二十大精神及按照中央对党政机关厉行节约反对浪费的要求，《办法》中严格限定了机要通信用车不能超过12万元、中小型客车不能超过25万元、大型客车不能超过45万元、新能源轿车不能超过18万元，还规定了配备标准应当根据公务保障需要、汽车行业技术发展、市场价格变化等因素适时调整。

党的二十大报告从战略和全局的高度，明确了进一步深化财税体制改革的重点举措，提出健全现代预算制度，为做好新时代新征程财政预算工作指明了方向、提供了遵循。此次《办法》的印发，是落实健全现代预算制度的生动实践，为全面建设社会主义现代化国家提供坚实制度保障。

二维码5-1
视频：打造清廉公车，事业单位公务用车新规出台

第一节 费用与预算支出概述

一、费用与预算支出的概念

《基本准则》第四十五条规定:费用是指报告期内导致政府会计主体净资产减少的,含有服务潜力或者经济利益的经济资源的流出。

《基本准则》第二十一条规定:预算支出是指政府会计主体在预算年度内依法发生并纳入预算管理的现金流出。

二、费用与预算支出的确认

(一)费用

《基本准则》第四十六条规定:费用的确认应当同时满足以下条件:

(1)与费用相关的含有服务潜力或者经济利益的经济资源很可能流出政府会计主体。

(2)含有服务潜力或者经济利益的经济资源流出会导致政府会计主体资产减少或者负债增加。

(3)流出金额能够可靠地计量。

《基本准则》第四十七条规定:符合费用定义和费用确认条件的项目,应当列入收入费用表。

(二)预算支出

《基本准则》第二十二条规定:预算支出一般在实际支付时予以确认,以实际支付的金额计量。

第二节 业务费用与业务预算支出的核算

一、业务活动费用、单位管理费用与行政支出、事业支出

(一)核算内容

业务活动费用是单位为实现其职能目标,依法履职或开展专业业务活动及其辅助活动所发生的各项费用。

单位管理费用是事业单位本级行政及后勤管理部门开展管理活动发生的各项费用,包括单位行政及后勤管理部门发生的人员经费、公用经费、资产折旧(摊销)等费用,以及由单位统一负担的离退休人员经费、工会经费、诉讼费、中介费等。

业务活动费用和单位管理费用是单位会计核算反映和监督的主要对象,也是考核单位职能目标实现情况、事业发展成果、资金使用效益和预算执行情况的主要依据。

【注意:行政单位不涉及单位管理费用】

行政支出和事业支出是单位开展专业业务活动及其辅助活动实际发生的各项现金流出。

(二) 业务费用与业务预算支出的分类

业务活动费用、单位管理费用与行政支出、事业支出可以按照按费用(支出)性质、费用(支出)资金来源、费用(支出)内容和方向划分。业务活动费用与业务预算支出的分类如表 5-1 所示。

表 5-1　　　　　　　　　　业务活动费用与业务预算支出的分类

序号	分类依据	具体内容
1	费用(支出)性质	业务活动费用包括保障其机构正常运转、完成日常工作任务而实现其职能目标,依法履职发生的人员费用和日常公用费用等基本经费,也包括在基本经费外所发生的为了完成特定工作任务和事业发展目标,依法开展专业业务活动及其辅助活动的各种项目经费。因此,按其性质,可以划分为基本支出和项目支出
2	费用(支出)资金来源	业务活动费用包括通过财政拨款收入、事业收入、上级补助收入、附属单位上缴收入、其他收入等安排的用于履职、开展专业业务活动及其辅助活动和单位管理活动发生的各项费用。因此,按其资金来源,可以划分为财政拨款支出、非财政专项资金支出和其他资金支出 【注意:行政单位只涉及通过财政拨款收入、其他收入等安排的用于履职、开展专业业务活动及其辅助活动和单位管理活动发生的各项费用】
3	费用(支出)内容和方向	业务活动费用包括用于人员方面的支出、维持机构运转的日常公用方面的支出、购置办公设备等方面的支出。因此,按其内容和方向,可以划分为人员支出(工资和福利支出、对个人和家庭的补助支出)、商品和服务支出、资本性支出等

相关思考 5-1

基本支出与项目支出的区别和联系有哪些

1. 基本支出与项目支出的区别

(1) 从支出的概念上看:基本支出是指行政事业单位为保障其机构正常运转、完成日常工作任务而编制的年度基本支出。项目支出是指行政事业单位为完成特定的工作任务或事业发展目标,在基本的预算支出以外,财政预算专款安排的支出。

(2) 从支出的内容上看:基本预算支出的内容按其性质,分为人员经费和日常公用经费两部分。项目预算支出是除基本预算支出以外财政预算专项专款安排的支出。

(3) 从支出的保障原则上看:基本支出是日常所需的必要支出,预算资金的安排最先保障行政事业单位基本支出的合理需要,以保证其机构正常运转和完成日常工作任务,一般列为基本支出的项目就不容易变动。项目支出是计划性支出,具有可变性,结合当年财力状况进行安排,在财政资金支出紧缩时,可以暂停、暂缓列支等。

(4) 从结余结转的情况上看:当年未支出的财政预算拨款按照性质,划分为结转资金和结余资金。当年未支出的基本支出预算拨款全部为结转资金,基本支出没有结余资金。项目支出有结余资金和结转资金,对下一年度需要按照原用途继续使用的资金要计入结转资金,对下一年度不是按照原用途继续使用的资金要计入结余资金;对某一预算年度安排的项目支出,连续 2 年未使用或连续 3 年仍未使用完形成的剩余资金,也要计入结余资金。

(5) 从资金的支付的环节上看:项目支出管理的要求更高。项目资金在使用、支出的环节上要求比较严格,项目支出需要授权把关审批,对支付方式、支付金额等有明确的规定,一般要求按项目的进度程度和实施状况进行支付。基本支出在资金支付上,支付单位的自由度比较大,一般不需要严格的授权审批,只需要按单位内部的财务管理制度落实即可,并在使用上可以适当的调剂使用。

(6) 从预算编制、预算管理的原则上看,基本支出预算编制的原则包括:①综合预算原则。②优先保障原则。③定员定额管理的原则。项目支出预算管理的基本原则包括:①综合预算原则。②科学论证,合理排序的原则。③全程监控,追踪问效的原则。

(7) 从立项角度上看:项目支出的所有项目都必须先由有关部门审查立项,然后才能列入财政资金预算。基本支出一般是行政事业单位在年初时上报部门单位预算,财政部门审批后就可列支,一般不需要立项。

2. 基本支出与项目支出的联系

(1) 从资金的来源上讲:基本支出与项目支出资金的来源都是财政公共资金,都是财政预算支出的组成部分,都要经过财政预算的管理列支。对未纳入预算的突发项目通过追加申请的方式列入预算项目支出。

(2) 从采购或招标的要求上讲:根据《中华人民共和国政府采购法》《中华人民共和国招标投标法》的要求,项目支出和比较大的基本支出都要进行政府采购或招标,经过政府采购和招标的基本支出和项目支出都应当严格按照批准的预算执行。

(三) 明细科目设置

《政府会计制度》规定,业务活动费用应当按照项目、服务或者业务类别、支付对象等进行明细核算。单位管理费用应当按照项目、费用类别、支付对象等进行明细核算。为了满足成本核算需要,还可按照"工资福利费用""商品和服务费用""对个人和家庭的补助费用""固定资产折旧费""无形资产摊销费"等成本项目设置明细科目,归集能够直接计入业务活动(或单位管理活动)或采用一定方法计算后计入业务活动(或单位管理活动)的费用。事业单位发生教育、科研、医疗、行政管理、后勤保障等活动的,可在"事业支出"科目下设置相应的明细科目进行核算,或单设"教育支出""科研支出""医疗支出""行政管理支出""后勤保障支出"等明细科目进行核算。

行政支出和事业支出应当分别按照"财政拨款支出""非财政专项资金支出"和"其他资金支出""基本支出""项目支出"等进行明细核算,并按照《政府收支分类科目》中"支出功能分类科目"的项级科目进行明细核算。"基本支出"和"项目支出"明细科目下应当按照《政府收支分类科目》中"部门预算支出经济分类科目"的款级科目进行明细核算,同时在"项目支出"明细科目下按照具体项目进行明细核算。

(四) 单位管理费用的主要账务处理

(1) 为开展管理活动人员计提的薪酬,按照计算确定的金额,借记本科目,贷记"应付职工薪酬"科目。

(2) 为开展管理活动发生的外部人员劳务费,按照计算确定的费用金额,借记本科目,按照代扣代交个人所得税的金额,贷记"其他应交税费——应交个人所得税"科目,按照扣税后应付或实际支付的金额,贷记"其他应付款""财政拨款收入""银行存款"等科目。

(3) 为开展管理活动内部领用库存物品,按照领用物品实际成本,借记本科目,贷记"库存物品"科目。

(4) 为开展管理活动所使用固定资产、无形资产计提的折旧、摊销,按照应提折旧、摊销额,借记本科目,贷记"固定资产累计折旧""无形资产累计摊销"科目。

(5) 为开展管理活动发生的城市维护建设税、教育费附加、地方教育附加、车船税、房产税、城镇土地使用税等,按照计算确定应交纳的金额,借记本科目,贷记"其他应交税费"等科目。

(6) 为开展管理活动发生的其他各项费用,按照费用确认金额,借记本科目,贷记"财政拨款收入""银行存款""其他应付款""其他应收款"等科目。

(7) 发生当年购货退回等业务,对于已计入本年单位管理费用的,按照收回或应收的金额,借记"财政拨款收入""银行存款""其他应收款"等科目,贷记本科目。

(8) 期末,将本科目本期发生额转入本期盈余,借记"本期盈余"科目,贷记本科目。

单位管理费用的主要账务处理(事业单位)如表 5-2 所示。

表 5-2　　　　　　　　　单位管理费用的主要账务处理(事业单位)

序号	业务内容		账务处理	
			财务会计	预算会计
1	为开展管理活动人员计提并支付的职工薪酬	计提时	借:单位管理费用 　贷:应付职工薪酬	—
		实际支付并代扣个人所得税时	借:应付职工薪酬 　贷:财政拨款收入/银行存款等 　　其他应交税费——应交个人所得税	借:事业支出 　贷:财政拨款预算收入/资金结存
		实际交纳税款时	借:其他应交税费——应交个人所得税 　贷:银行存款	借:事业支出(按照实际交纳额) 　贷:资金结存等
2	为开展管理活动发生的外部人员劳务费	计提时	借:单位管理费用 　贷:其他应付款	—
		实际支付并代扣个人所得税时	借:其他应付款 　贷:财政拨款收入/银行存款等 　　其他应交税费——应交个人所得税	借:事业支出(按照支付给个人部分) 　贷:财政拨款预算收入/资金结存
		实际交纳税款时	借:其他应交税费——应交个人所得税 　贷:银行存款等	借:事业支出(按照实际交纳额) 　贷:资金结存等
3	为开展管理活动发生的预付款项	预付账款 支付款项	借:预付账款 　贷:财政拨款收入/银行存款等	借:事业支出 　贷:财政拨款预算收入/资金结存
		预付账款 结算	借:单位管理费用 　贷:预付账款 　　财政拨款收入/银行存款等(补付金额)	借:事业支出 　贷:财政拨款预算收入/资金结存(补付金额)
		暂付款项 支付款项	借:其他应收款 　贷:银行存款等	—
		暂付款项 结算或报销	借:单位管理费用 　贷:其他应收款	借:事业支出 　贷:资金结存等

(续表)

序号	业务内容		账务处理	
			财务会计	预算会计
4	发生的其他与管理活动相关的各项费用		借：单位管理费用 贷：财政拨款收入/银行存款/应付账款等	借：事业支出（按照实际支付的金额） 贷：财政拨款预算收入/资金结存
5	为开展管理活动购买资产或支付在建工程款等	按照实际支付或应付的价款	借：库存物品/固定资产/无形资产/在建工程等 贷：财政拨款收入/银行存款/应付账款等	借：事业支出（按照实际支付的金额） 贷：财政拨款预算收入/资金结存
6	为开展管理活动计提的固定资产、无形资产折旧（摊销）	按照计提的折旧、摊销额	借：单位管理费用 贷：固定资产累计折旧/无形资产累计摊销	—
7	为开展管理活动内部领用库存物品	按照库存物品的成本	借：单位管理费用 贷：库存物品	—
8	为开展管理活动发生应负担的税金及附加	确认其他应交税费时	借：单位管理费用 贷：其他应交税费	—
		支付其他应交税费时	借：其他应交税费 贷：银行存款等	借：事业支出 贷：资金结存等
9	购货退回等	当年发生的	借：财政拨款收入/银行存款/应收账款等 贷：库存物品/单位管理费用等	借：财政拨款预算收入/资金结存 贷：事业支出
10	期末/年末结转时		借：本期盈余 贷：单位管理费用	借：财政拨款结转——本年收支结转（财政拨款支出） 非财政拨款结转——本年收支结转（非财政专项资金支出） 其他结余（非财政、非专项资金支出） 贷：事业支出

【例 5-1】 2×24 年 6 月 18 日，某事业单位后勤部门为了维修暖气设备，从仓库领用了 2 套备件，每套备件的单价为 200 元，共计 400 元。

2×24 年 6 月 18 日，借款时，财务会计分录如下：

借：单位管理费用——商品和服务费用——维修(护)费　　　　　　400
　　贷：库存物品——材料　　　　　　　　　　　　　　　　　　　　400

【例 5-2】 2×24 年 2 月 24 日，某事业单位用基本账户支付水费 1 600 元、污水处理费

300元,共计1 900元。

2×24年2月24日,财务会计分录如下:

借:单位管理费用——商品和服务费用——水费　　　　　　　　　　　　　1 900
　　贷:银行存款——基本账户存款　　　　　　　　　　　　　　　　　　　1 900

同时,编制预算会计分录:

借:事业支出——基本支出——商品和服务支出——水费　　　　　　　　　1 900
　　贷:资金结存——货币资金——银行存款　　　　　　　　　　　　　　　1 900

【例5-3】 2×24年3月24日,某事业单位接待三位地方单位检查指导工作人员,安排中午在内部食堂就餐,在每人每餐90元的接待标准内,实际发生费用260元。

2×24年3月24日,财务会计分录如下:

借:单位管理费用——商品和服务费　　　　　　　　　　　　　　　　　　260
　　贷:银行存款——基本账户存款　　　　　　　　　　　　　　　　　　　260

同时,编制预算会计分录:

借:事业支出——基本支出——商品和服务支出——公务接待费　　　　　　260
　　贷:资金结存——货币资金——银行存款　　　　　　　　　　　　　　　260

【例5-4】 承[例5-3],2×24年3月27日,被接待人员离开时共交就餐费260元,该事业单位开具收款收据。

2×24年3月27日,收到就餐费时,财务会计分录如下:

借:库存现金　　　　　　　　　　　　　　　　　　　　　　　　　　　　260
　　贷:单位管理费用——商品和服务费——公务接待费　　　　　　　　　　260

同时,编制预算会计分录:

借:资金结存——货币资金——库存现金　　　　　　　　　　　　　　　　260
　　贷:事业支出——基本支出——商品和服务支出——公务接待费　　　　　260

【例5-5】 2×24年6月3日,某行政单位财务部门根据月工资发放表(表5-3)计发工资。

表5-3　　　　　　　　　　　　　　工资发放表

部门	分类依据					代扣代交项目				实发工资
	基本工资	津补贴	住房补贴	公共交通补贴	合计	养老保险	医疗保险	公积金	合计	
机关	104 000	46 000	12 000	6 500	168 500	33 600	7 200	10 800	51 600	116 900
业务	10 800	40 200	11 000		62 000	10 230	5 400	7 200	22 830	39 170
后勤管理	12 400	46 400	11 500		7 0300	10 280	6 250	7 820	24 350	45 950
离退休	57 000	3 8000			95 000				0	95 000
合计	184 200	170 600	34 500	6 500	395 800	54 110	18 850	25 820	98 780	297 020

2×24年6月3日,计提工资时,财务会计分录如下:

借:业务活动费用——工资福利费用　　　　　　　　　　　　　　　62 000
　　单位管理费用——商品和服务费用　　　　　　　　　　　　　　6 500
　　　　　　　　——工资福利费用　　　　　　　　　　　　　　　232 300
　　　　　　　　——对个人和家庭的补助费用　　　　　　　　　　95 000
　　贷:应付职工薪酬——基本工资(含离退休费)　　　　　　　　　184 200
　　　　　　　　　——国家统一规定的津贴补贴　　　　　　　　　170 600
　　　　　　　　　——改革性补贴　　　　　　　　　　　　　　　34 500
　　　　　　　　　——其他　　　　　　　　　　　　　　　　　　65 00

同时,编制财务会计分录:

借:应付职工薪酬——基本工资(含离退休费)　　　　　　　　　　98 780
　　贷:应付职工薪酬——机关事业单位基本养老保险缴费　　　　　54 110
　　　　　　　　　——职工基本医疗保险缴费　　　　　　　　　　18 850
　　　　　　　　　——住房公积金　　　　　　　　　　　　　　　25 820

【例5-6】 承[例5-5],2×24年6月4日,该行政单位财务部门通过代理银行发放职工工资、薪金。

财务会计分录如下:

借:应付职工薪酬——基本工资(含离退休费)　　　　　　　　　　85 420
　　　　　　　　——国家统一规定的津贴补贴　　　　　　　　　　170 600
　　　　　　　　——改革性补贴　　　　　　　　　　　　　　　　34 500
　　　　　　　　——其他　　　　　　　　　　　　　　　　　　　6 500
　　贷:财政拨款收入　　　　　　　　　　　　　　　　　　　　　297 020

同时,编制预算会计分录:

借:事业支出——基本支出——工资福利支出——基本工资　　　　　28 420
　　　　　　　　　　　　　　　　　　　　——津贴补贴　　　　　132 600
　　　　　　　　　　　　　　　　　　　　——改革性补贴　　　　34 500
　　　　　　　　　　——商品和服务支出　　　　　　　　　　　　6 500
　　　　　　　　　　——对个人和家庭的补助支出　　　　　　　　95 000
　　贷:财政拨款预算收入　　　　　　　　　　　　　　　　　　　297 020

(五) 业务活动费用的主要账务处理

(1) 为履职或开展业务活动人员计提的薪酬,按照计算确定的金额,借记本科目,贷记"应付职工薪酬"科目。

(2) 为履职或开展业务活动发生的外部人员劳务费,按照计算确定的金额,借记本科目,按照代扣代交个人所得税的金额,贷记"其他应交税费——应交个人所得税"科目,按照扣税后应付或实际支付的金额,贷记"其他应付款""财政拨款收入""银行存款"等科目。

(3) 为履职或开展业务活动内部领用库存物品,以及动用发出相关政府储备物资,按照领用库存物品或发出相关政府储备物资的账面余额,借记本科目,贷记"库存物品""政府储备物资"科目。

（4）为履职或开展业务活动所使用的固定资产、无形资产以及为所控制的公共基础设施、保障性住房计提的折旧、摊销，按照计提金额，借记本科目，贷记"固定资产累计折旧""无形资产累计摊销""公共基础设施累计折旧（摊销）""保障性住房累计折旧"科目。

（5）为履职或开展业务活动发生的城市维护建设税、教育费附加、地方教育附加、车船税、房产税、城镇土地使用税等，按照计算确定应交纳的金额，借记本科目，贷记"其他应交税费"等科目。

（6）为履职或开展业务活动发生的其他各项费用，按照费用确认金额，借记本科目，贷记"财政拨款收入""银行存款""应付账款""其他应付款""其他应收款"等科目。

（7）按照规定从收入中提取专用基金并计入费用的，一般按照预算会计下基于预算收入计算提取的金额，借记本科目，贷记"专用基金"科目。国家另有规定的，从其规定。

【注意：行政单位不涉及提取专用基金计入费用的情况】

（8）发生当年购货退回等业务，对于已计入本年业务活动费用的，按照收回或应收的金额，借记"财政拨款收入""银行存款""其他应收款"等科目，贷记本科目。

（9）期末，将本科目本期发生额转入本期盈余，借记"本期盈余"科目，贷记本科目。

业务活动费用的主要账务处理如表 5-4 所示。

表 5-4　　　　　　　　　　业务活动费用的主要账务处理

序号	业务内容		账务处理	
			财务会计	预算会计
1	为履职或开展业务活动人员计提并支付的职工薪酬	计提时	借：业务活动费用 　贷：应付职工薪酬	—
		实际支付并代扣个人所得税时	借：应付职工薪酬 　贷：财政拨款收入/银行存款等 　　其他应交税费——应交个人所得税	借：行政支出/事业支出（按照支付给个人部分） 　贷：财政拨款预算收入/资金结存
		实际交纳税款时	借：其他应交税费——应交个人所得税 　贷：银行存款等	借：行政支出/事业支出（按照实际交纳额） 　贷：资金结存等
2	为履职或开展业务活动发生的外部人员劳务费	计提时	借：业务活动费用 　贷：其他应付款	—
		实际支付并代扣个人所得税时	借：其他应付款 　贷：财政拨款收入/银行存款等 　　其他应交税费——应交个人所得税	借：行政支出/事业支出（按照实际支付给个人部分） 　贷：财政拨款预算收入/资金结存
		实际交纳税款时	借：其他应交税费——应交个人所得税 　贷：银行存款等	借：行政支出/事业支出（按照实际交纳额） 　贷：资金结存等

(续表)

序号	业务内容			账务处理	
				财务会计	预算会计
3	为履职或开展业务活动发生的预付款项	预付账款	支付款项	借：预付账款 贷：财政拨款收入/银行存款等	借：行政支出/事业支出 贷：财政拨款预算收入/资金结存
			结算	借：业务活动费用 贷：预付账款 　　财政拨款收入/银行存款等（补付金额）	借：行政支出/事业支出 贷：财政拨款预算收入/资金结存（补付金额）
		暂付款项	支付款项	借：其他应收款 贷：银行存款等	—
			结算或报销	借：业务活动费用 贷：其他应收款	借：行政支出/事业支出 贷：资金结存等
4	为履职或开展业务活动购买资产或支付在建工程款等	按照实际支付或应付的价款		借：库存物品/固定资产/无形资产/在建工程等 贷：财政拨款收入/银行存款/应付账款等	借：行政支出/事业支出 贷：财政拨款预算收入/资金结存
5	为履职或开展业务活动领用库存物品	按照库存物品的成本		借：业务活动费用 贷：库存物品	—
6	为履职或开展业务活动计提的固定资产、无形资产、公共基础设施、保障性住房折旧（摊销）	按照计提的折旧、摊销额		借：业务活动费用 贷：固定资产累计折旧/无形资产累计摊销/公共基础设施累计折旧（摊销）/保障性住房累计折旧	—
7	为履职或开展业务活动发生应负担的税金及附加	确认其他应交税费时		借：业务活动费用 贷：其他应交税费	—
		支付其他应交税费时		借：其他应交税费 贷：银行存款等	借：行政支出/事业支出 贷：资金结存等
8	为履职或开展业务活动发生其他各项费用			借：业务活动费用 贷：财政拨款收入/银行存款/应付账款等	借：行政支出/事业支出 贷：财政拨款预算收入/资金结存
9	计提专用基金	从收入中按照一定比例提取基金并计入费用		借：业务活动费用 贷：专用基金	—

(续表)

序号	业务内容		账务处理	
			财务会计	预算会计
10	购货退回等	当年发生的	借:财政拨款收入/银行存款/应收账款等 　　贷:库存物品/单位管理费用等	借:财政拨款预算收入/资金结存 　　贷:行政支出/事业支出
11	期末/年末结转时		借:本期盈余 　　贷:业务活动费用	借:财政拨款结转——本年收支结转 　　非财政拨款结转——本年收支结转 　　其他结余 　　贷:行政支出/事业支出

【例 5-7】 某事业单位因开展专业业务活动的需要,在某一政府采购指定宾馆举办一场大型学术会议,合约价为 500 000 元。根据合同要求,前期支付 30% 的款项,等会议结束后,再支付剩余的 70%。现会议已结束,款项分前后两次通过国库集中支付方式支付并完成结算。

(1) 前期支付 30% 的款项时,财务会计分录如下:

　　借:预付账款　　　　　　　　　　　　　　　　　　　　　　　　150 000
　　　　贷:财政拨款收入　　　　　　　　　　　　　　　　　　　　　　　150 000

同时,编制预算会计分录:

　　借:事业支出　　　　　　　　　　　　　　　　　　　　　　　　150 000
　　　　贷:财政拨款预算收入　　　　　　　　　　　　　　　　　　　　　150 000

(2) 会议结束后,最终完成结算时,财务会计分录如下:

　　借:业务活动费用　　　　　　　　　　　　　　　　　　　　　　500 000
　　　　贷:财政拨款收入　　　　　　　　　　　　　　　　　　　　　　　350 000
　　　　　　预付账款　　　　　　　　　　　　　　　　　　　　　　　　150 000

同时,编制预算会计分录:

　　借:事业支出　　　　　　　　　　　　　　　　　　　　　　　　350 000
　　　　贷:财政拨款预算收入　　　　　　　　　　　　　　　　　　　　　350 000

【例 5-8】 2×23 年 9 月 10 日,某行政单位向物业服务公司支付物业服务费 10 000 元,款项通过国库集中支付方式支付。

2×23 年 9 月 10 日,财务会计分录如下:

　　借:业务活动费用　　　　　　　　　　　　　　　　　　　　　　10 000
　　　　贷:财政拨款收入　　　　　　　　　　　　　　　　　　　　　　　10 000

同时,编制预算会计分录:

　　借:行政支出　　　　　　　　　　　　　　　　　　　　　　　　10 000
　　　　贷:财政拨款预算收入　　　　　　　　　　　　　　　　　　　　　10 000

【例 5-9】 根据相关凭证,某行政单位当月共计提固定资产折旧 150 000 元,无形资产摊销 35 000 元。

财务会计分录如下:

借:业务活动费用　　　　　　　　　　　　　　　　　　　　　185 000
　　贷:固定资产累计折旧　　　　　　　　　　　　　　　　　　　150 000
　　　　无形资产累计摊销　　　　　　　　　　　　　　　　　　　 35 000

(六) 业务预算支出的主要账务处理

(1) 支付单位职工(经营部门职工除外)薪酬向单位职工个人支付薪酬时,按照实际支付的数额,借记"事业支出"或"行政支出"科目,贷记"财政拨款预算收入""资金结存"科目。

按照规定代扣代交个人所得税以及代扣代交或为职工交纳职工社会保险费、住房公积金等时,按照实际交纳的金额,借记"事业支出"或"行政支出"科目,贷记"财政拨款预算收入""资金结存"科目。

(2) 为开展专业业务活动及其辅助活动支付外部人员劳务费,按照实际支付给外部人员个人的金额,借记"事业支出"或"行政支出"科目,贷记"财政拨款预算收入""资金结存"科目。

按照规定代扣代交个人所得税时,按照实际交纳的金额,借记"事业支出"或"行政支出"科目,贷记"财政拨款预算收入""资金结存"科目。

(3) 开展专业业务活动及其辅助活动过程中购买存货、固定资产、无形资产等以及在建工程支付相关款项时,按照实际支付的金额,借记"事业支出"或"行政支出"科目,贷记"财政拨款预算收入""资金结存"科目。

(4) 开展专业业务活动及其辅助活动过程中发生预付账款时,按照实际支付的金额,借记"事业支出"或"行政支出"科目,贷记"财政拨款预算收入""资金结存"科目。

对于暂付款项,在支付款项时可不做预算会计处理,待结算或报销时,按照结算或报销的金额,借记"事业支出"或"行政支出"科目,贷记"资金结存"科目。

(5) 开展专业业务活动及其辅助活动过程中交纳的相关税费以及发生的其他各项支出,按照实际支付的金额,借记"事业支出"或"行政支出"科目,贷记"财政拨款预算收入""资金结存"科目。

(6) 开展专业业务活动及其辅助活动过程中因购货退回等发生款项退回,或者发生差错更正的,属于当年支出收回的,按照收回或更正的金额,借记"财政拨款预算收入""资金结存"科目,贷记"事业支出"或"行政支出"科目。

(7) 年末,将"事业支出"或"行政支出"科目本年发生额中的财政拨款支出转入财政拨款结转,借记"财政拨款结转——本年收支结转"科目,贷记"事业支出"或"行政支出"科目下各财政拨款支出明细科目;将"事业支出"或"行政支出"科目本年发生额中的非财政专项资金支出转入非财政拨款结转,借记"非财政拨款结转——本年收支结转"科目,贷记"事业支出"或"行政支出"科目下各非财政专项资金支出明细科目;将"事业支出"或"行政支出"科目本年发生额中的其他资金支出(非财政非专项资金支出)转入其他结余,借记"其他结余"科目,贷记"事业支出"或"行政支出"科目下其他资金支出明细科目。

业务预算支出的主要账务处理如表 5-5 所示。

表 5-5　　　　　　　　　　　　业务预算支出的主要账务处理

序号	业务内容		具体内容	
			财务会计	预算会计
1	为履职或开展业务活动人员计提并支付的职工薪酬	计提时	借：业务活动费用 　贷：应付职工薪酬	—
		实际支付并代扣个人所得税时	借：应付职工薪酬 　贷：财政拨款收入/银行存款等 　　　其他应交税费——应交个人所得税	借：行政支出/事业支出 　贷：财政拨款预算收入/资金结存
		实际交纳税款时	借：其他应交税费——应交个人所得税 　贷：银行存款等	借：行政支出/事业支出 　贷：资金结存等
2	为履职或开展业务活动发生的外部人员劳务费	计提时	借：业务活动费用 　贷：其他应付款	—
		实际支付并代扣个人所得税时	借：业务活动费用/其他应付款等 　贷：财政拨款收入/银行存款等 　　　其他应交税费——应交个人所得税	借：行政支出/事业支出 　贷：财政拨款预算收入/资金结存
		实际交纳税款时	借：其他应交税费——应交个人所得税 　贷：银行存款等	借：行政支出/事业支出 　贷：资金结存等
3	为履职或开展业务活动发生的预付款项	预付账款 支付款项	借：预付账款 　贷：财政拨款收入/银行存款等	借：行政支出/事业支出 　贷：财政拨款预算收入/资金结存
		预付账款 结算	借：业务活动费用 　贷：预付账款 　　　财政拨款收入/银行存款等	借：行政支出/事业支出 　贷：财政拨款预算收入/资金结存
		暂付款项 支付款项	借：其他应收款 　贷：银行存款等	—
		暂付款项 结算或报销	借：业务活动费用 　贷：其他应收款	借：行政支出/事业支出 　贷：资金结存等
4	为履职或开展业务活动购买资产或支付在建工程款等	按照实际支付或应付的价款	借：库存物品/固定资产/无形资产/在建工程等 　贷：财政拨款收入/银行存款/应付账款等	借：行政支出/事业支出 　贷：财政拨款预算收入/资金结存
5	为履职或开展业务活动发生应负担的税金及附加	确认其他应交税费时	借：业务活动费用 　贷：其他应交税费	—
		支付其他应交税费时	借：其他应交税费 　贷：银行存款等	借：行政支出/事业支出 　贷：资金结存等

(续表)

序号	业务内容		具体内容	
			财务会计	预算会计
6	为履职或开展业务活动发生其他各项费用		借：业务活动费用 　贷：财政拨款收入/银行存款/ 　　　应付账款/其他应付款等	借：行政支出/事业支出 　贷：财政拨款预算收入/资金结存
7	购货退回等	当年发生的	借：财政拨款收入/银行存款/应收账款等 　贷：库存物品/业务活动费用	借：财政拨款预算收入/资金结存 　贷：行政支出/事业支出
8	期末/年末结转时		借：本期盈余 　贷：业务活动费用	借：财政拨款结转——本年收支结转 　　非财政拨款结转——本年收支结转 　　其他结余 　贷：行政支出/事业支出

【例 5-10】 某科学事业单位因课题研究需要（属于该单位的专业业务活动）向外聘人员支付劳务费 30 000 元，应代扣代交个人所得税 4 800 元。通过国库集中支付方式向个人支付税后劳务费，并代扣个人所得税。

财务会计分录如下：

借：业务活动费用　　　　　　　　　　　　　　　　　　　　　30 000
　　贷：财政拨款收入　　　　　　　　　　　　　　　　　　　　　25 200
　　　　其他应交税费——应交个人所得税　　　　　　　　　　　　4 800

同时，编制预算会计分录：

借：事业支出　　　　　　　　　　　　　　　　　　　　　　　25 200
　　贷：财政拨款预算收入　　　　　　　　　　　　　　　　　　　25 200

【例 5-11】 承[例 5-10]，该科学事业单位通过国库集中支付方式将代扣代交的个人所得税 4 800 元交入指定账户。

财务会计分录如下：

借：其他应交税费——应交个人所得税　　　　　　　　　　　　4 800
　　贷：财政拨款收入　　　　　　　　　　　　　　　　　　　　　4 800

同时，编制预算会计分录：

借：事业支出　　　　　　　　　　　　　　　　　　　　　　　4 800
　　贷：财政拨款预算收　　　　　　　　　　　　　　　　　　　　4 800

【例 5-12】 2×24 年 4 月 17 日，某行政单位通过国库集中支付方式采购一批便携式电脑，采购价为 50 000 元。电脑已交付使用，款项也已支付。

2×24 年 4 月 17 日，支付时，财务会计分录如下：

借：固定资产　　　　　　　　　　　　　　　　　　　　　　　50 000
　　贷：财政拨款收入　　　　　　　　　　　　　　　　　　　　　50 000

同时,编制预算会计分录:

借:行政支出 50 000
　　贷:财政拨款预算收入 50 000

【例5-13】 某事业单位上线一个预算管理一体化系统。2×24年6月18日,因采购物资的需要,通过国库集中支付方式向供货商预付货款80 000元。

2×24年6月18日,预付时,财务会计分录如下:

借:预付账款 80 000
　　贷:财政拨款收入 80 000

同时,编制预算会计分录:

借:事业支出 80 000
　　贷:财政拨款预算收入 80 000

【例5-14】 2×24年,某行政单位通过国库集中支付方式采购办公用品一批,采购价为10 000元,货物验收入库。2×24年6月5日,经办人员在领用该批办公用品的过程中发现有质量问题。该行政单位要求供应商退货处理,并按原支付方式退回相应款项。

2×24年6月5日,退货时,财务会计分录如下:

借:财政拨款收入 10 000
　　贷:库存物品 10 000

同时,编制预算会计分录:

借:财政拨款预算收入 10 000
　　贷:行政支出 10 000

【例5-15】 年末,某行政单位进行年终结算。经核算,行政支出科目借方余额为58 000 000元,其中财政拨款支出明细科目余额为38 000 000元,非财政专项资金支出月细科目余额为12 000 000元,非财政非专项资金支出明细科目余额为8 000 000元。同时,业务活动费用支出科目借方余额为62 500 000元。

财务会计分录如下:

借:本期盈余 62 500 000
　　贷:业务活动费用 62 500 000

同时,编制预算会计分录:

借:财政拨款结转——本年收支结转 38 000 000
　　非财政拨款结转——本年收支结转 12 000 000
　　其他结余 8 000 000
　　贷:行政支出 58 000 000

(七) 期末余额

期末结转后,"业务活动费用""单位管理费用""事业支出""行政支出"科目应无余额。

二、经营费用与经营支出

(一) 核算内容

经营费用(支出)是指事业单位在专业业务活动及其辅助活动之外开展非独立核算经营活动发生的各项费用(现金流出)。从其定义中可以看出,经营费用(支出)是为了扩大服务,发展事业,利用自身技术、资源等优势,在专业业务活动及其辅助活动之外开展的经营活动所发生的资金、资产的耗费。如果事业单位开展经营活动实行独立财务核算的,则不属于本节所述经营费用(支出)的核算范围。

【注意:行政单位不涉及"经营费用""经营支出"科目】

(二) 明细科目设置

"经营费用"科目应当按照经营活动类别、项目、支付对象等进行明细核算。为了满足成本核算需要,本科目还可按照"工资福利费用""商品和服务费用""对个人和家庭的补助费用""固定资产折旧费""无形资产摊销费"等成本项目设置明细科目,归集能够直接计入单位经营活动或采用一定方法计算后计入单位经营活动的费用。

"经营支出"科目应当按照经营活动类别、项目、《政府收支分类科目》中"支出功能分类科目"的项级科目和"部门预算支出经济分类科目"的款级科目等进行明细核算。对于预付款项,可先通过在"经营支出"科目下设置"待处理"明细科目进行明细核算,待确认具体支出项目后再转入"经营支出"科目下相关明细科目。年末结账前,应将"经营支出——待处理"明细科目余额全部转入"经营支出"科目下相关明细科目。

延伸阅读 5-1

《政府收支分类科目》

政府收支分类时财政预算管理的一项重要的基础性工作,直接关系到财政预算管理的透明度,以及关系到财政预算管理的科学化和规范化,是公共财政体制建设的一个重要环节。

现行《政府收支分类科目》包括收入分类、支出功能分类和支出经济分类三部分。其中,收入分类反映政府收入的来源和性质,支出功能分类反映政府各项职能活动,支出经济分类反映各项支出的经济性质和具体用途。《政府收支分类科目》对国家进一步深化各项财政改革,提高预算透明度和财政管理水平,具有十分重要的推动作用。

(三) 经营费用的主要账务处理

(1) 为开展经营活动人员计提的薪酬,按照计算确定的金额,借记本科目,贷记"应付职工薪酬"科目。

(2) 为开展经营活动内部领用或发出库存物品,按照物品的实际成本,借记本科目,贷记"库存物品"科目。

(3) 为开展经营活动所使用的固定资产、无形资产计提的折旧、摊销,按照应提折旧、摊销额,借记本科目,贷记"固定资产累计折旧""无形资产累计摊销"科目。

(4) 为开展经营活动发生城市维护建设税、教育费附加、地方教育附加、车船税、房产税、城镇土地使用税等,按照计算确定应交纳的金额,借记本科目,贷记"其他应交税费"等科目。

(5) 发生与经营活动相关的其他各项费用时,按照费用确认金额,借记本科目,贷记"银行存款""其他应付款""其他应收款"等科目。涉及增值税业务的,相关账务处理参照"应交增值税"科目。

（6）发生当年购货退回等业务，对于已计入本年经营费用的，按照收回或应收的金额，借记"银行存款""其他应收款"等科目，贷记本科目。

（7）期末，将经营费用本期发生额转入本期盈余，借记"本期盈余"科目，贷记本科目。

经营费用的主要账务处理（事业单位）如表5-6所示。

表5-6　　　　　　　　　　经营费用的主要账务处理（事业单位）

序号	业务内容		账务处理	
			财务会计	预算会计
1	为开展经营活动人员计提并支付的职工薪酬	计提时	借：经营费用 　　贷：应付职工薪酬	—
		实际支付并代扣个人所得税时	借：应付职工薪酬 　　贷：银行存款等 　　　　其他应交税费——应交个人所得税	借：经营支出 　　贷：资金结存——货币资金
		实际支付税款时	借：其他应交税费——应交个人所得税 　　贷：银行存款等	借：经营支出 　　贷：资金结存——货币资金
2	为开展经营活动购买资产或支付在建工程款	按照实际支付或应付的金额	借：库存物品/固定资产/无形资产/在建工程 　　贷：银行存款/应付账款等	借：经营支出 　　贷：资金结存——货币资金
3	为开展经营活动内部领用材料或出售发出物品等	按照实际成本	借：经营费用 　　贷：库存物品	—
4	为开展经营活动发生的预付款项	预付时，按照预付的金额	借：预付账款 　　贷：银行存款	借：经营支出 　　贷：资金结存——货币资金
		结算时	借：经营费用 　　贷：预付账款 　　　　银行存款等	借：经营支出 　　贷：资金结存——货币资金
5	为开展经营活动发生应负担的税金及附加	确认其他应交税费时	借：经营费用 　　贷：其他应交税费	—
		支付其他应交税费时	借：其他应交税费 　　贷：银行存款等	借：经营支出 　　贷：资金结存——货币资金
6	为开展经营活动发生的其他各项费用		借：经营费用 　　贷：银行存款/应付账款等	借：经营支出 　　贷：资金结存——货币资金

(续表)

序号	业务内容		账务处理	
			财务会计	预算会计
7	为开展经营活动计提的固定资产、无形资产折旧(摊销)	按照计提的折旧、摊销额	借：经营费用 　贷：固定资产累计折旧/无形资产累计摊销	—
8	计提专用基金	按照预算收入的一定比例计提并列入费用	借：经营费用 　贷：专用基金	—
9	购货退回等	当年发生的	借：银行存款/应收账款等 　贷：库存物品/经营费用等	借：资金结存——货币资金 　贷：经营支出
10	期末/年末结转时		借：本期盈余 　贷：经营费用	借：经营结余 　贷：经营支出

相关思考 5-2

如何区分事业单位各项业务活动

事业单位应当正确区分在开展专业业务活动及其辅助活动中形成的业务活动费用、在开展单位管理活动中形成的单位管理费用以及在开展非独立核算经营活动中形成的经营费用。事业单位开展的专业业务活动及其辅助活动以及单位管理活动可统称为事业活动，事业活动与经营活动相对应。事业单位开展的非独立核算经营活动应当是小规模的，在公益一类事业单位中基本没有。

行政单位没有经营活动。

（四）经营支出的主要账务处理

（1）支付经营部门职工薪酬。向职工个人支付薪酬时，按照实际的金额，借记本科目，贷记"资金结存"科目。

按照规定代扣代交个人所得税以及代扣代交或为职工交纳职工社会保险费、住房公积金时，按照实际交纳的金额，借记本科目，贷记"资金结存"科目。

（2）为开展经营活动支付外部人员劳务费。按照实际支付给外部人员个人的金额，借记本科目，贷记"资金结存"科目。

按照规定代扣代交个人所得税时，按照实际交纳的金额，借记本科目，贷记"资金结存"科目。

（3）开展经营活动过程中购买存货、固定资产、无形资产等以及在建工程支付相关款项时，按照实际支付的金额，借记本科目，贷记"资金结存"科目。

（4）开展经营活动过程中发生预付账款时，按照实际支付的金额，借记本科目，贷记"资金结存"科目。

对于暂付款项，在支付款项时可不作预算会计处理，待结算或报销时，按照结算或报销的金额，借记本科目，贷记"资金结存"科目。

（5）因开展经营活动交纳的相关税费以及发生的其他各项支出，按照实际支付的金额，借记本科目,贷记"资金结存"科目。

(6) 开展经营活动中因购货退回等发生款项退回,或者发生差错更正的,属于当年支出收回的,按照收回或更正的金额,借记"资金结存"科目,贷记本科目。

(7) 年末,将本科目本年发生额转入经营结余,借记"经营结余"科目,贷记本科目。

经营支出的主要账务处理(事业单位)如表5-7所示。

表5-7　　　　　　　　　　经营支出的主要账务处理(事业单位)

序号	业务内容		账务处理	
			财务会计	预算会计
1	为开展经营活动人员计提并支付的职工薪酬	计提时	借:经营费用 　贷:应付职工薪酬	—
		实际支付并代扣个人所得税时	借:应付职工薪酬 　贷:银行存款等 　　其他应交税费——应交个人所得税	借:经营支出 　贷:资金结存——货币资金
		实际支付税款时	借:其他应交税费——应交个人所得税 　贷:银行存款等	借:经营支出 　贷:资金结存——货币资金
2	为开展经营活动购买资产或支付在建工程款	按照实际支付或应付的金额	借:库存物品/固定资产/无形资产/在建工程 　贷:银行存款/应付账款等	借:经营支出 　贷:资金结存——货币资金
3	为开展经营活动内部领用材料或出售发出物品等	按照实际成本	借:经营费用 　贷:库存物品	—
4	为开展经营活动发生的预付款项	预付时,按照预付的金额	借:预付账款 　贷:银行存款	借:经营支出 　贷:资金结存——货币资金
		结算时	借:经营费用 　贷:预付账款 　　银行存款等	借:经营支出 　贷:资金结存——货币资金
5	为开展经营活动发生应负担的税金及附加	确认其他应交税费时	借:经营费用 　贷:其他应交税费	—
		支付其他应交税费时	借:其他应交税费 　贷:银行存款等	借:经营支出 　贷:资金结存——货币资金
6	为开展经营活动发生的其他各项费用		借:经营费用 　贷:银行存款/应付账款等	借:经营支出 　贷:资金结存——货币资金

(续表)

序号	业务内容		账务处理	
			财务会计	预算会计
7	为开展经营活动计提的固定资产、无形资产折旧(摊销)	按照计提的折旧、摊销额	借：经营费用 　贷：固定资产累计折旧/无形资产累计摊销	—
8	计提专用基金	按照预算收入的一定比例计提并列入费用	借：经营费用 　贷：专用基金	—
9	购货退回等	当年发生的	借：银行存款/应收账款等 　贷：库存物品/经营费用等	借：资金结存——货币资金(按照实际收到的金额) 　贷：经营支出
10	期末/年末结转时		借：本期盈余 　贷：经营费用	借：经营结余 　贷：经营支出

【例 5-16】 2×24 年 2 月初，某事业单位为经营部门的长期外聘人员计发当月工资薪酬 78 000 元，在工资中代扣个人应交的社会保险费 4 500 元(包括养老保险 2 500 元和医疗保险 2 000 元)、住房公积金 2 000 元、个人所得税 1 200 元。

2×24 年 2 月初，计提工资时，财务会计分录如下：

借：经营费用——工资福利费用——其他工资福利费用　　　　　　　　　　78 000
　贷：应付职工薪酬——基本工资(含离退休费)　　　　　　　　　　　　　70 300
　　　　　　　　　——机关事业单位基本养老保险缴费　　　　　　　　　　2 500
　　　　　　　　　——职工基本医疗保险缴费　　　　　　　　　　　　　　2 000
　　　　　　　　　——住房公积金　　　　　　　　　　　　　　　　　　　2 000
　　　其他应交税费——应交个人所得税　　　　　　　　　　　　　　　　 1 200

【例 5-17】 承[例 5-16]，当月 12 日，该事业单位通过银行发放经营活动职工本月的工资薪酬 70 300 元。

2×24 年 2 月 12 日，发放工资时，财务会计分录如下：

借：应付职工薪酬——基本工资(含离退休费)　　　　　　　　　　　　　70 300
　贷：银行存款——基本账户存款　　　　　　　　　　　　　　　　　　　70 300

同时，编制预算会计分录：

借：经营支出——工资福利支出——其他工资福利支出　　　　　　　　　　70 300
　贷：资金结存——货币资金——银行存款　　　　　　　　　　　　　　　70 300

【例 5-18】 承[例 5-16]，当月 16 日，该事业单位通过银行交纳经营活动职工本月的社保缴费 4 500 元。

2×24 年 2 月 16 日，财务会计分录如下：

借：应付职工薪酬——机关事业单位基本养老保险缴费 2 500
　　　　　　　　——职工基本医疗保险缴费 2 000
　　贷：银行存款——基本账户存款 4 500

同时，编制预算会计分录：

借：经营支出——工资福利支出——机关事业单位基本养老保险缴费 2 500
　　　　　　　　　　　　　　——职工基本医疗保险缴费 2 000
　　贷：资金结存——货币资金——银行存款 4 500

【例 5-19】 承[例 5-16]，当月 16 日，该事业单位通过银行交纳住房公积金 4 000 元。2×24 年 2 月 16 日，财务会计分录如下：

借：应付职工薪酬——住房公积金 2 000
　　经营费用——工资福利费用——其他工资福利费用 2 000
　　贷：银行存款——基本账户存款 4 000

同时，编制预算会计分录：

借：经营支出——工资福利支出——住房公积金 4 000
　　贷：资金结存——货币资金——银行存款 4 000

【例 5-20】 承[例 5-16]，当月 16 日，该事业单位通过银行交纳个人所得税 1 200 元。2×24 年 2 月 16 日，财务会计分录如下：

借：其他应交税费——应交个人所得税 1 200
　　贷：银行存款——基本账户存款 1 200

同时，编制预算会计分录：

借：经营支出——工资福利支出——其他工资福利支出 1 200
　　贷：资金结存——货币资金——银行存款 1 200

【例 5-21】 2×24 年 5 月 31 日，某事业单位所属宾馆根据固定资产折旧表(表 5-8)计提固定资产折旧。

表 5-8　　　　　　　　　　　固定资产折旧表　　　　　　　　　　单位：元

资产类别	名称	资产原值	每月应计提折旧
房屋	主楼	6 000 000	6 000
房屋	配楼	3 600 000	3 600
通用设备	—	720 000	1 100
合计		10 320 000	10 700

2×24 年 5 月 31 日，计提固定资产折旧时，财务会计分录如下：

借：经营费用——固定资产折旧费 10 700
　　贷：固定资产累计折旧——房屋及构筑物折旧 9 600
　　　　　　　　　　　　——通用设备折旧 1 100

【例5-22】 承[例5-21],2×24年5月31日,该事业单位无形资产摊销表如表5-9所示。

表5-9　　　　　　　　　　　　　无形资产摊销表　　　　　　　　　　单位:元

资产类别	使用部门	资产原值	每月应计提折旧
无形资产	前台	32 600	520
合计		32 600	520

2×24年5月31日,计提无形资产摊销时,财务会计分录如下:

借:经营费用——无形资产摊销费　　　　　　　　　　　　　520
　　贷:无形资产累计摊销　　　　　　　　　　　　　　　　　　　520

(五)期末余额

期末结转后,"经营费用"科目与"经营支出"科目应无余额。

三、资产处置费用

资产处置的形式按照规定包括无偿调拨、出售、出让、转让、置换、对外捐赠、报废、毁损以及货币性资产损失核销等。资产处置费用就是经批准处置资产时发生的费用,包括转销的被处置资产价值,以及在处置过程中发生的相关费用或者处置收入小于相关费用形成的净支出。

(一)核算内容

核算资产处置费用,先要了解、熟悉和掌握单位所在行业、地区对各项资产的管理要求,一般而言,单位对流动资产和非流动资产的管理要求是不一样的,因而资产处置要求也是不同的。例如,对固定资产进行无偿调拨、出售、出让、转让、置换、对外捐赠时,是不需要通过"待处理财产损溢"科目核算反映的,发生的处置费用直接记入"资产处置费用"科目;而对固定资产在清查盘点时发生的盘亏、报废、毁损等,则应先通过"待处理财产损溢"科目进行核算,再将处理资产价值和处理净支出记入"资产处置费用"科目。

短期投资、长期股权投资、长期债券投资的处置,按照相关资产科目的规定进行账务处理。

(二)明细科目设置

"资产处置费用"科目应按照处置资产的类别、资产处置的形式等进行明细核算。

(三)资产处置费用的主要账务处理

1. 不通过"待处理财产损溢"科目核算的资产处置

(1)按照规定报经批准处置资产时,按照处置资产的账面价值,借记"资产处置费用"科目,处置固定资产、无形资产、公共基础设施、保障性住房的,还应借记"固定资产累计折旧""无形资产累计摊销""公共基础设施累计折旧(摊销)""保障性住房累计折旧"科目,按照处置资产的账面余额,贷记"库存物品""固定资产""无形资产""公共基础设施""政府储备物资""文物资源""保障性住房""其他应收款""在建工程"等科目。

(2)处置资产过程中仅发生相关费用的,按照实际发生的金额,借记"资产处置费用"科目,贷记"银行存款""库存现金"等科目。

（3）处置资产过程中取得收入的,按照取得的价款,借记"库存现金""银行存款"等科目,按照处置资产过程中发生的相关费用,贷记"银行存款""库存现金"等科目,按照其差额,借记"资产处置费用"科目或贷记"应缴财政款"等科目。涉及增值税业务的,相关账务处理参照"应交增值税"科目。

2．通过"待处理财产损溢"科目核算的资产处置

（1）单位账款核对中发现的现金短缺,属于无法查明原因的,报经批准核销时,借记"资产处置费用"科目,贷记"待处理财产损溢"科目。

（2）单位资产清查过程中盘亏或者毁损、报废的存货、固定资产、无形资产、公共基础设施、政府储备物资、文物资源、保障性住房等,报经批准处理时,按照处理资产的价值,借记"资产处置费用"科目,贷记"待处理财产损溢——待处理财产价值"科目。处理收支结清时,处理过程中所取得收入小于所发生相关费用的,按照相关费用减去处理收入后的净支出,借记"资产处置费用"科目,贷记"待处理财产损溢——处理净收入"科目。

3．期末结转

期末,将"资产处置费用"科目本期发生额转入本期盈余,借记"本期盈余"科目,贷记"资产处置费用"科目。

资产处置费用的主要账务处理如表5-10所示。

表5-10　　　　　　　　　　资产处置费用的主要账务处理

序号	业务内容	账务处理	
		财务会计	预算会计
1	不通过"待处理财产损溢"科目核算的资产处置	按照规定报经批准处置资产时	借：资产处置费用 　　固定资产累计折旧/无形资产累计摊销/公共基础设施累计折旧（摊销）/保障性住房累计折旧 贷：库存物品/固定资产/无形资产/公共基础设施/政府储备物资/文物资源/保障性住房/其他应收款/在建工程等（账面余额）	—
		处置资产过程中仅发生相关费用的	借：资产处置费用 贷：银行存款/库存现金等	借：其他支出 贷：资金结存
		处置资产过程中取得收入的	借：库存现金/银行存款等 　　资产处置费用（借差） 贷：银行存款/库存现金等 　　应缴财政款（贷差）	—
2	通过"待处理财产损溢"科目核算的资产处置	账款核对中发现的现金短缺,无法查明原因的,报经批准核销时	借：资产处置费用 贷：待处理财产损溢	—

(续表)

序号	业务内容	账务处理		
		财务会计		预算会计
2	通过"待处理财产损溢"科目核算的资产处置	资产清查过程中盘亏、毁损、报废的资产	经批准处理时	借：资产处置费用 　贷：待处理财产损溢——待处理财产价值	—
			处理收支结清时，处理过程中所发生的费用大于所取得收入的	借：资产处置费用 　贷：待处理财产损溢——处理净收入	借：其他支出 　贷：资金结存
3	期末结转	借：本期盈余 　贷：资产处置费用		—

【例5-23】 2×24年1月18日，某单位经上级主管部门批准，将账面原值为32 000元的4台台式计算机无偿调拨给另一单位，已知已提折旧12 000元，银行转账支付运输费用1 200元，经双方协商由调出方负责。

2×24年1月18日，无偿调拨时，财务会计分录如下：

借：固定资产累计折旧——通用设备折旧　　　　　　　　　　　　　　　12 000
　　无偿调拨净资产　　　　　　　　　　　　　　　　　　　　　　　　20 000
　　贷：固定资产——通用设备　　　　　　　　　　　　　　　　　　　32 000
借：资产处置费用　　　　　　　　　　　　　　　　　　　　　　　　　 1 200
　　贷：银行存款——基本账户存款　　　　　　　　　　　　　　　　　 1 200

同时，编制预算会计分录：

借：其他支出——其他　　　　　　　　　　　　　　　　　　　　　　　 1 200
　　贷：资金结存——货币资金——银行存款　　　　　　　　　　　　　 1 200

【例5-24】 2×24年8月13日，某事业单位报经上级主管单位批准后，报废2台计算机，账面原值为16 800元，已提折旧8 800元。

2×24年8月13日，报废资产时，财务会计分录如下：

借：待处理财产损溢——固定资产——待处理财产价值　　　　　　　　　 8 000
　　固定资产累计折旧——通用设备折旧　　　　　　　　　　　　　　　 8 800
　　贷：固定资产——通用设备　　　　　　　　　　　　　　　　　　　16 800
借：资产处置费用　　　　　　　　　　　　　　　　　　　　　　　　　 8 000
　　贷：待处理财产损溢——固定资产——待处理财产价值　　　　　　　 8 000

【例5-25】 承[例5-24]，假设该事业单位需要支付运输费700元。

财务会计分录如下：

借：待处理财产损溢——固定资产——待处理财产价值　　　　　　　　8 000
　　固定资产累计折旧——通用设备折旧　　　　　　　　　　　　　8 800
　　　贷：固定资产——通用设备　　　　　　　　　　　　　　　　　16 800
借：资产处置费用　　　　　　　　　　　　　　　　　　　　　　　　8 000
　　　贷：待处理财产损溢——固定资产——待处理财产价值　　　　　 8 000
借：资产处置费用　　　　　　　　　　　　　　　　　　　　　　　　　700
　　　贷：银行存款——基本账户存款　　　　　　　　　　　　　　　　 700

同时，编制预算会计分录：

借：其他支出——其他　　　　　　　　　　　　　　　　　　　　　　　700
　　　贷：资金结存——货币资金——银行存款　　　　　　　　　　　　 700

【例5-26】 2×24年3月26日，资产管理人员会同财务人员、仓库管理人员等对单位所有资产进行清理盘点，经过核对，发现接待室少了1套办公桌椅，账面原值为4 200元，已提折旧1 300元，已经确认无法查明原因。

2×24年3月26日，盘亏桌椅时，财务会计分录如下：

借：待处理财产损溢——固定资产——待处理财产价值　　　　　　　　2 900
　　固定资产累计折旧　　　　　　　　　　　　　　　　　　　　　　1 300
　　　贷：固定资产——家具、用具、装具　　　　　　　　　　　　　　4 200

【例5-27】 承[例5-26]，2×24年3月30日，写出情况说明后报经单位领导集体决策后同意核销。

2×24年3月30日，核销桌椅时，财务会计分录如下：

借：资产处置费用　　　　　　　　　　　　　　　　　　　　　　　　2 900
　　　贷：待处理财产损溢——固定资产——待处理财产价值　　　　　 2 900

（四）期末余额

期末结转后，"资产处置费用"科目应无余额。

四、所得税费用

所得税费用是反映有企业所得税缴纳义务的事业单位按规定交纳企业所得税所形成的费用，不包括代扣代交的个人所得税。

（一）核算内容

各事业单位取得非财政拨款收入，扣除相关成本费用后应按规定计缴企业所得税。我国企业所得税的征收方式一般有核定征收和查账征收两种，一般是以当年采取预缴、次年汇算清缴的方式交纳。因此，财务会计核算时应准确区分交纳企业所得税的会计期间，对当年预缴和次年清缴的企业所得税分别处理，如需要调整上年交纳的所得税费用，应通过"以前年度盈余调整"科目进行；而对预算会计来说，则不存在这种情况，其按实际交纳企业所得税时的现金流出作为核算依据。

【注意：行政单位不涉及"所得税费用"科目】

（二）明细科目设置

"所得税费用"科目可按照交纳企业所得税的项目进行明细核算，以满足各项目成本核算的需要。

(三)所得税费用的主要账务处理

(1) 发生企业所得税纳税义务的,按照税法规定计算的应交税金数额,借记本科目,贷记"其他应交税费——单位应交所得税"科目。

(2) 实际交纳时,按照交纳的金额,借记"其他应交税费——单位应交所得税"科目,贷记"银行存款"等科目。

(3) 年末,将本科目本年发生额转入本期盈余,借记"本期盈余"科目,贷记本科目。

所得税费用的主要账务处理(事业单位)如表5-11所示。

表5-11　　　　　　　　所得税费用的主要账务处理(事业单位)

序号	业务内容		账务处理	
			财务会计	预算会计
1	发生企业所得税纳税义务时	按照税法规定计算应交税金数额	借:所得税费用 　贷:其他应交税费——单位应交所得税	—
2	实际交纳时	按照交纳的金额	借:其他应交税费——单位应交所得税 　贷:银行存款等	借:非财政拨款结余——累计结余 　贷:资金结存——货币资金
3	年末结转时		借:本期盈余 　贷:所得税费用	—

【例5-28】 2×23年10月30日,某事业单位计算应交纳企业所得税600元,并在网上进行申报。

2×23年10月30日,申报企业所得税时,财务会计分录如下:

借:所得税费用　　　　　　　　　　　　　　　　　　　　　　　　　　600
　贷:其他应交税费——单位应交所得税　　　　　　　　　　　　　　　　　600

【例5-29】 承[例5-28],2×23年11月5日,该事业单位收到银行回单,显示已支付应交纳的企业所得税700元。

2×23年11月5日,交纳企业所得税时,财务会计分录如下:

借:其他应交税费——单位应交所得税　　　　　　　　　　　　　　　　700
　贷:银行存款　　　　　　　　　　　　　　　　　　　　　　　　　　　700

同时,编制预算会计分录:

借:非财政拨款结余——累计结余　　　　　　　　　　　　　　　　　　700
　贷:资金结存——货币资金——银行存款　　　　　　　　　　　　　　　700

【例5-30】 2×23年12月31日,某事业单位对所得税费用年末累计借方余额1 800元进行结转。

2×23年12月31日,结转所得税时,财务会计分录如下:

借:本期盈余　　　　　　　　　　　　　　　　　　　　　　　　　　1 800
　贷:所得税费用　　　　　　　　　　　　　　　　　　　　　　　　　1 800

（四）期末余额

年末结转后，"所得税费用"科目应无余额。

五、投资支出

（一）核算内容

投资支出是指事业单位以货币资金对外投资发生的现金流出，并不包括以非货币资金发生的对外投资。本书前面有关资产的章节中已阐述相关对外投资事宜，此处不再赘述。

【注意：行政单位不涉及"投资支出"科目】

（二）明细科目设置

"投资支出"科目应当按照投资类型、投资对象，以及《政府收支分类科目》中"支出功能分类科目"的项级科目和"部门预算支出经济分类科目"的款级科目等进行明细核算。

（三）投资支出的主要账务处理

（1）以货币资金对外投资时，按照投资金额和所支付的相关税费金额的合计数，借记本科目，贷记"资金结存——货币资金"科目。

（2）出售、对外转让或到期收回本年度以货币资金取得的对外投资的，如果按规定将投资收益纳入单位预算，按照实际收到的金额，借记"资金结存"科目，按照取得投资时本科目的发生额，贷记本科目或"其他结余"科目，按照其差额，贷记或借记"投资预算收益"科目；如果按规定将投资收益上缴财政的，按照取得投资时本科目的发生额，借记"资金结存"科目，贷记本科目或"其他结余"科目。

（3）年末，将本科目本年发生额转入其他结余，借记"其他结余"科目，贷记本科目。

投资支出的主要账务处理（事业单位）如表 5-12 所示。

表 5-12　　　　　　　投资支出的主要账务处理（事业单位）

序号	业务内容		账务处理	
			财务会计	预算会计
1	以货币资金对外投资时		借：短期投资/长期股权投资/长期债券投资 　　贷：银行存款	借：投资支出 　　贷：资金结存——货币资金
2	出售、对外转让或到期收回本年度以货币资金取得的对外投资的	实际取得价款大于投资成本的	借：银行存款等（实际取得或收回的金额） 　　贷：短期投资/长期债券投资等（账面余额） 　　　　应收利息（账面余额） 　　　　投资收益	借：资金结存——货币资金 　　贷：投资支出（投资成本） 　　　　投资预算收益（贷差）
		实际取得价款小于投资成本的	借：银行存款等（实际取得或收回的金额） 　　　　投资收益 　　贷：短期投资/长期债券投资等（账面余额） 　　　　应收利息（账面余额）	借：资金结存——货币资金 　　　　投资预算收益（借差） 　　贷：投资支出（投资成本）

（续表）

序号	业务内容	账务处理	
		财务会计	预算会计
3	年末结转时	—	借：其他结余 　贷：投资支出

【例5-31】 2×24年2月30日,某事业单位决定利用科技服务结存资金60 000元购买1年期的国债,年利率为4%。

2×24年2月30日,购买国债时,财务会计分录如下：

借：短期投资——债券投资——国债　　　　　　　　　　　　　　60 000
　　贷：银行存款——基本账户存款　　　　　　　　　　　　　　　60 000

同时,编制预算会计分录：

借：投资支出——债券投资——国债　　　　　　　　　　　　　　60 000
　　贷：资金结存——货币资金——银行存款　　　　　　　　　　　60 000

【例5-32】 承[例5-31],2×24年2月30日,该单位购买的国债到期,收回投资本金60 000元和利息2 400元。按国家规定,国债利息留归单位纳入预算统一管理和使用。

2×24年2月30日,财务会计分录如下：

借：银行存款——基本账户存款　　　　　　　　　　　　　　　　62 400
　　贷：短期投资——债券投资——国债　　　　　　　　　　　　　60 000
　　　　投资收益——国债收益　　　　　　　　　　　　　　　　　 2 400

同时,编制预算会计分录：

借：资金结存——货币资金——银行存款　　　　　　　　　　　　62 400
　　贷：投资支出——其他支出　　　　　　　　　　　　　　　　　60 000
　　　　投资预算收益　　　　　　　　　　　　　　　　　　　　　 2 400

【例5-33】 年末,某事业单位进行年终结算。经核算,"投资支出"科目借方余额为200 000元。

预算会计分录如下：

借：其他结余　　　　　　　　　　　　　　　　　　　　　　　　200 000
　　贷：投资支出　　　　　　　　　　　　　　　　　　　　　　 200 000

（四）期末余额

年末结转后,"投资支出"科目应无余额。

六、债务还本支出

（一）核算内容

债务还本支出是指事业单位偿还自身承担的纳入预算管理的从金融机构举借的债务本金的现金流出。本书前面有关负债的章节中已阐述相关借入款项事宜,此处不再赘述。

【注意：行政单位不涉及"债务还本支出"科目】

(二)明细科目设置

"债务还本支出"科目应当按照贷款单位、贷款种类、《政府收支分类科目》中"支出功能分类科目"的项级科目和"部门预算支出经济分类科目"的款级科目等进行明细核算。

(三)债务还本支出的主要账务处理

(1)偿还各项短期或长期借款时,按照偿还的借款本金,借记本科目,贷记"资金结存——货币资金"科目。

(2)年末,将本科目本年发生额转入其他结余,借记"其他结余"科目,贷记本科目。

债务还本支出的主要账务处理(事业单位)如表 5-13 所示。

表 5-13　　　　　　　债务还本支出的主要账务处理(事业单位)

序号	业务内容	具体内容		
			财务会计	预算会计
1	短期借款	借入各种短期借款时	借:银行存款 贷:短期借款	借:资金结存——货币资金 贷:债务预算收入
		归还短期借款本金时	借:短期借款 贷:银行存款	借:债务还本支出 贷:资金结存——货币资金
2	长期借款	借入各项长期借款时	借:银行存款 贷:长期借款——本金	借:资金结存——货币资金 贷:债务预算收入
		归还长期借款本金时	借:长期借款——本金 贷:银行存款	借:债务还本支出 贷:资金结存——货币资金
3	期末/年末结转时	债务预算收入结转时 专项资金	—	借:债务预算收入 贷:非财政拨款结转——本年收支结转
		非专项资金	—	借:债务预算收入 贷:其他结余
		债务还本支出结转时	—	借:其他结余 贷:债务还本支出

【例 5-34】 2×23 年 6 月 28 日,某事业单位经批准向银行贷款 1 000 000 元,约定贷款期限为 3 年,年利率为 6%(单利计算),每半年支付一次利息。

(1)每月计提利息时,财务会计分录如下:

借:其他费用——利息支出　　　　　　　　　　　　　　　　　　　　　5 000
　　贷:应付利息　　　　　　　　　　　　　　　　　　　　　　　　　　5 000

(2)半年后支付利息时,财务会计分录如下:

借:应付利息　　　　　　　　　　　　　　　　　　　　　　　　　　　30 000
　　贷:银行存款——基本账户存款　　　　　　　　　　　　　　　　　　30 000

同时,编制预算会计分录:

借：其他支出——利息支出　　　　　　　　　　　　　　　　　30 000
　　　贷：资金结存——货币资金——银行存款　　　　　　　　　　　　　30 000

（3）2×26年6月28日到期还本时，财务会计分录如下：

借：长期借款　　　　　　　　　　　　　　　　　　　　　1 000 000
　　应付利息　　　　　　　　　　　　　　　　　　　　　　　30 000
　　　贷：银行存款——基本账户存款　　　　　　　　　　　　　　1 030 000

同时，编制预算会计分录：

借：债务还本支出　　　　　　　　　　　　　　　　　　　1 000 000
　　其他支出　　　　　　　　　　　　　　　　　　　　　　　30 000
　　　贷：资金结存——货币资金——银行存款　　　　　　　　　1 030 000

【例5-35】　承[例5-34]，2×23年12月31日，该事业单位进行年终结转，将债务还本支出累计借方余额1 000 000元结转入其他结余。

2×23年12月31日，年终结转时，编制预算会计分录如下：

借：其他结余　　　　　　　　　　　　　　　　　　　　　1 000 000
　　　贷：债务还本支出　　　　　　　　　　　　　　　　　　　1 000 000

（四）期末余额

年末结转后，"债务还本支出"科目应无余额。

七、其他费用与其他支出

（一）核算内容

其他费用是指单位发生的除业务活动费用、单位管理费用、经营费用、资产处置费用、上缴上级费用、附属单位补助费用、所得税费用以外的各项费用，包括利息费用、坏账损失、罚没支出、现金资产捐赠支出以及相关税费、运输费等。"其他费用"科目是财务会计中的科目。

其他支出是指单位除行政支出、事业支出、经营支出、上缴上级支出、对附属单位补助支出、投资支出、债务还本支出以外的各项现金流出，包括利息支出、对外捐赠现金支出、现金盘亏损失、接受捐赠（调入）和对外捐赠（调出）非现金资产发生的税费支出、资产置换过程中发生的相关税费支出、罚没支出等。"其他支出"科目是预算会计中的科目。

（二）明细科目设置

"其他费用"科目应当按照其他费用的类别等进行明细核算。单位发生的利息费用较多的，可以单独设置"利息费用"科目。

"其他支出"科目应当按照其他支出的类别，如财政拨款支出、非财政专项资金支出、其他资金支出，以及《政府收支分类科目》中"支出功能分类科目"的项级科目和"部门预算支出经济分类科目"的款级科目等进行明细核算。其他支出中如有专项资金支出，还应按照具体项目进行明细核算。

有一般公共预算财政拨款、政府性基金预算财政拨款等两种或两种以上财政拨款的单位，还应当在"财政拨款支出"明细科目下按照财政拨款的种类进行明细核算。

单位发生利息支出、捐赠支出等其他支出金额较大或业务较多的,可单独设置"利息支出""捐赠支出"等科目。

(三) 其他费用的主要账务处理

1. 利息费用

它是指单位向银行和非银行金融机构借贷款项而支付的利息费用。

按期计算确认借款利息费用时,按照计算确定的金额,借记"在建工程"科目或本科目,贷记"应付利息""长期借款——应计利息"科目。

【注意:行政单位不涉及"利息费用"科目】

2. 坏账损失

它是指事业单位年末对收回后不需上缴财政的应收账款和其他应收款计提坏账准备而发生的费用。

年末,事业单位按照规定对收回后不需上缴财政的应收账款和其他应收款计提坏账准备时,按照计提金额,借记本科目,贷记"坏账准备"科目;冲减多提的坏账准备时,按照冲减金额,借记"坏账准备"科目,贷记本科目。

【注意:行政单位不涉及"坏账损失"科目】

3. 罚没支出

它是指单位违反国家法律法规或规章制度而被有关部门罚款或没收现金资产而发生的费用。

单位发生罚没支出的,按照实际交纳或应当交纳的金额,借记本科目,贷记"银行存款""库存现金""其他应付款"等科目。

4. 现金资产捐赠

它是指单位经批准对外捐赠现金资产发生的费用。

单位对外捐赠现金资产的,按照实际捐赠的金额,借记本科目,贷记"银行存款""库存现金"等科目。

5. 其他相关费用

它包括单位接受捐赠(或无偿调入)以名义金额计量的存货、固定资产、无形资产,以及成本无法可靠取得的公共基础设施、文物资源等发生的相关税费、运输费等,按照实际支付的金额,借记本科目,贷记"财政拨款收入""银行存款""库存现金"等科目。

单位发生的与受托代理资产相关的税费、运输费、保管费等,按照实际支付或应付的金额,借记本科目,贷记"银行存款""库存现金""其他应付款"等科目。

6. 期末结转

期末,将本科目本期发生额转入本期盈余,借记"本期盈余"科目,贷记本科目。

(四) 其他支出的主要账务处理

1. 利息支出

支付银行借款利息时,按照实际支付的金额,借记本科目,贷记"资金结存——货币资金"科目。

【注意:行政单位不涉及"利息支出"科目】

2. 现金资产捐赠

对外捐赠现金资产时,按照捐赠的金额,借记本科目,贷记"资金结存——货币资金"

科目。

3. 现金盘亏损失

每日现金账款核对中如发现现金短缺，按照短缺的现金金额，借记"其他支出"科目，贷记"资金结存——货币资金"科目。经核实，属于应当由有关人员赔偿的，按照收到的赔偿金额，借记"资金结存——货币资金"科目，贷记本科目。

4. 接受捐赠（无偿调入）和对外捐赠（无偿调出）非现金资产发生的税费支出

接受捐赠（无偿调入）非现金资产发生的归属于捐入方（调入方）的相关税费、运输费等，以及对外捐赠（无偿调出）非现金资产发生的归属于捐出方（调出方）的相关税费、运输费等，按照实际支付的金额，借记本科目，贷记"资金结存"科目。

5. 资产置换过程中发生的相关税费支出

资产置换过程中发生的相关税费，按照实际支付金额，借记本科目，贷记"资金结存"科目。

6. 其他支出

发生罚没支出等其他支出时，按照实际支出金额，借记本科目，贷记"资金结存——货币资金"科目。

7. 年末结转

年末，将本科目本年发生额中的财政拨款支出转入财政拨款结转，借记"财政拨款结转——本年收支结转"科目，贷记本科目下各财政拨款支出明细科目；将本科目本年发生额中的非财政专项资金支出转入非财政拨款结转，借记"非财政拨款结转——本年收支结转"科目，贷记本科目下各非财政专项资金支出明细科目；将本科目本年发生额中的其他资金支出（非财政非专项资金支出）转入其他结余，借记"其他结余"科目，贷记本科目下各其他资金支出明细科目。

其他费用和其他支出的主要账务处理如表5-14所示。

表5-14　　　　　　　　其他费用和其他支出的主要账务处理

序号	业务内容		账务处理	
			财务会计	预算会计
1	利息费用（支出）	计算确定借款利息费用时	借：其他费用/在建工程 　　贷：应付利息/长期借款——应计利息	—
		实际支付利息时	借：应付利息/长期借款——应计利息 　　贷：银行存款等	借：其他支出 　　贷：资金结存——货币资金
2	现金资产捐赠（按照实际捐赠的金额）		借：其他费用 　　贷：银行存款/库存现金/其他付款等	借：其他支出 　　贷：资金结存——货币资金
3	坏账损失	按照规定对应收账款和其他应收款计提坏账准备时	借：其他费用 　　贷：坏账准备	—

(续表)

序号	业务内容		账务处理	
			财务会计	预算会计
3	坏账损失	冲减多提的坏账准备时	借：坏账准备 　　贷：其他费用	—
4	罚没支出		借：其他费用 　　贷：银行存款/库存现金/其他应付款等	借：其他支出 　　贷：资金结存——货币资金（实际支付的金额）
5	其他相关税费、运输费等		借：其他费用 　　贷：财政拨款收入/银行存款/库存现金等	借：其他支出 　　贷：资金结存
6	期末/年末结转		借：本期盈余 　　贷：其他费用	借：其他结余（非财政、非专项资金支出） 　　非财政拨款结转——本年收支结转（非财政专项资金支出） 　　财政拨款结转——本年收支结转（财政拨款资金支出） 　　贷：其他支出

【例 5-36】 2×24 年 4 月 11 日，某县事业单位归还了半年前向银行借入的款项 90 000 元，另按协议约定支付借款利息 2 500 元。

2×24 年 4 月 11 日，归还借款时，财务会计分录如下：

借：其他费用——利息费用　　　　　　　　　　　　　　　　　　　　2 500
　　短期借款　　　　　　　　　　　　　　　　　　　　　　　　　　90 000
　　　贷：银行存款——基本账户存款　　　　　　　　　　　　　　　92 500

同时，编制预算会计分录：

借：债务还本支出　　　　　　　　　　　　　　　　　　　　　　　　90 000
　　其他支出　　　　　　　　　　　　　　　　　　　　　　　　　　 2 500
　　　贷：资金结存——货币资金——银行存款　　　　　　　　　　　92 500

【例 5-37】 2×23 年 12 月 31 日，某事业单位对其他应收款的年末余额和对方单位的情况进行了检查，分析其可收回性，发现其中的 3 笔共 40 000 元因有证据表明对方单位可能破产，报经批准后计提坏账准备金 40 000 元（这 3 笔应收款项若收回后均不需要上缴财政，单位规定按个别认定法计提）。

2×23 年 12 月 31 日，计提坏账准备时，财务会计分录如下：

借：其他费用——坏账损失　　　　　　　　　　　　　　　　　　　　40 000
　　　贷：坏账准备　　　　　　　　　　　　　　　　　　　　　　　40 000

【例 5-38】 承［例 5-37］，2×24 年 1 月 31 日，该事业单位发现上年对其他应收款计提坏账准备金时有误,经核实多提1 000元。

2×24年1月31日,冲回坏账准备时,编制预算会计分录如下:

借:坏账准备　　　　　　　　　　　　　　　　　　　　　　　1 000
　　贷:以前年度盈余调整　　　　　　　　　　　　　　　　　　　　1 000

【例5-39】 2×24年4月26日,某单位向扶贫基金会捐赠30 000元,银行已划出。

2×24年4月26日,支付款项时,财务会计分录如下:

借:其他费用——捐赠支出　　　　　　　　　　　　　　　　　　30 000
　　贷:银行存款——基本账户存款　　　　　　　　　　　　　　　　30 000

同时,编制预算会计分录:

借:其他支出——捐赠支出　　　　　　　　　　　　　　　　　　30 000
　　贷:资金结存——货币资金——银行存款　　　　　　　　　　　　30 000

【例5-40】 2×24年5月26日,某单位因未及时在网上办理增值税税务申报,经税务局核实后被处以1 200元的罚款,经单位领导批准后同意缴纳罚款。

2×24年5月26日,缴纳罚款时,财务会计分录如下:

借:其他费用——罚没支出　　　　　　　　　　　　　　　　　　1 200
　　贷:库存现金　　　　　　　　　　　　　　　　　　　　　　　　1 200

同时,编制预算会计分录:

借:其他支出——罚没支出　　　　　　　　　　　　　　　　　　1 200
　　贷:资金结存——货币资金——库存现金　　　　　　　　　　　　1 200

(五) 期末余额

年末结转后,"其他费用""其他支出"科目应无余额。

第三节　调剂性费用与调剂性预算支出的核算

【注意:行政单位不涉及本节内容】

一、上缴上级费用与上缴上级支出

(一) 核算内容

上缴上级费用(上缴上级支出)是指事业单位按照财政部门和主管部门的规定上缴上级单位款项发生的费用(现金流出)。根据《事业单位财务规则》的规定,非财政补助收入大于支出较多的事业单位,可以实行收入上缴办法。具体办法由财政部门会同有关主管部门制定。需注意以下四方面的内容:

(1) 实行收入上缴是有条件的,即是事业单位非财政补助收入较多,而且超过其正常支出也比较多,才可以按照财政部门和有关主管部门的规定实行收入上缴办法。

(2) 上缴上级单位款项必须要有依据,也就是说事先要制定相关的管理办法,才能做到上缴有依据,要杜绝管理上的随意性和行政命令性。

(3) 上缴上级单位款项的资金来源,主要是除财政补助收入以外的各项收入,即财政补助收入不能用于上缴上级单位。

(4) 上缴上级费用(支出)从其使用方向和性质来说,并不是本单位的正常费用(支出),而是具有调剂性质的费用(支出)。

(二)明细科目设置

"上缴上级费用"科目核算事业单位按照财政部门和主管部门的规定上缴上级单位款项发生的费用,应当按照收缴款项单位、缴款项目等进行明细核算。

"上缴上级支出"科目核算事业单位按照财政部门和主管部门的规定上缴上级单位款项发生的现金流出,应当按照收缴款项单位、缴款项目、《政府收支分类科目》中"支出功能分类科目"的项级科目和"部门预算支出经济分类科目"的款级科目等进行明细核算。

(三)上缴上级费用与上缴上级支出的主要账务处理

1. 上缴上级费用的主要账务处理

(1) 单位发生上缴上级费用的,按照实际上缴的金额或者按照规定计算出应当上缴上级单位的金额,借记本科目,贷记"银行存款""其他应付款"等科目。

(2) 期末,将本科目本期发生额转入本期盈余,借记"本期盈余"科目,贷记本科目。

2. 上缴上级支出的主要账务处理

(1) 按照规定将款项上缴上级单位的,按照实际上缴的金额,借记本科目,贷记"资金结存——货币资金"科目。

(2) 年末,将本科目本年发生额转入其他结余,借记"其他结余"科目,贷记本科目。

上缴上级费用与上缴上级支出的主要账务处理(事业单位)如表 5-15 所示。

表 5-15　　　　上缴上级费用与上缴上级支出的主要账务处理(事业单位)

序号	业务内容	账务处理	
		财务会计	预算会计
1	按照实际上缴的金额或者按照规定计算出应当上缴的金额时	借:上缴上级费用 　贷:银行存款/其他应付款等	借:上缴上级支出(实际上缴的金额) 　贷:资金结存——货币资金
2	实际上缴应交的金额时	借:其他应付款 　贷:银行存款等	
3	期末/年末结转时	借:本期盈余 　贷:上缴上级费用	借:其他结余 　贷:上缴上级支出

【例 5-41】 2×24 年 7 月 3 日,根据规定,某事业单位需向上级单位上缴款项 300 000 元,现已通过银行转账方式完成上缴。

2×24 年 7 月 3 日,上缴款项时,财务会计分录如下:

借:上缴上级费用　　　　　　　　　　　　　　　　　　　　300 000
　　贷:银行存款　　　　　　　　　　　　　　　　　　　　　　300 000

同时,编制预算会计分录:

借：上缴上级支出　　　　　　　　　　　　　　　　　　　　　　　　300 000
　　贷：资金结存——货币资金　　　　　　　　　　　　　　　　　　　　　300 000

【例 5-42】 2×23 年年末,某事业单位进行年终结算。经核算,"上缴上级支出"科目借方余额为 435 000 元,"上缴上级费用"科目借方余额为 500 000 元。

2×23 年年末,财务会计分录如下：

借：本期盈余　　　　　　　　　　　　　　　　　　　　　　　　　　500 000
　　贷：上缴上级费用　　　　　　　　　　　　　　　　　　　　　　　　500 000

同时,编制预算会计分录：

借：其他结余　　　　　　　　　　　　　　　　　　　　　　　　　　435 000
　　贷：上缴上级支出　　　　　　　　　　　　　　　　　　　　　　　　435 000

相关思考 5-3

如何区分事业单位财政补助支出和非财政补助支出

（1）财政补助支出是指来源于政府财政部门的拨款安排的支出,应当有财政预算。

（2）非财政补助支出是指本部门自行组织的其他来源收入安排的支出,主要包括上级部门直接补助、下级单位按比例上缴分成收入。

（四）期末余额

年末结转后,"上缴上级支出""上缴上级费用"科目应无余额。

二、对附属单位补助费用与对附属单位补助支出

（一）核算内容

对附属单位补助费用(支出)是指事业单位财政拨款收入之外的收入对附属单位补助发生的费用(现金流出)。需注意以下三方面的内容：

（1）对附属单位补助费用(支出)不是本单位的正常费用(支出),而是具有调剂性质的费用(支出)。

（2）这里所说的附属单位是指事业单位所属独立核算的单位,包括事业单位和企业单位。

（3）上级单位对附属单位发生补助费用(支出)时,不得使用财政拨款收入,若是财政拨款收入,则应通过调整预算批复下达,其不属于对附属单位补助费用(支出)的核算范畴。

（二）明细科目设置

"对附属单位补助费用"科目应当按照接受补助单位、补助项目等进行明细核算。

"对附属单位补助支出"科目应当按照接受补助单位、补助项目,以及《政府收支分类科目》中"支出功能分类科目"的项级科目和"部门预算支出经济分类科目"的款级科目等进行明细核算。

（三）对附属单位补助费用和对附属单位补助支出的主要账务处理

1. 对附属单位补助费用的主要账务处理

（1）单位发生对附属单位补助费用的,按照实际补助的金额或者按照规定计算出应当

对附属单位补助的金额,借记本科目,贷记"银行存款""其他应付款"等科目。

(2)期末,将本科目本期发生额转入本期盈余,借记"本期盈余"科目,贷记本科目。

2.对附属单位补助支出的主要账务处理

(1)发生对附属单位补助支出的,按照实际补助的金额,借记本科目,贷记"资金结存——货币资金"科目。

(2)年末,将本科目本年发生额转入其他结余,借记"其他结余"科目,贷记本科目。

对附属单位补助费用和对附属单位补助支出银行存款的主要账务处理如表5-16所示。

表5-16　　对附属单位补助费用和对附属单位补助支出银行存款的主要账务处理

序号	业务内容	具体内容	
		财务会计	预算会计
1	按照实际补助的金额或者按照规定计算出应当补助的金额时	借：对附属单位补助费用 　贷：银行存款/其他应付款等	借：对附属单位补助支出(实际补助的金额) 　贷：资金结存——货币资金
2	实际支出应补助的金额时	借：其他应付款 　贷：银行存款等	
3	期末/年末结转时	借：本期盈余 　贷：对附属单位补助费用	借：其他结余 　贷：对附属单位补助支出

【例5-43】 2×23年10月4日,某市事业单位根据单位制定的统筹集中款项管理办法,经党组会议审议决定,在全市统筹集中款项中安排所属县事业单位搬迁建设补助经费120 000元。

2×23年10月4日,支付补助费用时,财务会计分录如下:

借:对附属单位补助费用　　　　　　　　　　　　　　　　　　　120 000
　　贷:银行存款——基本账户存款　　　　　　　　　　　　　　　　　120 000

同时,编制预算会计分录:

借:对附属单位补助支出　　　　　　　　　　　　　　　　　　　120 000
　　贷:资金结存——货币资金——银行存款　　　　　　　　　　　　　120 000

【例5-44】 2×23年11月3日,某县事业单位根据全年人员经费支出和事业基金结存情况,向市事业单位申请缺口经费补助200 000元。月底,市事业单位按照制定的统筹集中款项管理办法,批复决定在全市统筹集中款项中安排县局人员经费支出缺口180 000元。

2×23年11月3日,支付经费支出缺口时,财务会计分录如下:

借:对附属单位补助费用　　　　　　　　　　　　　　　　　　　180 000
　　贷:其他应付款　　　　　　　　　　　　　　　　　　　　　　　　180 000

(四)期末余额

年末结转后,"对附属单位补助费用""对附属单位补助支出"科目应无余额。

本 章 小 结

本章主要学习了行政事业单位费用与预算支出的核算内容,包括业务活动费用、单位管理费用与行政支出、事业支出的核算,经营费用与经营支出的核算,资产处置费用的核算,所得税费用的核算,投资支出的核算,债务还本支出的核算,其他费用与其他支出的核算,调剂性费用与调剂性预算支出的核算。

本章重要概念

费用　预算支出　业务活动费用　单位管理费用　事业支出　经营费用　经营支出　资产处置费用　上缴上级费用　上缴上级支出　对附属单位补助费用　对附属单位补助支出

本章练习

二维码5-7:
本章练习

二维码5-8:
本章练习
参考答案

第六章　净　资　产

➢ 内容提要
➢ 重点难点
➢ 学习目标
➢ 知识框架
➢ 思政育人
➢ 第一节　净资产概述
➢ 第二节　盈余及分配的核算
➢ 第三节　净资产调整的核算
➢ 本章小结
➢ 本章重要概念
➢ 本章练习

内容提要

本章主要讲解了净资产的概念、分类和计量；累计盈余、专用基金、本期盈余、本年盈余分配、权益法调整、以前年度盈余调整和无偿调拨净资产的会计核算。

重点难点

本章重点为"累计盈余"科目的设置及会计核算、"专用基金"科目的设置及会计核算、"以前年度盈余调整"科目的设置及会计核算；难点为本期盈余、本年盈余分配、权益法调整和以前年度盈余调整的会计核算。

学习目标

通过本章学习，学生应掌握"累计盈余"科目的设置及会计核算、"专用基金"科目的设置及会计核算、"以前年度盈余调整"科目的设置及会计核算、本期盈余的会计核算、本年盈余分配的会计核算；了解净资产的概念、分类和计量，以前年度盈余调整和权益法调整的会计核算。

知识框架

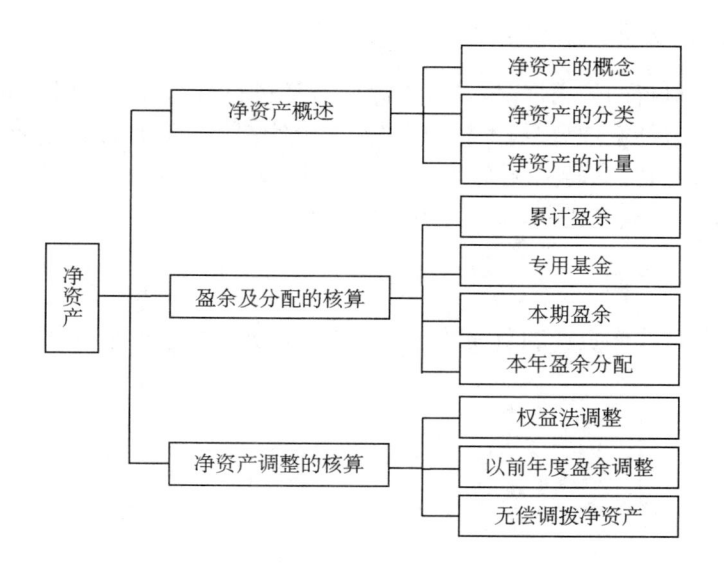

```
                    ┌─ 净资产的概念
        ┌─ 净资产概述 ─┼─ 净资产的分类
        │            └─ 净资产的计量
        │
        │                    ┌─ 累计盈余
净资产 ──┼─ 盈余及分配的核算 ─┼─ 专用基金
        │                    ├─ 本期盈余
        │                    └─ 本年盈余分配
        │
        │                        ┌─ 权益法调整
        └─ 净资产调整的核算 ──────┼─ 以前年度盈余调整
                                 └─ 无偿调拨净资产
```

> **思政育人　　政府会计改革赋能共同富裕与中国式现代化**
>
> 为深入学习贯彻党的二十大精神，进一步深化我国的政府会计改革，推动政府会计准则制度体系的持续完善及贯彻实施，更好落实中共中央办公厅、国务院办公厅印发的《关于进一步加强财会监督工作的意见》，探索政府会计改革赋能共同富裕与中国式现代化的理论与实践问题，2023年5月26日至28日，中国会计学会政府及非营利组织会计专业委员会主办了第十一届"公共管理、公共财政与政府会计跨学科研究论坛"暨第十三届"政府会计改革理论与实务研讨会"。财政部会计司一级巡视员、中国会计学会秘书长刘光忠在致辞中表示，新时代政府会计标准体系建设迎来了井喷式发展，实现新时代政府会计事业的目标任务，要坚持人民至上助推国家治理体系和治理能力现代化，要持续完善政府会计准则制度，要建立健全政府会计准则制度的闭环管理机制，要建立适用于政府的财务管理指标体系，要系统推进会计、内控、信息化的全面融合，要为国际公共部门会计标准的建设贡献中国力量。
>
> 资料来源：康宁，管文卿."政府会计改革赋能共同富裕与中国式现代化"——第十一届"公共管理、公共财政与政府会计跨学科研究论坛"暨第十三届"政府会计改革理论与实务研讨会"举办[EB/OL].(2023-05-30)[2023-12-4]. https://view.sdu.edu.cn/info/1021/180379.htm.
>
> **【思政寄语】**
>
> 党的二十大报告描绘了以中国式现代化全面推进中华民族伟大复兴的宏伟蓝图，阐述了中国式现代化的中国特色、本质要求和必须牢牢把握的重大原则，进一步深刻阐明新时代坚持和发展中国特色社会主义的重大任务和战略举措，为在新的历史条件下全面建设社会主义现代化国家提供了根本遵循。新时代，新征程，必须紧紧扭住党的中心任务，扎实贯彻全面建设社会主义现代化国家、实现第二个百年奋斗目标各项重大决策部署，以中国式现代化全面推进中华民族伟大复兴。

第一节　净资产概述

一、净资产的概念

净资产是指政府资产扣除负债后的净额，净资产的金额取决于资产和负债的计量，它表明单位的资产总额在抵偿完一切现时义务以后的差额部分。

二、净资产的分类

根据净资产类科目的使用情况，可以将净资产类科目分为过渡类科目和留存类科目两大类。过渡类科目包括本期盈余、本年盈余分配、无偿调拨净资产和以前年度盈余调整，该类科目年末要进行结转，结转后无余额。留存类科目包括累计盈余、专用基金和权益法调整，该类科目年末有余额，反映单位实际拥有的净资产。

三、净资产的计量

净资产的金额取决于资产和负债的计量。资产和负债的差额即为净资产。

第二节 盈余及分配的核算

一、累计盈余

（一）科目设置及核算内容

为了核算累计盈余的增减变动情况，单位应设置"累计盈余"科目，核算单位历年实现的盈余扣除盈余分配后滚存的金额，以及因无偿调入调出资产产生的净资产变动额。按照规定上缴、缴回、单位间调剂结转结余资金产生的净资产变动额，以及对以前年度盈余的调整金额，也通过本科目核算。本科目期末余额，反映单位未分配盈余（或未弥补亏损）的累计数以及截至上年年末无偿调拨净资产变动的累计数。本科目年末余额，反映单位未分配盈余（或未弥补亏损）以及无偿调拨净资产变动的累计数。

（二）账务处理

（1）年末，将"本年盈余分配"科目的余额转入本科目，借记或贷记"本年盈余分配"科目，贷记或借记本科目。

（2）年末，将"无偿调拨净资产"科目的余额转入本科目，借记或贷记"无偿调拨净资产"科目，贷记或借记本科目。

（3）按照规定上缴财政拨款结转结余、缴回非财政拨款结转资金、向其他单位调出财政拨款结转资金时，按照实际上缴、缴回、调出的金额，借记本科目，贷记"财政应返还额度""银行存款"等科目。

（4）按照规定从其他单位调入财政拨款结转资金时，按照实际调入的金额，借记"银行存款"等科目，贷记本科目。

（5）将"以前年度盈余调整"科目的余额转入本科目，借记或贷记"以前年度盈余调整"科目，贷记或借记本科目。

（6）按照规定使用专用基金购置固定资产、无形资产的，按照固定资产、无形资产成本金额，借记"固定资产""无形资产"科目，贷记"银行存款"等科目；同时，按照专用基金使用金额，借记"专用基金"科目，贷记本科目。

累计盈余的主要账务处理如表 6-1 所示。

表 6-1　　　　　　　　　　　　累计盈余的主要账务处理

序号	业务内容	账务处理	
		财务会计	预算会计
1	年末，将"本年盈余分配"科目的余额转入本科目	借：本年盈余分配 　　贷：累计盈余 或作相反的会计分录	—
2	年末，将"无偿调拨净资产"科目的余额转入本科目	借：无偿调拨净资产 　　贷：累计盈余 或作相反的会计分录	—

(续表)

序号	业务内容	账务处理 财务会计	账务处理 预算会计
3	按照规定上缴财政拨款结转结余、缴回非财政拨款结转资金、向其他单位调出财政拨款结转资金时	借：累计盈余 　　贷：财政应返还额度/银行存款等	借：财政拨款结转/财政拨款结余/非财政拨款结转/非财政拨款结余 　　贷：资金结存/银行存款/财政应返还额度等
4	按照规定从其他单位调入财政拨款结转资金时	借：银行存款等 　　贷：累计盈余	借：资金结存——货币资金 　　贷：财政拨款结余——归集调入
5	将"以前年度盈余调整"科目的余额转入本科目	借：以前年度盈余调整 　　贷：累计盈余 或作相反的会计分录	—
6	按照规定使用专用基金购置固定资产、无形资产的 【注意：行政单位不涉及本业务处理】	借：固定资产/无形资产 　　贷：银行存款等 借：专用基金 　　贷：累计盈余	使用从收入中提取并列入费用的专用基金 借：事业支出等 　　贷：资金结存 使用从非财政拨款结余或经营结余中提取的专用基金 借：专用结余 　　贷：资金结存——货币资金

【例 6-1】 2×23 年，某事业单位将"本年盈余分配"科目年终分配后贷方余额 800 000 元转入"累计盈余"科目。

财务会计分录如下：

借：本年盈余分配　　　　　　　　　　　　　　　　　　　　　　　　　800 000
　　贷：累计盈余　　　　　　　　　　　　　　　　　　　　　　　　　　　800 000

【例 6-2】 2×23 年，某行政单位将"无偿调拨净资产"科目年末贷方余额 1 800 000 元转入"累计盈余"科目。

财务会计分录如下：

借：无偿调拨净资产　　　　　　　　　　　　　　　　　　　　　　　1 800 000
　　贷：累计盈余　　　　　　　　　　　　　　　　　　　　　　　　　1 800 000

【例 6-3】 某事业单位按规定，向原资金拨出单位缴回非财政拨款结转 600 000 元。

财务会计分录如下：

借：累计盈余　　　　　　　　　　　　　　　　　　　　　　　　　　　600 000
　　贷：银行存款　　　　　　　　　　　　　　　　　　　　　　　　　　600 000

同时，编制预算会计分录：

借：非财政拨款结转 600 000
　　贷：资金结存 600 000

【例6-4】 2×23年年末，某行政单位将"以前年度盈余调整"科目借方余额300 000元转入"累计盈余"科目。

财务会计分录如下：

借：累计盈余 300 000
　　贷：以前年度盈余调整 300 000

二、专用基金

(一) 核算内容

"专用基金"科目核算事业单位按照规定提取或设置的具有专门用途的净资产。本科目期末贷方余额，反映事业单位累计提取或设置的尚未使用的专用基金。

【注意：行政单位不涉及"专用基金"科目】

(二) 明细科目设置

为了核算专用基金的增减变动情况，事业单位应按照本单位专用基金实际情况，设置明细科目。例如，设置"职工福利基金""住房基金""科技成果转化基金""修购基金""医疗风险基金""奖励基金""其他专用基金"等明细科目。

(三) 账务处理

(1) 年末，根据有关规定从本年度非财政拨款结余或经营结余中提取专用基金的，按照预算会计下计算的提取金额，借记"本年盈余分配"科目，贷记本科目。

(2) 根据有关规定从收入中提取专用基金并计入费用的，一般按照预算会计下基于预算收入计算提取的金额，借记"业务活动费用"等科目，贷记本科目。国家另有规定的，从其规定。

(3) 根据有关规定设置的其他专用基金，按照实际收到的基金金额，借记"银行存款"等科目，贷记本科目。

(4) 按照规定使用提取的专用基金时，借记本科目，贷记"银行存款"等科目。提取的专用基金用于购置固定资产、无形资产的，按照固定资产、无形资产成本金额，借记"固定资产""无形资产"科目，贷记"银行存款"等科目；同时，按照专用基金使用金额，借记本科目，贷记"累计盈余"科目。

专用基金的主要账务处理(事业单位)如表6-2所示。

表6-2　　　　　　　　　　专用基金的主要账务处理(事业单位)

序号	业务内容	账务处理	
		财务会计	预算会计
1	年末，根据规定从本年度非财政拨款结余或经营结余中提取专用基金的	借：本年盈余分配 　　贷：专用基金	借：非财政拨款结余分配 　　贷：专用结余
2	根据规定从收入中提取专用基金并计入费用的	借：业务活动费用等 　　贷：专用基金	—

(续表)

序号	业务内容	账务处理	
		财务会计	预算会计
3	根据有关规定设置的其他专用基金	借：银行存款等 　　贷：专用基金	—
4	按照规定使用提取的专用基金时	借：专用基金 　　贷：银行存款等 如果购置固定资产、无形资产的： 借：固定资产/无形资产 　　贷：银行存款等 借：专用基金 　　贷：累计盈余	使用从收入中提取并列入费用的专用基金： 借：事业支出等 　　贷：资金结存 使用从非财政拨款结余或经营结余中提取的专用基金： 借：专用结余 　　贷：资金结存——货币资金

【例6-5】 年末,某事业单位按规定从本年度非财政拨款结余中提取专用基金320 000元。

财务会计分录如下：

借：本年盈余分配　　　　　　　　　　　　　　　　　　　　　　　　320 000
　　贷：专用基金　　　　　　　　　　　　　　　　　　　　　　　　　　　320 000

同时,编制预算会计分录：

借：非财政拨款结余分配　　　　　　　　　　　　　　　　　　　　　320 000
　　贷：专用结余　　　　　　　　　　　　　　　　　　　　　　　　　　　320 000

【例6-6】 某事业单位按规定从收入中提取专用基金200 000元。

财务会计分录如下：

借：业务活动费用　　　　　　　　　　　　　　　　　　　　　　　　200 000
　　贷：专用基金　　　　　　　　　　　　　　　　　　　　　　　　　　　200 000

【例6-7】 某事业单位使用从事业收入中提取的专用基金购置食堂设施,价值22 000元。

财务会计分录如下：

借：固定资产　　　　　　　　　　　　　　　　　　　　　　　　　　22 000
　　贷：银行存款　　　　　　　　　　　　　　　　　　　　　　　　　　　22 000
借：专业基金　　　　　　　　　　　　　　　　　　　　　　　　　　22 000
　　贷：累计盈余　　　　　　　　　　　　　　　　　　　　　　　　　　　22 000

同时,编制预算会计分录：

借：事业支出　　　　　　　　　　　　　　　　　　　　　　　　　　22 000
　　贷：资金结存　　　　　　　　　　　　　　　　　　　　　　　　　　　22 000

三、本期盈余

本期盈余是指行政事业单位本期各项收入、费用相抵后的余额。

(一)科目设置及核算内容

为了反映本期盈余的增减变动情况,单位应设置"本期盈余"科目。本科目期末如为贷方余额,反映单位自年初至当期期末累计实现的盈余;如为借方余额,反映单位自年初至当期期末累计发生的亏损。年末结账后,本科目应无余额。

(二) 账务处理

(1) 期末,将各类收入科目的本期发生额转入本科目,借记"财政拨款收入""事业收入""上级补助收入""附属单位上缴收入""经营收入""非同级财政拨款收入""投资收益""捐赠收入""利息收入""租金收入""其他收入"科目,贷记本科目。

(2) 期末,将各类费用科目本期发生额转入本科目,借记本科目,贷记"业务活动费用""单位管理费用""经营费用""所得税费用""资产处置费用""上缴上级费用""对附属单位补助费用""其他费用"科目。

(3) 年末,完成上述结转后,将本科目余额转入"本年盈余分配"科目,借记或贷记本科目,贷记或借记"本年盈余分配"科目。

本期盈余的主要账务处理如表 6-3 所示。

表 6-3　　　　　　　　　　　本期盈余的主要账务处理

序号	业务内容	账务处理 财务会计 行政单位	账务处理 财务会计 事业单位	预算会计
1	结转收入	借:财政拨款收入/非同级财政拨款收入/捐赠收入/利息收入/租金收入/其他收入 贷:本期盈余	借:财政拨款收入/事业收入/上级补助收入/附属单位上缴收入/经营收入/非同级财政拨款收入/投资收益/捐赠收入/利息收入/租金收入/其他收入 贷:本期盈余 "投资收益"科目发生额为借方净额时,作相反的会计分录	—
2	结转费用	借:本期盈余 贷:业务活动费用/资产处置费用/其他费用	借:本期盈余 贷:业务活动费用/单位管理费用/经营费用/资产处置费用/上缴上级费用/对附属单位补助费用/所得税费用/其他费用	—
3	年末,将本科目余额转入"本年盈余分配"科目	(1) 当"本期盈余"科目为贷方余额时: 借:本期盈余 贷:本年盈余分配 (2) 当"本期盈余"科目为借方余额时: 借:本年盈余分配 贷:本期盈余		—

【例 6-8】 年末,某事业单位收入类、费用类科目余额情况如表 6-4 所示。

表 6-4　　　　　　　　　　　收入类、费用类科目余额情况

会计科目	借方余额	贷方余额
财政拨款收入		3 000 000

（续表）

会计科目	借方余额	贷方余额
事业收入		6 000 000
上级补助收入		800 000
附属单位上缴收入		600 000
非同级财政拨款收入		800 000
投资收益		400 000
捐赠收入		600 000
利息收入		200 000
租金收入		160 000
其他收入		20 000
业务活动费用	2 000 000	
单位管理费用	1 000 000	
经营费用	6 000 000	
资产处置费用	16 000	
所得税费用	480 000	
上缴上级费用	100 000	
对附属单位补助费用	520 000	
其他费用	10 000	

财务会计分录如下：

借：财政拨款收入　　　　　　　　　　　　　　　3 000 000
　　事业收入　　　　　　　　　　　　　　　　　6 000 000
　　上级补助收入　　　　　　　　　　　　　　　　800 000
　　附属单位上缴收入　　　　　　　　　　　　　　600 000
　　非同级财政拨款收入　　　　　　　　　　　　　800 000
　　投资收益　　　　　　　　　　　　　　　　　　400 000
　　捐赠收入　　　　　　　　　　　　　　　　　　600 000
　　利息收入　　　　　　　　　　　　　　　　　　200 000
　　租金收入　　　　　　　　　　　　　　　　　　160 000
　　其他收入　　　　　　　　　　　　　　　　　　 20 000
　　贷：本期盈余　　　　　　　　　　　　　　　12 580 000
借：本期盈余　　　　　　　　　　　　　　　　　10 126 000
　　贷：业务活动费用　　　　　　　　　　　　　 2 000 000
　　　　单位管理费用　　　　　　　　　　　　　 1 000 000
　　　　经营费用　　　　　　　　　　　　　　　 6 000 000
　　　　资产处置费用　　　　　　　　　　　　　　　16 000
　　　　所得税费用　　　　　　　　　　　　　　　 480 000
　　　　上缴上级费用　　　　　　　　　　　　　　 100 000
　　　　对附属单位补助费用　　　　　　　　　　　 520 000
　　　　其他费用　　　　　　　　　　　　　　　　　10 000

【例6-9】 承[例6-8],年末,该事业单位将"本期盈余"科目转入"本年盈余分配"科目。

财务会计分录如下:

借:本期盈余 2 454 000
　　贷:本年盈余分配 2 454 000

四、本年盈余分配

(一)科目设置及核算内容

为了反映本年盈余分配的增减变动情况,单位应设置"本年盈余分配"科目,核算单位本年盈余分配的情况和结果。年末结账后,本科目应无余额。

(二)账务处理

(1)年末,将"本期盈余"科目余额转入本科目,借记或贷记"本期盈余"科目,贷记或借记本科目。

(2)年末,根据有关规定从本年度非财政拨款结余或经营结余中提取专用基金的,按照预算会计下计算的提取金额,借记本科目,贷记"专用基金"科目。

(3)年末,按照规定完成上述处理后,将本科目余额转入"累计盈余"科目,借记或贷记本科目,贷记或借记"累计盈余"科目。

本年盈余分配的主要账务处理如表6-5所示。

表6-5　　　　　　　　　　本年盈余分配的主要账务处理

序号	业务内容	账务处理	
		财务会计	预算会计
1	年末,将本期盈余转入本年盈余分配	当"本期盈余"科目为贷方余额时: 借:本期盈余 　　贷:本年盈余分配 当"本期盈余"科目为借方余额时: 借:本年盈余分配 　　贷:本期盈余	—
2	年末,根据有关规定提取专用基金 【注意:行政单位不涉及本业务处理】	借:本年盈余分配 　　贷:专用基金	借:非财政拨款结余分配 　　贷:专用结余
3	年末,将本年盈余分配余额转入累计盈余	当"本年盈余分配"科目为贷方余额时: 借:本年盈余分配 　　贷:累计盈余 当"本年盈余分配"科目为借方余额时: 借:累计盈余 　　贷:本年盈余分配	—

【例6-10】 年末,某事业单位按规定从本年度非财政拨款结余中提取专用基金300 000元。

财务会计分录如下:

借：本年盈余分配　　　　　　　　　　　　　　　　　　　　　　　300 000
　　贷：专用基金　　　　　　　　　　　　　　　　　　　　　　　　　300 000
同时，编制预算会计分录：
借：非财政拨款结余分配　　　　　　　　　　　　　　　　　　　　300 000
　　贷：专用结余　　　　　　　　　　　　　　　　　　　　　　　　　300 000

【例 6-11】 年末，某单位将"本年盈余分配"科目贷方余额 100 000 元转入"累计盈余"科目。
财务会计分录如下：
借：本年盈余分配　　　　　　　　　　　　　　　　　　　　　　　100 000
　　贷：累计盈余　　　　　　　　　　　　　　　　　　　　　　　　　100 000

第三节　净资产调整的核算

一、权益法调整

（一）核算内容

"权益法调整"科目核算事业单位持有的长期股权投资采用权益法核算时，按照被投资单位除净损益和利润分配以外的所有者权益变动份额，调整长期股权投资的账面余额而计入净资产的金额。本科目期末余额，反映事业单位在被投资单位除净损益和利润分配以外的所有者权益变动中累计享有（或分担）的份额。

【注意：行政单位不涉及"权益法调整"科目】

（二）明细科目设置

"权益法调整"科目应当按照被投资单位进行明细核算。

（三）账务处理

（1）年末，按照被投资单位除净损益和利润分配以外的所有者权益变动应享有（或应分担）的份额，借记或贷记"长期股权投资——其他权益变动"科目，贷记或借记本科目。

（2）采用权益法核算的长期股权投资，因被投资单位除净损益和利润分配以外的所有者权益变动而将应享有（或应分担）的份额计入单位净资产的，处置该项投资时，按照原计入净资产的相应部分金额，借记或贷记本科目，贷记或借记"投资收益"科目。

权益法调整的主要账务处理（事业单位）如表 6-6 所示。

表 6-6　　　　　　　　　权益法调整的主要账务处理（事业单位）

序号	业务内容	账务处理	
		财务会计	预算会计
1	年末，按照被投资单位除净损益和利润分配以外的所有者权益变动的份额（增加）	借：长期股权投资——其他权益变动 　　贷：权益法调整	—
2	年末，按照被投资单位除净损益和利润分配以外的所有者权益变动的份额（减少）	借：权益法调整 　　贷：长期股权投资——其他权益变动	—

(续表)

序号	业务内容	账务处理	
		财务会计	预算会计
3	长期股权投资处置	当"权益法调整"科目为借方余额时： 借：投资收益 　　贷：权益法调整（与所处置投资对应部分的金额） 当"权益法调整"科目为贷方余额时： 借：权益法调整（与所处置投资对应部分的金额） 　　贷：投资收益	—

【例6-12】　某事业单位持有乙公司51%的股权，有权决定乙公司的财务和经营政策，相应的长期股权投资采用权益法核算。取得该股权投资时的初始成本为20 000 000元，款项以银行存款支付。某日，该事业单位获得转让收入30 000 000元；当日，按照权益法核算的"长期股权投资——成本"科目为25 000 000元，"损益调整"科目借方余额为2 000 000元，"其他权益变动"科目借方余额为500 000元，转让收益为2 500 000元（30 000 000－25 000 000－2 000 000－500 000）。

（1）转让股份时，财务会计分录如下：

借：银行存款　　　　　　　　　　　　　　　　　　　　　　　30 000 000
　　贷：长期股权投资——成本　　　　　　　　　　　　　　　　25 000 000
　　　　　　　　　　——损益调整　　　　　　　　　　　　　　 2 000 000
　　　　　　　　　　——其他权益变动　　　　　　　　　　　　 　500 000
　　　　投资收益　　　　　　　　　　　　　　　　　　　　　　 2 500 000

同时，编制预算会计分录：

借：资金结存——货币资金　　　　　　　　　　　　　　　　　　30 000 000
　　贷：投资支出　　　　　　　　　　　　　　　　　　　　　　 20 000 000
　　　　投资预算收益　　　　　　　　　　　　　　　　　　　　 10 000 000

（2）采用权益法调整时，财务会计分录如下：

借：权益法调整　　　　　　　　　　　　　　　　　　　　　　　　 500 000
　　贷：投资收益　　　　　　　　　　　　　　　　　　　　　　 　 500 000

二、以前年度盈余调整

（一）科目设置及核算内容

"以前年度盈余调整"科目核算单位本年度发生的调整以前年度盈余的事项，包括本年度发生的重要前期差错更正涉及调整以前年度盈余的事项。年末，本科目余额应转入"累计盈余"科目。结转后，本科目无余额。

（二）账务处理

（1）调整增加以前年度收入时，按照调整增加的金额，借记有关科目，贷记本科目。调整减少的，作相反的会计分录。

(2) 调整增加以前年度费用时,按照调整增加的金额,借记本科目,贷记有关科目。调整减少的,作相反的会计分录。

(3) 盘盈的各种非流动资产,报经批准后处理时,借记"待处理财产损溢"科目,贷记本科目。

(4) 经上述调整后,应将本科目的余额转入累计盈余,借记或贷记"累计盈余"科目,贷记或借记本科目。

以前年度盈余调整的主要账务处理如表 6-7 所示。

表 6-7　　　　　　　　　　　以前年度盈余调整的主要账务处理

序号	业务内容	账务处理	
		财务会计	预算会计
1	调整以前年度收入	增加以前年度收入时: 借:有关资产类或负债类科目 　贷:以前年度盈余调整	按照实际收到的金额: 借:资金结存 　贷:财政拨款结转/财政拨款结余/非财政拨款结转/非财政拨款结余(年初余额调整)
		减少以前年度收入时: 借:以前年度盈余调整 　贷:有关资产类或负债类科目	按照实际支付的金额: 借:财政拨款结转/财政拨款结余/非财政拨款结转/非财政拨款结余(年初余额调整) 　贷:资金结存
2	调整以前年度费用	增加以前年度费用时: 借:以前年度盈余调整 　贷:有关资产类或负债类科目	按照实际支付的金额: 借:财政拨款结转/财政拨款结余/非财政拨款结转/非财政拨款结余(年初余额调整) 　贷:资金结存
		减少以前年度费用时: 借:有关资产类或负债类科目 　贷:以前年度盈余调整	按照实际收到的金额: 借:资金结存 　贷:财政拨款结转/财政拨款结余/非财政拨款结转/非财政拨款结余(年初余额调整)
3	盘盈的各种非流动资产,报经批准后处理时	借:待处理财产损溢 　贷:以前年度盈余调整	—
4	将"以前年度盈余调整"科目余额转入"累计盈余"科目	当"以前年度盈余调整"科目为借方余额时: 借:累计盈余 　贷:以前年度盈余调整 当"以前年度盈余调整"科目为贷方余额时: 借:以前年度盈余调整 　贷:累计盈余	—

【例6-13】 某行政单位于2×23年年中收到一笔属于以前年度的收入400 000元。

财务会计分录如下：

借：银行存款　　　　　　　　　　　　　　　　　　　　　　400 000
　　贷：以前年度盈余调整　　　　　　　　　　　　　　　　　　　400 000

同时，编制预算会计分录：

借：资金结存——货币资金　　　　　　　　　　　　　　　　400 000
　　贷：非财政拨款结余——年初余额调整　　　　　　　　　　　　400 000

【例6-14】 某事业单位年终结算前进行资产盘点，盘盈台式计算机3台，按照重置成本确认资产价值为30 000元，经核实，由以前年度取得，在取得时未及时入账。按规定报经批准后，该盘盈固定资产作为重要前期差错更正。

（1）发现时，财务会计分录如下：

借：固定资产　　　　　　　　　　　　　　　　　　　　　　30 000
　　贷：待处理财产损溢　　　　　　　　　　　　　　　　　　　　30 000

（2）报经批准后，财务会计分录如下：

借：待处理财产损溢　　　　　　　　　　　　　　　　　　　30 000
　　贷：以前年度盈余调整　　　　　　　　　　　　　　　　　　　30 000

【例6-15】 年末，某事业单位将"以前年度盈余调整"科目600 000元转入"累计盈余"科目。

财务会计分录如下：

借：以前年度盈余调整　　　　　　　　　　　　　　　　　　600 000
　　贷：累计盈余　　　　　　　　　　　　　　　　　　　　　　　600 000

三、无偿调拨净资产

（一）科目设置及核算内容

"无偿调拨净资产"科目核算单位无偿调入或调出非现金资产所引起的净资产变动金额。年末结账后，本科目应无余额。

（二）账务处理

（1）按照规定取得无偿调入的存货、长期股权投资、固定资产、无形资产、公共基础设施、政府储备物资、文物资源、保障性住房等资产时，按照确定的成本，借记"库存物品""长期股权投资""固定资产""无形资产""公共基础设施""政府储备物资""文物资源""保障性住房"等科目，按照调入过程中发生的归属于调入方的相关费用，贷记"财政拨款收入""银行存款"等科目，按照其差额，贷记本科目。

（2）按照规定经批准无偿调出存货、长期股权投资、固定资产、无形资产、公共基础设施、政府储备物资、文物资源、保障性住房等资产时，按照调出资产的账面余额或账面价值，借记本科目，按照固定资产累计折旧、无形资产累计摊销、公共基础设施累计折旧或摊销、保障性住房累计折旧的金额，借记"固定资产累计折旧""无形资产累计摊销""公共基础设施累计折旧（摊销）""保障性住房累计折旧"科目，按照调出资产的账面余额，贷记"库存物品""长期股权投资""固定资产""无形资产""公共基础设施""政府储备物资""文物资源""保障性住房"等科目；同时，按照调出过程中发生的归属于调出方的相关费用，借记"资产处置费用"科目，贷记"财政拨款收入""银行存款"等科目。

（3）年末，将本科目余额转入"累计盈余"科目，借记或贷记本科目，贷记或借记"累计盈余"科目。

无偿调拨净资产的主要账务处理如表 6-8 所示。

表 6-8　　　　　　　　　　无偿调拨净资产的主要账务处理

序号	业务内容	账务处理	
		财务会计	预算会计
1	取得无偿调入的资产时	借：固定资产等 　贷：财政拨款收入/银行存款等 　　　无偿调拨净资产（贷差）	借：其他支出 　贷：资金结存等
2	经批准无偿调出资产时	借：无偿调拨净资产 　　固定资产累计折旧/无形资产累计摊销/ 　　公共基础设施累计折旧（摊销）/保障性 　　住房累计折旧 　贷：库存物品/固定资产/无形资产/长期股权投资/公共基础设施/政府储备物资/文物资源/保障性住房等 借：资产处置费用 　贷：银行存款/财政拨款收入等	借：其他支出 　贷：资金结存等
3	年末，将"无偿调拨净资产"科目余额转入"累计盈余"科目	当"无偿调拨净资产"科目为借方余额时： 借：累计盈余 　贷：无偿调拨净资产 当"无偿调拨净资产"科目为贷方余额时： 借：无偿调拨净资产 　贷：累计盈余	—

【例 6-16】　经批准，某行政单位无偿调出一台设备，该设备的固定资产账面余额更正为 100 000 元，已提折旧 55 000 元。在调拨过程中发生归属于该行政单位的费用为 500 元，款项以库存现金支付。

财务会计分录如下：

借：无偿调拨净资产　　　　　　　　　　　　　　　　　　　　　　　45 000
　　固定资产累计折旧　　　　　　　　　　　　　　　　　　　　　　55 000
　　贷：固定资产　　　　　　　　　　　　　　　　　　　　　　　　100 000
借：资产处置费用　　　　　　　　　　　　　　　　　　　　　　　　　500
　　贷：库存现金　　　　　　　　　　　　　　　　　　　　　　　　　500

同时，编制预算会计分录：

借：其他支出　　　　　　　　　　　　　　　　　　　　　　　　　　　500
　　贷：资金结存——货币资金　　　　　　　　　　　　　　　　　　　500

【例6-17】 经批准,某行政单位无偿调入政府储备物资一批,相关凭证表明该批政府储备物资的账面价值为 600 000 元。在调入过程中,发生归属于该行政单位的运输费等费用为 55 000 元,款项通过国库集中支付方式支付。

财务会计分录如下:

借:政府储备物资　　　　　　　　　　　　　　　　　　　　　655 000
　　贷:无偿调拨净资产　　　　　　　　　　　　　　　　　　　　600 000
　　　　财政拨款收入　　　　　　　　　　　　　　　　　　　　　 55 000

同时,编制预算会计分录:

借:其他支出　　　　　　　　　　　　　　　　　　　　　　　　55 000
　　贷:财政拨款预算收入　　　　　　　　　　　　　　　　　　　 55 000

【例6-18】 年末,某行政单位"无偿调拨净资产"科目贷方余额为 350 000 元,将其转入"累计盈余"科目。

财务会计分录如下:

借:无偿调拨净资产　　　　　　　　　　　　　　　　　　　　　350 000
　　贷:累计盈余　　　　　　　　　　　　　　　　　　　　　　　350 000

延伸阅读6-1

专用基金和专用结余的差异

事业单位专用基金和专用结余是一种金融资金,它们通常用来支付事业单位或行政机关的运营开支。两者均来源于政府的财政资金,但有一定的差异。

1. 形式上的差异

事业单位专用基金是政府拨款,是政府向事业单位提供的一种独立的财政资金,它单独维护为一种资金形式,用于支付事业单位的运营开支,并没有其他限制性收支。

专用结余是指特定的资金,它的来源可以来自上年度的政府对事业单位的拨款,也可以来自事业单位自行筹措的资金,它可以用于支付事业单位的运营开支,也可以用于其他非运营性开支。

2. 使用范围的差异

事业单位专用基金的使用范围受到政府拨款规定的约束,只能用于支付特定的事业单位运营活动开支,不能用于支付其他未规定的开支。

专用结余的使用范围没有限制,它可以用于支付事业单位的运营开支,也可以用于其他非运营性开支。

当事业单位面临紧张的财政情况时,可以通过调整专用结余缩减政府拨款,或提高收入,以缓解紧张的财务状况。同时,为了更好地管理事业单位的财政资金,政府可以强化对事业单位专用基金和专用结余的监督管理,确保资金可以按照规定的用途安全、有效的使用。

相关思考6-1

事业单位累计盈余为负数时,说明什么

事业单位累计盈余是历年实现的盈余扣减盈余分配后滚存的金额,以及因无偿调入调出资产产生的净资产变化额,按规定上缴、缴回、单位间调剂结转结余资金产生的净资产变化额,以及对以前年度盈余的调整金额加减得出来的。事业单位会计报表里边的本期盈余为负值,便是表明单位收不抵支。财务盈余资金出现负数,表明企业经营状况不好,若想扭转这种情况,对外要开拓业务,增加营收;对内加强内部管理,节省成本,把控费用,特别要控制非生产性费用支出。

本 章 小 结

本章主要学习了净资产的概念、分类和计量;累计盈余、专用基金、权益法调整、本期盈余、本年盈余分配、以前年度盈余调整、无偿调拨净资产的会计核算;各净资产类科目的科目设置及账务处理。

本 章 重 要 概 念

净资产　累计盈余　专用基金　权益法调整　本期盈余　本年盈余分配　以前年度盈余调整　无偿调拨净资产

本 章 练 习

二维码6-5：
本章练习

二维码6-6：
本章练习
参考答案

第七章　预算结余

- 内容提要
- 重点难点
- 学习目标
- 知识框架
- 思政育人
- 第一节　预算结余概述
- 第二节　资金结存的核算
- 第三节　财政拨款结转结余的核算
- 第四节　非财政拨款结转结余的核算
- 本章小结
- 重要概念
- 本章练习

内容提要

本章主要讲解了预算结余的概念及分类；资金结存的核算；财政拨款结转结余的核算；非财政拨款结转结余的核算。

重点难点

本章重点为资金结存的核算、财政拨款结转结余的核算、非财政拨款结转结余的核算；难点为财政拨款结转结余的核算及非财政拨款结转结余的核算。

学习目标

通过本章学习，学生应了解预算结余的概念与分类；掌握资金结存的核算要点、财政拨款结转结余的核算要点、非财政拨款结转结余的核算要点，特别是专用结余、经营结余、其他结余和非财政拨款结余分配的核算要点。

知识框架

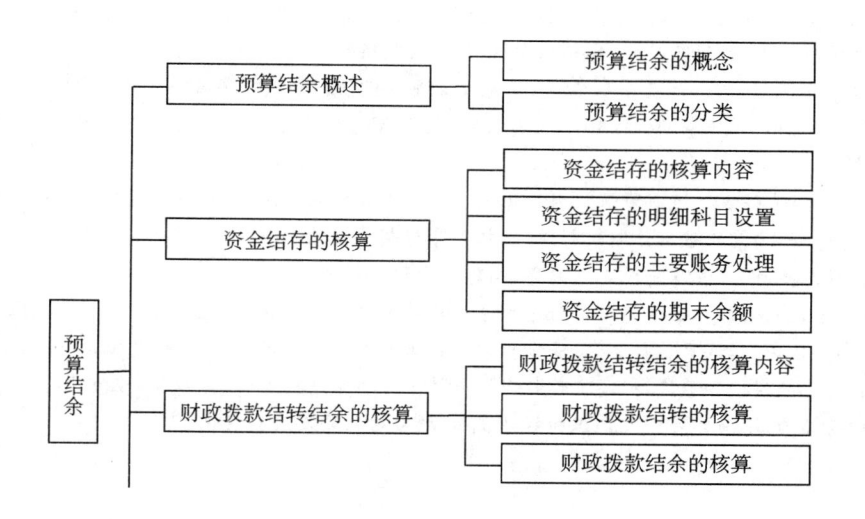

```
                    ┌─ 预算结余概述 ─┬─ 预算结余的概念
                    │                └─ 预算结余的分类
                    │
                    │                ┌─ 资金结存的核算内容
                    ├─ 资金结存的核算 ┼─ 资金结存的明细科目设置
        预算结余 ───┤                ├─ 资金结存的主要账务处理
                    │                └─ 资金结存的期末余额
                    │
                    │                      ┌─ 财政拨款结转结余的核算内容
                    └─ 财政拨款结转结余的核算 ┼─ 财政拨款结转的核算
                                           └─ 财政拨款结余的核算
```

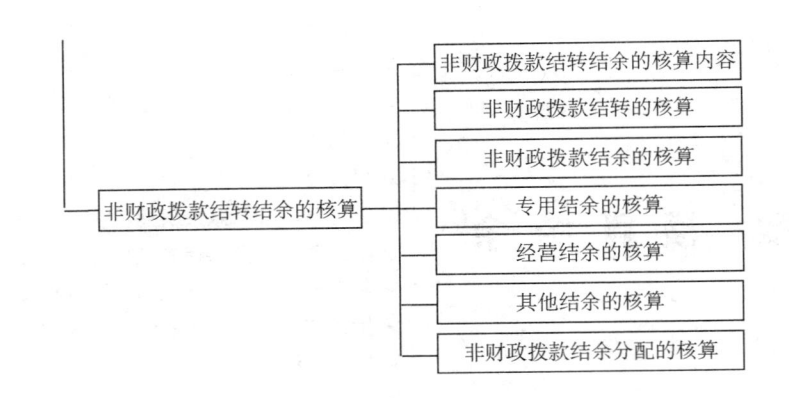

```
                                    ┌─ 非财政拨款结转结余的核算内容
                                    ├─ 非财政拨款结转的核算
                                    ├─ 非财政拨款结余的核算
        非财政拨款结转结余的核算 ────┼─ 专用结余的核算
                                    ├─ 经营结余的核算
                                    ├─ 其他结余的核算
                                    └─ 非财政拨款结余分配的核算
```

思政育人　　深入推进现代预算制度改革重点任务

党的二十大报告从战略和全局的高度,明确了进一步深化财税体制改革的重点举措,提出"健全现代预算制度",为做好新时代新征程财政预算工作指明了方向、提供了遵循。我们要全面贯彻习近平新时代中国特色社会主义思想,认真学习贯彻党的二十大精神,坚决落实好健全现代预算制度各项任务,为全面建设社会主义现代化国家提供坚实财力保障和强大物质基础。

按照党中央统一部署,健全现代预算制度,要进一步破除体制机制障碍、补齐管理制度短板,推动预算编制完整科学、预算执行规范高效、预算监督严格有力、管理手段先进完备,构建完善综合统筹、规范透明、约束有力、讲求绩效、持续安全的现代预算制度。

提升资金效益和政策效能,进一步完善预算管理制度。加强预算管理重点环节,促进资金规范安全高效使用,精准有效落实积极的财政政策。深化预算绩效管理。扩大重点绩效评价范围,提高绩效评价质量。推进部门和单位整体支出绩效评价,探索开展政府收入绩效管理。用好绩效评价结果,形成评价、反馈、整改、提升良性循环。推进支出标准化。完善基本支出标准,加快项目支出标准建设,健全基本公共服务保障制度和标准。健全预算执行管理体系。严格预算控制、核算、决算,完整反映预算资金流向和预算项目全生命周期情况。优化政府采购需求管理和交易制度,强化政府采购政策功能。完善国债收益率曲线,进一步发挥政府债券金融工具作用。完善财政资金直达机制。优化直达资金范围,保持规模合理适度。压实地方主体责任,增强地方分配资金自主性。实施资金分类管理,完善全过程监管机制。全面推进预算管理一体化。推动中央和地方财政系统信息贯通,动态反映各级预算安排和执行情况。加强财政与行业部门信息互联共享,实现一体化系统在各级财政部门和预算单位全面运行。加强预决算公开。进一步扩大范围,细化内容,改进方式,提升公开的及时性、完整性、规范性和可获得性。

资料来源:许建文.二十大报告学习汇编|深入推进现代预算制度改革重点任务[EB/OL].(2023-05-05)[2024-01-05]. https://www.12371.cn/2023/05/05/ARTI1683293703760234.shtml.

【思政寄语】

党的二十大报告强调了进一步深化财税体制改革的重点举措,其中明确提出了"健全现代预算制度"。为了落实好这一任务,需要破除体制机制障碍、补齐管理制度短板,推动预算编制完整科学、预算执行规范高效、预算监督严格有力、管理手段先进完备,构建现代预算制度。

行政事业单位的会计职业道德与职业精神也是非常重要的。在会计职业道德方面,会计人员应该具备高度的责任感和使命感,认真履行职责,保证单位财务工作的正常运转;同时,会计人员还应该遵守职业道德规范,维护行业的声誉和形象,提高工作效率和质量。在职业精神方面,会计人员应该具备严谨、务实、勤奋、创新等优秀品质,不断学习专业知识和提升技能,适应时代的发展和变化。

第一节 预算结余概述

一、预算结余的概念

《基本准则》第二十三条规定:预算结余是指政府会计主体预算年度内预算收入扣除预算支出后的资金金额,以及历年滚存的资金余额。

二、预算结余的分类

《基本准则》第二十四条规定:预算结余包括结余资金和结转资金。结余资金是指年度预算执行终了,预算收入实际完成数扣除预算支出和结转资金后剩余的资金。结转资金是指预算安排项目的支出年终尚未执行完毕或者因故未执行,且下年需要按原用途继续使用的资金。

根据资金来源和预算管理要求的不同,行政事业单位的结转结余可以分为同级财政拨款资金形成的结转结余、非财政专项资金形成的结转、非财政非专项资金形成的结余三类。

第二节 资金结存的核算

一、资金结存的核算内容

为了反映因预算收支差额所形成的资金结存数及其变动情况,使得预算会计的不同账户之间进行借贷平衡记账,单位在预算结余类科目里设置"资金结存"科目:当取得预算收入时,资金流入,借记本科目,贷记各类预算收入科目;当发生预算支出时,资金流出,借记各类预算支出科目,贷记本科目。

"资金结存"科目来核算单位纳入部门预算管理的资金的流入、流出、调整和滚存等情况。

二、资金结存的明细科目设置

"资金结存"科目需设置以下明细科目,进行明细核算。

(一) 货币资金

本明细科目核算单位以库存现金、银行存款、其他货币资金形态存在的资金。本明细科目年末借方余额,反映单位尚未使用的货币资金。

(二) 财政应返还额度

本明细科目核算实行国库集中支付的单位可以使用的以前年度财政直接支付资金额度和财政应返还的财政授权支付资金额度。实行预算管理一体化系统的预算单位,本明细科目下不再继续设置明细科目。本明细科目年末借方余额,反映单位应收财政返还的资金额度。

三、资金结存的主要账务处理

"资金结存"科目核算的流入、流出、调整、滚存的资金,仅限于货币资金(包括库存现金、银行存款、其他货币资金和零余额账户用款额度)和财政应返还额度。因此,"资金结存"科目的明细科目反映资金的具体形式。与"资金结存"科目相关的业务活动包括资金流入会计主体与资金流出会计主体,以及不同形式的资金之间的转换。

(一)资金流入的账务处理

1. 取得预算收入

(1)在以实拨资金方式取得预算收入时,按照实际收到的金额,借记"资金结存——货币资金"科目,贷记"财政拨款预算收入""事业预算收入""经营预算收入"等科目。

(2)预算单位在某些特定情况下按规定从本单位零余额账户向本单位实有资金账户划转资金用于后续相关支出的,应当根据收到的国库集中支付凭证及实有资金账户入账凭证,按照凭证入账金额,借记"资金结存——货币资金"科目,贷记"财政拨款预算收入"科目(使用本年度预算指标)或"资金结存——财政应返还额度"科目(使用以前年度预算指标)。

2. 收到调入的财政拨款结转资金

收到从其他单位调入的财政拨款结转资金的,按照实际调入资金数额,借记"资金结存——货币资金、财政应返还额度"科目,贷记"财政拨款结转——归集调入"科目。

3. 购货退回、差错更正等

因购货退回、发生差错更正等退回国库集中支付款项,或者收回货币资金的,属于本年度支付的款项,借记"财政拨款预算收入"科目(支付时使用本年度预算指标),或本科目的"财政应返还额度"明细科目(支付时使用以前年度预算指标),或本科目的"货币资金"明细科目(支付时使用银行存款),贷记相关支出科目;对于项目未结束的跨年资金退回或属于以前年度支付的款项,借记"资金结存——财政应返还额度、货币资金"科目,贷记"财政拨款结转""财政拨款结余""非财政拨款结转""非财政拨款结余"等科目。

4. 年末,确认未下达的财政用款额度

预算单位实行预算管理一体化系统的,年末,根据财政部门批准的本年度预算指标数大于当年实际支付数的差额中允许结转使用的金额,借记"资金结存——财政应返还额度"科目,贷记"财政拨款预算收入"科目。

(二)资金流出的账务处理

1. 发生预算支出

(1)在国库集中支付以外的其他支付方式下,当发生相关支出时,按照实际支付的金额,借记"事业支出""经营支出"等科目,贷记"资金结存——货币资金"科目。

(2)在按照规定使用专用基金时,按照实际支付的金额,借记"专用结余""事业支出"等科目,贷记"资金结存——货币资金"科目。

(3)实行预算管理一体化系统的预算单位使用以前年度预算指标时,按照实际支付的金额,借记"行政支出""事业支出"等科目,贷记"资金结存——财政应返还额度"科目。

2. 上缴或缴回财政资金

按照规定上缴财政拨款结转结余资金或注销财政拨款结转结余资金额度的,按照实际上缴资金数额或注销的资金额度数额,借记"财政拨款结转——归集上缴"或"财政拨款结余——归集上缴"科目,贷记"资金结存——财政应返还额度、货币资金"科目。

按规定向原资金拨入单位缴回非财政拨款结转资金的,按照实际缴回资金数额,借记"非财政拨款结转——缴回资金"科目,贷记"资金结存——货币资金"科目。

3. 交纳所得税

有企业所得税缴纳义务的事业单位在交纳所得税时，按照实际交纳的金额，借记"非财政拨款结余——累计结余"科目，贷记"资金结存——货币资金"科目。

资金结存的主要账务处理如表 7-1 所示。

表 7-1　　　　　　　　　　　资金结存的主要账务处理

序号	业务内容		账务处理	
			财务会计	预算会计
1	取得预算收入	以实拨资金方式取得预算收入时	借：银行存款/库存现金等 贷：财政拨款收入/事业收入/经营收入等	借：资金结存——货币资金 贷：财政拨款预算收入/事业预算收入/经营预算收入等
		按规定向本单位实有资金账户划转财政资金时	借：银行存款 贷：财政拨款收入（使用本年度预算指标）/财政应返还额度（使用以前年度预算指标）	借：资金结存——货币资金 贷：财政拨款预算收入/资金结存——财政应返还额度
2	收到调入的财政拨款结转资金		借：银行存款/财政应返还额度 贷：累计盈余	借：资金结存——货币资金/资金结存——财政应返还额度 贷：财政拨款结转——归集调入
3	因购货退回、发生差错更正等退回国库集中支付款项，或者收回货币资金的	属于本年度支付的款项	借：财政拨款收入/财政应返还额度/银行存款 贷：库存物品/业务活动费用等	借：财政拨款预算收入/资金结存——财政应返还额度/资金结存——货币资金 贷：行政支出/事业支出
		对于项目未结束的跨年资金退回或属于以前年度支付的款项	借：财政应返还额度 贷：以前年度盈余调整/库存物品等	借：资金结存——财政应返还额度/资金结存——货币资金 贷：财政拨款结转/财政拨款结余/非财政拨款结转/非财政拨款结余（年初余额调整）
4	年末，确认未下达的财政用款额度时，实行预算管理一体化系统的预算单位的		借：财政应返还额度 贷：财政拨款收入	借：资金结存——财政应返还额度 贷：财政拨款预算收入
5	发生预算支出	以国库集中支付以外的其他支付方式发生支出时	借：业务活动费用/库存物品等 贷：库存现金/银行存款等	借：事业支出/经营支出等 贷：资金结存——货币资金

(续表)

序号	业务内容		账务处理	
			财务会计	预算会计
5	发生预算支出	按规定使用专用基金时	借：专用基金 　　贷：银行存款等 或 借：固定资产/无形资产 　　贷：银行存款 借：专用基金 　　贷：累计盈余	借：事业支出/专用结余等 　　贷：资金结存——货币资金
		实行预算管理一体化系统的预算单位使用以前年度预算指标时	借：业务活动费用/单位管理费用/库存物品等 　　贷：财政应返还额度	借：行政支出/事业支出等 　　贷：资金结存——财政应返还额度
6	上缴或缴回财政资金	按照规定上缴财政拨款结转结余资金或注销财政拨款结转结余资金额度的	借：累计盈余 　　贷：财政应返还额度/银行存款等	借：财政拨款结转——归集上缴/财政拨款结余——归集上缴 　　贷：资金结存——财政应返还额度/资金结存——货币资金
		按规定向原资金拨入单位缴回非财政拨款结转资金的	借：累计盈余 　　贷：银行存款等	借：非财政拨款结转——缴回资金 　　贷：资金结存——货币资金
7	交纳所得税		借：其他应交税费——单位应交所得税 　　贷：银行存款等	借：非财政拨款结余——累计结余 　　贷：资金结存——货币资金

【例7-1】　某事业单位以实拨资金方式取得预算收入，某日收到的银行存款进账单表明，同级政府财政部门拨入某专项经费50 000元。

财务会计分录如下：

借：银行存款　　　　　　　　　　　　　　　　　　　　　　　　50 000
　　贷：财政拨款收入　　　　　　　　　　　　　　　　　　　　　　50 000

同时，编制预算会计分录：

借：资金结存——货币资金　　　　　　　　　　　　　　　　　　50 000
　　贷：财政拨款预算收入　　　　　　　　　　　　　　　　　　　　50 000

【例7-2】　某事业单位的银行账户收到从其他单位调入财政拨款结转资金500 000元，款项已到账。

财务会计分录如下：

借：银行存款　　　　　　　　　　　　　　　　　　　　　　　　500 000
　　贷：累计盈余　　　　　　　　　　　　　　　　　　　　　　　　500 000

同时，编制预算会计分录：

借：资金结存——货币资金　　　　　　　　　　　　　　　　　　500 000
　　贷：财政拨款结转——归集调入　　　　　　　　　　　　　　　500 000

【例 7-3】 某行政单位当年通过国库集中支付方式采购的一批办公用品入库后发现有质量问题，办公用品已退回。收到财政资金退回通知书及相关原始凭证，退回相关货款共计 30 000 元。

财务会计分录如下：

借：财政拨款收入　　　　　　　　　　　　　　　　　　　　　　30 000
　　贷：库存物品　　　　　　　　　　　　　　　　　　　　　　　　30 000

同时，编制预算会计分录：

借：财政拨款预算收入　　　　　　　　　　　　　　　　　　　　30 000
　　贷：行政支出　　　　　　　　　　　　　　　　　　　　　　　　30 000

【例 7-4】 某行政单位现已实行预算管理一体化系统。年末，进行年终结算。经核算，全年国库集中支付指标数为 18 000 000 元，实际已使用 17 000 000 元，其差额部分允许单位结转使用。

财务会计分录如下：

借：财政应返还额度　　　　　　　　　　　　　　　　　　　　1 000 000
　　贷：财政拨款收入　　　　　　　　　　　　　　　　　　　　　1 000 000

同时，编制预算会计分录：

借：资金结存——财政应返还额度　　　　　　　　　　　　　　1 000 000
　　贷：财政拨款预算收入　　　　　　　　　　　　　　　　　　　1 000 000

【例 7-5】 某事业单位现因开展专业业务活动的需要，向外聘人员支付劳务费 5 000 元，以银行存款形式支付。

财务会计分录如下：

借：业务活动费用　　　　　　　　　　　　　　　　　　　　　　5 000
　　贷：银行存款　　　　　　　　　　　　　　　　　　　　　　　　5 000

同时，编制预算会计分录：

借：事业支出　　　　　　　　　　　　　　　　　　　　　　　　5 000
　　贷：资金结存——货币资金　　　　　　　　　　　　　　　　　5 000

【例 7-6】 某事业单位动用专用基金采购设备一台，价值为 30 000 元，款项以银行存款支付，设备已安装。该项专用基金是从非财政拨款结余和经营结余中提取的。

财务会计分录如下：

借：固定资产 30 000
　　贷：银行存款 30 000
借：专用基金 30 000
　　贷：累计盈余 30 000

同时，编制预算会计分录：

借：专用结余 30 000
　　贷：资金结存——货币资金 30 000

【例7-7】 承[例7-6]，假设该项专用基金是从收入中提取并计入费用的，其他条件不变。

财务会计分录如下：

借：固定资产 30 000
　　贷：银行存款 30 000
借：专用基金 30 000
　　贷：累计盈余 30 000

同时，编制预算会计分录：

借：事业支出 30 000
　　贷：资金结存——货币资金 30 000

【例7-8】 某事业单位承担某个专项任务并已完工。现按规定，以银行存款的形式上缴财政拨款余额资金10 000元，同时向原资金拨入单位缴回非财政拨款结转20 000元。

财务会计分录如下：

借：累计盈余 30 000
　　贷：银行存款 30 000

同时，编制预算会计分录：

借：财政拨款结余——归集上缴 10 000
　　非财政拨款结余——缴回资金 20 000
　　贷：资金结存——货币资金 30 000

【例7-9】 某事业单位交纳所得税45 000元，税款已通过银行存款交纳。

财务会计分录如下：

借：其他应交税费——单位应交所得税 45 000
　　贷：银行存款 45 000

同时，编制预算会计分录：

借：非财政拨款结余——累计结余 45 000
　　贷：资金结存——货币资金 45 000

四、资金结存的期末余额

本科目年末借方余额，反映单位预算资金的累计滚存情况。

第三节 财政拨款结转结余的核算

一、财政拨款结转结余的核算内容

由同级财政拨款资金形成的结转结余包括财政拨款结转与财政拨款结余。

财政拨款结转是指单位当年预算已执行但尚未完成,或因故未能执行,下一年度需要按照原用途继续使用的预算资金。它包括基本支出结转和项目支出结转。

财政拨款结余是指单位当年预算工作目标已完成,或者因故终止,当年剩余的预算资金。

二、财政拨款结转的核算

(一)核算内容

单位应当设置"财政拨款结转"科目,核算单位取得的同级财政拨款结转资金的调整、结转和滚存情况。

(二)明细科目设置

"财政拨款结转"科目应当设置以下明细科目。

1. 与会计差错更正、以前年度支出收回相关的明细科目

"年初余额调整"明细科目。本明细科目核算因发生会计差错更正、以前年度支出收回等原因,需要调整财政拨款结转的金额。年末结账后,本明细科目应无余额。

2. 与财政拨款调拨业务相关的明细科目

(1)"归集调入"明细科目。本明细科目核算按照规定从其他单位调入财政拨款结转资金时,实际调增的额度数额或调入的资金数额。年末结账后,本明细科目应无余额。

(2)"归集调出"明细科目。本明细科目核算按照规定从其他单位调出财政拨款结转资金时,实际调减的额度数额或调出的资金数额。年末结账后,本明细科目应无余额。

(3)"归集上缴"明细科目。本明细科目核算按照规定上缴财政拨款结转资金时,实际核销的额度数额或上缴的资金数额。年末结账后,本明细科目应无余额。

(4)"单位内部调剂"明细科目。本明细科目核算经财政部门批准对财政拨款结余资金改变用途,用于本单位其他未完成项目等的调整金额。年末结账后,本明细科目应无余额。

3. 与年末财政拨款结转业务相关的明细科目

(1)"本年收支结转"明细科目。本明细科目核算单位本年度财政拨款收支相抵后的余额。年末结账后,本明细科目应无余额。

(2)"累计结转"明细科目。本明细科目核算单位滚存的财政拨款结转资金。本明细科目年末贷方余额,反映单位财政拨款滚存的结转资金数额。

"财政拨款结转"科目还应当设置"基本支出结转""项目支出结转"两个明细科目,并在"基本支出结转"明细科目下按照"人员经费""日常公用经费"进行明细核算;在"项目支出结转"明细科目下按照具体项目进行明细核算。同时,"财政拨款结转"科目还应按照《政府收支分类科目》中"支出功能分类科目"的相关科目进行明细核算。

有一般公共预算财政拨款、政府性基金预算财政拨款等两种或两种以上财政拨款的,还应当在"财政拨款结转"科目下按照财政拨款的种类进行明细核算。

(三) 主要的账务处理

1. 与会计差错更正、以前年度支出收回相关的账务处理

(1) 因发生会计差错更正退回以前年度国库集中支付款项或财政性货币资金,或者因发生会计差错更正增加以前年度国库集中支付支出或财政性货币资金支出,属于以前年度财政拨款结转资金的,借记或贷记"资金结存——财政应返还额度""资金结存——货币资金"科目,贷记或借记"财政拨款结转——年初余额调整"科目。

(2) 因购货退回、预付款项收回等发生以前年度支出又收回国库直接支付、授权支付款项或收回财政性货币资金,属于以前年度财政拨款结转资金的,借记"资金结存——财政应返还额度""资金结存——货币资金"科目,贷记"财政拨款结转——年初余额调整"科目。

2. 与财政拨款结转资金调整业务相关的账务处理

(1) 按照规定从其他单位调入财政拨款结转资金的,按照实际调增的额度数额或调入的资金数额,借记"资金结存——财政应返还额度""资金结存——货币资金"科目,贷记"财政拨款结转——归集调入"科目。

(2) 按照规定向其他单位调出财政拨款结转资金的,按照实际调减的额度数额或调出的资金数额,借记"财政拨款结转——归集调出"科目,贷记"资金结存——财政应返还额度""资金结存——货币资金"科目。

(3) 按照规定上缴财政拨款结转资金或注销财政拨款结转资金额度的,按照实际上缴资金数额或注销的资金额度数额,借记"财政拨款结转——归集上缴"科目,贷记"资金结存——财政应返还额度""资金结存——货币资金"科目。

(4) 经财政部门批准对财政拨款结余资金改变用途,调整用于本单位基本支出或其他未完成项目支出的,按照批准调剂的金额,借记"财政拨款结余——单位内部调剂"科目,贷记"财政拨款结转——单位内部调剂"科目。

3. 与年末财政拨款结转和结余业务相关的账务处理

(1) 年末结转。将财政拨款预算收入本年发生额转入本科目,借记"财政拨款预算收入"科目,贷记"财政拨款结转——本年收支结转"科目;将各项支出中财政拨款支出本年发生额转入本科目,借记"财政拨款结转——本年收支结转"科目,贷记各项支出(财政拨款支出)科目。

(2) 年末冲销有关明细科目余额。将"财政拨款结转——本年收支结转、年初余额调整、归集调入、归集调出、归集上缴、单位内部调剂"科目余额转入"财政拨款结转——累计结转"科目。结转后,本科目除"累计结转"明细科目外,其他明细科目应无余额。

(3) 年末完成上述结转后,应当对财政拨款结转各明细项目的执行情况进行分析,按照有关规定将符合财政拨款结余性质的项目余额转入财政拨款结余,借记"财政拨款结转——累计结转"科目,贷记"财政拨款结余——结转转入"科目。

财政拨款结转的主要账务处理如表7-2所示。

表 7-2　　　　　　　　　　　　财政拨款结转的主要账务处理

序号	业务内容		账务处理	
			财务会计	预算会计
1	因会计差错更正、购货退回、预付款项收回等发生以前年度调整事项	调整增加相关资产	借：银行存款等 贷：以前年度盈余调整	借：资金结存——货币资金/资金结存——财政应返还额度 贷：财政拨款结转——年初余额调整
		因会计差错更正调整减少相关资产	借：以前年度盈余调整 贷：银行存款等	借：财政拨款结转——年初余额调整 贷：资金结存——货币资金/资金结存——财政应返还额度
2	从其他单位调入财政拨款结转资金	按照实际调增的额度数额或调入的资金数额	借：财政应返还额度/银行存款 贷：累计盈余	借：资金结存——财政应返还额度/资金结存——货币资金 贷：财政拨款结转——归集调入
3	向其他单位调出财政拨款结转资金	按照实际调减的额度数额或调减的资金数额	借：累计盈余 贷：财政应返还额度/银行存款	借：财政拨款结转——归集调出 贷：资金结存——财政应返还额度/资金结存——货币资金
4	按照规定上缴财政拨款结转资金或注销财政拨款结转额度的	按照实际上缴资金数额或注销的资金额度	借：累计盈余 贷：财政应返还额度/银行存款	借：财政拨款结转——归集上缴 贷：资金结存——财政应返还额度/资金结存——货币资金
5	单位内部调剂财政拨款结余资金	按照调整的金额	—	借：财政拨款结余——单位内部调剂 贷：财政拨款结转——单位内部调剂
6	年末结转	结转财政拨款预算收入	—	借：财政拨款预算收入 贷：财政拨款结转——本年收支结转
		结转财政拨款预算支出	—	借：财政拨款结转——本年收支结转 贷：行政支出/事业支出等
7	年末冲销有关明细科目余额		—	借：财政拨款结转——年初余额调整/财政拨款结转——归集调入/财政拨款结转——单位内部调剂/财政拨款结转——本年收支结转 贷：财政拨款结转——累计结转 或 借：财政拨款结转——累计结转 贷：财政拨款结转——归集上缴/财政拨款结转——年初余额调集/财政拨款结转——归集调出/财政拨款结转——本年收支结转

(续表)

序号	业务内容	账务处理	
		财务会计	预算会计
8	转入财政拨款结余	按照有关规定将符合财政拨款结余性质的项目余额转入财政拨款结余	—	借：财政拨款结转——累计结转 　贷：财政拨款结余——结转转入

【例 7-10】 某事业单位上一会计年度因订购货物发生预付账款 200 000 元，所需资金来自财政拨款中的基本支出拨款。由于订购的货品未按时收到，该事业单位于本会计年度收回了上一会计年度的全部预付账款，款项已存入银行账户。

财务会计分录如下：

借：银行存款　　　　　　　　　　　　　　　　　　　　　　　　200 000
　　贷：以前年度盈余调整　　　　　　　　　　　　　　　　　　　200 000

同时，编制预算会计分录：

借：资金结存——货币资金　　　　　　　　　　　　　　　　　　200 000
　　贷：财政拨款结转——年初余额调整　　　　　　　　　　　　200 000

【例 7-11】 经财政部门批准，某行政单位收到从其他单位调入财政拨款结转资金 100 000 元，单位银行账户现已到账。

财务会计分录如下：

借：银行存款　　　　　　　　　　　　　　　　　　　　　　　　100 000
　　贷：累计盈余　　　　　　　　　　　　　　　　　　　　　　　100 000

同时，编制预算会计分录：

借：资金结存——货币资金　　　　　　　　　　　　　　　　　　100 000
　　贷：财政拨款结转——归集调入　　　　　　　　　　　　　　100 000

【例 7-12】 承[例 7-11]，假设从该行政单位调出财政拨款结转资金到其他单位，并注销相应的财政应返还额度，其他条件不变。

财务会计分录如下：

借：累计盈余　　　　　　　　　　　　　　　　　　　　　　　　100 000
　　贷：财政应返还额度　　　　　　　　　　　　　　　　　　　　100 000

同时，编制预算会计分录：

借：财政拨款结转——归集调出　　　　　　　　　　　　　　　　100 000
　　贷：资金结存——财政应返还额度　　　　　　　　　　　　　100 000

【例 7-13】 根据财政部门的通知，某事业单位按规定上缴财政拨款结转资金 250 000 元，并注销相应的财政应返还额度。

财务会计分录如下：

借：累计盈余　　　　　　　　　　　　　　　　　　　　　　　　250 000
　　贷：财政应返还额度　　　　　　　　　　　　　　　　　　　　　　250 000

同时，编制预算会计分录：

借：财政拨款结转——归集上缴　　　　　　　　　　　　　　　　　250 000
　　贷：资金结存——财政应返还额度　　　　　　　　　　　　　　　　250 000

【例7-14】 经财政部门批准，某事业单位将某项任务已完工的财政拨款结余资金20 000元调剂用于基本经费支出。

预算会计分录如下：

借：财政拨款结余——单位内部调剂　　　　　　　　　　　　　　　20 000
　　贷：财政拨款结转——单位内部调剂　　　　　　　　　　　　　　　20 000

（四）期末余额

本科目年末贷方余额，反映行政事业单位滚存的财政拨款结转资金数额。

三、财政拨款结余的核算

（一）核算内容

单位应当设置"财政拨款结余"科目，核算单位取得的同级财政拨款项目支出结余资金的调整、结转和滚存情况。

（二）明细科目设置

"财政拨款结余"科目应当设置以下明细科目。

1. 与会计差错更正、以前年度支出收回相关的明细科目

"年初余额调整"明细科目。本明细科目核算因发生会计差错更正、以前年度支出收回等原因，需要调整财政拨款结余的金额。年末结账后，本明细科目应无余额。

2. 与财政拨款结余资金调整业务相关的明细科目

（1）"归集上缴"明细科目。本明细科目核算按照规定上缴财政拨款结余资金时，实际核销的额度数额或上缴的资金数额。年末结账后，本明细科目应无余额。

（2）"单位内部调剂"明细科目。本明细科目核算经财政部门批准对财政拨款结余资金改变用途，调整用于本单位其他未完成项目等的调整金额。年末结账后，本明细科目应无余额。

3. 与年末财政拨款结余业务相关的明细科目

（1）"结转转入"明细科目。本明细科目核算单位按照规定转入财政拨款结余的财政拨款结转资金。年末结账后，本明细科目应无余额。

（2）"累计结余"明细科目。本明细科目核算单位滚存的财政拨款结余资金。本明细科目年末贷方余额，反映单位财政拨款滚存的结余资金数额。

"财政拨款结余"科目还应当按照具体项目、《政府收支分类科目》中"支出功能分类科目"的相关科目等进行明细核算。

有一般公共预算财政拨款、政府性基金预算财政拨款等两种或两种以上财政拨款的，还应当在"财政拨款结余"科目下按照财政拨款的种类进行明细核算。

(三) 主要的账务处理

1. 与会计差错更正、以前年度支出收回相关的账务处理

(1) 因购货退回、预付款项收回等发生以前年度支出又收回国库集中支付、授权支付款项或收回财政性货币资金，属于以前年度财政拨款结余资金的，借记"资金结存——财政应返还额度""资金结存——货币资金"科目，贷"财政拨款结余——年初余额调整"科目。

(2) 因发生会计差错更正退回以前年度国库集中支付款项或财政性货币资金，或者因发生会计差错更正增加以前年度国库集中支付支出或财政性货币资金支出，属于以前年度财政拨款结余资金的，借记或贷记"资金结存——财政应返还额度""资金结存——货币资金"科目，贷记或借记"财政拨款结余——年初余额调整"科目。

2. 与财政拨款结余资金调整业务相关的账务处理

(1) 按照规定上缴财政拨款结余资金或注销财政拨款结余资金额度的，按照实际上缴资金数额或注销的资金额度数额，借记"财政拨款结余——归集上缴"科目，贷记"资金结存——财政应返还额度""资金结存——货币资金"科目。

(2) 经财政部门批准对财政拨款结余资金改变用途，调整用于本单位基本支出或其他未完成项目支出的，按照批准调剂的金额，借记"财政拨款结余——单位内部调剂"科目，贷记"财政拨款结转——单位内部调剂"科目。

3. 与年末财政拨款结转和结余业务相关的账务处理

(1) 年末结转。对财政拨款结转各明细项目执行情况进行分析，按照有关规定将符合财政拨款结余性质的项目余额转入财政拨款结余，借记"财政拨款结转——累计结转"科目，贷记"财政拨款结余——结转转入"科目。

(2) 年末冲销有关明细科目余额。将"财政拨款结余——年初余额调整、归集上缴、单位内部调剂、结转转入"科目余额转入"财政拨款结余——累计结转"科目。结转后，本科目除"累计结转"明细科目外，其他明细科目应无余额。

财政拨款结余的主要账务处理如表7-3所示。

表7-3 　　　　　　　　　　财政拨款结余的主要账务处理

序号	业务内容		账务处理	
			财务会计	预算会计
1	因购货退回、会计差错更正等发生以前年度调整事项	调整增加相关资产	借：银行存款等 贷：以前年度盈余调整	借：资金结存——货币资金/资金结存——财政应返还额度 贷：财政拨款结余——年初余额调整
		因会计差错更正调整减少相关资产	借：以前年度盈余调整 贷：银行存款等	借：财政拨款结余——年初余额调整 贷：资金结存——货币资金/资金结存——财政应返还额度
2	按照规定上缴财政拨款结余资金或注销财政拨款结余额度的	按照实际上缴资金数额或注销的资金额度	借：累计盈余 贷：财政应返还额度/银行存款	借：财政拨款结余——归集上缴 贷：资金结存——财政应返还额度/资金结存——货币资金

(续表)

序号	业务内容		账务处理	
			财务会计	预算会计
3	单位内部调剂财政拨款结余资金	按照调整的金额	—	借：财政拨款结余——单位内部调剂 贷：财政拨款结转——单位内部调剂
4	年末结转	按照有关规定将符合财政拨款结余性质的项目余额转入财政拨款结余	—	借：财政拨款结转——累计结转 贷：财政拨款结余——结转转入
5	年末冲销有关明细科目余额		—	借或贷：财政拨款结余——年初余额调整 贷或借：财政拨款结余——累计结余 借：财政拨款结余——累计结余 贷：财政拨款结余——归集上缴 　　　　　　　　——单位内部调剂 借：财政拨款结余——结转转入 贷：财政拨款结余——累计结余

【例 7-15】 某事业单位发生一笔项目支出 10 000 元退款，款项已存入银行。该款项属于以前年度财政拨款结余资金。

财务会计分录如下：

借：银行存款　　　　　　　　　　　　　　　　　　　　　　　10 000
　　贷：以前年度盈余调整　　　　　　　　　　　　　　　　　　10 000

同时，编制预算会计分录：

借：资金结存——货币资金　　　　　　　　　　　　　　　　　10 000
　　贷：财政拨款结余——年初余额调整　　　　　　　　　　　10 000

【例 7-16】 某行政单位收到财政部门的通知，注销该行政单位财政拨款结余资金 200 000 元，同时注销相应的财政应返还额度。

财务会计分录如下：

借：累计盈余　　　　　　　　　　　　　　　　　　　　　　　200 000
　　贷：财政应返还额度　　　　　　　　　　　　　　　　　　200 000

同时，编制预算会计分录：

借：财政拨款结余——归集上缴　　　　　　　　　　　　　　　200 000
　　贷：资金结存——财政应返还额度　　　　　　　　　　　　200 000

【例 7-17】 某事业单位收到财政部门的通知，同意该事业单位将一项已完工项目的财政拨款结余资金15 000元调剂用于其他用途。

预算会计分录如下：

借：财政拨款结余——单位内部调剂　　　　　　　　　　　　　　15 000
　　贷：财政拨款结转——单位内部调剂　　　　　　　　　　　　　15 000

【例7-18】　年终，某事业单位对各个项目执行情况进行分析。其中有一个项目已完工，其项目余额250 000元符合财政拨款结余资金性质。

预算会计分录如下：

借：财政拨款结转——累计结转　　　　　　　　　　　　　　　　250 000
　　贷：财政拨款结余——结转转入　　　　　　　　　　　　　　　250 000

（四）期末余额

本科目年末贷方余额，反映单位滚存的财政拨款结余资金数额。

第四节　非财政拨款结转结余的核算

一、非财政拨款结转结余的核算内容

（一）非财政专项资金形成的结转

由非财政专项资金形成的结转只涉及非财政拨款结转。它是指单位同级财政拨款以外的预算资金来源、具有专项项目限定用途，而项目尚未完成、需要继续用于原指定项目用途的剩余资金。

（二）非财政非专项资金形成的结余

由非财政非专项资金形成的结余包括其他结余、经营结余（事业单位专有）、专用结余（事业单位专有）和非财政拨款结余等。

年末，行政单位的其他结余需要转入非财政拨款结余。事业单位的其他结余和正数的经营结余需要按规定进行非财政拨款结余分配，最后分别转入专用结余和非财政拨款结余。

二、非财政拨款结转的核算

（一）核算内容

单位应当设置"非财政拨款结转"科目，核算单位除财政拨款收支、经营收支以外各非同级财政拨款专项资金的调整、结转和滚存情况。

（二）明细科目设置

"非财政拨款结转"科目应当设置以下明细科目：

(1)"年初余额调整"明细科目。本明细科目核算因发生会计差错更正、以前年度支出收回等原因，需要调整非财政拨款结转的资金。年末结账后，本明细科目应无余额。

(2)"缴回资金"明细科目。本明细科目核算按照规定缴回非财政拨款结转资金时，实际缴回的资金数额。年末结账后，本明细科目应无余额。

(3)"项目间接费用或管理费"明细科目。本明细科目核算单位取得的科研项目预算收入中，按照规定计提项目间接费用或管理费的数额。年末结账后，本明细科目应无余额。

(4)"本年收支结转"明细科目。本明细科目核算单位本年度非同级财政拨款专项收支相抵后的余额。年末结账后,本明细科目应无余额。

(5)"累计结转"明细科目。本明细科目核算单位滚存的非同级财政拨款专项结转资金。本明细科目年末贷方余额,反映单位非同级财政拨款滚存的专项结转资金数额。

"非财政拨款结转"科目还应当按照具体项目、《政府收支分类科目》中"支出功能分类科目"的相关科目等进行明细核算。

(三)主要的账务处理

(1)按照规定从科研项目预算收入中提取项目间接费用或管理费时,按照提取金额,借记"非财政拨款结转——项目间接费用或管理费"科目,贷记"非财政拨款结余——项目间接费用或管理费"科目。

(2)因会计差错更正收到或支出非同级财政拨款货币资金,属于非财政拨款结转资金的,按照收到或支出的金额,借记或贷记"资金结存——货币资金"科目,贷记或借记"非财政拨款结转——年初余额调整"科目。

因收回以前年度支出等收到非同级财政拨款货币资金,属于非财政拨款结转资金的,按照收到的金额,借记"资金结存——货币资金"科目,贷记"非财政拨款结转——年初余额调整"科目。

(3)按照规定缴回非财政拨款结转资金的,按照实际缴回资金数额,借记"非财政拨款结转——缴回资金"科目,贷记"资金结存——货币资金"科目。

(4)年末结转。将事业预算收入、上级补助预算收入、附属单位上缴预算收入、非同级财政拨款预算收入、债务预算收入、其他预算收入本年发生额中的专项资金收入转入本科目,借记"事业预算收入""上级补助预算收入""附属单位上缴预算收入""非同级财政拨款预算收入""债务预算收入""其他预算收入"科目下各专项资金收入明细科目,贷记"非财政拨款结转——本年收支结转"科目;将行政支出、事业支出、其他支出本年发生额中的非财政拨款专项资金支出转入本科目,借记"非财政拨款结转——本年收支结转"科目,贷记"行政支出""事业支出""其他支出"科目下各非财政拨款专项资金支出明细科目。

(5)年末冲销有关明细科目余额。将"非财政拨款结转——年初余额调整、项目间接费用或管理费、缴回资金、本年收支结转"科目余额转入"非财政拨款结转——累计结转"科目。结转后,本科目除"累计结转"明细科目外,其他明细科目应无余额。

(6)年末,完成上述结转后,应当对非财政拨款专项结转资金各项情况进行分析,将留归本单位使用的非财政拨款专项(项目已完成)剩余资金转入非财政拨款结余,借记"非财政拨款结转——累计结转"科目,贷记"非财政拨款结余——结转转入"科目。

非财政拨款结转的主要账务处理如表7-4所示。

表7-4　　　　　　　　非财政拨款结转的主要账务处理

序号	业务内容	账务处理	
		财务会计	预算会计
1	按照规定从科研项目预算收入中提取项目间接费用或管理费时	借:单位管理费用 　贷:预提费用—— 　　项目间接费用 　　或管理费	借:非财政拨款结转——项目间接费用或管理费 　贷:非财政拨款结余——项目间接费用或管理费

(续表)

序号	业务内容		账务处理	
			财务会计	预算会计
2	因购货退回、会计差错更正等发生以前年度调整事项	调整增加相关资产	借：银行存款等 　贷：以前年度盈余调整	借：资金结存——货币资金 　贷：非财政拨款结转——年初余额调整
		调整减少相关资产	借：以前年度盈余调整 　贷：银行存款等	借：非财政拨款结转——年初余额调整 　贷：资金结存——货币资金
3	按照规定缴回非财政拨款结转资金的	按照实际缴回资金数额	借：累计盈余 　贷：银行存款等	借：非财政拨款结转——缴回资金 　贷：资金结存——货币资金
4	年末结转	结转非财政拨款专项收入	—	借：事业预算收入/上级补助预算收入/附属单位上缴预算收入/非同级财政拨款预算收入/债务预算收入/其他预算收入 　贷：非财政拨款结转——本年收支结转
		结转非财政拨款专项支出	—	借：非财政拨款结转——本年收支结转 　贷：行政支出/事业支出/其他支出
5	年末冲销有关明细科目金额		—	借：非财政拨款结转——年初余额调整 　　　　　　　　　　——本年收支结转 　贷：非财政拨款结转——累计结转 借：非财政拨款结转——累计结转 　贷：非财政拨款结转——年初余额调整 　　　　　　　　　　——缴回资金 　　　　　　　　　　——项目间接费用或管理费 　　　　　　　　　　——本年收支结转
6	将留归本单位使用的非财政拨款专项剩余资金转入非财政拨款结余		—	借：财政拨款预算结转——累计结转 　贷：非财政拨款结余——结转转入

【例 7-19】　某事业单位从科研项目预算收入中提取项目管理费 50 000 元。

财务会计分录如下：

借：单位管理费用　　　　　　　　　　　　　　　　　　　　　　　　　50 000
　　贷：预提费用——项目管理费　　　　　　　　　　　　　　　　　　　　　50 000

同时,编制预算会计分录:

借:非财政拨款结转——项目管理费　　　　　　　　　　　　　50 000
　　贷:非财政拨款结余——项目管理费　　　　　　　　　　　　　　　50 000

【例 7-20】 某事业单位的银行账户收到一笔 100 000 元的退款,该款项属于以前年度的非财政拨款结转。

财务会计分录如下:

借:银行存款　　　　　　　　　　　　　　　　　　　　　　　100 000
　　贷:以前年度盈余调整　　　　　　　　　　　　　　　　　　　　100 000

同时,编制预算会计分录:

借:资金结存——货币资金　　　　　　　　　　　　　　　　　100 000
　　贷:非财政拨款结转——年初余额调整　　　　　　　　　　　　　100 000

【例 7-21】 按照规定,某事业单位通过银行转账向原资金拨出单位缴回非财政拨款结转资金 23 000 元。

财务会计分录如下:

借:累计盈余　　　　　　　　　　　　　　　　　　　　　　　 23 000
　　贷:银行存款　　　　　　　　　　　　　　　　　　　　　　　　 23 000

同时,编制预算会计分录:

借:非财政拨款结转——缴回资金　　　　　　　　　　　　　　 23 000
　　贷:资金结存——货币资金　　　　　　　　　　　　　　　　　　 23 000

【例 7-22】 年末,某事业单位"非财政拨款结转"科目的明细科目情况如下:"年初余额调整"明细科目贷方余额 100 000 元,"项目管理费"明细科目借方余额 50 000 元,"缴回资金"明细科目借方余额 23 000 元,"本年收支结转"明细科目贷方余额 180 000 元。

冲销明细科目时,预算会计分录如下:

借:非财政拨款结转——年初余额调整　　　　　　　　　　　　100 000
　　　　　　　　　　——本年收支结转　　　　　　　　　　　　180 000
　　贷:非财政拨款结转——累计结转　　　　　　　　　　　　　　　280 000
借:非财政拨款结转——累计结转　　　　　　　　　　　　　　 73 000
　　贷:非财政拨款结转——项目管理费　　　　　　　　　　　　　　 50 000
　　　　　　　　　　　——缴回资金　　　　　　　　　　　　　　　 23 000

借贷相抵,该事业单位"非财政拨款结转——累计结转"科目贷方余额为 207 000 元。

(四)期末余额

本科目年末贷方余额,反映政府单位滚存的非同级财政拨款专项结转资金数额。

三、非财政拨款结余的核算

(一)核算内容

单位应当设置"非财政拨款结余"科目,核算单位历年滚存的非限定用途的非同级财政拨款结余资金,主要为非财政拨款结余扣除结余分配后滚存的金额。

(二) 明细科目设置

"非财政拨款结余"科目应当设置以下明细科目:

(1) "年初余额调整"明细科目。本明细科目核算因发生会计差错更正、以前年度支出收回等原因,需要调整非财政拨款结余的资金。年末结账后,本明细科目应无余额。

(2) "项目间接费用或管理费"明细科目。本明细科目核算单位取得的科研项目预算收入中,按照规定计提的项目间接费用或管理费数额。年末结账后,本明细科目应无余额。

(3) "结转转入"明细科目。本明细科目核算按照规定留归单位使用,由单位统筹调配,纳入单位非财政拨款结余的非同级财政拨款专项剩余资金。年末结账后,本明细科目应无余额。

(4) "累计结余"明细科目。本明细科目核算单位历年滚存的非同级财政拨款、非专项结余资金。本明细科目年末贷方余额,反映单位非同级财政拨款滚存的非专项结余资金数额。

"非财政拨款结余"科目还应当按照《政府收支分类科目》中"支出功能分类科目"的相关科目进行明细核算。

(三) 主要的账务处理

(1) 按照规定从科研项目预算收入中提取项目间接费用或管理费时,借记"非财政拨款结转——项目间接费用或管理费"科目,贷记"非财政拨款结余——项目间接费用或管理费"科目。

(2) 有企业所得税缴纳义务的事业单位实际交纳企业所得税时,按照交纳的金额,借记"非财政拨款结余——累计结余"科目,贷记"资金结存——货币资金"科目。

(3) 因会计差错更正收到或支出非同级财政拨款货币资金,属于非财政拨款结余资金的,按照收到或支出的金额,借记或贷记"资金结存——货币资金"科目,贷记或借记"非财政拨款结余——年初余额调整"科目。

因收回以前年度支出等收到非同级财政拨款货币资金,属于非财政拨款结余资金的,按照收到的金额,借记"资金结存——货币资金"科目,贷记"非财政拨款结余——年初余额调整"科目。

(4) 年末,将留归本单位使用的非财政拨款专项(项目已完成)剩余资金转入本科目,借记"非财政拨款结转——累计结转"科目,贷记"非财政拨款结余——结转转入"科目。

(5) 年末冲销有关明细科目余额。将"非财政拨款结余——年初余额调整、项目间接费用或管理费、结转转入"科目余额结转入"非财政拨款结余——累计结余"科目。结转后,本科目除"累计结余"明细科目外,其他明细科目应无余额。

(6) 年末,事业单位将"非财政拨款结余分配"科目余额转入非财政拨款结余。"非财政拨款结余分配"科目为借方余额的,借记"非财政拨款结余——累计结余"科目,贷记"非财政拨款结余分配"科目;"非财政拨款结余分配"科目为贷方余额的,借记"非财政拨款结余分配"科目,贷记"非财政拨款结余——累计结余"科目。

年末,行政单位将"其他结余"科目余额转入非财政拨款结余。"其他结余"科目为借方余额的,借记"非财政拨款结余——累计结余"科目,贷记"其他结余"科目;"其他结余"科目为贷方余额的,借记"其他结余"科目,贷记"非财政拨款结余——累计结余"科目。

非财政拨款结余的主要账务处理如表 7-5 所示。

表 7-5　　　　　　　　　　非财政拨款结余的主要账务处理

序号	业务内容		账务处理	
			财务会计	预算会计
1	按照规定从科研项目预算收入中提取项目间接费用或管理费时		借：单位管理费用 　贷：预提费用——项目间接费用或管理费	借：非财政拨款结转——项目间接费用或管理费 　贷：非财政拨款结余——项目间接费用或管理费
2	实际交纳企业所得税时		借：其他应交税费——单位应交所得税 　贷：银行存款等	借：非财政拨款结余——累计结余 　贷：资金结存——货币资金
3	因购货退回、会计差错更正等发生以前年度调整事项	调整增加相关资产	借：银行存款等 　贷：以前年度盈余调整	借：资金结存——货币资金 　贷：非财政拨款结余——年初余额调整
		调整减少相关资产	借：以前年度盈余调整 　贷：银行存款等	借：非财政拨款结余——年初余额调整 　贷：资金结存——货币资金
4	将留归本单位使用的非财政拨款专项剩余资金转入非财政拨款结余		—	借：非财政拨款结转——累计结转 　贷：非财政拨款结余——结转转入
5	年末冲销有关明细科目余额		—	借：非财政拨款结余——年初余额调整 　　　　　　——项目间接费用或管理费 　　　　　　——结转转入 　贷：非财政拨款结余——累计结余 借：非财政拨款结余——累计结余 　贷：非财政拨款结余——年初余额调整 　　　　　　——缴回资金
6	年末结转	非财政拨款结余分配为贷方余额	—	借：非财政拨款结余分配 　贷：非财政拨款结余——累计结余
		非财政拨款结余分配为借方余额	—	借：非财政拨款结余——累计结余 　贷：非财政拨款结余分配

【例 7-23】　年末，某事业单位"非财政拨款结余"科目的明细科目情况如下："年初余额调整"明细科目借方余额为 20 000 元，"项目管理费"明细科目贷方余额为 10 000 元，"结转转入"明细科目贷方余额为 35 000 元。

冲销明细科目时，预算会计分录如下：

借：非财政拨款结余——累计结余	20 000	
贷：非财政拨款结余——年初余额调整		20 000
借：非财政拨款结余——项目管理费	10 000	
——结转转入	35 000	
贷：非财政拨款结余——累计结余		45 000

（四）期末余额

本科目年末贷方余额，反映单位非同级财政拨款结余资金的累计滚存数额。

四、专用结余的核算

（一）核算内容

"专用结余"科目核算事业单位按照规定从非财政拨款结余中提取的具有专门用途的资金的变动和滚存情况。

（二）明细科目设置

"专用结余"科目应当按照专用结余的类别进行明细核算。

（三）主要的账务处理

（1）根据有关规定从本年度非财政拨款结余或经营结余中提取基金的，按照提取的金额，借记"非财政拨款结余分配"科目，贷记本科目。

（2）根据规定使用从非财政拨款结余或经营结余中提取的专用基金时，按照使用的金额，借记本科目，贷记"资金结存——货币资金"科目。

专用结余的主要账务处理如表 7-6 所示。

表 7-6　　　　　　　　　　　　　专用结余的主要账务处理

序号	业务内容		账务处理	
			财务会计	预算会计
1	计提专用基金	从预算收入中按照一定比例提取基金并计入费用时	借：业务活动费用等 　　贷：专用基金	—
		从本年度非财政拨款结余或经营结余中提取基金时	借：本年盈余分配 　　贷：专用基金	借：非财政拨款结余分配 　　贷：专用结余
		根据有关规定设置其他专用基金时	借：银行存款等 　　贷：专用基金	—
2	按照规定使用提取的专用基金		借：专用基金 　　贷：银行存款等 使用专用基金购置固定资产、无形资产 借：固定资产/无形资产 　　贷：银行存款等 借：专用基金 　　贷：累计盈余	使用从非财政拨款结余或经营结余中提取的基金： 借：专用结余 　　贷：资金结存——货币资金 使用从预算收入中提取并计入费用的基金： 借：事业支出等 　　贷：资金结存——货币资金

【例 7-24】 按规定,某事业单位从本年非财政拨款结余中提取专用基金 600 000 元。

财务会计分录如下:

借:本年盈余分配　　　　　　　　　　　　　　　　　　600 000
　　贷:专用基金　　　　　　　　　　　　　　　　　　　　　　600 000

同时,编制预算会计分录:

借:非财政拨款结余分配　　　　　　　　　　　　　　　600 000
　　贷:专用结余　　　　　　　　　　　　　　　　　　　　　　600 000

【例 7-25】 某事业单位动用从非财政拨款结余中提取的专用基金采购设备一台,价值为 45 000 元,款项已通过银行存款支付,设备已交付使用。

财务会计分录如下:

借:固定资产　　　　　　　　　　　　　　　　　　　　45 000
　　贷:银行存款　　　　　　　　　　　　　　　　　　　　　　45 000
借:专用基金　　　　　　　　　　　　　　　　　　　　45 000
　　贷:累计盈余　　　　　　　　　　　　　　　　　　　　　　45 000

同时,编制预算会计分录:

借:专用结余　　　　　　　　　　　　　　　　　　　　45 000
　　贷:资金结存——货币资金　　　　　　　　　　　　　　　　45 000

(四)期末余额

本科目年末贷方余额,反映政府单位从非同级财政拨款结余中提取的专用基金的累计滚存数额。

五、经营结余的核算

(一)核算内容

"经营结余"科目核算事业单位本年度经营活动收支相抵后余额弥补以前年度经营亏损后的余额。

(二)明细科目设置

"经营结余"科目可以按照经营活动类别进行明细核算。

(三)主要的账务处理

(1)年末,将经营预算收入本年发生额转入本科目,借记"经营预算收入"科目,贷记本科目;同时,将经营支出本年发生额转入本科目,借记本科目,贷记"经营支出"科目。

(2)年末,完成上述结转后,如本科目为贷方余额,将本科目贷方余额转入"非财政拨款结余分配"科目,借记本科目,贷记"非财政拨款结余分配"科目;如本科目为借方余额,为经营亏损,不予结转。

(3)年末结账后,本科目一般无余额;如为借方余额,反映事业单位累计发生的经营亏损。

经营结余的主要账务处理如表 7-7 所示。

表 7-7　　　　　　　　　　　　经营结余的主要账务处理

序号	业务内容	账务处理 财务会计	账务处理 预算会计
1	年末经营收支结转	—	借：经营预算收入 　　贷：经营结余 借：经营结余 　　贷：经营支出
2	年末转入结余分配	—	借：经营结余 　　贷：非财政拨款结余分配 若年末结余在借方，则不予结转

【例 7-26】　某事业单位本年度发生经营预算收入 350 000 元、经营预算支出 330 000 元（这里暂不考虑经营收入和经营费用的年终结转）。

预算会计分录如下：

借：经营预算收入　　　　　　　　　　　　　　　　　　　　　350 000
　　贷：经营结余　　　　　　　　　　　　　　　　　　　　　　350 000
借：经营结余　　　　　　　　　　　　　　　　　　　　　　　 330 000
　　贷：经营支出　　　　　　　　　　　　　　　　　　　　　　330 000

【例 7-27】　承[例 7-26]，该事业单位完成经营预算收支结转后，将"经营结余"科目贷方余额转入"非财政拨款结余分配"科目。

预算会计分录如下：

借：经营结余　　　　　　　　　　　　　　　　　　　　　　　 20 000
　　贷：非财政拨款结余分配　　　　　　　　　　　　　　　　　 20 000

（四）期末余额

年末结账后，本科目一般无余额。

六、其他结余的核算

（一）核算内容

"其他结余"科目核算单位本年度除财政拨款收支、非同级财政专项资金收支和经营收支以外各项收支相抵后的余额。

（二）明细科目设置

单位根据核算需要，设置明细科目。

（三）主要的账务处理

（1）年末，将事业预算收入、上级补助预算收入、附属单位上缴预算收入、非同级财政拨款预算收入、债务预算收入、其他预算收入本年发生额中的非专项资金收入以及投资预算收益本年发生额转入本科目，借记"事业预算收入""上级补助预算收入""附属单位上缴预算收入""非同级财政拨款预算收入""债务预算收入""其他预算收入"科目下各非专项资金收入明细科目和"投资预算收益"科目，贷记本科目（当"投资预算收益"科目本年发生额为借方净额时，借记本科目，贷记"投资预算收益"科目）；将行政支出、事业支出、其他支出本年发生额中的非同级财政、非专项资金支出,以及上缴上级支出、对附属单位补助支出、投资支出、债务还本支出本年发生额转入本科目,借记本科目,贷记"行政支出""事业支出""其他支出"科目下各非同级财政、非专项资金支出明细科目和"上缴上级支出""对附属单位补助支出""投资支出""债务还本支出"科目。

（2）年末,完成上述结转后,行政单位将本科目余额转入"非财政拨款结余——累计结余"科目;事业单位将本科目余额转入"非财政拨款结余分配"科目。当本科目为贷方余额时,借记本科目,贷记"非财政拨款结余——累计结余"或"非财政拨款结余分配"科目;当本科目为借方余额时,借记"非财政拨款结余——累计结余"或"非财政拨款结余分配"科目,贷记本科目。

其他结余的主要账务处理如表7-8所示。

表7-8　　　　　　　　　　　其他结余的主要账务处理

序号	业务内容		账务处理	
			财务会计	预算会计
1	年末	结转预算收入(除财政拨款收入、非同级财政专项收入、经营收入以外)	—	借:事业预算收入/上级补助预算收入/附属单位上缴预算收入/非同级财政拨款预算收入/债务预算收入/其他预算收入 　贷:其他结余 借或贷:投资预算收益 　贷或借:其他结余
		结转预算支出(除同级财政拨款支出、非同级财政专项支出、经营支出以外)	—	借:其他结余 　贷:行政支出/事业支出/其他支出/上缴上级支出/对附属单位补助支出/投资支出/债务还本支出
2	行政单位转入非财政拨款结余	"其他结余"科目为贷方余额时	—	借:其他结余 　贷:非财政拨款结余——累计结余
		"其他结余"科目为借方余额时	—	借:非财政拨款结余——累计结余 　贷:其他结余
3	事业单位年末转入结余分配	"其他结余"科目为贷方余额时	—	借:其他结余 　贷:非财政拨款结余分配
		"其他结余"科目为借方余额时	—	借:非财政拨款结余分配 　贷:其他结余

【例7-28】　年终,某事业单位进行年终结算。其中,各个非财政非专项资金预算收支科目(不含经营预算收支)的余额情况如表7-9所示。

表7-9　　　　　　各个非财政非专项资金预算收支科目余额情况表　　　　　单位:元

会计科目	借方余额	贷方余额
事业预算收入——非专项资金收入		80 000 000
上级补助预算收入——非专项资金收入		750 000

（续表）

会计科目	借方余额	贷方余额
附属单位上缴预算收入——非专项资金收入		350 000
债务预算收入——非专项资金收入		900 000
其他预算收入——非专项资金收入		45 000
投资预算收益		50 000
事业支出——其他资金支出	79 000 000	
上缴上级支出	500 000	
对附属单位补助支出	250 000	
投资支出	300 000	
债务还本支出	700 000	
其他支出——其他资金支出	65 000	

暂不考虑财务会计的年终结转分录。

编制年终结转的预算会计分录如下：

借：事业预算收入——非专项资金收入　　　　　　　　　　　　　　80 000 000
　　　上级补助预算收入——非专项资金收入　　　　　　　　　　　　 750 000
　　　附属单位上缴预算收入——非专项资金收入　　　　　　　　　　 350 000
　　　债务预算收入——非专项资金收入　　　　　　　　　　　　　　 900 000
　　　其他预算收入——非专项资金收入　　　　　　　　　　　　　　　45 000
　　　投资预算收益　　　　　　　　　　　　　　　　　　　　　　　　50 000
　　贷：其他结余　　　　　　　　　　　　　　　　　　　　　　　82 095 000
借：其他结余　　　　　　　　　　　　　　　　　　　　　　　　　80 815 000
　　贷：事业支出——其他资金支出　　　　　　　　　　　　　　　79 000 000
　　　　上缴上级支出　　　　　　　　　　　　　　　　　　　　　　500 000
　　　　对附属单位补助支出　　　　　　　　　　　　　　　　　　　250 000
　　　　投资支出　　　　　　　　　　　　　　　　　　　　　　　　300 000
　　　　债务还本支出　　　　　　　　　　　　　　　　　　　　　　700 000
　　　　其他支出——其他资金支出　　　　　　　　　　　　　　　　 65 000

借贷相抵，"其他结余"科目贷方余额为1 280 000元。

（四）期末余额

年末结账后，本科目应无余额。

七、非财政拨款结余分配的核算

（一）核算内容

"非财政拨款结余分配"科目核算事业单位本年度非财政拨款结余分配的情况和结果。

（二）明细科目设置

事业单位根据需要，设置明细科目。

(三) 主要的账务处理

(1) 年末,将"其他结余"科目余额转入本科目,当"其他结余"科目为贷方余额时,借记"其他结余"科目,贷记本科目;当"其他结余"科目为借方余额时,借记本科目,贷记"其他结余"科目。

年末,将"经营结余"科目贷方余额转入本科目,借记"经营结余"科目,贷记本科目。

(2) 根据有关规定提取专用基金的,按照提取的金额,借记本科目,贷记"专用结余"科目。

(3) 年末,按照规定完成上述处理后,将本科目余额转入非财政拨款结余。当本科目为借方余额时,借记"非财政拨款结余——累计结余"科目,贷记本科目;当本科目为贷方余额时,借记本科目,贷记"非财政拨款结余——累计结余"科目。

非财政拨款结余分配的主要账务处理如表 7-10 所示。

表 7-10　　　　　　　　非财政拨款结余分配的主要账务处理

序号	业务内容		账务处理	
			财务会计	预算会计
1	事业单位年末结余转入	"其他结余"科目为借方余额时	—	借：非财政拨款结余分配 贷：其他结余
		"其他结余"科目为贷方余额时	—	借：其他结余 贷：非财政拨款结余分配
		"经营结余"科目为贷方余额时	—	借：经营结余 贷：非财政拨款结余分配
2	计提专用基金	从非财政拨款结余中提取时	借：本年盈余分配 贷：专用基金	借：非财政拨款结余分配 贷：专用结余
3	事业单位转入非财政拨款结余	"非财政拨款结余分配"科目为贷方余额时	—	借：非财政拨款结余分配 贷：非财政拨款结余——累计结余
		"非财政拨款结余分配"为借方余额时	—	借：非财政拨款结余——累计结余 贷：非财政拨款结余分配

【例 7-29】　承[例 7-28],该事业单位将其他结余科目贷方余额转入非财政拨款结余分配。

预算会计分录如下：

借：其他结余　　　　　　　　　　　　　　　　　　　　　　1 280 000
　　贷：非财政拨款结余分配　　　　　　　　　　　　　　　　　　　1 280 000

(四) 期末余额

年末结账后,本科目应无余额。

本 章 小 结

本章主要学习了预算结余的核算和管理。首先明确了预算结余的概念及分类,其次详细讲解了资金结存的核算要点、财政拨款结转结余的核算要点、非财政拨款结转结余的核算要点。

本 章 重 要 概 念

预算结余　预算结存　财政拨款结转　财政拨款结余　非财政拨款结转　非财政拨款结余　专用结余　其他结余　非财政拨款结余分配

本 章 练 习

二维码7-5:
第七章本章练习

二维码7-6:
第七章本章练习参考答案

第八章 政府会计报告

- 内容提要
- 重点难点
- 学习目标
- 知识框架
- 思政育人
- 第一节 年终清理结算与结账
- 第二节 政府决算报告
- 第三节 政府财务报告
- 本章小结
- 本章重要概念

内容提要

本章主要讲解了年终清理结算与结账的主要内容;政府决算报告概述及各类预算会计报表的编制;政府财务报告概述、各类会计报表的编制,以及附注的概念、主要内容和会计报表重要项目的说明。

重点难点

本章重点为年终清理结算与结账,政府决算报告和政府财务报告的编制基础及各类会计报表的概念、编制说明,会计报表重要项目的说明;难点为政府决算报告和政府财务报告中各类会计报表的编制。

学习目标

通过本章学习,学生应了解年终清理结算与结账;掌握政府决算报告和政府财务报告的构成、编制基础,以及各类会计报表的概念和编制说明;熟悉附注的主要内容和会计报表重要项目。

知识框架

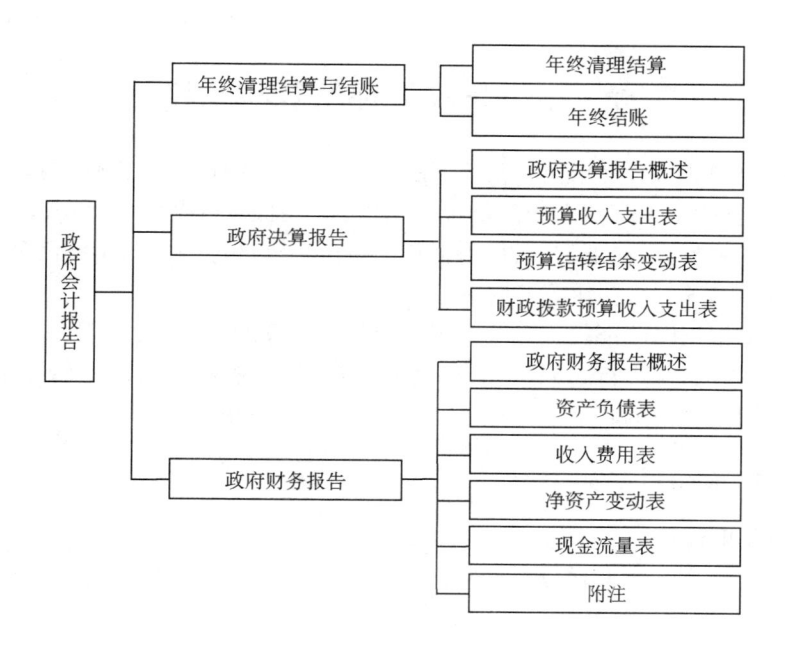

```
                            ┌─ 年终清理结算与结账 ─┬─ 年终清理结算
                            │                      └─ 年终结账
                            │
                            │                      ┌─ 政府决算报告概述
政府会计报告 ───────────────┼─ 政府决算报告 ───────┼─ 预算收入支出表
                            │                      ├─ 预算结转结余变动表
                            │                      └─ 财政拨款预算收入支出表
                            │
                            │                      ┌─ 政府财务报告概述
                            │                      ├─ 资产负债表
                            └─ 政府财务报告 ───────┼─ 收入费用表
                                                   ├─ 净资产变动表
                                                   ├─ 现金流量表
                                                   └─ 附注
```

思政育人　"五聚焦、五强化"推动政府财务报告工作提质增效

安徽财政精心谋划、务实创新,从严从实抓好政府综合财务报告市县自审、省厅会审和问题整改工作,推动全省政府财务报告工作提质增效。

一是聚焦方案优化,强化过程管控。制定省级集中会审工作方案,统一会审口径,细化会审规则,优化会审流程。精心设计会审工作底稿,列明市县参审资料清单,注明会审工作步骤、注意事项和纪律要求,强化会审前、会审中、会审后全过程管控。

二是聚焦市县自审,强化责任落实。贯彻落实财政部工作部署,结合往年审核发现的问题,深入梳理并提前下发审核要点,明确审核的具体内容、关注重点。压紧压实市级责任,督促各地关注编报薄弱环节和易发多发问题,扎实开展自评自审。

三是聚焦数据质量,强化报表审核。以资产负债率、收入费用率等重要财务比率为切入点、突破口,加大对货币资金、股权投资、公共基础设施、保障性住房、PPP项目资产等报表项目完整性、准确性的审核力度。将部分市县政府部门财务报告纳入省级会审范围,通过设计数据对照表,提升与财政总决算、行政事业性国有资产报告、地方政府债务统计报告等报表数据的衔接性。

四是聚焦附注内容,强化依规编制。严格遵循《政府财务报告编制办法(试行)》及其操作指南,政府综合财务报告的报表附注,原则上应与政府财政、各部门和其他被合并主体的财务报表附注相衔接,对不符合要求的,督促其查明原因、修改完善,确保政府综合财务报告真实、合规。

五是聚焦人才培养,强化梯队建设。从省级和地市抽调业务骨干组建政府财务报告编审人才库,在库人员深度参与政府财务报告集中会审、疑难会诊和课题研究,为全省政府财务报告编制工作可持续发展提供人才支撑。坚持以审代训,注重以老带新、以强带弱,帮助新进人员和薄弱地区快速掌握编制技能,促进全省政府财务报告编审水平整体提升。

资料来源:中华人民共和国财政部.安徽财政"五聚焦、五强化"推动政府财务报告工作提质增效[EB/OL].(2022-07-22)[2024-02-20].https://gks.mof.gov.cn/guojijiejian/202207/t20220722_3828887.htm.

【思政寄语】

党的二十大报告对"健全现代预算制度"提出明确要求。各单位要全面学习贯彻党的二十大精神,严格落实党中央、国务院关于进一步深化预算管理制度改革的决策部署,进一步明确政府财务报告的历史责任和战略目标。任何单位和个人都必须坚持系统观念和法治观念,强化底线思维,持续提升政府会计报告的编制质量。

第一节　年终清理结算与结账

年终清理结算和结账,是单位编报年度决算的一个重要环节,也是保证单位决算报表数字准确、真实、完整的一项基础工作。单位在年度终了前,应根据财政部门或主管部门的决算编报要求,对各项收支、往来款项、货币资金和财产物资进行全面的年终清理结算,在此基础上办理年度结账,编报部门决算和财务报告。

年终,单位应根据财政部门或上级主管部门年终决算的要求,将本期内所发生的各项经济业务全部登记入账,并进行对账工作,包括账证核对、账账核对、账实核对,在保证账证相符、账账相符和账实相符的基础上办理年度结账,编制决算报表。

一、年终清理结算

(一)核对年度预算

我国实行"统一领导,分级管理"的财政预算管理体制,上下级财政之间、财政和部门预

算之间、部门单位预算与所属单位预算之间存在着预算编制、预算执行以及决算的数字衔接关系。年终前应清理核对年度预算数(包括追加数、追减数、上划数、下划数)、应上缴下拨款数和合计各项拨款数、上缴下拨数,按照规定逐笔进行清理结算,该上拨的上拨,该缴回的缴回,保证决算准确。

(二) 核对年度收支

凡属本年的各项收入都要入账,不能长期挂在往来账上;属于本年各项应缴国库的收入,要在年终前全部上缴国库;属于本年的各项支出,应按规定的支出渠道如实列支。实行成本费用核算的收支,要结合年终清理,认真审查核实,并把各项收益按规定转入有关收入账户。

(三) 清理往来款项

各项预收、预付、应收、应付等往来款项,应分类清理,年终前尽量清理完毕。应当转作各项收入或各项支出的往来款项要及时转入各有关账户;对于各种委托代管业务,凡是业务已经结束的,要及时向委托单位清算结报。对于手续尚未完备的各项预收、预付、应收、应付和其他长期挂账的往来款项,要查明原因,采取措施,及时清理。

(四) 盘点货币资金和各项财产物资

年度终了,库存现金的账面余额应同现金的实际库存数核对相符,如有现金盘盈、盘亏,要查明原因;银行存款的账面余额要同银行对账单余额核对相符,编制银行存款余额调节表,查明未达账项的合理性;有价证券的账面数应与库存实有的有价证券核对相符。

对于单位的各种财产物资年终应全部入账,各单位配备专人对全部财产物资进行全面的清查盘点。将盘点的结果和账面数字进行核对,固定资产和材料的盘点结果和账面数如有差异,在年终结账前应查明原因,并按规定作出处理,调整账务,做到账账相符、账实相符。

(五) 清理结算上下级之间的往来调剂资金

有些事业单位在事业活动过程中存在资金不足,可以由上级主管部门将集中的下级收入和自行组织的收入,安排补贴给资金不足的事业单位。这样就是系统内部上下级之间的一种资金往来。年终时,要清理核对上下级往来调剂资金。

二、年终结账

单位要在年终清理基础上进行年终结账。各个账户核对无误后,先办理 12 月月结工作,结出各账户的本月合计数和全年累计数,再以此为基础进行年终结账工作。年终结账工作包括年终转账、结清旧账和记入新账。

(一) 年终转账

单位在确认全年所有发生的经济业务已经全部登记入账,经核对无误后,首先要计算出各账户借方、贷方的 12 月发生额和全年累计数,从而结转出 12 月末余额;其次要编制结账前的资产负债表。试算平衡后结转各收支账户年终余额,根据各收支账户 12 月 31 日的余额填制记账凭证,按年终冲转办法办理冲转结账。

(二) 结清旧账

结清旧账是指将上述处理年终转账业务的凭证内容记入各有关账户后,结出各账户借方和贷方的"全年累计"及其余额,以结清旧账。

二维码 8-2:开盘活"良方",不让存量资金"睡大觉"

（三）记入新账

根据年终结账后各账户余额，编制年终决算的"资产负债表"和有关明细账户余额表，将表列各账户的余额数直接记入下一会计年度新建有关会计账簿的第一行余额栏内，并在摘要栏注明"上年结转"字样。

第二节 政府决算报告

一、政府决算报告概述

（一）政府决算报告的编制目标

政府决算报告的编制目标是向决算报告使用者提供与政府预算执行情况有关的信息，综合反映政府会计主体预算收支的年度执行结果，有助于决算报告使用者进行监督和管理，并为编制后续年度预算提供参考和依据。

（二）政府决算报告的使用者

政府决算报告的使用者包括各级人民代表大会及其常务委员会、各级政府及其有关部门、政府会计主体自身、社会公众和其他利益相关者。

（三）政府决算报告的构成

政府决算报告应当包括决算报表和其他应当在决算报告中反映的相关信息和资料。单位预算会计报表是决算报表的主要信息来源，是根据日常核算资料，通过整理、汇总而编制的用以反映会计主体一定时期的财务状况和预算执行结果的书面文件，由会计报表和报表说明书组成。

预算会计报表至少包括预算收入支出表、预算结转结余变动表和财政拨款预算收入支出表。

（四）政府决算报告的编制基础

政府决算报告的编制主要以收付实现制为基础，以单位预算会计核算生成的数据为准。

> **相关思考 8-1**
>
> **财务报表的编制基础是什么**
>
> 与预算会计报表的编制基础不同，财务报表的编制主要以权责发生制为基础，以单位财务会计核算生成的数据为准。

（五）政府决算报告的编制要求

（1）单位应当至少按照年度编制预算会计报表。

（2）单位应当根据政府会计准则制度规定编制真实、完整的预算会计报表，不得违反制度规定随意改变预算会计报表的编制基础、编制依据、编制原则和方法，不得随意改变制度规定的预算会计报表有关数据的会计口径。

（3）预算会计报表应当根据登记完整、核对无误的账簿记录和其他有关资料编制，做到数字真实、计算准确、内容完整、编报及时。

（4）预算会计报表应当由单位负责人和主管会计工作的负责人、会计机构负责人（会计主管人员)签名并盖章。

二、预算收入支出表

(一) 预算收入支出表的概念

预算收入支出表是反映单位在某一会计年度内各项预算收入、预算支出和预算收支差额情况的报表。

预算收入支出表是单位会计报表的重要组成部分,可以提供一定时期单位预算收入总额及构成情况、预算支出总额及构成情况,以及预算收支差额的数额会计信息。单位应当定期编制预算收入支出表,披露单位在一定会计期间的预算情况。

(二) 预算收入支出表的格式

预算收入支出表的格式如表 8-1 所示。

表 8-1　　　　　　　　　　预算收入支出表　　　　　　　　会政预 01 表
编制单位:　　　　　　　　　　　　年　　　　　　　　　　　　单位:元

项目	本年数	上年数
一、本年预算收入		
(一) 财政拨款预算收入		
其中:政府性基金收入		
(二) 事业预算收入		
(三) 上级补助预算收入		
(四) 附属单位上缴预算收入		
(五) 经营预算收入		
(六) 债务预算收入		
(七) 非同级财政拨款预算收入		
(八) 投资预算收益		
(九) 其他预算收入		
其中:利息预算收入		
捐赠利息收入		
租金预算收入		
二、本年预算支出		
(一) 行政支出		
(二) 事业支出		
(三) 经营支出		
(四) 上缴上级支出		
(五) 对附属单位补助支出		
(六) 投资支出		

(续表)

项目	本年数	上年数
（七）债务还本支出		
（八）其他支出		
其中：利息支出		
捐赠支出		
三、本年预算收支差额		

（三）预算收入支出表的编制说明

表 8-1"上年数"栏反映各项目上年度的实际发生数，应当根据上年度预算收入支出表中"本年数"栏内所列数字填列。如果本年度预算收入支出表规定项目的名称和内容同上年度不一致，应当对上年度预算收入支出表项目的名称和数字按照本年度的规定进行调整，将调整后金额填入本年度预算收入支出表的"上年数"栏。

表 8-1"本年数"栏反映各项目的本年实际发生数，"本年数"栏各项目的内容和填列方法如下所示。

1. 本年预算收入

"本年预算收入"项目，反映单位本年预算收入总额。本项目应当根据本表中"财政拨款预算收入""事业预算收入""上级补助预算收入""附属单位上缴预算收入""经营预算收入""债务预算收入""非同级财政拨款预算收入""投资预算收益""其他预算收入"项目金额的合计数填列。

（1）"财政拨款预算收入"项目，反映单位本年从同级政府财政部门取得的各类财政拨款。本项目应当根据"财政拨款预算收入"科目的本年发生额填列。

其中，"政府性基金收入"项目，反映单位本年取得的财政拨款收入中属于政府性基金预算拨款的金额。本项目应当根据"财政拨款预算收入"相关明细科目的本年发生额填列。

（2）"事业预算收入"项目，反映事业单位本年开展专业业务活动及其辅助活动取得的预算收入。本项目应当根据"事业预算收入"科目的本年发生额填列。

（3）"上级补助预算收入"项目，反映事业单位本年从主管部门和上级单位取得的非财政补助预算收入。本项目应当根据"上级补助预算收入"科目的本年发生额填列。

（4）"附属单位上缴预算收入"项目，反映事业单位本年收到的独立核算的附属单位按照有关规定上缴的预算收入。本项目应当根据"附属单位上缴预算收入"科目的本年发生额填列。

（5）"经营预算收入"项目，反映事业单位本年在专业业务活动及其辅助活动之外开展非独立核算经营活动取得的预算收入。本项目应当根据"经营预算收入"科目的本年发生额填列。

（6）"债务预算收入"项目，反映事业单位本年按照规定从金融机构等借入的、纳入部门预算管理的债务预算收入。本项目应当根据"债务预算收入"的本年发生额填列。

（7）"非同级财政拨款预算收入"项目，反映单位本年从非同级政府财政部门取得的财政拨款。本项目应当根据"非同级财政拨款预算收入"科目的本年发生额填列。

(8)"投资预算收益"项目,反映事业单位本年取得的按规定纳入单位预算管理的投资收益。本项目应当根据"投资预算收益"科目的本年发生额填列。

(9)"其他预算收入"项目,反映单位本年取得的除上述收入以外的纳入单位预算管理的各项预算收入。本项目应当根据"其他预算收入"科目的本年发生额填列。

其中:①"利息预算收入"项目,反映单位本年取得的利息预算收入。本项目应当根据"其他预算收入"科目的明细记录分析填列。单位单设"利息预算收入"科目的,应当根据"利息预算收入"科目的本年发生额填列。②"捐赠预算收入"项目,反映单位本年取得的捐赠预算收入。本项目应当根据"其他预算收入"科目明细账记录分析填列。单位单设"捐赠预算收入"科目的,应当根据"捐赠预算收入"科目的本年发生额填列。③"租金预算收入"项目,反映单位本年取得的租金预算收入。本项目应当根据"其他预算收入"科目明细账记录分析填列。单位单设"租金预算收入"科目的,应当根据"租金预算收入"科目的本年发生额填列。

【注意:行政单位"本年预算收入"项目中不涉及"事业预算收入""上级补助预算收入""附属单位上缴预算收入""经营预算收入""债务预算收入"和"投资预算收益"项目】

2. 本年预算支出

"本年预算支出"项目,反映单位本年预算支出总额。本项目应当根据本表中"行政支出""事业支出""经营支出""上缴上级支出""对附属单位补助支出""投资支出""债务还本支出"和"其他支出"项目金额的合计数填列。

(1)"行政支出"项目,反映行政单位本年履行职责实际发生的支出。本项目应当根据"行政支出"科目的本年发生额填列。

(2)"事业支出"项目,反映事业单位本年开展专业业务活动及其辅助活动发生的支出。本项目应当根据"事业支出"科目的本年发生额填列。

(3)"经营支出"项目,反映事业单位本年在专业业务活动及其辅助活动之外开展非独立核算经营活动发生的支出。本项目应当根据"经营支出"科目的本年发生额填列。

(4)"上缴上级支出"项目,反映事业单位本年按照财政部门和主管部门的规定上缴上级单位的支出。本项目应当根据"上缴上级支出"科目的本年发生额填列。

(5)"对附属单位补助支出"项目,反映事业单位本年用财政拨款收入之外的收入对附属单位补助发生的支出。本项目应当根据"对附属单位补助支出"科目的本年发生额填列。

(6)"投资支出"项目,反映事业单位本年以货币资金对外投资发生的支出。本项目应当根据"投资支出"科目的本年发生额填列。

(7)"债务还本支出"项目,反映事业单位本年偿还自身承担的纳入预算管理的从金融机构举借的债务本金的支出。本项目应当根据"债务还本支出"科目的本年发生额填列。

(8)"其他支出"项目,反映单位本年除以上支出以外的各项支出。本项目应当根据"其他支出"科目的本年发生额填列。

其中:①"利息支出"项目,反映单位本年发生的利息支出。本项目应当根据"其他支出"科目明细账记录分析填列。单位单设"利息支出"科目的,应当根据"利息支出"科目的本年发生额填列。②"捐赠支出"项目,反映单位本年发生的捐赠支出。本项目应当根据"其他支出"科目明细账记录分析填列。单位单设"捐赠支出"科目的,应当根据"捐赠支出"科目的本年发生额填列。

【注意:行政单位"本年预算支出"项目中不涉及"事业支出""经营支出""上缴上级支出"

"对附属单位补助支出""投资支出"和"债务还本支出"项目;而事业单位"本年预算支出"项目中不涉及"行政支出"项目】

3. 本年预算收支差额

"本年预算收支差额"项目,反映单位本年各项预算收支相抵后的差额。本项目应当根据表 8-1 中"本期预算收入"项目金额减去"本期预算支出"项目金额后的金额填列;如相减后金额为负数,以"－"号填列。

三、预算结转结余变动表

(一)预算结转结余变动表的概念

预算结转结余变动表是反映单位在某一会计年度内预算结转结余的变动情况的报表。

预算结转结余变动表是单位会计报表的重要组成部分,可以提供一定时期单位预算结转结余各个组成项目金额的变动情况。单位应当定期编制预算结转结余变动表,披露单位在一定会计期间的预算结转结存状况。

(二)预算结转结余变动表的格式

预算结转结余变动表的格式如表 8-2 所示。

表 8-2　　　　　　　　　预算结转结余变动表　　　　　　　　会政预 02 表

编制单位:　　　　　　　　　　　　年　　　　　　　　　　　　单位:元

项目	本年数	上年数
一、年初预算结转结余		
(一)财政拨款结转结余		
(二)其他资金结转结余		
二、年初余额调整(减少以"－"号填列)		
(一)财政拨款结转结余		
(二)其他资金结转结余		
三、本年变动金额(减少以"－"号填列)		
(一)财政拨款结转结余		
1. 本年收支差额		
2. 归集调入		
3. 归集上缴或调出		
(二)其他资金结转结余		
1. 本年收支差额		
2. 缴回资金		
3. 使用专用结余		
4. 支付所得税		
四、年末预算结转结余		

(续表)

项目	本年数	上年数
（一）财政拨款结转结余		
1. 财政拨款结转		
2. 财政拨款结余		
（二）其他资金结转结余		
1. 非财政拨款结转		
2. 非财政拨款结余		
3. 专用结余		
4. 经营结余（如有余额，以"－"号填列）		

（三）预算结转结余变动表的编制说明

表 8-2 "上年数"栏反映各项目的上年实际发生数，应当根据上年度预算结转结余变动表中"本年数"栏内所列数字填列。如果本年度预算结转结余变动表规定的项目的名称和内容同上年度不一致，应当对上年度预算结转结余变动表项目的名称和数字按照本年度的规定进行调整，将调整后金额填入本年度预算结转结余变动表的"上年数"栏。

表 8-2 "年末预算结转结余"项目金额等于"年初预算结转结余""年初余额调整""本年变动金额"三个项目的合计数。

表 8-2 "本年数"栏反映各项目的本年实际发生数，"本年数"栏各项目的内容和填列方法如下。

1. 年初预算结转结余

"年初预算结转结余"项目，反映单位本年预算结转结余的年初余额。本项目应当根据本项目下"财政拨款结转结余""其他资金结转结余"项目金额的合计数填列。

（1）"财政拨款结转结余"，项目反映单位本年财政拨款结转结余资金的年初余额。本项目应当根据"财政拨款结转""财政拨款结余"科目本年年初余额合计数填列。

（2）"其他资金结转结余"项目，反映单位本年其他资金结转结余的年初余额。本项目应当根据"非财政拨款结转""非财政拨款结余""专用结余""经营结余"科目本年年初余额的合计数填列。

2. 年初余额调整

"年初余额调整"项目，反映单位本年预算结转结余年初余额调整的金额。本项目应当根据本项目下"财政拨款结转结余""其他资金结转结余"项目金额的合计数填列。

（1）"财政拨款结转结余"项目，反映单位本年财政拨款结转结余资金的年初余额调整金额。本项目应当根据"财政拨款结转""财政拨款结余"科目下"年初余额调整"明细科目的本年发生额的合计数填列；如调整减少年初财政拨款结转结余，以"－"号填列。

（2）"其他资金结转结余"项目，反映单位本年其他资金结转结余的年初余额调整金额。本项目应当根据"非财政拨款结转""非财政拨款结余"科目下"年初余额调整"明细科目的本年发生额的合计数填列；如调整减少年初其他资金结转结余，以"－"号填列。

3. 本年变动金额

"本年变动金额"项目,反映单位本年预算结转结余变动的金额。本项目应当根据本项目下"财政拨款结转结余""其他资金结转结余"项目金额的合计数填列。

(1) "财政拨款结转结余"项目,反映单位本年财政拨款结转结余资金的变动。本项目应当根据本项目下"本年收支差额""归集调入""归集上缴或调出"项目金额的合计数填列。

"本年收支差额"项目,反映单位本年财政拨款资金收支相抵后的差额。本项目应当根据"财政拨款结转"科目下"本年收支结转"明细科目本年转入的预算收入与预算支出的差额填列;差额为负数的,以"－"号填列。

"归集调入"项目,反映单位本年按照规定从其他单位归集调入的财政拨款结转资金。本项目应当根据"财政拨款结转"科目下"归集调入"明细科目的本年发生额填列。

"归集上缴或调出"科目,反映单位本年按照规定上缴的财政拨款结转结余资金及按照规定向其他单位调出的财政拨款结转资金。本项目应当根据"财政拨款结转""财政拨款结余"科目下"归集上缴"明细科目,以及"财政拨款结转"科目下"归集调出"明细科目本年发生额的合计数填列,以"－"号填列。

(2) "其他资金结转结余"项目,反映单位本年其他资金结转结余的变动。本项目应当根据本项目下"本年收支差额""缴回资金""使用专用结余""支付所得税"项目金额的合计数填列。

"本年收支差额"项目,反映单位本年除财政拨款外的其他资金收支相抵后的差额。本项目应当根据"非财政拨款结转"科目下"本年收支结转"明细科目、"其他结余"科目、"经营结余"科目本年转入的预算收入与预算支出的差额的合计数填列;如为负数,以"－"号填列。

"缴回资金"项目,反映单位本年按照规定缴回的非财政拨款结转资金。本项目应当根据"非财政拨款结转"科目下"缴回资金"明细科目本年发生额的合计数填列,以"－"号填列。

"使用专用结余"项目,反映本年事业单位根据规定使用从非财政拨款结余或经营结余中提取的专用基金的金额。本项目应当根据"专用结余"科目明细账中本年使用专用结余业务的发生额填列,以"－"号填列。

"支付所得税"项目,反映有企业所得税缴纳义务的事业单位本年实际交纳的企业所得税金额。本项目应当根据"非财政拨款结余"明细账中本年实际交纳企业所得税业务的发生额填列,以"－"号填列。

【注意:行政单位"本年变动金额"项目中,在"其他资金结转结余"项目下不涉及"使用专用结余"和"支付所得税"项目】

4. 年末预算结转结余

"年末预算结转结余"项目,反映单位本年预算结转结余的年末余额。本项目应当根据本项目下"财政拨款结转结余""其他资金结转结余"项目金额的合计数填列。

(1) "财政拨款结转结余"项目,反映单位本年财政拨款结转结余的年末余额。本项目应当根据本项目下"财政拨款结转""财政拨款结余"项目金额的合计数填列。本项目下"财政拨款结转""财政拨款结余"项目,应当分别根据"财政拨款结转""财政拨款结余"科目的本年年末余额填列。

(2) "其他资金结转结余"项目,反映单位本年其他资金结转结余的年末余额。本项目应当根据本项目下"非财政拨款结转""非财政拨款结余""专用结余""经营结余"项目金额的合计数填列。本项目下"非财政拨款结转""非财政拨款结余""专用结余""经营结余"项目,应当分别根据"非财政拨款结转""非财政拨款结余""专用结余""经营结余"科目的本年年末余额填列。

【注意:行政单位"年末预算结转结余"项目中,在"其他资金结转结余"项目下不涉及"专用结余"和"经营结余"项目】

四、财政拨款预算收入支出表

(一)财政拨款预算收入支出表的概念

财政拨款预算收入支出表是反映单位本年财政拨款预算资金收入、支出及相关变动的具体情况的报表。

财政拨款预算收入支出表是单位会计报表的重要组成部分,可以提供一定时期单位财政拨款预算收入支出各个组成项目金额的变动情况。单位应当定期编制财政拨款预算收入支出表,披露单位在一定会计期间的财政拨款预算收入支出的变动状况。

(二)财政拨款预算收入支出表的格式

财政拨款预算收入支出表的格式如表 8-3 所示。

表 8-3　　　　　　　　　财政拨款预算收入支出表　　　　　　　会政预 03 表

编制单位:　　　　　　　　　　　　年　　　　　　　　　　　　单位:元

项目	年初财政拨款结转结余		调整年初财政拨款结转结余	本年归集调入	本年归集上缴或调出	单位内部调剂		本年财政拨款收入	本年财政拨款支出	年末财政拨款结转结余	
	结转	结余				结转	结余			结转	结余
一、一般公共预算财政拨款											
(一)基本支出											
1. 人员经费											
2. 日常公用经费											
(二)项目支出											
1. ××项目											
2. ××项目											
……											
二、政府性基金预算财政拨款											
(一)基本支出											
1. 人员经费											
2. 日常公用经费											
(二)项目支出											

(续表)

项目	年初财政拨款结转结余		调整年初财政拨款结转结余	本年归集调入	本年归集上缴或调出	单位内部调剂		本年财政拨款收入	本年财政拨款支出	年末财政拨款结转结余	
	结转	结余				结转	结余			结转	结余
1. ××项目											
2. ××项目											
……											
总计											

(三) 财政拨款预算收入支出表的编制说明

表 8-3 "项目"栏内各项目，应当根据单位取得的财政拨款种类分项设置。其中，"项目支出"项目下，根据每个项目设置；单位取得除一般公共财政预算拨款和政府性基金预算拨款以外的其他财政拨款的，应当按照财政拨款种类增加相应的资金项目及其明细项目。

表 8-3 各栏及其对应项目的内容和填列方法如下：

（1）"年初财政拨款结转结余"栏中各项目，反映单位年初各项财政拨款结转结余的金额。各项目应当根据"财政拨款结转""财政拨款结余"及其明细科目的年初余额填列。本栏中各项目的数额应当与上年度财政拨款预算收入支出表中"年末财政拨款结转结余"栏中各项目的数额相等。

（2）"调整年初财政拨款结转结余"栏中各项目，反映单位对年初财政拨款结转结余的调整金额。各项目应当根据"财政拨款结转""财政拨款结余"科目下"年初余额调整"明细科目及其所属明细科目的本年发生额填列；如调整减少年初财政拨款结转结余，以"－"号填列。

（3）"本年归集调入"栏中各项目，反映单位本年按规定从其他单位调入的财政拨款结转资金金额。各项目应当根据"财政拨款结转"科目下"归集调入"明细科目及其所属明细科目的本年发生额填列。

（4）"本年归集上缴或调出"栏中各项目，反映单位本年按规定实际上缴的财政拨款结转结余资金，及按照规定向其他单位调出的财政拨款结转资金金额。各项目应当根据"财政拨款结转""财政拨款结余"科目下"归集上缴"科目和"财政拨款结转"科目下"归集调出"明细科目，及其所属明细科目的本年发生额填列，以"－"号填列。

（5）"单位内部调剂"栏中各项目，反映单位本年财政拨款结转结余资金在单位内部不同项目等之间的调剂金额。各项目应当根据"财政拨款结转"和"财政拨款结余"科目下的"单位内部调剂"明细科目及其所属明细科目的本年发生额填列；对单位内部调剂减少的财政拨款结余金额，以"－"号填列。

（6）"本年财政拨款收入"栏中各项目，反映单位本年从同级财政部门取得的各类财政预算拨款金额。各项目应当根据"财政拨款预算收入"科目及其所属明细科目的本年发生额填列。

（7）"本年财政拨款支出"栏中各项目，反映单位本年发生的财政拨款支出金额。各项目应当根据"行政支出""事业支出"等科目及其所属明细科目本年发生额中的财政拨款支出数的合计数填列。

(8)"年末财政拨款结转结余"栏中各项目,反映单位年末财政拨款结转结余的金额。各项目应当根据"财政拨款结转""财政拨款结余"科目及其所属明细科目的年末余额填列。

延伸阅读8-1

加强"三公"经费管理 严控年底突击花钱

山西财政要求加强"三公"经费管理,严控一般性支出,严防年底突击花钱。

"三公"经费是指财政拨款支出安排的因公出国(境)费、公务接待费、公务用车购置及运行费三项经费。日前,省财政厅下发通知,要求各市财政部门和省直各部门严格实行"双控"管理,即"三公"经费预算安排不超过上年度预算,年度预算执行不超过当年预算。严格按科目编列预算,建立健全"三公"经费和一般性支出审核机制,坚决取消无实质内容的因公出国(境)等活动,压缩公务接待数量和费用预算,严控公务用车购置和运行维护支出,车辆报废更新严格控制年度间预算平衡。

同时,硬化预算执行约束,全面加强预算执行管理,大力压缩一般性支出,在年初预算压减的基础上,对"三公"经费、会议费、培训费、差旅费、展会招商等非刚性、非重点项目支出应压尽压,压减腾出的资金统筹用于清理拖欠工资、疫情防控和"三保"等重点领域。严格执行经费开支标准,加强财务报销审核,强化"三公"经费执行监控,加大"三公"经费公开力度,加强对部门所属单位的指导,加快支出标准体系建设,做实全过程预算绩效管理,大力削减低效无效资金。

此外,防止虚增财政收入,严禁通过国企购地等方式虚增土地出让收入,不得巧立名目虚增财政收入,弥补财政收入缺口,进一步规范地方事业单位债务管控,切实防范债务风险。

资料来源:张磊.我省加强"三公"经费管理 严控年底突击花钱[EB/OL].(2022-10-31)[2023-10-25]. https://www.sohu.com/a/601170903_115635.

第三节 政府财务报告

一、政府财务报告概述

(一)政府财务报告的编制目标

政府财务报告的编制目标是向财务报告使用者提供与政府的财务状况、运行情况(含运行成本,下同)和现金流量等有关信息,反映政府会计主体公共受托责任履行情况,有助于财务报告使用者作出决策或者进行监督和管理。

(二)政府财务报告的使用者

政府财务报告的使用者包括各级人民代表大会常务委员会、债权人、各级政府及其有关部门、政府会计主体自身和其他利益相关者。

(三)政府财务报告的构成

政府财务报告应当包括财务报表和其他应当在财务报告中披露的相关信息和资料。其中,财务报表由会计报表及其附注构成。

1. 会计报表

会计报表一般包括资产负债表、收入费用表和净资产变动表。单位可根据实际情况自行选择编制现金流量表。

(1)资产负债表是反映政府会计主体在某一特定日期的财务状况的报表。

(2) 收入费用表是反映政府会计主体在一定会计期间运行情况的报表。

(3) 净资产变动表是反映政府会计主体在某一会计年度内净资产变动情况的报表。

(4) 现金流量表是反映政府会计主体在一定会计期间现金及现金等价物流入和流出情况的报表。

2. 附注

附注是对在资产负债表、收入费用表、现金流量表等报表中列示项目所做的进一步说明,以及对未能在这些报表中列示项目的说明。

(四) 政府财务报告的编制基础

政府财务报告的编制主要以权责发生制为基础,以单位财务会计核算生成的数据为准。

(五) 政府财务报告的编制要求

(1) 单位应当至少按照年度编制财务报表。

(2) 单位应当根据政府会计准则制度规定编制真实、完整的财务报表,不得违反制度规定随意改变财务报表的编制基础、编制依据、编制原则和方法,不得随意改变制度规定的财务报表有关数据的会计口径。

(3) 财务报表应当根据登记完整、核对无误的账簿记录和其他有关资料编制,做到数字真实、计算准确、内容完整、编报及时。

(4) 财务报表应当由单位负责人和主管会计工作的负责人、会计机构负责人(会计主管人员)签名并盖章。

二、资产负债表

(一) 资产负债表的概念

资产负债表是反映单位某一特定日期财务状况的报表。

资产负债表是会计报表的重要组成部分,可以提供反映会计期末单位占有或使用的资源、承担的债务和形成的净资产情况的会计信息。单位应当定期编制资产负债表,披露单位在会计期末的财务状况。

(二) 资产负债表的格式

资产负债表的格式如表 8-4 所示。

表 8-4　　　　　　　　　　　资产负债表　　　　　　　　　　会政财 01 表

编制单位:　　　　　　　　　　　年　　月　　日　　　　　　　　　　单位:元

资产	期末余额	年初余额	负债和净资产	期末余额	年初余额
流动资产:			流动负债:		
货币资金			短期借款		
短期投资			应交增值税		
财政应返还额度			其他应交税费		
应收票据			应缴财政款		
应收账款净额			应付职工薪酬		

(续表)

资产	期末余额	年初余额	负债和净资产	期末余额	年初余额
预付账款			应付票据		
应收股利			应付账款		
应收利息			应付政府补贴款		
其他应收款净额			应付利息		
存货			预收账款		
待摊费用			其他应付款		
一年内到期的非流动资产			预提费用		
其他流动资产			一年内到期的非流动负债		
流动资产合计			其他流动负债		
非流动资产：			流动负债合计		
长期股权投资			非流动负债：		
长期债券投资			长期借款		
固定资产原值			长期应付款		
减：固定资产累计折旧			预计负债		
固定资产净值			其他非流动负债		
工程物资			非流动负债合计		
在建工程			受托代理负债		
无形资产原值			负债合计		
减：无形资产累计摊销					
无形资产净值					
研发支出					
公共基础设施原值					
减：公共基础设施累计折旧(摊销)					
公共基础设施净值					
政府储备物资					
文物资源					
保障性住房原值					

(续表)

资产	期末余额	年初余额	负债和净资产	期末余额	年初余额
减:保障性住房累计折旧					
保障性住房净值					
PPP项目资产			净资产:		
减:PPP项目资产累计折旧(摊销)			累计盈余		
PPP项目资产净值			专用基金		
长期待摊费用			权益法调整		
待处理财产损溢			PPP项目净资产		
其他非流动资产			无偿调拨净资产*		—
非流动资产合计			本期盈余*		—
受托代理资产			净资产合计		
资产总计			负债和净资产总计		

注:"*"号标识项目为月报项目,年报中不需列示;"—"号标识单元格不需填列。

(三)资产负债表的编制说明

表8-4"年初余额"栏内各项数字,应当根据上年年末资产负债表"期末余额"栏内数字填列。如果本年度资产负债表规定的项目的名称和内容同上年度不一致,应当对上年年末资产负债表项目的名称和数字按照本年度的规定进行调整,将调整后数字填入本表"年初余额"栏内。如果本年度单位发生了因前期差错更正、会计政策变更等调整以前年度盈余的事项,还应当对"年初余额"栏中的有关项目金额进行相应调整。表8-4中"资产总计"项目期末(年初)余额应当与"负债和净资产总计"项目期末(年初)余额相等。

表8-4"期末余额"栏各项目的内容和填列方法如下。

1. 资产类项目

(1)"货币资金"项目,反映单位期末库存现金、银行存款、零余额账户用款额度(未实行预算管理一体化系统)、其他货币资金的合计数。本项目应当根据"库存现金""银行存款""零余额账户用款额度"(未实行预算管理一体化系统)"其他货币资金"科目的期末余额的合计数填列;若单位存在通过"库存现金""银行存款"科目核算的受托代理资产还应当按照前述合计数扣减"库存现金""银行存款"科目下"受托代理资产"明细科目的期末余额后的金额填列。

(2)"短期投资"项目,反映事业单位期末持有的短期投资账面余额。本项目应当根据"短期投资"科目的期末余额填列。

(3)"财政应返还额度"项目,反映单位期末财政应返还额度的金额。本项目应当根据"财政应返还额度"科目的期末余额填列。

(4)"应收票据"项目,反映事业单位期末持有的应收票据的票面金额。本项目应当根据"应收票据"科目的期末余额填列。

(5)"应收账款净额"项目，反映单位期末尚未收回的应收账款减去已计提的坏账准备后的净额。本项目应当根据"应收账款"科目的期末余额，减去"坏账准备"科目中对应收账款计提的坏账准备的期末余额后的金额填列。

(6)"预付账款"项目，反映单位期末预付给商品或者劳务供应单位的款项。本项目应当根据"预付账款"科目的期末余额填列。

(7)"应收股利"项目，反映事业单位期末因股权投资而应收取的现金股利或应当分得的利润。本项目应当根据"应收股利"科目的期末余额填列。

(8)"应收利息"项目，反映事业单位期末因债券投资等而应收取的利息。事业单位购入的到期一次还本付息的长期债券投资持有期间应收的利息，不包括在本项目内。本项目应当根据"应收利息"科目的期末余额填列。

(9)"其他应收款净额"项目，反映单位期末尚未收回的其他应收款减去已计提的坏账准备后的净额。本项目应当根据"其他应收款"科目的期末余额减去"坏账准备"科目中对其他应收款计提的坏账准备的期末余额后的金额填列。

(10)"存货"项目，反映单位期末存储的存货的实际成本。本项目应当根据"在途物品""库存物品""加工物品"科目的期末余额的合计数填列。

(11)"待摊费用"项目，反映单位期末已经支出，但应当由本期和以后各期负担的分摊期在1年以内(含1年)的各项费用。本项目应当根据"待摊费用"科目的期末余额填列。

(12)"一年内到期的非流动资产"项目，反映单位期末非流动资产项目中将在1年内(含1年)到期的金额，如事业单位将在1年内(含1年)到期的长期债券投资金额。本项目应当根据"长期债券投资"等科目的明细科目的期末余额分析填列。

(13)"其他流动资产"项目，反映单位期末除本表中上述各项之外的其他流动资产的合计金额。本项目应当根据有关科目期末余额的合计数填列。

(14)"流动资产合计"项目，反映单位期末流动资产的合计数。本项目应当根据本表中"货币资金""短期投资""财政应返还额度""应收票据""应收账款净额""预付账款""应收股利""应收利息""其他应收账净额""存货""待摊费用""一年内到期的非流动资产""其他流动资产"项目金额的合计数填列。

(15)"长期股权投资"项目，反映事业单位期末持有的长期股权投资的账面余额。本项目应当根据"长期股权投资"科目的期末余额填列。

(16)"长期债券投资"项目，反映事业单位期末持有的长期债券投资的账面余额。本项目应当根据"长期债券投资"科目的期末余额减去其中将于1年内(含1年)到期的长期债券投资余额后的金额填列。

(17)"固定资产原值"项目，反映单位期末固定资产的原值。本项目应当根据"固定资产"科目的期末余额填列。

"固定资产累计折旧"项目，反映单位期末固定资产已计提的累计折旧金额。本项目应当根据"固定资产累计折旧"科目的期末余额填列。

"固定资产净值"项目，反映单位期末固定资产的账面价值。本项目应当根据"固定资产"科目期末余额减去"固定资产累计折旧"科目期末余额后的金额填列。

(18)"工程物资"项目，反映单位期末为在建工程准备的各种物资的实际成本。本项目应当根据"工程物资"科目的期末余额填列。

（19）"在建工程"项目，反映单位期末所有的建设项目工程的实际成本。本项目应当根据"在建工程"科目的期末余额填列。

（20）"无形资产原值"项目，反映单位期末无形资产的原值。本项目应当根据"无形资产"科目的期末余额填列。

"无形资产累计摊销"项目，反映单位期末无形资产已计提的累计摊销金额。本项目应当根据"无形资产累计摊销"科目的期末余额填列。

"无形资产净值"项目，反映单位期末无形资产的账面价值。本项目应当根据"无形资产"科目期末余额减去"无形资产累计摊销"科目期末余额后的金额填列。

（21）"研发支出"项目，反映单位期末正在进行的无形资产开发项目开发阶段发生的累计支出数。本项目应当根据"研发支出"科目的期末余额填列。

（22）"公共基础设施原值"项目，反映单位期末控制的公共基础设施的原值。本项目应当根据"公共基础设施"科目的期末余额填列。

"公共基础设施累计折旧（摊销）"项目，反映单位期末控制的公共基础设施已计提的累计折旧和累计摊销金额。本项目应当根据"公共基础设施累计折旧（摊销）"科目的期末余额填列。

"公共基础设施净值"项目，反映单位期末控制的公共基础设施的账面价值。本项目应当根据"公共基础设施"科目期末余额减去"公共基础设施累计折旧（摊销）"科目期末余额后的金额填列。

（23）"政府储备物资"项目，反映单位期末控制的政府储备物资的实际成本。本项目应当根据"政府储备物资"科目的期末余额填列。

（24）"文物资源"项目，反映单位期末控制的文物资源的成本。本项目应当根据"文物资源"科目的期末余额填列。

（25）"保障性住房原值"项目，反映单位期末控制的保障性住房的原值。本项目应当根据"保障性住房"科目的期末余额填列。

"保障性住房累计折旧"项目，反映单位期末控制的保障性住房已计提的累计折旧金额。本项目应当根据"保障性住房累计折旧"科目的期末余额填列。

"保障性住房净值"项目，反映单位期末控制的保障性住房的账面价值。本项目应当根据"保障性住房"科目期末余额减去"保障性住房累计折旧"科目期末余额后的金额填列。

（26）"PPP项目资产"项目，反映单位确认的PPP项目资产。本项目应当根据"PPP项目资产"科目的期末余额填列。

"PPP项目资产累计折旧（摊销）"项目，反映单位计提的PPP项目资产累计折旧（摊销）。本项目应当根据"PPP项目资产累计折旧（摊销）"科目的期末余额填列。

"PPP项目资产净值"项目，反映单位期末PPP项目资产的账面价值。本项目应当根据"PPP项目资产"科目期末余额减去"PPP项目资产累计折旧（摊销）"科目期末余额后的金额填列。

（27）"长期待摊费用"项目，反映单位期末已经支出，但应由本期和以后各期负担的分摊期限在1年以上（不含1年）的各项费用。本项目应当根据"长期待摊费用"科目的期末余额填列。

(28)"待处理财产损溢"项目,反映单位期末尚未处理完毕的各种资产的净损失或净溢余。本项目应当根据"待处理财产损溢"科目的期末借方余额填列;如"待处理财产损溢"科目期末为贷方余额,以"—"号填列。

(29)"其他非流动资产"项目,反映单位期末除本表中上述各项之外的其他非流动资产的合计数。本项目应当根据有关科目的期末余额合计数填列。

(30)"非流动资产合计"项目,反映单位期末非流动资产的合计数。本项目应当根据本表中"长期股权投资""长期债券投资""固定资产净值""工程物资""在建工程""无形资产净值""研发支出""公共基础设施净值""政府储备物资""文物资源""保障性住房净值""长期待摊费用""待处理财产损溢""其他非流动资产"项目金额的合计数填列。

(31)"受托代理资产"项目,反映单位期末受托代理资产的价值。本项目应当根据"受托代理资产"科目的期末余额与"库存现金""银行存款"科目下"受托代理资产"明细科目的期末余额的合计数填列。

(32)"资产总计"项目,反映单位期末资产的合计数。本项目应当根据本表中"流动资产合计""非流动资产合计""受托代理资产"项目金额的合计数填列。

【注意:在资产类项目中,行政单位不涉及"短期投资""应收票据""应收股利""应收利息""长期股权投资"和"长期债券投资"项目】

2. 负债类项目

(1)"短期借款"项目,反映事业单位期末短期借款的余额。本项目应当根据"短期借款"科目的期末余额填列。

(2)"应交增值税"项目,反映单位期末应交未交的增值税额。本项目应当根据"应交增值税"科目的期末余额填列;如"应交增值税"科目为借方余额,以"—"号填列。

(3)"其他应交税费"项目,反映单位期末应交未交的除增值税以外的税费金额。本项目应当根据"其他应交税费"科目的期末余额填列;如"其他应交税费"科目期末为借方余额,以"—"号填列。

(4)"应缴财政款"项目,反映单位期末应当上缴财政但尚未缴纳的款项。本项目应当根据"应缴财政款"科目的期末余额填列。

(5)"应付职工薪酬"项目,反映单位期末按有关规定应付给职工及为职工支付的各种薪酬。本项目应当根据"应付职工薪酬"科目的期末余额填列。

(6)"应付票据"项目,反映事业单位期末应付票据的金额。本项目应当根据"应付票据"科目的期末余额填列。

(7)"应付账款"项目,反映单位期末应当支付但尚未支付的偿还期限在1年以内(含1年)的应付账款的金额。本项目应当根据"应付账款"科目的期末余额填列。

(8)"应付政府补贴款"项目,反映负责发放政府补贴的行政单位期末按照规定应当支付给政府补贴接受者的各种政府补贴款余额。本项目应当根据"应付政府补贴款"科目的期末余额填列。

(9)"应付利息"项目,反映事业单位期末按照合同约定应支付的借款利息。事业单位到期一次还本付息的长期借款利息不包括在本项目内。本项目应当根据"应付利息"科目的期末余额填列。

(10)"预收账款"项目,反映事业单位期末预先收取但尚未确认收入和实际结算的款项余额。本项目应当根据"预收账款"科目的期末余额填列。

(11)"其他应付款"项目,反映单位期末其他各项偿还期限在1年内(含1年)的应付及暂收款项余额。本项目应当根据"其他应付款"科目的期末余额填列。

(12)"预提费用"项目,反映单位期末已预先提取的已经发生但尚未支付的各项费用。本项目应当根据"预提费用"科目的期末余额填列。

(13)"一年内到期的非流动负债"项目,反映单位期末将于1年内(含1年)偿还的非流动负债的余额。本项目应当根据"长期应付款""长期借款"等科目的明细科目的期末余额分析填列。

(14)"其他流动负债"项目,反映单位期末除本表中上述各项之外的其他流动负债的合计数。本项目应当根据有关科目的期末余额的合计数填列。

(15)"流动负债合计"项目,反映单位期末流动负债合计数。本项目应当根据本表"短期借款""应交增值税""其他应交税费""应缴财政款""应付职工薪酬""应付票据""应付账款""应付政府补贴款""应付利息""预收账款""其他应付款""预提费用""一年内到期的非流动负债""其他流动负债"项目金额的合计数填列。

(16)"长期借款"项目,反映事业单位期末长期借款的余额。本项目应当根据"长期借款"科目的期末余额减去其中将于1年内(含1年)到期的长期借款余额后的金额填列。

(17)"长期应付款"项目,反映单位期末长期应付款的余额。本项目应当根据"长期应付款"科目的期末余额减去其中将于1年内(含1年)到期的长期应付款余额后的金额填列。

(18)"预计负债"项目,反映单位期末已确认但尚未偿付的预计负债的余额。本项目应当根据"预计负债"科目的期末余额填列。

(19)"其他非流动负债"项目,反映单位期末除本表中上述各项之外的其他非流动负债的合计数。本项目应当根据有关科目的期末余额合计数填列。

(20)"非流动负债合计"项目,反映单位期末非流动负债合计数。本项目应当根据本表中"长期借款""长期应付款""预计负债""其他非流动负债"项目金额的合计数填列。

(21)"受托代理负债"项目,反映单位期末受托代理负债的金额。本项目应当根据"受托代理负债"科目的期末余额填列。

(22)"负债合计"项目,反映单位期末负债的合计数。本项目应当根据本表中"流动负债合计""非流动负债合计""受托代理负债"项目金额的合计数填列。

【注意:在负债类项目中,行政单位不涉及"短期借款""应付票据""应付利息""预收账款"和"长期借款"项目;事业单位不涉及"应付政府补贴款"项目】

3. 净资产类项目

(1)"累计盈余"项目,反映单位期末未分配盈余(或未弥补亏损)以及无偿调拨净资产变动的累计数。本项目应当根据"累计盈余"科目的期末余额填列。

(2)"专用基金"项目,反映事业单位期末累计提取或设置但尚未使用的专用基金余额。本项目应当根据"专用基金"科目的期末余额填列。

(3)"权益法调整"项目,反映事业单位期末在被投资单位除净损益和利润分配以外的所有者权益变动中累积享有的份额。本项目应当根据"权益法调整"科目的期本余额填列。如"权益法调整"科目期末为借方余额,以"-"号填列。

(4)"PPP项目净资产"项目,反映单位确认的PPP项目净资产。本项目应当根据"PPP

项目净资产"科目的期末余额填列。

（5）"无偿调拨净资产"项目，反映单位本年度截至报告期期末无偿调入的非现金资产价值扣减无偿调出的非现金资产价值后的净值。本项目仅在月度报表中列示，年度报表中不列示。月度报表中本项目应当根据"无偿调拨净资产"科目的期末余额填列；"无偿调拨净资产"科目期末为借方余额时，以"—"号填列。

（6）"本期盈余"项目，反映单位本年度截至报告期期末实现的累计盈余或亏损。本项目仅在月度报表中列示，年度报表中不列示。月度报表中本项目应当根据"本期盈余"科目的期末余额填列；"本期盈余"科目期末为借方余额时，以"—"号填列。

（7）"净资产合计"项目，反映单位期末净资产合计数。本项目应当根据本表中"累计盈余""专用基金""权益法调整""无偿调拨净资产"（月度报表）、"本期盈余"（月度报表）项目金额的合计数填列。

（8）"负债和净资产总计"项目，应当按照本表中"负债合计""净资产合计"项目金额的合计数填列。

【注意：在净资产类项目中，行政单位不涉及"专用基金"和"权益法调整"项目】

三、收入费用表

（一）收入费用表的概念

收入费用表是反映单位在某一会计期间内各项收入、费用和当期盈余情况的会计报表。

收入费用表是单位会计报表的重要组成部分，可以提供一定时期单位收入总额及构成情况、费用总额及构成情况，以及盈余及其分配内容的会计信息。单位应当定期编制收入费用表，披露单位在一定会计期间的业务活动成果。

二维码 8-5
视频：收入费用表

（二）收入费用表的格式

收入费用表的格式如表 8-5 所示。

表 8-5　　　　　　　　　　　　收入费用表　　　　　　　　　　　会政财 02 表
编制单位：　　　　　　　　　　　　年　月　日　　　　　　　　　　　　单位：元

项目	本月数	本年累计数
一、本期收入		
（一）财政拨款收入		
其中：政府性基金收入		
（二）事业收入		
（三）上级补助收入		
（四）附属单位上缴收入		
（五）经营收入		
（六）非同级财政拨款收入		
（七）投资收益		
（八）捐赠收入		

(续表)

项目	本月数	本年累计数
（九）利息收入		
（十）租金收入		
（十一）其他收入		
二、本期费用		
（一）业务活动费用		
（二）单位管理费用		
（三）经营费用		
（四）资产处置费用		
（五）上缴上级费用		
（六）对附属单位补助费用		
（七）所得税费用		
（八）其他费用		
三、本期盈余		

（三）收入费用表的编制说明

表8-5"本月数"栏反映各项目的本月实际发生数。编制年度收入费用表时，应当将本栏改为"本年数"，反映本年度各项目的实际发生数。

表8-5"本年累计数"栏反映各项目自年初至报告期期末的累计实际发生数。编制年度收入费用表时，应当将本栏改为"上年数"，反映上年度各项目的实际发生数，"上年数"栏应当根据上年年度收入费用表中"本年数"栏内所列数字填列。如果本年度收入费用表规定的项目的名称和内容同上年度不一致，应当对上年度收入费用表项目的名称和数字按照本年度的规定进行调整，将调整后的金额填入本年度收入费用表的"上年数"栏内。如果本年度单位发生了因前期差错更正、会计政策变更等调整以前年度盈余的事项，还应当对年度收入费用表中"上年数"栏中的有关项目金额进行相应调整。

本表"本月数"栏各项目的内容和填列方法如下。

1. 本期收入

"本期收入"项目，反映单位本期收入总额。本项目应当根据本表中"财政拨款收入""事业收入""上级补助收入""附属单位上缴收入""经营收入""非同级财政拨款收入""投资收益""捐赠收入""利息收入""租金收入""其他收入"项目金额的合计数填列。

（1）"财政拨款收入"项目，反映单位本期从同级政府财政部门取得的各类财政拨款。本项目应当根据"财政拨款收入"科目的本期发生额填列。

其中，"政府性基金收入"项目，反映单位本期取得的财政拨款收入中属于政府性基金预算拨款的金额。本项目应当根据"财政拨款收入"相关明细科目的本期发生额填列。

（2）"事业收入"项目，反映事业单位本期开展专业业务活动及其辅助活动实现的收入。本项目应当根据"事业收入"科目的本期发生额填列。

（3）"上级补助收入"项目，反映事业单位本期从主管部门和上级单位收到或应收的非财政拨款收入。本项目应当根据"上级补助收入"科目的本期发生额填列。

（4）"附属单位上缴收入"项目，反映事业单位本期收到或应收的独立核算的附属单位按照有关规定上缴的收入。本项目应当根据"附属单位上缴收入"科目的本期发生额填列。

（5）"经营收入"项目，反映事业单位本期在专业业务活动及其辅助活动之外开展非独立核算经营活动实现的收入。本项目应当根据"经营收入"科目的本期发生额填列。

（6）"非同级财政拨款收入"项目，反映单位本期从非同级政府财政部门取得的财政拨款，不包括事业单位因开展科研及其辅助活动从非同级财政部门取得的经费拨款。本项目应当根据"非同级财政拨款收入"科目的本期发生额填列。

（7）"投资收益"项目，反映事业单位本期股权投资和债券投资所实现的收益或发生的损失。本项目应当根据"投资收益"科目的本期发生额填列；如为投资净损失，以"一"号填列。

（8）"捐赠收入"项目，反映单位本期接受捐赠取得的收入。本项目应当根据"捐赠收入"科目的本期发生额填列。

（9）"利息收入"项目，反映单位本期取得的银行存款利息收入。本项目应当根据"利息收入"科目的本期发生额填列。

（10）"租金收入"项目，反映单位本期经批准利用国有资产出租取得并按规定纳入本单位预算管理的租金收入。本项目应当根据"租金收入"科目的本期发生额填列。

（11）"其他收入"项目，反映单位本期取得的除以上收入项目外的其他收入的总额。本项目应当根据"其他收入"科目的本期发生额填列。

【注意：行政单位"本期收入"项目中不涉及"事业收入""上级补助收入""附属单位上缴收入""经营收入"和"投资收益"项目】

2. 本期费用

"本期费用"项目，反映单位本期费用总额。本项目应当根据本表中"业务活动费用""单位管理费用""经营费用""资产处置费用""上缴上级费用""对附属单位补助费用""所得税费用"和"其他费用"项目金额的合计数填列。

（1）"业务活动费用"项目，反映单位本期为实现其职能目标，依法履职或开展专业业务活动及其辅助活动所发生的各项费用。本项目应当根据"业务活动费用"科目本期发生额填列。

（2）"单位管理费用"项目，反映事业单位本期本级行政及后勤管理部门开展管理活动发生的各项费用，以及由单位统一负担的离退休人员经费、工会经费、诉讼费、中介费等。本项目应当根据"单位管理费用"科目的本期发生额填列。

（3）"经营费用"项目，反映事业单位本期在专业业务活动及其辅助活动之外开展非独立核算经营活动发生的各项费用。本项目应当根据"经营费用"科目的本期发生额填列。

（4）"资产处置费用"项目，反映单位本期经批准处置资产时转销的资产价值以及在处置过程中发生的相关费用或者处置收入小于处置费用形成的净支出。本项目应当根据"资产处置费用"科目的本期发生额填列。

（5）"上缴上级费用"项目，反映事业单位按照规定上缴上级单位款项发生的费用。本项目应当根据"上缴上级费用"科目的本期发生额填列。

（6）"对附属单位补助费用"项目，反映事业单位用财政拨款收入之外的收入对附属单位补助发生的费用。本项目应当根据"对附属单位补助费用"科目的本期发生额填列。

（7）"所得税费用"项目，反映有企业所得税缴纳义务的事业单位本期计算应交纳的企业所得税。本项目应当根据"所得税费用"科目的本期发生额填列。

（8）"其他费用"项目，反映单位本期发生的除以上费用项目外的其他费用的总额。本项目应当根据"其他费用"科目的本期发生额填列。

【注意：行政单位"本期费用"项目中不涉及"单位管理费用""经营费用""上缴上级费用""对附属单位补助费用"和"所得税费用"项目】

3. 本期盈余

"本期盈余"项目，反映单位本期收入扣除本期费用后的净额。本项目应当根据表8-5中"本期收入"项目金额减去"本期费用"项目金额后的金额填列；如为负数，以"－"号填列。

四、净资产变动表

（一）净资产变动表的概念

净资产变动表是反映单位在某一会计年度内各项净资产变动情况的报表。

净资产变动表是单位会计报表的重要组成部分，可以提供一定时期单位净资产各个组成项目金额的变动情况。单位应当定期编制净资产变动表，披露单位在一定会计期间的资产结存状况。

（二）净资产变动表的格式

净资产变动表的格式如表8-6所示。

表8-6　　　　　　　　　　　　净资产变动表　　　　　　　　　　　会政财03表
编制单位：　　　　　　　　　　　　　　年　　　　　　　　　　　　　　单位：元

项目	本年数					上年数				
	累计盈余	专用基金	权益法调整	PPP项目净资产	净资产合计	累计盈余	专用基金	权益法调整	PPP项目净资产	净资产合计
一、上年年末余额										
二、以前年度盈余调整（减少以"－"号填列）		—	—				—	—		
三、本年年初余额										
四、本年变动金额（减少以"－"号填列）										
（一）本年盈余		—	—				—	—		
（二）无偿调拨净资产										
（三）归集调整预算结转结余										
（四）提取或设置专用基金		—					—			

(续表)

项目	本年数					上年数				
	累计盈余	专用基金	权益法调整	PPP项目净资产	净资产合计	累计盈余	专用基金	权益法调整	PPP项目净资产	净资产合计
其中：从预算收入中提取	—			—		—			—	
从预算结余中提取	—			—		—			—	
设置的专用基金				—					—	
（五）使用专用基金				—					—	
（六）权益法调整				—					—	
五、本年年末余额										

注："—"号标识单元格不需填列。

（三）净资产变动表的编制说明

表8-6"上年数"栏反映上年度各项目的实际变动数，应当根据上年度净资产变动表中"本年数"栏内所列数字填列。如果上年度净资产变动表规定的项目的名称和内容与本年度不一致，应对上年度净资产变动表项目的名称和数字按照本年度的规定进行调整，将调整后金额填入本年度净资产变动表"上年数"栏内。

表8-6"本年数"栏反映本年度各项目的实际变动教。"本年数"栏各项目的内容和填列方法如下：

（1）"上年年末余额"行，反映单位净资产各项目上年年末的余额。事业单位本行各项目应当根据"累计盈余""专用基金""权益法调整"科目上年年末余额填列；行政单位本行"累计盈余"项目应当根据"累计盈余"科目上年年末余额填列。

（2）"以前年度盈余调整"行，反映单位本年度调整以前年度盈余的事项对累计盈余进行调整的金额。本行"累计盈余"项目应当根据本年度"以前年度盈余调整"科目转入"累计盈余"科目的金额填列；如调整减少累计盈余，以"—"号填列。

（3）"本年年初余额"行，反映经过以前年度盈余调整后，单位净资产各项目的本年年初余额。事业单位本行"累计盈余""专用基金""权益法调整"项目应当根据其各自在"上年年末余额"和"以前年度盈余调整"行对应项目金额的合计数填列。行政单位本行"累计盈余"项目应当根据其在"上年年末余额"和"以前年度盈余调整"行对应项目金额的合计数填列。

（4）"本年变动金额"行，反映单位净资产各项目本年变动总金额。事业单位本行"累计盈余""专用基金""权益法调整"项目应当根据其各自在"本年盈余""无偿调拨净资产""归集调整预算结转结余""提取或设置专用基金""使用专用基金""权益法调整"行对应项目金额的合计数填列。行政单位本行"累计盈余"项目应当根据其在"本年盈余""无偿调拨净资产""归集调整预算结转结余"行对应项目金额的合计数填列。

（5）"本年盈余"行，反映单位本年发生的收入、费用对净资产的影响。本行"累计盈余"项目应当根据年末由"本期盈余"科目转入"本年盈余分配"科目的金额填列；如转入时借记"本年盈余分配"科目，则以"—"号填列。

(6)"无偿调拨净资产"行,反映单位本年无偿调入、调出非现金资产事项对净资产的影响。本行"累计盈余"项目应当根据年末由"无偿调拨净资产"科目转入"累计盈余"科目的金额填列;如转入时借记"累计盈余"科目,则以"-"号填列。

(7)"归集调整预算结转结余"行,反映单位本年财政拨款结转结余资金归集调入、归集上缴或调出,以及非财政拨款结转资金缴回对净资产的影响。本行"累计盈余"项目应当根据"累计盈余"科目明细账记录分析填列;如归集调整减少预算结转结余,则以"-"号填列。

(8)"提取或设置专用基金"行,反映单位本年提取或设置专用基金对净资产的影响。本行"累计盈余"项目应当根据"从预算结余中提取"行"累计盈余"项目的金额填列。本行"专用基金"项目应当根据"从预算收入中提取""从预算结余中提取""设置的专用基金"行"专用基金"项目金额的合计数填列。

其中,"从预算收入中提取"行,反映单位本年从预算收入中提取专用基金对净资产的影响。本行"专用基金"项目应当通过对"专用基金"科目明细账记录的分析,根据本年按有关规定从预算收入中提取基金的金额填列。

"从预算结余中提取"行,反映单位本年根据有关规定从本年度非财政拨款结余或经营结余中提取专用基金对净资产的影响。本行"累计盈余""专用基金"项目应当通过对"专用基金"科目明细账记录的分析,根据本年按有关规定从本年度非财政拨款结余或经营结余中提取专用基金的金额填列;本行"累计盈余"项目以"-"号填列。

"设置的专用基金"行,反映单位本年根据有关规定设置的其他专用基金对净资产的影响。本行"专用基金"项目应当通过对"专用基金"科目明细账记录的分析,根据本年按有关规定设置的其他专用基金的金额填列。

(9)"使用专用基金"行,反映单位本年按规定使用专用基金对净资产的影响。本行"累计盈余""专用基金"项目应当通过对"专用基金"科目明细账记录的分析,根据本年按规定使用专用基金的金额填列;本行"专用基金"项目以"-"号填列。

(10)"权益法调整"行,反映单位本年按照被投资单位除净损益和利润分配以外的所有者权益变动份额而调整长期股权投资账面余额对净资产的影响。本行"权益法调整"项目应当根据"权益法调整"科目本年发生额填列;若本年净发生额为借方时,以"-"号填列。

(11)"PPP项目净资产"项目,反映单位PPP项目净资产。本行应当根据"PPP项目净资产"科目金额填列。

(12)"本年年末余额"行,反映单位本年各净资产项目的年末余额。本行"累计盈余""专用基金""权益法调整"项目应当根据其各自在"本年年初余额""本年变动金额"行对应项目金额的合计数填列。

表8-6各行"净资产合计"项目,事业单位应当根据所在行"累计盈余""专用基金""权益法调整"项目金额的合计数填列。行政单位应当根据所在行"累计盈余"项目金额的合计数填列。

【注意:行政单位不涉及"提取或设置专用基金""使用专用基金"和"权益法调整"项目】

五、现金流量表

(一)现金流量表的概念

现金流量表是反映单位在某一会计年度内现金流入和流出情况的报表。

现金流量表是单位会计报表的重要组成部分,可以提供一定时期单位现金流入流出情况的会计信息。单位应当定期编制现金流量表,披露单位在一定会计期间的现金流入流出情况。

(二) 现金流量表的格式

现金流量表的格式如表 8-7 所示。

表 8-7　　　　　　　　　　　　　　现金流量表　　　　　　　　　　　　会政财 04 表
编制单位：　　　　　　　　　　　　　　　年　　　　　　　　　　　　　　　　单位：元

项目	本年金额	上年金额
一、日常活动产生的现金流量		
财政基本支出拨款收到的现金		
财政非资本性项目拨款收到的现金		
事业活动收到的除财政拨款以外的现金		
收到的其他与日常活动有关的现金		
日常活动的现金流入小计		
购买商品、接受劳务支付的现金		
支付给职工以及为职工支付的现金		
支付的各项税费		
支付的其他与日常活动有关的现金		
日常活动现金流出小计		
日常活动产生的现金流量净额		
二、投资活动产生的现金流量		
收回投资收到的现金		
取得投资收益收到的现金		
处置固定资产、无形资产、公共基础设施等收回的现金净额		
收到的其他与投资活动有关的现金		
投资活动的现金流入小计		
购建固定资产、无形资产、公共基础设施等支付的现金		
对外投资支付的现金		
上缴处置固定资产、无形资产、公共基础设施等净收入支付的现金		
支付的其他与投资活动有关的现金		
投资活动现金流出小计		
投资活动产生的现金流量净额		
三、筹资活动产生的现金流量		

(续表)

项目	本年金额	上年金额
财政资本性项目拨款收到的现金		
取得借款收到的现金		
收到的其他与筹资活动有关的现金		
筹资活动现金流入小计		
偿还借款支付的现金		
偿还利息支付的现金		
支付的其他与筹资活动有关的现金		
筹资活动现金流出小计		
筹资活动产生的现金流量净额		
四、汇率变动对现金的影响额		
五、现金净增加额		

（三）现金流量表的编制说明

表 8-7 中的"现金"是指单位的库存现金以及其他可以随时用于支付的款项，包括库存现金、可以随时用于支付的银行存款、其他货币资金、零余额账户用款额度、财政应返还额度，以及通过财政直接支付方式支付的款项。

现金流量表应当按照日常活动、投资活动、筹资活动的现金流量分别反映。本表所指的现金流量是指现金的流入和流出。表 8-7"本年金额"栏反映各项目的本年实际发生数。表 8-7"上年金额"栏反映各项目的上年实际发生数，应当根据上年现金流量表中"本年金额"栏内所列数字填列。单位应当采用直接法编制现金流量表，表 8-7"本年金额"栏各项目的填列方法如下。

1. 日常活动产生的现金流量

（1）"财政基本支出拨款收到的现金"项目，反映单位本年接受财政基本支出拨款取得的现金。本项目应当根据"零余额账户用款额度""财政拨款收入""银行存款"等科目及其所属明细科目的记录分析填列。

（2）"财政非资本性项目拨款收到的现金"项目，反映单位本年接受除用于购建固定资产、无形资产、公共基础设施等资本性项目以外的财政项目拨款取得的现金。本项目应当根据"银行存款""零余额账户用款额度""财政拨款收入"等科目及其所属明细科目的记录分析填列。

（3）"事业活动收到的除财政拨款以外的现金"项目，反映事业单位本年开展专业业务活动及其辅助活动取得的除财政拨款以外的现金。本项目应当根据"库存现金""银行存款""其他货币资金""应收账款""应收票据""预收账款""事业收入"等科目及其所属明细科目的记录分析填列。

【注意：行政单位不涉及"事业活动收到的除财政拨款以外的现金"项目】

（4）"收到的其他与日常活动有关的现金"项目，反映单位本年收到的除以上项目之外的与日常活动有关的现金。本项目应当根据"库存现金""银行存款""其他货币资金""上级补助收入""附属单位上缴收入""经营收入""非同级财政拨款收入""捐赠收入""利息收入""租金收入""其他收入"等科目及其所属明细科目的记录分析填列。

【注意：行政单位不涉及"上级补助收入""附属单位上缴收入"和"经营收入"项目】

（5）"日常活动的现金流入小计"项目，反映单位本年日常活动产生的现金流入的合计数。本项目应当根据本表中"财政基本支出拨款收到的现金""财政非资本性项目拨款收到的现金""事业活动收到的除财政拨款以外的现金""收到的其他与日常活动有关的现金"项目金额的合计数填列。

（6）"购买商品、接受劳务支付的现金"项目，反映单位本年在日常活动中用于购买商品、接受劳务支付的现金。本项目应当根据"库存现金""银行存款""财政拨款收入""零余额账户用款额度""预付账款""在途物品""库存物品""应付账款""应付票据""业务活动费用""单位管理费用""经营费用"等科目及其所属明细科目的记录分析填列。

【注意：行政单位不涉及"应付票据""单位管理费用"和"经营费用"项目】

（7）"支付给职工以及为职工支付的现金"项目，反映单位本年支付给职工以及为职工支付的现金。本项目应当根据"库存现金""银行存款""零余额账户用款额度""财政拨款收入""应付职工薪酬""业务活动费用""单位管理费用""经营费用"等科目及其所属明细科目的记录分析填列。

【注意：行政单位不涉及"单位管理费用"和"经营费用"项目】

（8）"支付的各项税费"项目，反映单位本年用于交纳日常相关税费而支付的现金。本项目应当根据"库存现金""银行存款""零余额账户用款额度""应交增值税""其他应交税费""业务活动费用""单位管理费用""经营费用""所得税费用"等科目及其所属明细科目的记录分析填列。

【注意：行政单位不涉及"单位管理费用""经营费用"和"所得税费用"项目】

（9）"支付的其他与日常活动有关的现金"项目，反映单位本年支付的除上述项目之外与日常活动有关的现金。本项目应当根据"库存现金""银行存款""零余额账户用款额度""财政拨款收入""其他应付款""业务活动费用""单位管理费用""经营费用""其他费用"等科目及其所属明细科目的记录分析填列。

【注意：行政单位不涉及"单位管理费用"和"经营费用"项目】

（10）"日常活动的现金流出小计"项目，反映单位本年日常活动产生的现金流出的合计数。本项目应当根据本表中"购买商品、接受劳务支付的现金""支付给职工以及为职工支付的现金""支付的各项税费""支付的其他与日常活动有关的现金"项目金额的合计数填列。

（11）"日常活动产生的现金流量净额"项目，应当按照表8-7中"日常活动的现金流入小计"项目金额减去"日常活动的现金流出小计"项目金额后的金额填列；如为负数，以"—"号填列。

2. 投资活动产生的现金流量

（1）"收回投资收到的现金"项目，反映事业单位本年出售、转让或者收回投资收到的现金。本项目应该根据"库存现金""银行存款""短期投资""长期股权投资""长期债券投资"等科目的记录分析填列。

（2）"取得投资收益收到的现金"项目，反映事业单位本年因对外投资而收到被投资单位分配的股利或利润,以及收到投资利息而取得的现金。本项目应当根据"库存现金""银行存款""应收股利""应收利息""投资收益"等科目的记录分析填列。

(3)"处置固定资产、无形资产、公共基础设施等收回的现金净额"项目,反映单位本年处置固定资产、无形资产、公共基础设施等非流动资产所取得的现金,减去为处置这些资产而支付的有关费用之后的净额。由于自然灾害所造成的固定资产等长期资产损失而收到的保险赔款收入,也在本项目反映。本项目应当根据"库存现金""银行存款""待处理财产损溢"等科目的记录分析填列。

(4)"收到的其他与投资活动有关的现金"项目,反映单位本年收到的除上述项目之外与投资活动有关的现金。对于金额较大的现金流入,应当单列项目反映。本项目应当根据"库存现金""银行存款"等有关科目的记录分析填列。

(5)"投资活动的现金流入小计"项目,反映单位本年投资活动产生的现金流入的合计数。本项目应当根据本表中"收回投资收到的现金""取得投资收益收到的现金""处置固定资产、无形资产、公共基础设施等收回的现金净额""收到的其他与投资活动有关的现金"项目金额的合计数填列。

(6)"购建固定资产、无形资产、公共基础设施等支付的现金"项目,反映单位本年购买和建造固定资产、无形资产、公共基础设施等非流动资产所支付的现金;融资租入固定资产支付的租赁费不在本项目反映,在筹资活动的现金流量中反映。本项目应当根据"库存现金""银行存款""固定资产""工程物资""在建工程""无形资产""研发支出""公共基础设施""保障性住房"等科目的记录分析填列。

(7)"对外投资支付的现金"项目,反映单位本年为取得短期投资、长期股权投资、长期债券投资而支付的现金。本项目应当根据"库存现金""银行存款""短期投资""长期股权投资""长期债券投资"等科目的记录分析填列。

(8)"上缴处置固定资产、无形资产、公共基础设施等净收入支付的现金"项目,反映本年单位将处置固定资产、无形资产、公共基础设施等非流动资产所收回的现金净额予以上缴财政所支付的现金。本项目应当根据"库存现金""银行存款""应缴财政款"等科目的记录分析填列。

(9)"支付的其他与投资活动有关的现金"项目,反映单位本年支付的除上述项目之外与投资活动有关的现金。对于金额较大的现金流出,应当单列项目反映。本项目应当根据"库存现金""银行存款"等有关科目的记录分析填列。

(10)"投资活动的现金流出小计"项目,反映单位本年投资活动产生的现金流出的合计数。本项目应当根据本表中"购建固定资产、无形资产、公共基础设施等支付的现金""对外投资支付的现金""上缴处置固定资产、无形资产、公共基础设施等净收入支付的现金""支付的其他与投资活动有关的现金"项目金额的合计数填列。

(11)"投资活动产生的现金流量净额"项目,应当按照本表中"投资活动的现金流入小计"项目金额减去"投资活动的现金流出小计"项目金额后的金额填列;如为负数,以"-"号填列。

【注意:行政单位投资活动产生的现金流量项目中,不涉及"收回投资收到的现金""取得投资收益收到的现金"和"对外投资支付的现金"项目】

3. 筹资活动产生的现金流量

(1)"财政资本性项目拨款收到的现金"项目,反映单位本年接受用于购建固定资产、无形资产、公共基础设施等资本性项目的财政项目拨款取得的现金。本项目应当根据"银行存款""零余额账户用款额度""财政拨款收入"等科目及其所属明细科目的记录分析填列。

(2)"取得借款收到的现金"项目,反映事业单位本年举借短期、长期借款所收到的现金。本项目应当根据"库存现金""银行存款""短期借款""长期借款"等科目记录分析填列。

(3)"收到的其他与筹资活动有关的现金"项目,反映单位本年收到的除上述项目之外与筹资活动有关的现金。对于金额较大的现金流入,应当单列项目反映。本项目应当根据"库存现金""银行存款"等有关科目的记录分析填列。

(4)"筹资活动的现金流入小计"项目,反映单位本年筹资活动产生的现金流入的合计数。本项目应当根据本表中"财政资本性项目拨款收到的现金""取得借款收到的现金""收到的其他与筹资活动有关的现金"项目金额的合计数填列。

(5)"偿还借款支付的现金"项目,反映事业单位本年偿还借款本金所支付的现金。本项目应当根据"库存现金""银行存款""短期借款""长期借款"等科目的记录分析填列。

(6)"偿付利息支付的现金"项目,反映事业单位本年支付的借款利息等。本项目应当根据"库存现金""银行存款""应付利息""长期借款"等科目的记录分析填列。

(7)"支付的其他与筹资活动有关的现金"项目,反映单位本年支付的除上述项目之外与筹资活动有关的现金,如融资租入固定资产所支付的租赁费。本项目应当根据"库存现金""银行存款""长期应付款"等科目的记录分析填列。

(8)"筹资活动的现金流出小计"项目,反映单位本年筹资活动产生的现金流出的合计数。本项目应当根据本表中"偿还借款支付的现金""偿付利息支付的现金""支付的其他与筹资活动有关的现金"项目金额的合计数填列。

(9)"筹资活动产生的现金流量净额"项目,应当按照表8-7中"筹资活动的现金流入小计"项目金额减去"筹资活动的现金流出小计"金额后的金额填列;如为负数,以"一"号填列。

【注意:行政单位筹资活动产生的现金流量项目中,不涉及"取得借款收到的现金""偿还借款支付的现金"和"偿付利息支付的现金"项目】

4. 汇率变动对现金的影响额

"汇率变动对现金的影响额"项目,反映单位本年外币现金流量折算为人民币时,所采用的现金流量发生日的汇率折算的人民币金额与外币现金流量净额按期末汇率折算的人民币金额之间的差额。

5. 现金净增加额

"现金净增加额"项目,反映单位本年现金变动的净额。本项目应当根据表8-7中"日常活动产生的现金流量净额""投资活动产生的现金流量净额""筹资活动产生的现金流量净额"和"汇率变动对现金的影响额"项目金额的合计数填列;如为负数,以"一"号填列。

六、附注

(一)附注的概念

附注是对在会计报表中列示的项目所作的进一步说明,以及对未能在会计报表中列示项目的说明。附注是财务报表的重要组成部分。凡对报表使用者的决策有重要影响的会计信息,不论本制度是否有明确规定,单位均应当充分披露。

（二）附注的主要内容

1. 单位的基本情况

单位应当简要披露其基本情况，包括单位主要职能、主要业务活动、所在地、预算管理关系等。

2. 会计报表编制基础

单位应当简要披露会计报表是依据什么规章制度等为基础编制的。

3. 遵循政府会计准则、制度的声明

单位应当声明编制的会计报表符合政府会计准则制度的要求，真实、完整地反映了单位的财务状况等有关信息，以此明确单位编制会计报表所依据的制度基础。

4. 重要会计政策和会计估计

单位应当采用与其业务特点相适应的具体会计政策，并充分披露报告期内采用的重要会计政策和会计估计。其主要包括以下内容：

（1）会计期间。

（2）记账本位币，外币折算汇率。

（3）坏账准备的计提方法。

（4）存货类别、发出存货的计价方法、存货的盘存制度，以及低值易耗品和包装物的摊销方法。

（5）长期股权投资的核算方法。

（6）固定资产分类、折旧方法、折旧年限和年折旧率；融资租入固定资产的计价和折旧方法。

（7）无形资产的计价方法；使用寿命有限的无形资产，其使用寿命估计情况；使用寿命不确定的无形资产，其使用寿命不确定的判断依据；单位内部研究开发项目划分研究阶段和开发阶段的具体标准。

（8）公共基础设施的分类、折旧（摊销）方法、折旧（摊销）年限，以及其确定依据。

（9）政府储备物资分类，以及确定其发出成本所采用的方法。

（10）保障性住房的分类、折旧方法、折旧年限。

（11）其他重要的会计政策和会计估计。

（12）本期发生重要会计政策和会计估计变更的，变更的内容和原因、受其重要影响的报表项目名称和金额、相关审批程序，以及会计估计变更开始适用的时点。

（三）会计报表重要项目的说明

单位应当按照资产负债表和收入费用表项目列示顺序，采用文字和数据描述相结合的方式披露重要项目的明细信息。报表重要项目的明细金额合计，应当与报表项目金额相衔接。

本 章 小 结

本章主要学习了政府会计报告，主要包括年终清理结算与结账的主要内容；政府决算报告的编制目标、使用者、构成、编制基础和各类预算会计报表的编制；政府财务报告的编制目标、使用者、构成、编制基础和各类会计报表的编制，以及附注的概念、主要内容和会计报表重要项目的说明。

本章重要概念

年终清理 年终结账 预算收入支出表 预算结转结余变动表 财政拨款预算收入支出表 资产负债表 收入费用表 净资产变动表 现金流量表 附注

本章练习

二维码8-8：
本章练习

二维码8-9：
本章练习
参考答案